四川省"十二五"普通高等教育本科规划教材

Daolu Jiaotong Shigu Chuli
道路交通事故处理

王洪明　主编
刘玉增　主审

人民交通出版社股份有限公司
China Communications Press Co.,Ltd.

内 容 提 要

本书是四川省"十二五"普通高等教育本科规划教材。书中全面、系统、深入地阐释了道路交通事故调查处理的基本理论和技术、法律知识，内容包括道路交通事故及其调查处理的基本知识、事故处理程序、事故现场处置、事故调查取证、事故技术分析、事故认定、事故法律责任、事故案卷、事故信息管理以及道路交通事故责任强制保险。

本书可作为高等院校的交通管理工程、安全工程等专业教材，也可供从事道路交通事故处理工作的交通警察以及律师、保险、司法鉴定等其他与道路交通事故处理有关行业的专业人员参考。

图书在版编目(CIP)数据

道路交通事故处理 / 王洪明主编. — 北京：人民交通出版社股份有限公司, 2015.1 (2025.7 重印)

四川省"十二五"普通高等教育本科规划教材

ISBN 978-7-114-11668-1

Ⅰ.①道… Ⅱ.①王… Ⅲ.①公路运输—交通运输事故—事故处理—高等学校—教材 Ⅳ.①U491.31

中国版本图书馆 CIP 数据核字(2014)第 201516 号

四川省"十二五"普通高等教育本科规划教材

书　　名：	道路交通事故处理
著 作 者：	王洪明
责任编辑：	夏　犇
责任印制：	张　凯
出版发行：	人民交通出版社股份有限公司
地　　址：	(100011)北京市朝阳区安定门外外馆斜街 3 号
网　　址：	http://www.ccpcl.com.cn
销售电话：	(010)85285911
总 经 销：	人民交通出版社股份有限公司发行部
经　　销：	各地新华书店
印　　刷：	北京科印技术咨询服务有限公司数码印刷分部
开　　本：	787×1092　1/16
印　　张：	16.25
字　　数：	375 千
版　　次：	2015 年 1 月　第 1 版
印　　次：	2025 年 7 月　第 4 次印刷
书　　号：	ISBN 978-7-114-11668-1
定　　价：	36.00 元

(有印刷、装订质量问题的图书由本公司负责调换)

前 言
Qianyan

道路交通事故是以汽车为主体的道路交通发展的伴生物,是道路交通在运行过程中由于危险管控失效而形成的损害性事件,在给人类社会造成严重人员伤亡和财物损失的同时,还持续威胁着每一位道路交通参与者的人身与财产安全。如何有效预防道路交通事故的发生、减小事故的损害后果和及时填补当事人遭受的事故损失、消除事故给社会带来的不良影响,是现代道路交通管理的一项核心任务。其中,对业已发生的交通事故依法进行客观、公正地调查处理,不仅涉及对具体事故当事人合法权益的保护,更关乎社会主义法制和道路交通安全秩序。

围绕道路交通事故的调查取证、案件事实及成因分析、当事人责任认定、事故法律责任追究等一系列问题的解决,需要广泛涉及法学、物理学、化学、车辆技术、道路工程、法医学、心理学等学科知识和专业技术。因此,道路交通事故处理既是一门内容庞杂的边缘性学科,同时也是一门与实际工作紧密联系的业务性课程。

本书是四川警察学院继"十五"国家级规划教材《道路交通事故处理》之后,根据近年来的道路交通安全形势发展、相关立法变化和科学技术进步,重新编写出版的一本专业课程教材。书中以道路交通事故的发生与调查处理全过程为基本线索,系统阐释了道路交通事故的基本概念、特征、分类、事故处理的任务、体制、程序,以及事故的现场处置、调查取证、技术分析、事故认定、法律责任、案卷管理、信息管理和道路交通事故责任强制保险等内容。在内容的选取上尽可能贴近道路交通事故处理实际,同时反映相关科学技术与法学研究的最新成果,对于正在修订并可能颁布的法律法规,也在相关内容中以脚注的方式作了介绍。在内容阐述上努力做到深入浅出和通俗易懂,以使该书除了满足交通管理工程、安全工程等专业的高校师生学习和参考使用,也可供律师、保险、司法鉴定等其他与道路交通事故处理有关行业的专业人员阅读参考。

本书由王洪明主编,编写人员有:王洪明(第一章、第二章、第三章的第一节至第四节、第四章、第五章的第一节至第五节、第六章、第七章的第一节和第四节、第九章)、伍炜(第三章的第五节、第七章的第二节和第三节、第八章)、石臣鹏(第十章)、章超(第五章的第六节)。全书由王洪明统稿,刘玉增主审。本书在编写过程中参考了大量的文献,并引用了部分作者在近年来鉴定的交通事故案件材料,在此谨对文献的作者表示感谢!向奋战在一线的交通警察致以敬意!虽然作者在撰稿过程中力求严谨、细致,但限于水平和时间因素,书中难免会有错误和不妥,敬请读者不吝批评、指正。

编　者

2014 年 6 月 26 日于泸州龙透关

目 录
Mulu

第一章　绪论	1
第一节　道路交通事故的定义及特征	1
第二节　道路交通事故的分类	5
第三节　道路交通事故的发展及现状	10
第四节　道路交通事故处理的任务与体制	15
第二章　道路交通事故处理程序	22
第一节　公安机关交通管理部门调查处理程序	22
第二节　当事人自行协商处理程序	29
第三节　处理典型交通事故的特别程序规定	31
第三章　道路交通事故现场处置	40
第一节　概述	40
第二节　道路交通事故应急救援	43
第三节　道路交通事故现场保护与清理	47
第四节　道路交通事故现场勘查	51
第五节　道路交通事故现场强制措施	56
第四章　道路交通事故调查取证	60
第一节　道路交通事故证据的基本知识	60
第二节　现场勘验	67
第三节　痕迹物证提取	78
第四节　道路交通事故现场图	82
第五节　勘验照相与摄像	97
第六节　道路交通事故现场勘查笔录	109
第七节　讯问与询问	112
第八节　检验鉴定	116
第五章　道路交通事故技术分析	127
第一节　车辆运行状态分析	127
第二节　汽车碰撞汽车或固定物事故分析	136
第三节　汽车碰撞两轮车事故分析	146
第四节　汽车碰撞行人事故分析	152
第五节　利用视频测算事故速度	155

第六节　事故过程再现 158
第六章　道路交通事故认定 163
　　第一节　概述 163
　　第二节　道路交通事故事实认定 168
　　第三节　道路交通事故成因认定 174
　　第四节　道路交通事故当事人责任认定 177
第七章　道路交通事故法律责任 183
　　第一节　概述 183
　　第二节　道路交通事故行政处罚 188
　　第三节　道路交通肇事刑事处罚 191
　　第四节　道路交通事故损害赔偿 197
第八章　机动车交通事故责任强制保险 213
　　第一节　机动车保险概述 213
　　第二节　机动车交通事故责任强制保险的投保与理赔 217
　　第三节　道路交通事故社会救助基金 224
第九章　道路交通事故案卷管理 228
　　第一节　道路交通事故案卷的基本内容 228
　　第二节　道路交通事故案卷的管理 233
第十章　道路交通事故信息管理 240
　　第一节　道路交通事故信息采集 240
　　第二节　道路交通事故统计分析 243
参考文献 254

第一章 绪 论

交通是人类活动的重要内容,是实现人员和物品位移的必要过程。现代交通有道路、铁路、水运、航空、管道、索道等多种形式,其中,道路交通由于具有较强的通达能力和机动灵活性,能够最大限度地实现"门"到"门"运输,从而得到了最广泛运用。例如,2012年我国通过公路完成的货物和旅客运输量达到322.1亿吨和354.3亿人次,分别是同期铁路运输的8倍和19倍、航空运输的5947倍和111倍。道路交通的发展推动了人类社会进步,极大地方便了人们的生产生活。与此同时,道路交通事故这一梦魇也与之相伴而生,并造成了大量的人员伤亡和财物损失,尤其在进入以汽车为主体的机动车时代以来,道路交通事故更是迅猛增长,目前已成为和平时期造成人类成员非正常死亡的最主要原因。据统计,2011年我国的道路交通事故死亡人数达到62387人,占当年全国各类生产安全事故死亡人数的82.6%,并有资料表明目前全世界每年约有120万人死于道路交通事故。

道路交通事故作为当今人类社会的一大公害,不仅直接造成大量的人身伤亡和财产损失,更普遍威胁着社会每一成员的出行安全,严重危害社会的稳定与和谐发展。因此,如何客观公正处理和有效防范道路交通事故,以化解事故纠纷和降低交通危险,是人们在享受道路交通带来的种种便利的同时所必须面对的严峻问题。

第一节 道路交通事故的定义及特征

一、道路交通事故的定义

(一)道路交通事故概念的表达式

在分析道路交通事故定义之前,首先需要厘清道路交通事故这一概念的表达方式问题。目前常见的表达方式有"道路交通事故"和"交通事故"两种,例如在《中华人民共和国道路交通安全法》(以下简称《道路交通安全法》)和《中国统计年鉴》中使用"交通事故"这一表达方式,而在公安部和国家安全生产监督管理总局的相关行政规章和技术标准中则普遍使用"道路交通事故"的表达方式。严格来说,"交通事故"与"道路交通事故"是两个不同的概念,其中"交通事故"泛指在各类型交通运输过程中发生的人员伤亡和财产损失事件,其内涵和外延均大于"道路交通事故",即除了包括发生在道路交通过程中的事故外,还包括发生在铁路、水运和航空等其他方式交通过程中的事故。然而,由于发生在道路交通过程中的交通事故无论是从数量上还是从与人们生产生活的密切程度上看都远超其他类型交通事故,并且在我国的相关立法和统计工作中一般都在其他类型交通事故的名称前冠以"铁路"、"航空"、"海运"等修饰语。因此,依照传统,在未作特别说明的情况下,"交通事故"一般专指发生在道路上的交通事故,即与"道路交通事故"同义,本书也沿袭此法。

(二)道路交通事故的定义

世界各国由于国情的不同,在政治、经济和文化等方面存在差异,有关道路交通安全立法和对道路交通事故的定义也不尽相同。

美国国家安全委员会对交通事故的定义是:交通事故是指在道路上发生的意料不到的有害的或危险的事件。这些有害的或危险的事件妨碍着交通行为的完成,其原因常常是由于不安全的行动(指精神方面不注意交通安全)或不安全的因素(指客观物质基础条件),或者是两者的结合。另外,在美国,"事故"、"碰撞"和"坠毁"的含义基本相同,有时也交替使用。

日本对交通事故的定义是:由于车辆在交通中所引起的人的死伤或物的损坏,在道路交通法中称为交通事故。但是稍微接触一下产生的十分轻微的事故,只需当事人协商而不需要警察干预就可以解决的事端,可以不算作交通事故。此外,从1966年起,日本警察部门在统计交通事故时不考虑物损事故,只考虑人身事故。

加拿大对交通事故的定义是:发生在公共道路上的交通碰撞,涉及至少一辆机动车,并且导致一人或一人以上受伤或死亡,或者财产损失超过一定的数额(由各地区的法律规定)时,称为交通事故。

英国对交通事故的定义是:发生在公共道路上,涉及至少一辆车,并且造成了人员受伤或死亡的事件为交通事故。但不包括仅造成财产损失的事故。

德国对交通事故的定义是:发生在公共道路上或广场上,涉及至少一辆运动的车辆,并且造成了人员受伤或死亡,以及(或)财产损失的事件称为交通事故。对于只引起财产损失的事故,仅当事故原因是由于违章行为,如酒后驾驶时才算作交通事故。

意大利对交通事故的定义是:交通事故是由至少一辆运动的车辆造成人员受伤或死亡的事件。

法国将仅造成财产损失的事故不列为交通事故,除此之外,没有关于交通事故的官方定义。

此外,1968年在第一届海牙国际私法会议上通过的《公路交通事故法律适用公约》①规定:该公约适用于公共道路、公共场地以及某些公众有权出入的非公共场地所发生的交通事故;不适用于铁路、水路的交通事故。发生事故的车辆包括引起事故的车辆及受害的车辆,不论其为机动车辆或非机动车辆。公约只适用于由交通事故所发生的赔偿责任,不包括由汽车制造缺陷、道路或场地失修及其他情况所发生的赔偿责任。

我国有关交通事故定义的统一规定始于1991年国务院颁布的《道路交通事故处理办法》。该办法第2条规定:道路交通事故是指"车辆驾驶员、行人、乘车人以及其他在道路上进行与交通有关活动的人员,因违反《中华人民共和国道路交通管理条例》和其他道路交通管理法规、规章的行为(以下简称交通违章行为),过失造成人身伤亡或财产损失的事故"。2004年11月,第十届全国人大常委会第五次会议审议通过了《道路交通安全法》,该法作为

---

① 《公路交通事故法律适用公约》于1968年第11届海牙国际私法会议通过,1971年5月4日开始签字,1975年6月开始生效。截至1983年3月1日,批准国有奥地利、比利时、法国、卢森堡、荷兰、葡萄牙、瑞士和原捷克斯洛伐克、原南斯拉夫,我国迄今未参加该公约。

我国第一部专门规范道路交通安全管理的法律,其第119条规定:"'交通事故'是指车辆在道路上因过错或者意外造成的人身伤亡或者财产损失的事件。"将这两个定义进行粗略对比,可以发现二者主要有以下三点差异:一是前者将发生事故的主体作了列明,即具体包括车辆驾驶员、行人、乘车人以及其他在道路上进行与交通有关活动的人员,而后者只限定事故须由车辆形成,并未对事故的主体作明确限定;二是前者规定事故应由当事人的交通违章行为所引发,而后者对当事人的行为是否合法未作要求;三是前者要求事故主体在主观上对事故的发生应是过失的,而后者则将其扩大为过错和意外两个方面。由此可见,现行《道路交通安全法》所规定的交通事故概念与原《道路交通事故处理办法》的规定相比有很大差异,对其内涵与外延都做了较大扩展。

二、道路交通事故的特征

分析《道路交通安全法》对交通事故的定义,不难发现交通事故具有以下6项特征:

(一)与车辆有关

事故的发生必须与车辆有关,换言之,是由车辆的运行造成人员伤亡或者财产损失。交通事故必须与车辆有关是由现代道路交通以车辆运行为主的特征所决定的,对于单纯由行人与行人之间发生碰撞或者行人碰撞其他物体,而不涉及车辆的人员伤亡和财物损失事件均不属于交通事故。

车辆分为机动车和非机动车两大类。其中,机动车是指以动力装置驱动或者牵引,上道路行驶的供人员乘用、运送物品或者进行专项工程作业的轮式车辆,具体包括汽车、电车、摩托车、拖拉机和轮式自行机械车等;非机动车是指以人力或者畜力驱动,上道路行驶的交通工具,以及虽有动力装置驱动但设计最高时速、空车质量、外形尺寸符合有关技术标准的残疾人机动轮椅车、电动自行车等交通工具,具体包括自行车、三轮车、人力车、畜力车、残疾人手动或机动轮椅车,以及电动自行车。

(二)有确定的当事人

当事人是指与事故的发生有直接作用关系的自然人或法人,包括实际引起事故发生的肇事人和在事故中直接遭受人身伤害或财产损失的受害人。虽然在交通事故定义中并未明示人的存在,但应当知道,在目前的科学技术条件下,道路上任何车辆的运行都是在人的支配下进行的,因此与其说是车辆发生的事故,倒不如说是人制造了事故。一起事故的当事人一般为两人及两人以上,但对于单方发生的事故则可能只有一人。

(三)有损害后果

有损害后果是交通事故的最主要特征。"事故"这一概念的本意指的就是人们在生产、生活中意外发生的人员伤亡或者财产损失。因此,作为"事故"的一个类型,交通事故也无一例外地具有人员伤亡和财物损失这一特征,即事故造成了实际的人员受伤、死亡或者财产损坏、灭失以及可得利益丧失。

(四)发生在道路上

交通事故必须发生在道路上。所谓道路是指公路、城市道路和虽在单位管辖范围但允许社会机动车通行的地方,包括广场、公共停车场等用于公众通行的场所。

1. 公路

公路是指在城市以外,符合《中华人民共和国公路法》的规定,经由公路行政管理部门规划、验收或认定的供社会车辆通行的道路,包括公路桥梁、公路隧道和公路渡口等。公路按其在公路路网中的地位不同,分为国道、省道、县道和乡道四类,而根据其使用任务、功能和适应的交通量不同,又分为高速公路、一级公路、二级公路、三级公路、四级公路五个技术等级。

2. 城市道路

城市道路是指城市内部供车辆、行人通行,具备一定技术条件的道路、桥梁及其附属设施,具体包括城市规划区内的所有供社会车辆和行人通行的车行道、人行道、广场、停车场、隔离带以及跨河桥、立交桥、人行天桥、隧道、地下通道等构筑物。实践中,一般按照在城市中的位置、作用、交通特征及其两侧建筑物的性质等,将城市道路划分为快速干道、主干道路、次干道路和支路四类。

3. 允许社会车辆通行的单位道路

允许社会车辆通行的单位道路是指产权或管理权归属某单位,但允许社会机动车辆通行的道路,从实践来看,主要包括某些厂矿、林区、机场、港口、商住区等内部的道路。

应当指出的是,上述对交通事故发生的道路范围已较原《中华人民共和国道路交通管理条例》只包含"公路"和"城市道路"的限定有所扩展,而与《国际道路交通公约(1968年)》有关道路为"供公众通行的任何通道或街道的全部路面"的界定基本一致,但在实践中仍然有相当数量发生在上述道路范围之外,由车辆造成的人员伤亡和财产损失事件(统称路外事故),针对此类情况,《中华人民共和国道路交通安全法实施条例》(简称《道路交通安全法实施条例》)第97条规定:除了车辆、行人与火车发生的事故以及在渡口发生的事故以外,公安机关交通管理部门(简称公安交通管理部门)接到车辆在道路以外发生事故报警的,应当参照道路交通安全法的规定处理,即采取与交通事故相同的方法进行调查处理。

(五)因过错或者意外而发生

事故必须是由当事人的过错或者意外因素造成。从实践来看,绝大部分事故是由当事人的过错造成的。

1. 过错

过错是指当事人对发生事故的主观心理状态,分为主观故意和主观过失两种。

1) 主观故意

主观故意是指当事人在事故发生前已经预见到其行为的后果,即理解自己行为的性质,认识到行为会引发事故后果,而希望或者放任这种后果发生的心理状态。其中,希望是指通过一定的行为努力追求,积极造成事故的发生,这种故意又称为直接故意;放任是指虽不希望事故的发生,但是对可能发生的事故并不排斥,不采取措施避免其发生,以致造成了事故后果,这种故意又称为间接故意。

2) 主观过失

主观过失是指当事人在事故发生前根据当时的情形应当预见或者能够预见到自己的行为可能造成事故,但是由于疏忽大意却没有预见,或者虽然已经预见到了却轻信可以避免的心理状态。可见,主观过失也可分为疏忽大意和过于自信两类,并且区分的关键在于当事人是否实际预见到其行为的后果。至于当事人在预见到行为后果之后是采取希望、放任还是不希望但却轻信可以避免的态度,则是区分主观故意和主观过失的依据。

对于无行为能力或者限制行为能力的当事人,由于对事物缺乏必要的辨别能力和审慎处理能力,按照法律规定,他们的交通行为应在监护人的监督或指导下进行。因此,由他们的行为造成事故的有关过错由其监护人对监护不力的过错构成。

2. 意外

意外是指当事人的行为虽然在客观上与事故之间具有因果关系,但是其本人对事故的发生既无主观故意也无主观过失,事故完全是由不可抗拒或者不能预见的因素导致的。其中,不可抗拒的因素又称不可抗力,是指人力所不能预见、不能避免并不能克服的客观情况,它与单纯的不可预见因素的主要区别在于事故本身同时具有不可避免和不能克服的特征,换言之,即使当事人具有超常的能力能够预见到危险,并已尽到了最大努力和采取了一切可以采取的措施,仍然不能避免事故发生并克服事故造成的损害后果。

判断事故是否由意外而生的关键,在于当事人是否依照事故当时的情形按照一个谨慎人的行为标准对交通安全尽到了合理注意,以及在此前提下是否能够预见到事故的发生。如果当事人已经尽到了这样的合理注意,却仍然不能预见事故会发生的,即属于意外。在具体确定当事人是否尽到合理注意的时候,应当具体分析其生理状况、身体状况、业务技能水平和所实施行为的性质、特点、行为的危险性等因素。从实践来看,属于意外的情形主要有地震、山洪、山体崩塌、路面塌陷、动物侵袭等自然因素,以及车辆或者车辆驾驶人因为无预兆的突发故障或疾病而丧失操控能力等。

(六)车辆的运行具有交通性质

交通事故与交通事故处理是受道路交通安全法所规范的,而道路交通安全法所调整的是人们在参与道路交通时形成的交通安全法律关系。因此,作为造成事故的标志性对象——车辆在道路上的运行活动也应当具有交通性质,亦即为了交通运输或者与交通运输有关的目的而在道路上运行,并且事故的发生与车辆的运行之间具有客观联系性。如果当事人驾驶车辆在道路上所从事的是不具有交通性质的其他活动,如专门利用车辆在道路上从事"碰瓷"、飞车抢夺、行凶杀人等违法犯罪活动,或者进行体育竞赛、军事演习、断路施工等非交通性质活动时造成的损害事件不属于交通事故。

第二节 道路交通事故的分类

为了有比较的研究和处理交通事故,有必要按照一定的标准对事故进行分类。在交通事故处理工作中应用较多的分类方法主要有以下五种:

一、按事故的形态分类

按照交通事故在发生时的外部形态特征,可以将其分为以下7种:

(一)碰撞事故

碰撞事故是指事故双方直接接触并以相互冲击的形式造成损害的事故。其主要特点是事故双方的相互作用时间短暂、作用力量大。

按照发生碰撞的对象不同,碰撞事故可分为车辆撞车辆、车辆撞行人、车辆撞固定物、车辆撞动物等类型,而按照发生碰撞时的接触方向和接触部位不同,车辆碰撞事故又可分为正面碰撞、侧面碰撞和尾随碰撞。其中,在现行交通事故统计标准中,车辆撞静止车辆被作为单独的事故形态,车辆撞行人与车辆刮擦行人合称为刮撞行人事故。

(二)剐蹭事故

剐蹭事故是指事故双方车身以相互摩擦接触或钩剐的形式造成损害的事故。剐蹭事故多发生在车辆与车辆、车辆与行人和车辆与固定物之间,并且接触面多为车身侧面。发生剐蹭事故的直接原因在于运动车辆与其他车辆、行人、物体之间未能保持必要的侧向或竖向间距。

按照剐蹭双方在事故时的相对运动状态和运动方向不同,剐蹭事故可进一步分为同向剐蹭、对向剐蹭和静点剐蹭三类。

(三)辗压事故

辗压事故是指车辆轮胎对高度较低的对象进行推辗或压过并造成损害的事故。该类事故的主要特点是:一方面,损害后果的严重程度主要取决于车辆的质量大小和轮胎的运动状态、胎面宽度、充气压力等;另一方面,对成年人等体型较高对象的辗压,多在碾压前先行发生碰撞或剐蹭,使其倒地后再辗压。

(四)翻车事故

翻车事故是指车辆的车身沿纵、侧向倾翻或滚动,并与地面或其他物体发生撞击、摩擦而造成损害的事故。车辆翻车的前提条件是车身所受侧向或纵向翻倒力矩大于其自身稳定力矩,而这与车辆的侧向、纵向稳定角和所受到的外力有关。因此,翻车多发生于车辆遭遇碰撞、剐蹭、道路横坡过大或者车辆高速转向、质心过高、轮胎爆破等情况。

翻车事故一般依照车身的侧向或纵向转动角度分为侧翻(约90°)、仰翻(约180°)和滚翻(大于或等于270°)三种。

(五)坠车事故

坠车事故是指车辆脱离原行驶路面跌落至低处,车身撞击地面或者其他物体造成损害的事故。坠车多与车辆因遭受碰撞、剐蹭而失去控制,或者车辆驾驶人超速行车、精力不集中、避险措施不当而驶出路面等因素有关,发生事故的地点一般为傍山路、桥梁、高架路和高填方路段等。

(六)失火事故

失火事故是指车辆、车辆装载物在行驶或者发生碰撞、剐蹭、翻车等过程中起火燃烧的情况。车辆使用的燃油、润滑油、橡胶、油漆等都是较易燃烧的物质,实际上,失火事故多由车辆在碰撞、剐蹭、翻车后出现燃油外泄和电路短路所形成。此外,也有部分事故与违规使用明火、燃油管路泄漏、发动机散热不良、电路老化、破损和擅自改装或加装电气设备等因素有关。

(七)其他事故

其他事故是指除上述形态之外的事故,例如爆炸或者有毒、有害物品泄漏等,但是单纯的车辆轮胎爆破不属于交通事故。

在上述各种事故形态中,如果事故涉及两方以上车辆的,以损失大的一方车辆的事故形态为准,对于事故各方车辆的损失大小相近的,以最先接触的两方车辆的事故形态为准。如果单车事故中同时具有上述 7 种形态的,以造成损失最严重的一种形态为准。

二、按事故的损害性质分类

现行《交通事故统计暂行规定》将交通事故按照其所造成损害的性质分为死亡事故、伤人事故和财产损失事故三类。在具体统计和分类时,应当以事故直接造成的人员伤亡和财产损失为限,对于事故伤者在接受救治过程中因为自身原有伤病或者遭遇医疗事故而发生死亡的,以及载运易燃易爆、剧毒、放射性等危险化学品的车辆在发生交通事故后,因为燃烧、爆炸或者危险化学品泄漏而导致人员死亡或者受伤的,均不作为交通事故的死亡和受伤人数进行统计。

(一)死亡事故

死亡事故是指造成了人员死亡的交通事故。这里所称的死亡,是指受害人在事故发生后7日内死亡,包括在事故发生时当场死亡和事后经抢救无效于7日内死亡这两种情形。但有关事故发生后7日的计算方法在实践中并不统一,即一种方法是按自然日计算,并且事故发生当日不计算在内;另一种方法是按小时数计算,即将7日折算为168小时,从事故发生之时起计算。按照GA/T 946.3—2011《道路交通管理信息采集规范 第3部分:道路交通事故处理信息采集》的规定,在事故信息采集时应采用小时计算法。

对交通事故死亡人员的死亡时间做出限定是世界各国的普遍做法,但有所不同的是,各国对时限的具体规定存在很大差异,例如比利时、葡萄牙规定为事故发生当时,日本、西班牙规定为事故发生后24小时,加拿大、美国、英国及西欧国家规定为事故发生后30日,法国为事故发生后6日,意大利规定为事故发生后7日,因此,在对事故死亡人数进行国际比较时,应当考虑到相关国家在统计标准上的差异。按照国际道路交通事故数据库(IRTAD)的要求,国际的通行标准是以事故发生后30日内死亡为限,对于不符合这一标准的可以采取乘一定修正系数的方法进行换算。其中,当时死亡的修正系数为1.40,1日内死亡的修正系数为1.30,2日内死亡的修正系数为1.20,3日内死亡的修正系数为1.12~1.15,6日内死亡的修正系数为1.09,7日内死亡的修正系数为1.08,30日以后死亡的修正系数为0.97。

(二)伤人事故

伤人事故是指造成人员重伤或者轻伤的交通事故。具体包括两种情形:一是造成人员受伤,但是没有造成人员死亡的;二是虽然造成人员死亡,但受害人是在事故发生7日后死亡的。

有关造成人员重伤或轻伤的判定标准是最高人民法院、最高人民检察院、公安部、国家安全部、司法部联合颁布的《人体损伤程度鉴定标准》。对于未达到标准中所规定重伤或者轻伤条件,但符合轻微伤条件的,现行交通事故统计规范未将其纳入伤人事故范畴,但这并不妨碍在实际办案中将其作为伤人事故进行调查处理,而只是不纳入事故统计范围而已。

(三)财产损失事故

财产损失事故是指仅造成财产损失的交通事故。所谓财产损失是指事故现场直接造成的车辆、车辆装载物、建筑物、道路设施和其他物品损坏或灭失,而不包含现场抢救、抢险、人身伤亡善后处理的费用,以及因发生事故而导致生产经营单位或个体工商户停工、停产、停业等造成的间接经济损失。按照规定,目前只统计适用一般程序处理的财产损失事故。

三、按事故的损害后果分类

过去,按照事故造成的伤亡人数和直接经济损失额的大小将交通事故划分为特大事故、重大事故、一般事故和轻微事故4个等级,但是,2007年国务院颁布的《生产安全事故报告和调查处理条例》将生产安全事故统一划分为特别重大事故、重大事故、较大事故和一般事故4个等级,交通事故作为生产安全事故的一个类型,也应当遵循这一分类方法。

(一)特别重大事故

特别重大事故是指造成死亡30人以上,或者重伤100人以上,再或者直接经济损失1亿元以上的事故。

(二)重大事故

重大事故是指造成死亡10人以上但不足30人,或者重伤50人以上但不足100人,再或者直接经济损失5000万元以上但不足1亿元的事故。

(三)较大事故

较大事故是指造成死亡3人以上但不足10人,或者重伤10人以上但不足50人,再或者直接经济损失1000万元以上但不足5000万元的事故。

(四)一般事故

一般事故是指造成死亡1人以上但不足3人,或者重伤1人以上但不足10人,再或者直接经济损失不足1000万元的事故。

值得注意的是,生产安全事故分类中有关统计指标的定义不同于传统的交通事故分类方法。其中,死亡是指事故发生之日起7日内死亡或者失踪7日以上的;重伤是指在事故发生之日起7日内,依照GB 6441—86《企业职工伤亡事故分类标准》和GB/T 15499—1995《事故伤害损失工作日标准》被确定为损失工作日等于和超过105日的全部丧失劳动能力伤害;直接经济损失是指因事故造成人身伤亡及善后处理支出的费用和毁坏财产的价值,按照GB 6721《企业职工伤亡事故经济损失统计标准》的规定,包括人身伤亡后所支出的医疗费用(含护理费用)、丧葬及抚恤费用、补助及救济费用、歇工工资、处理事故的事务性费用、现场抢救费用、清理现场费用、事故罚款和赔偿费用,以及固定资产损失价值和流动资产损失价值。

四、按事故的原因分类

按照对发生事故起主要作用的原因事实的属性不同,交通事故可分为以下四类:

(一)人的原因导致的交通事故

造成交通事故的人的原因,可大致概括为以下三个方面:

1. 道路交通安全违法行为

道路交通安全违法行为(以下在无须与其他性质违法行为相区别时简称违法行为)是造成事故的最主要原因。统计资料显示,有超过95%的事故都与车辆驾驶人、行人或者乘车人的行为违反《道路交通安全法》有关,而较常见的违法行为有不按规定让行、超速行驶、无证驾驶、逆向行驶、违法会车、占道行驶、违法超车、违反交通信号、酒后驾驶、违法变更车道、违法上路通行等。

2. 未尽到安全注意义务

统计显示,约有30%的交通事故与车辆驾驶人、行人或者乘车人未履行安全注意义务有关,主要表现为由于技术生疏、经验不足或者注意力不集中,在参与交通过程中不注意观察道路上的交通情况和周边环境情况,或者不能准确、及时操控车辆的行驶状态,以致未发现危险或者对危险的反应过迟、判断失误、避险措施不当甚至疏于采取避险措施等情形。

3. 身体条件不符合安全要求

身体条件不符合交通安全要求的情况在实际事故中相对较少,主要表现为车辆驾驶人、行人或者乘车人由于自身存在某种生理、心理缺陷或者疾病隐患,在交通过程中不能准确感知和判断道路危险信息、不能正确抉择和控制自身行为,或者因为突发疾病而发生跌倒、昏迷等造成交通事故的情形。

(二)车辆的原因导致的交通事故

因为车辆的原因导致的交通事故又称为机械事故,是指车辆在行驶过程中因为制动、转向、灯光等系统或机件失效或者性能不良而导致的交通事故。根据车辆机械故障形成的原因不同,又可将其分为以下两类:

1. 车辆设计、制造与检修质量缺陷

受目前工程技术发展水平的限制,车辆在设计、制造、装配和检修过程中难免会存在一些技术或质量缺陷,这有时可能成为引发交通事故的重要因素。例如,2001年和2010年先后发生的轰动全球的三菱帕杰罗越野车因后制动管爆裂和丰田凯美瑞、卡罗拉等车型因加速踏板卡滞而引发系列交通事故的严重事件,均与相关车辆的设计和制造质量缺陷有关。

2. 车辆的使用及维护不当

车辆的使用及维护不当,是指车辆所有人或驾驶人在车辆的日常使用上不严格按照技术规范行事,擅自改装车辆、加装附属设施、超限使用车辆,以及未定期检查和维护车辆,导致车辆结构或电器元件的负荷加大、车辆结构的安全性能被破坏或者严重减退而引发交通事故的情况。

(三)道路与交通设施的原因导致的交通事故

道路与交通设施的原因导致的交通事故,是指由于道路的路面、线形、附属设施、交通标志、交通标线等不符合安全技术要求而造成的交通事故。从实际交通事故看,较突出的主要有道路视距不足、坡道过大和过长、路面破损严重、路面附着系数低等情况,而这些安全隐患的形成除了与道路的设计、施工和养护不当等有关以外,往往与用路者的不当行为也有密切关系,例如随意在道路上堆放杂物、车辆在道路上维修后遗留的油污和废弃物、超载运输车辆对路面的破坏等,都是降低道路安全性能并引发交通事故的重要因素。

(四)交通安全管理的原因导致的交通事故

交通安全管理的原因导致的交通事故,主要是指公安交通管理部门和其他负有道路交通安全监管职责的机关、企事业单位及其工作人员,在对道路交通或者本单位的车辆、人员实施管理的过程中,因为管理措施不当,或者不依法履行职责、滥用职权所引发的交通事故。交通安全管理是为了实现交通安全目的,而根据道路交通的具体状况和条件,通过采取一系列方法和措施,对人员、车辆、道路和环境施加的控制和影响。如果交通安全管理工作自身存在缺陷,不能有效协调人员、车辆、道路和环境之间的关系,就有可能使整个道路交通系统处于容易发生事故的不安全状态。然而,由于交通安全管理缺陷一般只能通过对人、车、路和环境等因素的影响来间接对发生事故产生作用,是一种潜在的事故原因,因此在实际工作中往往被人们所忽视,而很少从更深层次上去寻找促使人、车、路和环境等因素引发事故的管理方面原因。例如,在2002年发生的773137起交通事故中,只有10起事故最终被归咎为交通管理方面存在不当,这不仅不符合交通事故的发生规律和特征,而且还可能因为放纵了有关管理部门和人员在事故中的失职、渎职行为,导致人们更加忽视管理因素对交通安全的影响,从而不利于整个社会道路交通安全水平的提高。

五、按事故肇事人的交通方式分类

按照事故肇事人在交通事故发生时的交通方式不同,交通事故可分为三类:

(一)机动车事故

机动车事故是指机动车单方发生的事故、机动车与机动车之间发生的事故,或者机动与非机动车或行人之间发生的,机动车方负同等及同等以上责任的交通事故。

(二)非机动车事故

非机动车事故是指非机动车单方发生的事故、非机动车与非机动车之间发生的事故,或者非机动车与行人之间发生的,非机动车负同等及同等以上责任的交通事故,以及非机动车与机动车之间发生的,非机动车负主要及主要以上责任的交通事故。

(三)行人、乘车人事故

行人、乘车人事故是指行人、乘车人与车辆之间发生的,行人、乘车人一方负主要及主要以上责任的交通事故。

第三节 道路交通事故的发展及现状

严格说来,交通事故的起源基本可追溯到人类早期的非机动车交通时代,例如在我国唐朝的《唐律疏议》中就已经有了"诸于城内街巷及人众中,无故走车马者,笞五十;以故杀伤人者,减斗杀伤一等"这样有关交通违法与交通肇事的处罚规定,可见当时的交通事故已经发展到了需要法律规制的程度。尽管如此,受当时交通运输规模小和非机动车质量小、速度低的限制,其交通事故无论是发生规模还是损害后果都远不能与今日相比,因此,在一般论及交通事故的起源和发展时,多是针对1866年汽车问世后的机动车交通而言。

1899年在美国发生的一起一名妇女被汽车碾压死亡事故,被认为是人类进入汽车时代以来有记载的第一起交通死亡事故,自此以后,交通事故就逐渐成为造成人类成员非正常死亡的最主要原因,并且至今仍呈不断增长态势。据1999年世界道路协会道路安全委员会的统计,全世界每年因交通事故死亡的人数达70万人,受伤的人数超过500万人,其中死亡人数在世界各地区的大致分布情况为:亚太地区44%、欧洲中东部12%、非洲国家11%、中东地区6%、拉丁美洲及加勒比海地区13%、欧美等高度机动化国家14%。而另有报道显示,现在全世界每年约有120万人死于交通事故,5000万人受伤,造成经济损失5180亿美元,占世界GDP的1%~3%。

一、国外的道路交通事故发展情况

在20世纪20年代以前,由于全世界汽车工业尚处于起步阶段,社会车辆保有量较小,车辆的平均行驶速度也基本处于20km/h以下,因此,交通事故发生情况并不突出。直到20世纪20年代至20世纪40年代末,受两次世界大战及战后经济复苏的刺激,汽车工业和道路交通得到快速发展,世界汽车保有量由最初的400多万辆猛增到6000多万辆,并开始出现高速公路,交通事故也随之快速增加。以美国为例,其交通事故死亡人数从20世纪30年代初的3000余人增加到了20世纪40年代的近3万人。这时,人们开始关注道路交通安全问题,美国为此在1930年成立了研究道路交通安全的交通工程师协会。

第二次世界大战结束后,因为复苏经济的需要,大量的军工企业开始转向民用,汽车工业因此得到快速发展。到1971年,全世界的汽车保有量已达到2.5亿辆。与此同时,交通拥挤和交通事故也日益突出,多数西方发达国家都先后在20世纪70年代初进入事故高发期,事故死亡人数达到了历史峰值,其中,美国的年死亡人数超过5万人,日本的年死亡人数也达到了1.67万人。整个20世纪70年代,全世界因交通事故死亡的人数约为35万人。为了减少日益严重的交通事故,从20世纪60年代开始,一些发达国家纷纷投入大量的人力物力,设立专门机构对道路交通安全进行管理和研究,并形成了国际道路联合会世界会议、行人—自行车安全和教育会议、交通和运输工程国际会议、世界安全和车祸预防会议等一些有关道路交通安全的国际性组织和会议。当时美国在运输部主持下成立了国家汽车安全咨询委员会和国家公路安全咨询委员会,具体负责就交通安全问题向运输部长提出建议和报告、参与制订有关标准和措施,并颁布了"1966年公路安全法令"和"1966年汽车安全措施法令"。与我国同处亚洲的日本也在20世纪70年代前后开始致力于对道路交通安全的科学研究、立法与交通设施建设和交通秩序整顿,制订并实施了"交通安全综合计划",使其交通安全情况开始有了显著好转。

20世纪70年代以后,由于西方发达国家的汽车保有量日趋饱和,加之道路交通条件不断完善、管理技术日益成熟、各种新的安全技术得到有效利用、社会公众对道路交通安全问题达成广泛共识,交通事故开始得到了有效控制,各国的交通事故已基本越过了事故多发的高峰时期,先后进入了事故死亡人数相对减少的稳定发展阶段。这一时期的显著特征是:事故发生数和受伤人数虽然仍保持缓慢增长态势,但是死亡人数却趋于稳定甚至开始下降。例如,到21世纪初,美国的年事故发生数虽然仍居世界首位,接近200万起,但其死亡人数却长期稳定控制在约4万人,此外,日本的年死亡人数也由20世纪70年代的1.6万人下降为1万人左右。尤其是近年来,受国际金融危机和石油价格波动等因素影响,美、日等国的汽车使用量和保有量开始呈现下降态势,交通事故也明显减少。据美国汽车经销商协会统计,美国汽车保有量自2009年开始出现减少,2011年的车辆保有量已由2008年历史最高纪录24981万辆减少至24893万辆,而美国国家公路交通安全管理局(NHTSA)公布的数据显示,当年美国的事故死亡人数创下了自1949年以来的最低值32367人(图1-1)。与美国相似,日本的汽车保有量在2007年出现自第二次世界大战结束以来的首次下降,达到7903万辆,比上年减少约15万辆,事故死亡人数也比上年减少9.6%,仅为5743人,2011年则更进一步降至4612人(图1-2),实现了连续11年的稳定减少。

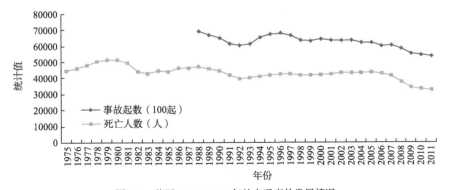

图1-1 美国1975~2011年的交通事故发展情况

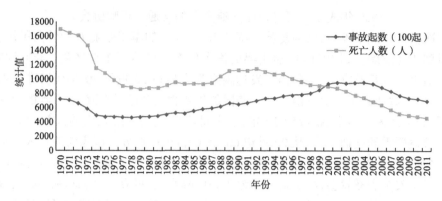

图1-2 日本1970~2011年的交通事故发展情况

二、我国的道路交通事故发展情况

我国的汽车工业和机动车交通起步都较晚。虽然汽车早在1901年就已开始进入我国，但是受战争以及经济、技术落后的影响，我国在建国以前一直没有自己的汽车工业，所有汽车都完全依赖于从国外进口。直到1949年新中国成立时，全国的机动车保有量仅为5.09万辆，不及当时世界汽车保有量的千分之一，公路通车总里程也只有8.07万km，并且道路等级普遍很低，其中有路面的仅为3.2万km。因此，尽管受历史因素影响，现在已无从考证当时的交通事故情况，但仍然有理由相信当时的交通安全问题不会太严重。

1949年新中国成立后，作为恢复国民经济的支柱，道路交通和汽车工业都得到了优先发展。1953年，我国在苏联的帮助下建起了第一座汽车制造厂——长春第一汽车制造厂，公路通车里程到1959年增至50.79万km。而同期交通事故的发生量及其损害后果也增长较快，分别从1951年的年发案5922起、死亡852人、受伤5159人，发展到1959年的年发案37126起、死亡4901人、受伤19038人。

在1960~1970年，受当时国内政治和经济因素的影响，道路建设速度明显放缓，机动车保有量的年增长也仅仅维持在3万~6万辆，但是同期交通事故的增速却有所加快，事故死亡人数从20世纪60年代初的5千人左右增至70年代末的2万多人，年均增加800余人。

进入20世纪80年代，随着国家实行改革开放，全国的道路交通得到了前所未有的快速发展，特别是2009年世界金融危机爆发后，国家加大了投资建设力度和推行包括汽车摩托车下乡、减免车辆购置税等在内的若干经济刺激政策，使交通基础设施和机动车交通更是出现了井喷式发展。在这一时期，一方面道路建设规模快速增长，不仅公路通车里程由1980年的88.8万km发展到2012年的423.7万km，而且高速公路也从无到有，通车里程在2011年年底达到9.6万千米，跃居世界第二；另一方面，机动车工业和机动车保有量也发展迅速，尤其随着社会机动车由过去完全属单位用车逐步向以私人用车为主过渡，机动车保有量的年均增长幅度由最初的100万~200万辆大幅提高到超过1600万辆。截至2012年年底，全国的民用机动车保有量达到23989.0万辆，其中汽车12089.2万辆，为1980年的67.8倍。此外，这一时期我国的道路运输规模也得到了空前发展，2011年全国公路客运周转量达到18467.6亿人·km、货运周转量达到59534.9亿t·km，分别是1980年的25倍和78倍。然而，与快速发展的道路交通相比，我国道路交通的安全水平却仍然相对落后，无法适应规模日益庞大、运行速度显著提高的道路交通需求，使得同期的交通事故发生量在2002年以前经历了一个加速上升的过程。以事故死亡人数为例，20世纪80年代初的全国年死亡人数为 2 万余人，1990 年代初增至近 5 万人，到 2001 年则已突破 10 万人，达到 105930 人，并在次年创下了历史最高值 109381 人，如图 1-3 所示。

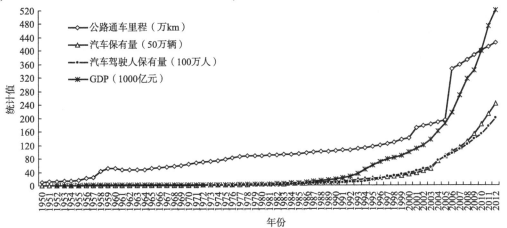

图 1-3　我国 1950～2012 年的道路交通与国民经济发展情况

2003 年以后，随着我国在道路安全核查与改造、车辆技术等级提高、驾驶人训练与考试、日常交通安全管理和宣传教育等方面加大了对道路交通安全的整治力度，交通事故不断高涨的势头开始得到扭转，并在近年来呈现持续快速下降态势。到 2012 年，全国发生的涉及人员伤亡事故已大幅降至 204196 起，造成 59997 人死亡、224327 人受伤(如图 1-4)、直接财产损失 11.7 亿元，与 2002 年相比，四项指标分别下降 73.6%、45.1%、60.1%、64.8%[①]。然而值得注意的是，在交通事故统计数快速下降的同时，近年来我国的路外事故却呈现逐年上升趋势，例如 2006～2008 年全国路外事故死亡人数分别同比上升 60.3%、51.6%、34.9%，2008 年达到 14847 人，这一反常现象值得重视，如图 1-4 所示。

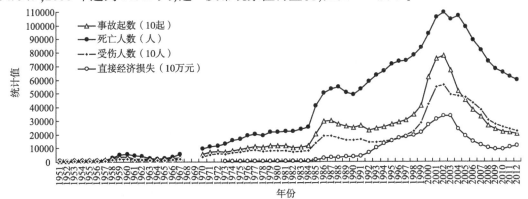

图 1-4　我国 1951～2012 年的交通事故变化情况

三、道路交通事故发展情况的国际比较

以某一国家或地区拥有的人口数作为社会指标、拥有的机动车数作为交通指标来计算

---

① 2004 年以后，由于《中华人民共和国道路交通安全法》对"道路"和"交通事故"的定义范围较过去有所扩大，交通事故的各项统计值本应随之增加，但由于交通事故的统计标准同时发生了变化，大量原属一般事故的财产损失事故现以简易程序处理或者由当事人自行协商处理，而不再列入统计范围，因此使得所统计的事故起数和财产损失额均大幅减少。例如，2011 年全国公安机关实际接报道路交通事故 472.7 万起，是同期统计事故的 23 倍，其中适用简易程序处理的事故多达 452.3 万起。

其交通事故的相对发生率或相对死亡率,能比较准确地反映该国家或地区的道路交通安全实际水平,常被用来对比分析不同国家或地区间的交通事故发生情况。其中,万车死亡率是交通事故死亡人数与机动车拥有量(以万辆机动车计)的比值。一般而言,目前发达国家的万车死亡率基本在 3 人/万辆以下,发展中国家的万车死亡率则普遍比发达国家高出数倍,以 2006 年为例,法国为 1.3 人/万辆、美国为 1.7 人/万辆、日本为 0.9 人/万辆、韩国为 3.3 人/万辆(图 1-5)、加拿大为 1.5 人/万辆、匈牙利为 3.8 人/万辆。1995 年我国的万车死亡率高达 22.5 人/万辆,以后随着机动车保有量的增加而快速降低,到 2003 年时降到 10.8 人/万辆,2011 年则已低至 2.8 人/万辆,接近 20 世纪 90 年代发达国家的水平,如图 1-6 所示。

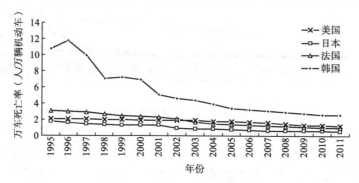

图 1-5 部分国家 1995~2011 年的交通事故万车死亡率变化情况

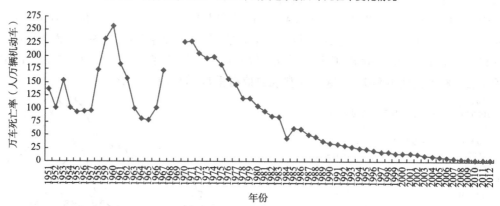

图 1-6 我国 1951~2012 年的交通事故万车死亡率变化情况

十万人死亡率是交通事故死亡人数与国家拥有人口(以 10 万人计)的比值,同样以 2006 年为例,日本为 5.7 人/10 万人口(图 1-7)、意大利为 9.6 人/10 万人口、韩国为 13.1 人/10 万人口、德国为 6.2 人/10 万人口、美国为 14.2 人/10 万人口、加拿大为 9.1 人/10 万人口。从新中国成立以来历年的十万人死亡率变化情况可以看出,其前期基本呈逐渐增长趋势,从 1951 年的不超过 0.2 人/10 万人口到 20 世纪 70 年代初突破 1.0 人/10 万人口、70 年代中期达到 2.0 人/10 万人口、80 年代中后期增至 5.0 人/10 万人口以上、2002 年达到最高值 6.1 人/10 万人口(图 1-8),近年来则开始逐年下降,到 2011 年已降至 4.6 人/10 万人口,基本回到 80 年代中期水平。我国十万人死亡率较多数发达国家低的主要原因在于我国人口众多,而道路交通尚不够发达,人均拥有的道路交通资源和出行量与西方发达国家相比还有很大差距。

目前我国的机动车社会保有量、道路通车里程以及道路交通设施的技术等级都正处于快速发展时期,虽然从统计数字上看,我国的道路交通安全状况在近年已有显著改善,交通事故的发生数和死亡人数、受伤人数自2003年以来均持续大幅下降,但是事故死亡人数仍占全部生产安全事故死亡人数的80%以上,道路交通安全基础在整体上依然薄弱。预计在"十二五"期间我国的人均国内生产总值(GDP)将由4500美元增至6100美元,而从西方发达国家的发展经验来看,人均GDP从4000美元到6000美元的发展阶段正是交通事故高发期,特别是广大农村地区和城市快速路、绕城高速公路、城郊接合部的交通安全问题将更趋凸显,道路交通供需矛盾和交通安全的系统性矛盾也将愈加突出。因此,如何有效防范和减少交通事故仍然是当前乃至以后相当长时期我国道路交通安全研究与实践的中心任务。

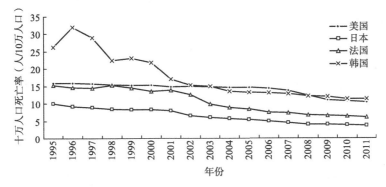

图1-7　部分国家1995~2011年的交通事故十万人口死亡率变化情况

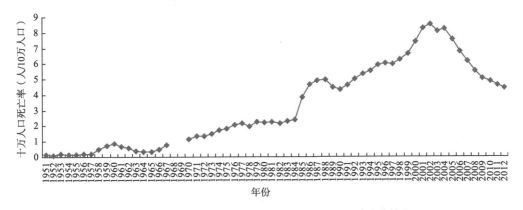

图1-8　我国1951~2012年的交通事故十万人口死亡率变化情况

第四节　道路交通事故处理的任务与体制

一、道路交通事故处理的任务

交通事故处理是指在交通事故发生后,围绕事故的应急救援、调查取证与善后处理所开展的一系列专门活动。处理交通事故是国家对道路交通安全实施监督管理的重要内容,其目的在于保护国家、公民和法人的人身及财产权利,以及维护道路交通的安全与畅通。概括来看,交通事故处理的任务大体包括以下五个方面:

(一)事故应急救援

交通事故所造成损害后果的大小,不仅取决于事故发生当时,而且与事故发生后伤员能否得到及时救治、现场险情能否得到有效控制等因素也密切相关。在交通事故发生后,为了最大限度地降低事故的损害后果和可能给道路交通及社会生产、生活秩序带来的影响,必须以最快的速度对事故现场展开伤员救治、险情排除、交通恢复和安全防护等救援工作。

(二)事故现场勘查

交通事故现场是事故发生后所形成的特定空间结构,其中不仅包含与事故有关的道路、车辆、人员和痕迹、物品等元素,而且通过这些元素的特征及相互间的位置、作用关系客观记录还展现了事故的发生演变过程和相关事物运动状态,利用一定的技术方法和手段对事故现场进行勘验和检查,是查明事故事实及成因并收集相关证据的重要途径。

(三)事故调查取证

为了全面、客观地查明事故的真实情况,为事故的处理提供合法有效的证据,在交通事故处理过程中除了需要勘查事故现场之外,还必须针对案件的实际情况对事故肇事人、受害人、证人进行讯问、询问,对事故的痕迹物证、车辆的安全技术状况、当事人的生理、心理及损伤情况等进行检验鉴定,以及对事故的基本事实、成因和当事人责任进行综合分析和认定。

(四)事故责任追究

交通事故在直接给受害人造成人身伤害或财产损失的同时,也对社会公众的道路交通安全构成危害,为了填补受害人所受到的损害,同时惩罚和预防肇事人的肇事行为,需要按照《道路交通安全法》、《侵权责任法》和《刑法》等法律、法规的规定,追究肇事人的事故法律责任。

(五)事故统计分析

为了了解交通事故的分布情况、发展动向和有关因素对事故的影响关系,以准确掌握事故的发生规律和特征,为事故的成因分析和预防对策研究提供参考和依据,在交通事故处理过程中,还需要定期或不定期地对事故信息进行采集和统计分析。

二、道路交通事故处理的体制

(一)道路交通事故处理的主管

所谓主管,一般是指确定国家机关、社会团体各自的职权范围和权限,所解决的是不同国家机关、社会团体之间的职能分工问题。按照《道路交通安全法》第 5 条规定,我国道路交通安全的行政主管部门是国务院公安部门和县级以上地方各级人民政府的公安交通管理部门,而交通事故处理作为道路交通安全行政管理事务的重要组成部分,其主管部门自然也是国务院公安部门和县级以上地方各级人民政府的公安交通管理部门。此外,《中华人民共和国刑事诉讼法》(以下简称《刑事诉讼法》)第 3 条规定:"公安机关负责对刑事案件的侦查、拘留、执行逮捕、预审。"这就意味着,除了与交通事故处理有关的法律诉讼由人民检察院、人民法院行使相应的检察权或审判权之外,对因为发生交通事故而涉嫌犯罪的刑事案件侦查也由公安交通管理部门负责。

然而值得注意的是,在由公安交通管理部门主管交通事故处理的同时,由于按照法律规定,我国对军队、武警部队的人员及车辆实行单独的军事管理和军事司法管辖,对拖拉机等农用机械则实行农业主管部门管理。因此,公安交通管理部门在处理交通事故过程中,对于军队、武警部队人员、车辆发生事故,需要给予暂扣军队、武警部队核发的机动车驾驶证以及对现役军人实施行政拘留或者追究刑事责任的,应当移送军队、武警部队有关部门处理;对于上道路行驶的拖拉机发生事故,需要暂扣农业或农业机械主管部门核发的拖拉机驾驶证的,应当移送有关的农业或农业机械主管部门。

(二)道路交通事故处理的社会协作

交通事故处理由公安交通管理部门主管,并不意味着与事故处理有关的任何事务均由其承担。事实上,事故处理工作往往需要涉及一些专门的知识、技能、资源和职权,而按照现行的社会分工,公安交通管理部门自身并不完全具备所有这些条件和能力,因此仍然离不开其他相关部门和社会组织的参与,需要由公安交通管理部门与这些部门或社会组织按照各自的职能分工进行相互协作,密切配合,共同完成有关的事故救援和调查处理工作。例如,事故的受伤人员需要由医疗急救部门进行抢救和治疗;事故的死亡人员需要由殡葬部门对尸体进行保存和火化;事故现场发生的失火、爆炸、危险化学品、传染病原体泄漏、人员被困等险情,需要由公安消防部门或者其他专业应急处理部门进行救援;事故现场出现的道路及其附属设施损坏,需要由交通、路政或者其他有关部门进行修复排险;当事人因交通事故而产生的损害赔偿纠纷,即可以申请公安交通管理部门调解,也可以请求人民调解委员会调解等。

(三)道路交通事故处理的综合监督管理

我国对生产安全实行综合监督管理与行业监督管理相结合的监督管理体制。按照《中华人民共和国安全生产法》(以下简称《安全生产法》)第9条的规定,国务院和县级以上地方各级人民政府的安全生产监督管理部门分别负责对全国或者本行政区域内的安全生产工作实施综合监督管理,国务院和县级以上地方各级人民政府的其他有关部门在各自的职责范围内对有关的安全生产工作实施监督管理。将这一监督管理体制具体落实到交通事故处理上,就是在由公安交通管理部门进行行业主管的同时,由安全生产监督管理部门负责综合监督管理。其中,所谓综合监督管理是指从宏观、综合性角度,对交通事故处理工作进行监督、指导、协调,以及组织起草与事故处理有关的综合性法律、法规和规章,研究拟定有关道路交通运输的安全生产方针、政策等。

按照现行的政府机构设置,国家安全生产监督管理总局是国务院主管安全生产综合监督管理的直属机构,依法对全国的交通事故处理实施综合监督管理,县级以上地方人民政府的安全生产监督管理局则负责对当地的交通事故处理实施综合监督管理。此外,为了加强对安全生产工作的领导,以及加强综合监督管理与行业监督管理之间的协调配合,国务院还成立了安全生产委员会,设立国务院安全生产委员会办公室,其办公室工作由国家安全生产监督管理总局承担。国务院安全生产委员会办公室的主要职责是研究并提出安全生产重大方针政策和重要措施的建议,同时监督检查、指导协调国务院有关部门和各省、自治区、直辖市人民政府的安全生产工作。相应的,各省、自治区、直辖市人民政府以及部分市、县也建立了安全生产委员会,具体负责研究并提出当地的安全生产重大方针政策和重要措施的建议,以及监督检查、指导协调政府各有关部门和下级人民政府的安全生产工作。

三、道路交通事故处理的配套机制

处理交通事故的关键在于及时救援事故现场、恢复现场交通秩序,并通过调查取证和公正划分事故责任,使受害人的损害得到合理补偿。然而从实践来看,一方面由于交通事故是一种随机性事件,当事人在事前往往缺乏心理和物资准备,而在事故发生后很难在短时间内筹措到足够的伤员救治费用,并且事故造成的损害后果常常超过当事人的经济承受能力,而让包括肇事人和受害人在内的当事人及其家庭陷于困境。因此,有必要为事故受伤人员抢救费用应急支付和损害赔偿建立基本的保障机制。

(一)机动车第三者责任强制保险

机动车第三者责任强制保险,又称机动车交通事故责任强制保险,是为了确保交通事故受害人能够及时获得救治和基本的损害赔偿,而由国家强制所有上路行驶机动车辆都必须投保的一种政策性保险。当车辆所有人向保险公司投保后,如果保险车辆在运行过程中发生交通事故造成他人(即第三者)的人身伤亡或财产损失时,就由保险公司在保险责任的限额范围内承担对受害人的赔偿责任。

世界大多数国家或地区都建立了各自的机动车第三者强制保险制度。但是,各国家和地区对机动车第三者责任强制保险的运作方式却略有不同,有采取政策性保险商业化运作的,也有采取商业性保险政府强制运作的。如果采取政策性保险商业化运作的模式,要求保险公司坚持不赔不赚,略有盈余的经营原则;如果采取商业性保险政府强制运作的模式,则要求保险公司必须在政府主管部门的严密监控下经营,并由政府确定费率和保额。我国的机动车第三者责任强制保险制度始建于1984年,当时主要由各省、自治区、直辖市通过地方性立法予以规制,并且都采取商业性保险政府强制运作的模式。2003年颁布的《道路交通安全法》首次明确了在全国范围内建立统一的机动车第三者责任强制保险制度,但随后在国务院颁布的行政法规《机动车交通事故责任强制保险条例》中,却将其更名为"机动车交通事故责任强制保险"。一般认为,作如此变更的目的在于与保险公司所经营的商业性"机动车第三者责任保险"(简称交强险)相区别,并且从世界范围来看,也并非所有国家和地区都将其称为机动车第三者责任强制保险。例如,在我国台湾地区和日本就使用"强制汽车责任保险"这一称谓。

建立机动车第三者责任强制保险制度,不仅有利于确保交通事故受害者能够得到及时救治和必要的赔偿,而且可以利用保险的社会分摊机制来减轻事故给当事人造成的损失,以利于维持其正常的生产、生活和消除社会矛盾及不安定因素。然而,机动车第三者责任强制保险作为一项法律强制性保险产品,在保险金额和保险责任的确定上需要充分考虑社会的普遍承受能力,必须以不过分增加投保人的经济负担为限,因此所能提供的只是一种基本性的保障,而不可能完全满足每一起事故的全部赔偿需要。为此,目前在我国除了法定的交强险之外,保险公司还普遍经营商业性的机动车第三者责任保险,供车辆所有人或管理人在投保交强险的基础上,根据自身可能发生事故的风险程度和对保险费的承受能力自愿选择投保,以确保在发生事故并且损害后果超过了交强险责任限额的情况下,可以利用商业保险的风险分摊机制来降低其损失。

(二)道路交通事故救助基金

道路交通事故救助基金是在机动车第三者责任强制保险基础上建立的另一项交通事故社会保障机制。其最早出现是加拿大于1946年建立的"未获判决补偿救助基金",当时建立这一制度的主要目的在于解决当出现事故受害人虽经法院诉讼仍不能获得赔偿,或者车辆驾驶人无力赔偿、未参加汽车责任保险、保险失效、保险公司丧失清偿能力等特定情况时,对受害人所受损害的适当补偿问题。之后世界上许多国家都先后建立了与此类似的交通事故救助基金制度,例如德国的公众赔付救助基金、法国的机动车担保救助基金、韩国的机动车辆赔偿保障救助基金、我国台湾地区的财团法人汽车交通事故特别补偿救助基金等。

我国早在2003年颁布的《道路交通安全法》中就已借鉴国外经验首次规定了道路交通事故社会救助基金制度。但是,直到2010年1月1日《道路交通事故社会救助基金管理试行办法》施行后,这一制度才得以真正建立。道路交通事故救助基金作为交强险的重要补充,通过在事故伤者抢救费用超过交强险责任限额、事故车辆未参加交强险或者肇事后逃逸,致使保险公司的赔偿额不足或者拒绝赔偿等情况下对受害人抢救费用的垫付,确保了受害人能够获得及时有效的救治。这一社会保障机制的建立,对于减少社会矛盾、促进社会和谐具有十分重要的意义。

四、道路交通事故处理的基本制度

(一)处理资格等级管理制度

公安交通管理部门通过其交通警察来具体实施对交通事故的调查处理工作。为了确保办案质量,按照《道路交通事故处理程序规定》和《道路交通事故处理工作规范》的要求,交通事故处理实行资格等级管理制度,处理事故的交通警察应当具备相应的执业资格。其中,交通警察经过培训并考试合格的,可以处理适用简易程序的交通事故;取得初级资格的,可以主办除造成人员死亡以外的其他交通事故,并可以协助取得中级以上资格的人员处理死亡事故;取得中级或者高级资格,可以处理所有适用简易程序和一般程序的交通事故,并可以对交通事故进行复核;具有高级资格的,可以对具备初级、中级资格交通警察的办案进行指导。此外,设区的市、县级公安交通管理部门分管事故处理工作的领导和事故处理机构负责人应当具有中级以上交通事故处理资格。

(二)回避制度

1. 回避的概念

回避是指公安交通管理部门的负责人、交通警察以及其他有关人员,遇有法律规定的回避情形时,应当退出对某一具体事故的处理活动,不得参加、介入和过问有关案件调查处理工作的制度。法律设立回避制度的目的在于保证事故处理工作的公正性,避免上述人员在处理事故过程中可能出现的徇私枉法,消除当事人的思想顾虑。

2. 回避的对象

根据《公安机关办理行政案件程序规定》,在事故处理过程中需要回避的人员包括:公安交通管理部门负责人、办案人员、鉴定人员、翻译人员。其中,办案人员一般是指具体从事交通事故调查处理活动的交通警察。除此之外,还包括公安交通管理部门根据现场勘查工作需要对外聘请的专业技术人员。

3. 回避的条件

按照《道路交通安全法》第83条和《公安机关办理行政案件程序规定》第14条的规定,有关人员在事故处理过程中有下列情形之一的应当回避:

(1)是本案的当事人或者当事人近亲属的;
(2)本人或者其近亲属与本案有利害关系的;
(3)与本案当事人有其他关系,可能影响案件公正处理的。

4. 回避的方式

回避有自行回避、申请回避和指令回避三种。其中,自行回避是指依法应当回避的人员本人主动申请退出对事故的相关调查处理或审批工作；申请回避是指当事人或者其代理人认为公安交通管理部门的负责人、办案人员、鉴定人员或者翻译人员具有法定的回避事由，向公安交通管理部门申请其退出对事故的相关调查处理和审批工作；指令回避是指应回避人员本人没有提出自行回避，事故当事人或其代理人也没有申请其回避情况下，由有权决定其回避的公安机关负责人或者公安交通管理部门负责人径直指令其回避。

依据《道路交通事故处理程序规定》，办案人员、鉴定人员和翻译人员需要回避的，由公安交通管理部门负责人或者鉴定、翻译人员所属的公安机关决定；公安交通管理部门负责人需要回避的，由公安机关负责人或者上一级公安交通管理部门负责人决定。因此，无论是应回避人员本人自行回避，还是案件当事人或者其代理人申请回避，都应当向有权决定回避的公安机关或者公安交通管理部门的负责人提出申请，并说明申请回避的理由。对于当事人或者其代理人提出的回避申请，公安交通管理部门应当从接到申请之日起的2日内做出决定并通知申请人。

在公安机关或者公安交通管理部门做出回避决定前，被申请回避的人员不停止对事故的调查，但回避决定一经做出，被决定回避的人员应当立即停止参与对事故的调查处理、检验鉴定、翻译和审核、审批工作，并按照回避决定的要求及时办理案件移交手续。对于被决定回避的人员在回避决定做出之前所进行的与事故有关的活动是否有效，由做出回避决定的公安机关或者公安交通管理部门根据案件情况决定。

(三)案件审批制度

案件审批制度是对行政法有关审裁分离制度的具体体现。由于公安交通管理部门对交通事故的处理在总体上属于一种行政执法活动，在具体办案时，公安交通管理部门不仅是事故的调查者，同时也是事故处理的决定者，负责调查事故的交通警察参与对事故的认定、行政处罚决定等行政处理活动，必然会受先前调查过程的影响，对事故形成先入为主的认识，而妨碍其全面听取不同意见和以超然的态度做出处理决定。因此，为了严格依法办案，确保办案质量，以维护当事人的合法权益，《道路交通事故处理程序规定》等法律、法规要求在事故的立案、认定和行政处罚等调查处理环节实行审批制度。负责处理事故的交通警察在现场勘查结束或者调查取证结束，应当分别就案件是否应当立案、是否需要对当事人采取强制措施，以及如何认定事故的事实、成因、当事人责任和处罚当事人的交通安全违法行为等问题提出处理意见之后，交由本部门的负责人审批。其中，对于造成人员死亡和其他案情疑难、复杂事故的调查报告，在提交部门负责人审批前，还需要由事故处理机构的有关人员进行集体研究，按照少数服从多数的原则形成集体研究意见。

(四)说明理由制度

说明理由制度是指负责处理事故的公安交通管理部门在做出对当事人合法权益产生不利影响的调查处理行为时，除法律有特别规定的之外，必须向当事人说明做出该项行为的事实根据、法律依据以及进行自由裁量所考虑的主要因素，即需要阐明实施相关调查处理行为的合法性和正当性，例如《道路交通事故处理程序规定》第47条要求："发生死亡事故，公安机关交通管理部门应当在制作道路交通事故认定书前，召集各方当事人到场，公开调查取得证据。"一般而言，在事故处理过程中需要向当事人说明理由的情形主要包括对当事人采取强制措施、做出交通事故认定和做出行政处罚决定时，此外，在调解事故损害赔偿纠纷过程中，也应当就提出的赔偿责任划分和赔偿项目、数额等建议说明理由。

(五)信息获取制度

信息获取是指当事人有权通过法定程序向公安交通管理部门查询、获取有助于其接受事故处理所需的各种信息和资料,例如处理事故的相关条件、步骤、手续、时限、权利、义务以及公安交通管理部门处理事故的证据材料等。除了当事人、证人要求保密或者涉及国家秘密、商业秘密、个人隐私,法律禁止其知悉或获取的之外,公安交通管理部门都应当无条件提供,允许当事人查阅、复制、摘录,并对其复制的证据材料加盖公安交通管理部门事故处理专用章。实行信息获取制度的目的在于维护当事人的知情权,使当事人能够有效参与事故处理过程,以积极维护自身合法权益。

(六)案卷制度

案卷是指公安交通管理部门处理事故所依据的证据和所做的记录、法律文书等,按照一定顺序汇集而成的书面材料。案卷是客观反映公安交通管理部门调查处理事故的过程及其成果的书面载体,同时也是印证有关调查处理行为合法性的重要依据。按照相关法律和技术标准规定,交通事故案卷的各项材料必须与案件有关,并且必须是按照法定程序和通过合法手段所获取,当案件处理结束,案卷一旦形成便具有封闭性,不得再随意添入其他材料和减少其原有材料。

人民法院和人民检察院审理、审查交通事故案件时,需要公安交通管理部门提供有关证据的,公安交通管理部门应当在接到调卷公函之日起 3 个工作日内,或者按照调卷公函的时限要求,将事故调查材料的正本移送人民法院或者人民检察院。

第二章 道路交通事故处理程序

交通事故处理程序是在处理交通事故时所必须遵循的方式、方法、步骤、权限和时限等。按照道路交通安全法的规定,交通事故处理可分为由当事人自行协商处理和由公安交通管理部门调查处理两种模式,其中,由公安交通管理部门调查处理又分为简易程序和一般程序,并分别适用于不同的事故情形。

第一节 公安机关交通管理部门调查处理程序

一、道路交通事故处理的参加人

(一)利害关系人

利害关系人是指与事故的发生和处理有利害关系,以自己的名义参加事故处理的自然人或法人,包括事故的当事人、当事人的被抚养人、继承人,以及第三人。其中,第三人是指与当事人之间存在某种实体上的法律关系,而导致其与事故的处理结果有牵连关系,应公安交通管理部门通知或者本人申请而参加事故处理的其他自然人或法人,例如当事人的所在单位、雇主、事故车辆的所有人、管理人、保险公司,以及垫付事故抢救费用的道路交通事故救助基金管理机构等。

(二)代理人

代理人是指根据法律规定或者利害关系人的授权,以利害关系人的名义参加事故处理的人。其特点是:第一,代理人以利害关系人(即被代理人)的名义参加事故处理活动,其所进行的事故处理行为视为被代理人自己的行为;第二,在法律规定或者被代理人授权范围内进行代理活动。超出代理权限的代理行为,其效力不及于被代理人,因为超越代理权而给其他利害关系人或者被代理人造成损失的,由代理人承担赔偿责任;第三,在代理权限范围内从事代理活动的后果由被代理人承担。

根据代理权发生的原因不同,代理人可分为法定代理人和委托代理人两类。其中,法定代理人是指根据法律的规定,代理无事故处理能力的利害关系人进行事故处理的人。由于利害关系人参加事故处理的主要目的在于解决因事故引发的侵权纠纷,因此按照《中华人民共和国民法通则》的规定,无民事行为能力人、限制民事行为能力人的监护人是其法定代理人。法定代理是一种特别代理,监护人可以代理被监护人实施一切事故处理活动,但是,监护人应当履行监护职责,保护被监护人的人身、财产及其他合法权益,除为被监护人的利益外,不得处理被监护人的财产。

委托代理人是指受利害关系人或者其法定代理人的委托,而代为参加事故处理的人。由于《道路交通事故处理程序规定》第63条规定:参加事故调解的当事人一方不得超过3人,因此,每一方利害关系人的委托代理人也最多不超过3名。参照《中华人民共和国民事诉讼法》的规定,委托代理人一般应为律师、被代理人的近亲属、社会团体或者被代理人所在单位推荐的人、经公安交通管理部门许可的其他公民,但无民事行为能力人、限制行为能力人、可能损害被代理人利益的人以及其他不宜作为代理人的人不得作为代理人。由于代理权的发生是基于被代理人或者其法定代理人的授权,所委托事项和代理权限的范围一概由委托人决定。因此,委托其他人代为参加事故处理的,必须向公安交通管理部门提交由委托人签名或者盖章,并载明所代理事项及权限的授权委托书。

二、道路交通事故处理的管辖

管辖是指各级公安交通管理部门之间以及同级的公安交通管理部门之间具体负责事故处理工作的分工和权限,所解决的是公安交通管理部门内部的职能分工问题。按照道路交通安全法的规定,交通事故处理的管辖可分为以下四种:

(一)地域管辖

地域管辖又称区域管辖,是指确定同级公安交通管理部门之间在各自的辖区内行使其分工和权限。地域管辖可进一步分为一般地域管辖和特殊地域管辖两种情况。

一般地域管辖与公安交通管理部门所属的人民政府的行政区划范围相一致,即国务院公安部门在全国范围内行使事故处理职权;地方各级人民政府的公安交通管理部门在本行政区划范围内行使事故处理职权。公安交通管理部门的交通事故处理管辖权一般只及于当地的公共道路,但是,对于车辆在公共道路以外发生的事故,公安交通管理部门接到报警的,也应当按照一般地域管辖进行调查处理。

特殊地域管辖主要针对高速公路和城市快速路的交通事故处理。根据《中华人民共和国道路交通安全法实施条例》第85条规定:"高速公路、城市快速路的道路交通安全行政管理工作,省、自治区、直辖市人民政府公安机关交通管理部门可以指定设区的市人民政府公安机关交通管理部门或者相当于同级的公安机关交通管理部门承担。"目前各省、自治区、直辖市主要对高速公路交通事故采取特殊地域管辖,即在全省、自治区、直辖市设立统一的高速公路公安交通管理部门,并由其下属机构分路段负责本行政区内的高速公路交通事故处理。

(二)级别管辖

级别管辖是指确定公安交通管理部门内部上下级之间的分工及权限。《道路交通事故处理程序规定》只就交通事故处理规定了单一的级别管辖,即由事故发生地的县级公安交通管理部门管辖,未设立县级公安交通管理部门的由设区市公安交通管理部门管辖,对于较大以上事故,则按照《道路交通事故处理工作规范》的要求,由上级公安交通管理部门派员指导调查处理工作。其中,具有下列情形之一的,设区市公安交通管理部门的负责人应当立即赶赴现场,组织、指挥交通警察,并协调相关单位人员开展现场救援以及对事故的调查取证和善后处理:

(1)一次死亡3人以上的;
(2)运载危险物品的车辆发生泄漏、爆炸、燃烧的;

(3)发生外国人及港澳台人员死亡或者造成3名以上外国人及港澳台人员受伤的；

(4)高速公路上发生五辆以上机动车连环相撞或者同向1公里以内发生3起以上多车相撞的；

(5)公安民警因交通事故死亡或者公安民警交通肇事造成他人死亡的。

除此外,对于一次死亡5人以上的,或者发生危险化学品泄漏、爆炸、燃烧并且造成严重后果的,省级公安交通管理部门也应当派人赶赴现场,指导现场救援和调查取证工作。

(三)指定管辖

指定管辖是指当两个或两个以上公安交通管理部门对同一案件的管辖存在争议时的管辖权确定方式。《道路交通事故处理程序规定》第5条规定:事故发生在两个以上管辖区域的,由事故起始点所在地的公安交通管理部门管辖；相邻两个公安交通管理部门对管辖权有争议的,报告共同的上一级公安交通管理部门指定管辖。在指定管辖前,最先发现或者最先接到报警的公安交通管理部门应当先行处理,不得中止或拖延对事故的施救、现场处置及处理工作,待管辖权确定之后,再向有管辖权的单位移交案件的有关材料。

(四)管辖转移

管辖转移是指在某些特殊情况下,为了方便事故处理或者有利于事故公正处理,而将事故由本来具有管辖权的公安交通管理部门移送给其他公安交通管理部门管辖。《道路交通事故处理程序规定》第6条规定:"上级公安机关交通管理部门在必要的时候,可以处理下级公安机关交通管理部门管辖的道路交通事故,或者指定下级公安机关交通管理部门限时将案件移送其他下级公安机关交通管理部门处理。"案件管辖发生转移时,相关的事故处理时限从案件移送之日起重新计算。

三、事故报警与受理

(一)报警

除了通过交通监控系统或者交通警察在执勤巡逻过程中直接发现事故之外,公安交通管理部门对交通事故的调查处理程序通常需要由当事人或者目击者报警来启动。按照《道路交通事故处理程序规定》,交通事故发生后,有下列情形之一的,当事人应当保护现场并立即拨打110或者122报警电话向事故发生地的公安交通管理部门报警：

(1)造成人员死亡、受伤的；

(2)发生财产损失事故,当事人对事实或者成因有争议的,以及虽然对事实或者成因无争议,但协商损害赔偿未达成协议的；

(3)机动车无号牌、无检验合格标志、无保险标志的；

(4)载运爆炸物品、易燃易爆化学物品以及毒害性、放射性、腐蚀性、传染病病原体等危险物品车辆的；

(5)碰撞建筑物、公共设施或者其他设施的；

(6)驾驶人无有效机动车驾驶证的；

(7)驾驶人有饮酒、服用国家管制的精神药品或者麻醉药品嫌疑的；

(8)当事人不能自行移动车辆的。

发生财产损失事故,并具有上述第2项至第5项情形之一,车辆可以移动的,当事人在报警后,可以在确保安全的原则下对现场拍照或者标划停车位置,将车辆移至不妨碍交通的地点等候处理①。

公安交通管理部门在接到事故报警时,接警人员应详细询问并记录下列内容:

(1)报警方式、报警时间、报警人姓名、联系方式,电话报警的还应记录报警电话号码;

(2)发生事故的时间、地点;

(3)人员伤亡情况;

(4)车辆类型、车辆牌号、是否载有危险物品、危险物品的种类、是否发生泄漏等;

(5)涉嫌交通肇事逃逸的,应询问并记录肇事车辆的车型、颜色、特征及其逃逸方向、逃逸驾驶人的体貌特征等有关情况。

如确认报警案件不属于交通事故的,应告知报警人向有管辖权的部门报案。

在接警过程中,对于报警人不报姓名的应当记录在案,对于报警人不愿意公开自己姓名的,应在报警记录中予以注明并为其保密。

(二)处警

1. 处警指挥

接到事故报警或者通过交通监控系统发现事故后,指挥中心应当立即指派就近的执勤民警迅速赶赴现场进行先期处置,并根据事故的具体情况做出以下处理,其中,属于群死群伤、载运危险品车辆、恶劣天气以及自然灾害造成的事故或者交通肇事逃逸的,还应当立即报告公安交通管理部门负责人,启动相应的应急处置机制:

(1)需要适用一般程序处理的,通知事故处理岗位民警和相关单位救援人员、车辆赶赴现场,并调派足够警力赶赴现场协助救援和维持秩序;

(2)有人员伤亡或者其他紧急情况的,应及时通知急救、医疗、消防等有关部门;

(3)需要堵截、查缉交通肇事逃逸车辆的,通知相关路段执勤民警或者通报相邻的公安交通管理部门布控、协查;

(4)运载爆炸物品、易燃易爆化学物品以及毒害性、放射性、腐蚀性、传染病病原体等危险物品的车辆发生事故的,立即通过本级公安机关报告当地人民政府,并通报有关部门及时赶赴事故现场处理;

(5)营运车辆发生人员死亡事故的,通知当地人民政府有关行政管理部门;

(6)造成道路、供电、通信等设施损毁的,通报有关部门及时处理。

2. 处警报告

在进行处警指挥的同时,指挥中心还应当按照规定立即向上级部门报告事故的发生情况。其中,属于下列之一的,应当通过本级公安机关报告当地人民政府,并逐级上报省级公安交通管理部门:

---

① 值得注意的是,2014年4月公安部下发征求意见的《道路交通事故处理程序规定(送审后修改稿)》(简称《程序规定修改稿》),将当事人应当报警的事故范围及要求作了修改:"发生死亡事故、伤人事故,或者发生财产损失事故且有下列情形之一的,当事人应当保护现场并立即报警:(一)驾驶人无有效机动车驾驶证的;(二)驾驶人有饮酒、服用国家管制的精神药品或者麻醉药品嫌疑的;(三)当事人不能自行移动车辆的。""发生财产损失事故且有下列情形之一,车辆可以移动的,当事人应当在确保安全的原则下对现场拍照或者标划停车位置,将车辆移至不妨碍交通的地点后报警:(一)当事人对事实或者成因有争议的,以及虽然对事实或者成因无争议,但协商损害赔偿未达成协议的;(二)机动车无号牌、无检验合格标志、无保险标志的;(三)碰撞建筑物、公共设施或者其他设施的。""载运爆炸品、易燃化学品以及毒害性、放射性、腐蚀性、传染病病原体等危险物品车辆发生事故的,当事人应当立即报警……未造成人员伤亡且车辆可以移动的,还应当在确保安全的原则下对现场拍照或者标划停车位置,将车辆移至不妨碍交通的地点。"

(1)一次死亡三人以上的；
(2)运载危险物品的车辆发生泄漏、爆炸、燃烧的；
(3)发生外国人及港澳台人员死亡或者造成3名以上外国人及港澳台人员受伤的；
(4)高速公路上发生5辆以上机动车连环相撞或者同向1千米以内发生3起以上多车相撞的；
(5)公安民警因事故死亡或者公安民警交通肇事造成他人死亡的。

省级公安交通管理部门在接到下列事故报告后,应当立即上报公安部交通管理局：
(1)一次死亡5人以上的；
(2)发生危险化学品泄漏、爆炸、燃烧且造成严重后果的；
(3)发生外国人及港澳台人员死亡或者造成3名以上外国人及港澳台人员重伤的；
(4)高速公路上发生10辆以上机动车连环相撞或者同向1千米以内发生5起多车相撞的；
(5)交通民警在工作期间因交通事故死亡的。

3. 出警

交通警察接到处警指令后,应当根据事故的类型、损害情况和现场可能存在的危险因素,在5分钟(夜间10分钟)内完成出警准备,配备必要的警用装备和现场勘查器材,迅速赶赴现场。到达现场后,应当迅速采取必要的现场安全防护措施、组织或协助现场的急救、消防等人员开展现场救援,同时向指挥中心报告到达现场的时间和事故发生地点、事故形态、初查后果等现场简要情况,需要增加救援人员或者装备的要一并报告。如果确认事故不属于本部门管辖的,应报告指挥中心通知有管辖权的公安交通管理部门赶赴现场处理；如果确认案件不属于交通事故的,经请示本部门负责人同意后,告知当事人该案件不属于交通事故,并报告指挥中心通知相关部门处理。

在进行现场救援的同时,出警民警应当向在场的当事人和目击者了解事故的发生过程和事故车辆、人员的相关情况,然后有针对地开展现场勘查。现场处置结束后,出警民警应当再次向指挥中心报告处置结束的时间以及现场的基本处置情况。

4. 处警记录

指挥中心在处警过程中应当记录以下处警内容：
(1)处警指令发出时间；
(2)接受处警指令的人员姓名；
(3)处警指令的内容；
(4)通知联动单位时间；
(5)向单位领导或上级部门报告的时间、方式；
(6)处警人员到达现场及现场处置结束后,向指挥中心报告的时间及内容。

四、一般处理程序

一般程序是处理交通事故的步骤最为详尽、手续最为完备、要求最为严格的法律程序。按照规定,适用一般程序处理的交通事故,必须由2名以上的交通警察进行调查处理。

(一)适用范围

根据《道路交通事故处理程序规定》,所有的交通事故均可适用一般程序处理。其中,具有下列情形之一的,必须适用一般程序处理：

(1)造成人员死亡的；
(2)造成人员重伤或者轻伤的；
(3)当事人有交通肇事犯罪嫌疑的。

(二)处理步骤

1. 立案

立案是指公安交通管理部门根据接警事故的现场勘查情况,决定予以受理并适用一般程序进行调查处理的登记确认过程。当案件经勘查确认属于交通事故并且归本部门管辖的,办案人员应及时填写《受理道路交通事故案件登记表》,报经事故处理机构负责人批准后予以立案处理,同时将事故信息录入公安交通管理综合应用平台。对于案件经确认不属于交通事故或者不归本部门管辖的,应书面通知当事人,并将案件移送有关部门或者告知当事人处理途径。

当事人未在现场报警,事后请求公安交通管理部门处理的,公安交通管理部门应当根据当事人提供的证据或案件线索,在3日内对事故发生地点的道路情况和事故车辆情况等进行核查,查找并询问事故的当事人和证人。经核查事故事实确实存在的应当受理;经核查无法证明事故事实存在的,应当制作《道路交通事故处理(不受理)通知书》,注明不受理的理由,送达当事人;经核查不属于交通事故但属于公安机关管辖范围的案件,应当移送公安机关相关部门,并书面告知当事人;经核查不属于公安机关管辖的案件,应当告知当事人向有关部门报案,并通知有关部门。

2. 调查取证

调查取证是指公安交通管理部门为了查清事故的真实情况并获取相关证据,而依法开展的现场勘查、询问、讯问、检验鉴定等活动。虽然在表述顺序上一般将调查取证放在立案之后,但严格说来,围绕事故的调查取证早在接受事故报警之时即已开始。例如,对事故现场的勘查工作通常即在交通警察接到处警指令后的出警过程中完成。调查取证结束,公安交通管理部门应当根据所掌握的案件情况和相关证据材料,对事故进行认定,并制作《道路交通事故认定书》。

对交通事故的调查取证必须严格依照《道路交通安全法实施条例》、《道路交通事故处理程序规定》、《道路交通事故处理工作规范》和《公安机关办理行政案件程序规定》等法律规范及相关技术标准进行,客观、全面、及时、合法地收集证据,并在规定的时限内完成相关的调查取证活动。对于事故的发生涉及车辆安全性、道路安全因素的,公安交通管理部门应当会同有关部门开展调查。如果当事人涉嫌交通肇事犯罪的,应及时将事故处理程序转为办理刑事案件程序,按照《中华人民共和国刑事诉讼法》和《公安机关办理刑事案件程序规定》进行刑事立案、侦查,并依法对犯罪嫌疑人采取刑事强制措施。对于当事人有其他违法犯罪嫌疑的,则应移送公安机关的有关部门处理,并且移送不影响公安交通管理部门对事故的调查和处理。

交通警察在调查事故时应当向被调查人员出示《人民警察证》,告知被调查人依法享有的权利和义务,并向当事人发送载明了办案人员姓名、办公地址、联系方式、监督电话等内容联系卡,以方便当事人处理交通事故和监督交通警察依法办案。

3. 处罚

在调查取证完毕并做出交通事故认定之后,公安交通管理部门应当依据《道路交通安全法》和《道路交通安全违法行为处理程序规定》等法律、行政法规的规定,对当事人在事故中的违法行为进行行政处罚,并责令在 6 个月内发生 2 次以上特大交通事故并负有主要责任或者全部责任的专业运输单位消除安全隐患。如果事故已经进行刑事立案的,则应当在案件侦查终结后,将当事人犯罪事实清楚、证据确实、充分,依法应当追究刑事责任的案件移送人民检察院,由人民检察院进行审查起诉,依法追究其刑事责任。

4. 损害赔偿调解

因事故所形成的损害赔偿纠纷,当事人可以自行协商处理,也可以请求公安交通管理部门或者人民调解委员会调解,还可以向人民法院提起民事诉讼。如果当事人一致请求公安交通管理部门调解的,公安交通管理部门经过审核认为符合调解要求的,应当指派交通警察进行调解。对于调解终结后未达成协议或者虽然达成协议但当事人事后反悔的,公安交通管理部门不再调解。

5. 结案

结案是指交通事故处理完毕,依法结束其处理程序。按照《道路交通事故处理工作规范》,交通事故处理遇有下列情形之一的应当结案:

(1) 道路交通事故认定书生效后,已对当事人的违法行为行政处罚完毕,并且事故损害赔偿经调解达成协议、调解终结、终止调解,以及赔偿权利人和义务人在规定期限内未提出调解申请或者调解申请不予受理的;

(2) 当事人涉嫌交通肇事犯罪,案件已移交检察机关审查起诉,并且公安交通管理部门已对犯罪嫌疑人以外的其他违法行为人行政处罚完毕的;

(3) 其他应当结案的情形。

结案时,办案人员应当整理在事故处理过程中收集或形成的各种文书材料,按照 GA 40《道路交通事故案卷文书》的要求对事故案卷进行归档保存。

五、简易处理程序

简易程序是公安交通管理部门处理交通事故所适用的一种较为简便易行的处理程序。与一般程序相比较,这种程序不仅工作步骤少、时限短、手续简便,而且可以由一名交通警察在事故现场当场处理完毕,因此特别适合执勤巡逻警察处理即时发生的轻微事故。

(一)适用范围

由于简易程序的处理步骤和法律手续过于简单,与一般程序相比在调查取证、处罚和损害赔偿调解等环节存在明显不足,因此只能用于处理一些案情不复杂、损害后果不严重的事故。根据《道路交通事故处理程序规定》,对于仅造成人员轻微伤的伤人事故或者当事人未涉嫌交通肇事犯罪的财产损失事故,可以适用简易程序处理①。

(二)处理步骤

1. 现场处置

接到交通事故报警后,公安交通管理部门应当立即指派交通警察赶赴现场进行调查处理。交通警察在执勤巡逻时发现可以适用简易程序处理的交通事故,也可以直接处理。

---

① 《程序规定修改稿》对简易程序的适用作了较大修改:对于当事人未涉嫌交通肇事犯罪的财产损失事故和受伤当事人自认为损伤程度明显轻微,各方当事人一致同意适用简易程序处理的伤人事故,可以适用简易程序处理;对于依据一般程序进行调查取证的伤人事故,各方当事人共同书面申请适用简易程序处理的,经同级公安交通管理部门负责人批准,也可以适用简易程序处理,并自批准之日起 3 日内制作《道路交通事故认定书》。

交通警察到达现场后,应首先向在场的当事人简单了解事故经过并查看现场情况,确认可以适用简易程序处理的,应当对现场进行拍照或者采用其他方式固定现场证据,之后责令当事人立即撤离现场,将车辆移至不妨碍交通的地点。当事人拒不撤离的,应当强制撤离。对于事故车辆不能移动的,立即通知施救车辆到场拖移。

撤离现场后,交通警察应当根据现场固定的证据和当事人、证人的叙述,认定并记录事故发生的时间、地点、天气、当事人姓名、机动车驾驶证号、联系方式、机动车种类和号牌、保险凭证号、交通事故形态、碰撞部位等,然后根据当事人的行为对发生事故所起的作用以及过错的严重程度,确定当事人的责任,制作《道路交通事故认定书(简易程序)》。

事故认定书制作完毕,交由各方当事人在认定书的"交通事故事实及责任"栏内签名。当事人对事故认定有异议或者拒绝签名的,由交通警察在认定书上予以记录后交付当事人,并告知当事人可以向人民法院提起民事诉讼。当事人拒绝接收的,应当在认定书上予以记录。

2. 损害赔偿调解

当事人对事故认定结论没有异议并在认定书的"交通事故事实及责任"栏签名的,交通警察应当询问当事人是否请求调解事故损害赔偿。当事人不同意调解的,将认定书当场交付事故各方当事人;当事人共同请求调解的,应当进行调解,并将调解结果记录在认定书的"损害赔偿调解结果"栏内,然后再次交由当事人签名并交付当事人。

3. 处罚

对于在事故中有违法行为的当事人,交通警察应当按照《道路交通安全法》和《道路交通安全违法行为处理程序规定》等法律规范对其违法行为进行行政处罚。

第二节 当事人自行协商处理程序

当事人自行协商处理,是指事故发生后,当事人在符合法定条件的情况下,可以不向公安交通管理部门报警而自行协商处理事故的损害赔偿事宜。当事人自行协商处理是20世纪90年代后期公安交通管理部门在实践中探索总结出的一种新的事故处理模式,该模式为后来的《道路交通安全法》所确认,其目的主要在于尽快处置事故现场,及早消除事故给现场道路造成的交通拥堵和安全隐患,同时简化事故处理手续和方便当事人。

一、适用范围

由于当事人自行协商处理程序没有交通警察的参与,处理过程缺少外部监督,当事人之间容易因为无法达成协议而产生纠纷,因此法律对其适用范围作了严格规定,只限于未造成人员伤亡的财产损失事故。然而就具体的适用条件而言,相关法律规范的规定却不尽相同,其中,《道路交通安全法》按照事故损害后果是否轻微分为"可以"适用和"应当"适用两类情形,而《道路交通安全法实施条例》和《道路交通事故处理程序规定》虽然也分为"可以"适用和"应当"适用这两类情形,但却是按照事故是否涉及机动车来划分的,并且二者在具体表述上也有细微差异。由于不涉及机动车的交通事故损害后果一般都较轻微,上述有关当事人自行协商处理程序适用条件的差异通常并不会在实际适用中形成冲突,而《道路交通事故处理程序规定》是对《道路交通安全法》和《道路交通安全法实施条例》有关交通事故处理的实施性规范,因此在实践中得以更优先适用。

按照《道路交通事故处理程序规定》第 13 条的规定,在交通事故发生后,除了依法必须向公安交通管理部门报警的情形之外,凡是属于机动车与机动车、机动车与非机动车之间发生的财产损失事故,当事人对事实及成因无争议的,可以自行协商处理损害赔偿事宜;凡是属于非机动车与非机动车或者行人之间发生的财产损失事故,基本事实及成因清楚的,当事人应当先撤离现场,再协商处理损害赔偿事宜①。

二、处理步骤

事故发生后,当事人应当立即停车、开启车辆的危险报警闪光灯,然而迅速将车上人员疏散到安全地带并在车后适当位置摆放危险警告标志。在确认现场基本安全后,及时查看事故的损害情况并核对对方车辆的号牌、检验合格标志、交强险保险标志和驾驶人的机动车驾驶证,对于事故损害后果不严重,符合自行协商处理条件的,应当积极与对方当事人商议采用自行协商处理方式处理事故。对于符合当事人自行协商处理条件,而当事人选择报警的,公安交通管理部门可以指导当事人自行协商处理,但是当事人要求交警到场处理的,公安交通管理部门应当指派交通警察到现场调查处理。

事故各方当事人确认采取自行协商处理方式处理的,应当共同按照以下步骤进行现场处置和协商事故损害赔偿事宜:

(一)记录现场

当事人应当在确保安全的原则下对现场作适当记录或者标记,以作为处理事故的证据。记录现场一般优先采用拍照或者录像方式,对于没有拍照或录像条件,并且又需要移动事故车辆的,可以在现场路面上标划出事故车辆同一侧各车轴外侧轮胎轴心在地面上的投影位置。如果当事人有测量条件和绘图能力的,也可以采取绘图方式,测量并记录事故车辆同一侧各车轴外侧轮胎轴心至路边的距离,以及两车相邻车轮的轴心之间距离。

(二)撤离现场

现场记录完毕,当事人应当立即自行撤离现场,将车辆移至不妨碍交通的地点。为了有效维护当事人的合法权益,一般由双方当事人在撤离现场前互换车辆的交强险保险卡或者其他有效证件,以确保相互间的诚实可信。对于应当自行撤离现场而未撤离的,交通警察应当责令当事人撤离。对于造成交通堵塞的,由交通警察对车辆驾驶人处以 200 元罚款,如果车辆驾驶人有其他道路交通安全违法行为的,依法一并处罚。

(三)协商赔偿事宜

撤离现场后,当事人双方应当本着客观、公平和自愿的原则对事故的损害赔偿进行协商。当事人需要就事故损害向保险公司办理保险索赔的,在自行协商处理前应当向保险公司进行电话报案。

当事人双方经协商达成赔偿协议的,应共同签订道路交通事故损害赔偿协议书。协议书的内容主要包括事故发生的时间、地点、天气、当事人姓名、机动车驾驶证号、联系方式、机

---

① 《程序规定修改稿》对当事人自行协商处理程序的适用作了修改:"机动车与机动车发生财产损失事故,当事人可以自行协商处理损害赔偿事宜。机动车可以移动的,当事人应当在确保安全的原则下对现场拍照或者标划事故车辆现场位置后,立即撤离现场,将车辆移至不妨碍交通的地点,再进行协商。""机动车与非机动车、非机动车与非机动车或者行人发生财产损失事故,当事人应当先撤离现场,再协商处理损害赔偿事宜。"

动车种类和号牌、保险凭证号、事故形态、碰撞部位、当事人的责任、投保公司、保险期间及各方保险公司报案号等。近年来,为了进一步提高事故处理效率,以保障城市道路交通的畅通有序,全国多数城市的公安交通管理部门和保险行业协会都共同推行轻微事故的"快处快赔"服务,并制定了统一格式的事故损害赔偿协议书,供车辆驾驶人随车携带,对规范当事人的自行协商和减少纠纷起到了积极作用。

当事人双方经协商未达成赔偿协议的,应当立即向公安交通管理部门报警,由交通警察对事故进行调查处理。

(四)协议履行与保险索赔

当事人自行协商达成赔偿协议的,一般应采取即时履行方式履行赔偿协议,如果双方同意的,也可以另行约定履行期限。在达成赔偿协议后,一方或者双方发生反悔、不履行赔偿协议的,对方可以向人民法院提起民事诉讼。

如果当事人需要就事故损害向保险公司索赔的,应当由保险公司对事故车辆进行查勘定损,并按照保险理赔程序进行保险理赔。其中,对于在实施轻微交通事故快处快赔的城市区域内发生的符合快处快赔条件的事故,当事人双方应当共同到当地的交通事故快处快赔服务中心进行事故协商和保险查勘及理赔处理。

第三节 处理典型交通事故的特别程序规定

一、处理特别重大事故的特别程序规定

国务院2007年4月颁布的《生产安全事故报告和调查处理条例》,是目前各行业报告和调查处理生产安全事故的基本法律依据。按照规定,生产经营活动中发生的造成人身伤亡或者直接经济损失的事故,均应适用该条例。由于该条例第45条规定:"特别重大事故以下等级事故的报告和调查处理,有关法律、行政法规或者国务院另有规定的,依照其规定。"因此,尽管《道路交通安全法》和《道路交通安全法实施条例》已就交通事故的调查处理作了规定,但是,对于在生产经营活动中发生的特别重大交通事故仍然应当按照该条例的规定进行报告和调查处理。

(一)事故报告

发生特别重大事故后,及时、准确、完整地报告事故,对于快速、有效地组织事故救援,减少事故损失,顺利开展事故调查处理具有十分重要的意义。按照《生产安全事故报告和调查处理条例》的规定,当在生产经营活动中发生特别重大交通事故的,现场有关人员应当立即向本单位负责人报告,单位负责人在接到报告后,应当迅速采取有效措施组织抢救,以防止事故扩大和减少人员伤亡及财产损失,并于1小时内向事故发生地县级以上人民政府的安全生产监督管理部门和公安交通管理部门报告。当情况紧急时,现场有关人员可以直接向安全生产监督管理部门和公安交通管理部门报告。

安全生产监督管理部门和公安交通管理部门在接到事故报告后,应当立即逐级上报至国家安全生产监督管理总局和公安部,并通知当地的公安机关、劳动保障行政部门、工会和人民检察院。国家安全生产监督管理总局和公安部以及省级人民政府在接到事故报告后,应当立即报告国务院。在逐级上报过程中,每一级的上报时间不得超过2小时。在必要时,

安全生产监督管理部门和公安交通管理部门可以越级上报事故情况。报告内容包括：

（1）事故发生单位概况；

（2）事故发生的时间、地点以及事故现场情况；

（3）事故的简要经过；

（4）事故已经造成或者可能造成的伤亡人数（包括下落不明的人数）和初步估计的直接经济损失；

（5）已经采取的措施；

（6）其他应当报告的情况。

事故报告后出现新情况，以及自事故发生之日起7日内伤亡人数发生变化的，应当及时补报。

（二）事故救援与现场处置

事故发生单位负责人接到事故报告后，应当立即启动事故应急预案或者采取有效措施，组织抢救和防止事故扩大，以减少人员伤亡和财产损失。安全生产监督管理部门、公安交通管理部门以及地方人民政府在接到事故报告后，其负责人应立即赶到现场，组织事故救援。

有关单位和人员应妥善保护现场和相关证据，任何单位和个人不得破坏现场、毁灭证据。因抢救人员、防止事故扩大以及疏通交通等原因需要移动现场物件的，应当做出标志，并绘制现场图和制作书面记录，妥善保存现场重要痕迹、物证。

对于因发生特别重大事故而涉嫌犯罪的人员，应当依法立案侦查，并采取强制措施和展开侦查。如果犯罪嫌疑人逃匿的，应当迅速追捕归案。

（三）事故调查

1. 事故调查组

特别重大事故由国务院或者国务院授权有关部门组织事故调查组进行调查。调查组由有关人民政府、安全生产监督管理部门、公安机关、监察机关和工会派员组成，并邀请人民检察院派人参加，必要时可以聘请有关专家参与调查。调查组成员应当具有事故调查所需的知识和专长，并与所调查事故没有直接利害关系。

调查组一般设组长1人、副组长1~3人。其中，组长由国务院有关领导或者由国务院指定有关部门负责人担任，副组长由有关地方政府或者部门的负责人担任。调查组由组长主持工作，各成员分别代表所属部门、单位参与调查工作，并接受调查组的统一领导。所有成员应当诚信公正、恪尽职守，遵守调查组的纪律，保守事故调查的秘密，未经调查组组长允许，不得擅自对外发布有关事故的信息。

2. 事故调查组的职责

事故调查组的职责包括：

（1）查明事故发生的经过、原因、人员伤亡情况及直接经济损失；

（2）认定事故的性质和事故责任；

（3）提出对事故责任者的处理建议；

（4）总结事故教训，提出防范和整改措施；

（5）提交事故调查报告。

事故调查组向有关单位和个人了解与事故有关的情况，并要求其提供相关文件、资料时，有关单位和个人不得拒绝。为了配合事故调查，事故发生单位的负责人和有关人员在事故调查期间不得擅离职守,并应随时接受调查组的询问,如实提供有关情况。调查中,若发现有关人员涉嫌犯罪的,调查组应当及时将有关材料或其复印件移交司法机关处理。

事故调查中需要进行技术鉴定的,调查组应当委托具有国家规定资质的单位进行技术鉴定,必要时可以直接组织专家进行技术鉴定。技术鉴定所需时间不计入事故调查期限。

3. 事故调查报告

事故调查结束,调查组应当向国务院提交事故调查报告,并附具有关证据材料。事故调查报告的内容包括:

(1) 事故发生单位概况;
(2) 事故发生经过和事故救援情况;
(3) 事故造成的人员伤亡和直接经济损失;
(4) 事故发生的原因和事故性质;
(5) 事故责任的认定以及对事故责任者的处理建议;
(6) 事故防范和整改措施。调查组成员应当在事故调查报告上签名。

调查组一般应在事故发生之日起60日内提交事故调查报告,特殊情况下经国务院批准可以适当延长提交期限,但延长的期限最长不超过60日。

(四) 事故处理

1. 批复事故调查报告

调查组做出的事故调查报告需经国务院批复后,才能作为事故处理的最终依据。按照《生产安全事故报告和调查处理条例》的规定,国务院应当自收到事故调查报告之日起的30日内做出批复,特殊情况下批复时间可以适当延长,但延长的时间最长不超过30日。

2. 事故责任追究

事故调查报告获得批复后,有关机关应当按照批复要求,依照法律、行政法规规定的权限和程序,对事故发生单位和有关人员进行行政处罚,对负有事故责任的国家工作人员进行处分。事故发生单位也要按照批复要求对本单位负有事故责任的人员进行处理。对于负有事故责任的人员涉嫌犯罪的,还应当依法追究其刑事责任。

在追究事故责任的同时,事故发生单位要认真吸取事故教训,落实防范和整改措施,防止事故再次发生。防范和整改措施的落实情况由安全生产监督管理部门和负有安全生产监督管理职责的有关部门进行监督检查,并接受工会和职工的监督。

除了依法应当保密的以外,国务院或者国务院授权的部门应当及时向社会公布特别重大事故的处理情况。

二、处理涉外交通事故的特别程序规定

(一) 涉外交通事故的概念

涉外交通事故是指一方或双方当事人是外国人、无国籍人,或者事故车辆是在外国登记,具有涉外因素的交通事故。根据涉外交通事故的当事人是否享有外交、领事特权与豁免情况的不同,涉外事故可分为涉及外交、领事特权与豁免的涉外事故和普通涉外事故两类。在处理涉外事故时,应当首先确认当事人的国籍以及是否享有外交、领事特权与豁免。其中,当事人的国籍以其入境时有效证件上所表明的国籍为准,国籍有疑问或者国籍不明的,

由公安机关出入境管理部门协助查明。对无法查明国籍、身份不明的外国人,按照其自报的国籍或者无国籍人对待;当事人是否享有外交、领事特权与豁免,则根据其持有的我国外交部核发的身份证件进行识别,必要时可通过外事部门确认。

(二)处理涉外交通事故的基本原则

1. 国家主权原则

国家主权原则是国际法与国际私法基本原则的核心和灵魂,是处理一切涉外法律事务所必须遵循的原则。国家主权是指一国的国家权力对其他任何国家具有独立性,国家有权依照自己的意志,自主地处理其对内对外事务,而不受其他任何国家和权力的任何形式的干涉。不过也应当注意,国家主权原则并不意味着主权是绝对的,主权的行使也是要受到一定制约和限制的,因为任何国家作为国际社会的一员,在要求别国尊重自己主权的同时也要尊重别国的主权,并且有义务履行根据国际法和所缔结国际条约承担相应的义务。按照这一原则,我国对发生在境内的交通事故具有独立的立法和行政、司法管辖权,公安交通管理部门应当在不违背我国所缔结或加入的有关国际条约的原则下,适用我国的法律、法规和规章进行处理,并且在处理过程中应当维护国家的主权和利益。

2. 平等互利原则

平等互利原则是指在处理涉外事故时,应当维护各国家在法律上的平等关系,并有利于发展国家间互利的经济、社会和人员交往。具体而言包含以下三个方面的内容:

(1)各国法律处于平等的地位,彼此承认对方国家的法律在本国的域外效力,在法律适用、司法协助以及互相承认和执行法院判决或仲裁裁决等方面,都有权要求对等和互惠;

(2)外国人在法律上享有不受歧视待遇,其合法权益要受到与我国公民同等的法律保护;

(3)当某一国家或地区对我国公民的合法权益进行非法限制、侵害或者破坏时,我国有权对该国家或地区的公民、法人采取报复性的法律对抗措施。

(三)处理涉外交通事故的法律适用

处理涉外事故应当适用我国的法律规范,并在对等互惠原则的基础上履行我国缔结和加入的国际条约中有关我国政府对外国公民、法人和其他组织承担的义务。当我国的法律规范与我国所承担的国际条约义务发生冲突时,除了我国声明保留的条款外,应当适用国际条约的规定。

(四)处理普通涉外事故的特别程序规定

1. 权利告知

为了正确履行国际义务和保护当事人的合法权益,公安交通管理部门在处理涉外事故时应当向当事外国人或无国籍人告知我国法律、法规规定的当事人在处理事故时的权利和义务,对于外国人或无国籍人应承担事故全部责任或者主要责任的,还应告知事故损害赔偿权利人,在案件调查处理期间可以向人民法院申请采取诉前财产保全措施。

2. 请示报告、内部通报和对外通知

由于涉外事故的处理涉及对国际公约、国际双边条约等涉外法律规范的适用,并且在处理过程中稍有不慎就可能影响到我国与有关国家的国际关系,因此为慎重起见,在处理过程中应当严格执行有关办理涉外案件的请示报告、内部通报、对外通知等制度。

对于在事故中涉嫌违法或者犯罪的外国人,应当依法追究其行政或刑事法律责任,并根据需要采取相应的强制措施,在事故未处理完毕之前可以依法不准其出境。其中,决定采取限制人身自由或活动范围的行政处罚和行政、刑事强制措施的,决定机关应当在做出决定或者执行刑事拘留、逮捕后的48小时内将其姓名、性别、入境时间、护照或者证件号码、案件发生的时间、地点,涉嫌违法、犯罪的主要事实,已采取的措施及其法律依据等情况报告省级公安机关,由省级公安机关在规定期限内通知该外国人所属国的驻华使馆、领馆,并通报同级人民政府外事部门。被决定采取行政强制措施或者行政拘留处罚的当事人要求不通知使馆、领馆,并且我国与其所属国未签署双边协议规定必须通知的,可以不通知,但应当由其本人提出书面请求。被限制人身自由或活动范围人员的所属国驻华外交、领事官员要求探视的,应当及时安排有关探视事宜,但其本人拒绝探视并且出具了书面声明的,可以不安排探视。对于因涉嫌犯罪而被羁押的外国人,经公安机关批准,可以与其近亲属、监护人会见和与外界通信。

当外国人在事故中死亡或者在被限制人身自由、活动范围期间死亡的,由省级公安机关通知其所属国驻华使馆、领馆,同时报告公安部并通报同级人民政府外事部门。

发生重大或者可能引起外交交涉的外国人犯罪案件,省级公安机关应当及时将案件办理情况报告公安部并通报同级人民政府外事办公室,必要时由公安部商外交部将案件情况通知我国驻外使馆、领事馆。

3. 尸体及死者遗物处理

在事故中死亡的外国人,由公安机关的法医出具死亡鉴定书。有关尸体的善后处理事宜,有接待单位的由接待单位负责,没有接待单位的由公安机关会同有关部门共同处理。尸体一般应做防腐处理并妥为保管,如需在当地火化或作解剖检验的,应由死者家属或死者所属国驻华使、领馆提出书面申请后方可进行。无论尸体是否火化,尸体或者火化后的骨灰均应运回其本国,不得在我国境内安葬或播撒(经省级或中央民政部门批准的友好知名人士除外)。

清点死者遗物时,应有死者家属或其所属国驻华使馆、领馆官员到场。如死者家属或其所属国驻华使、领馆官员明确表示不能到场的,由公安交通管理部门予以清点和登记造册,并由公证人员到场公证。事后在向死者家属或其所属国驻华使馆、领馆移交遗物时要开具移交书,移交书应经移交双方签字后进行公证。如死者有遗嘱的,应将遗嘱拍照或复制后将原件交死者家属或其所属国驻华使馆、领馆。

4. 损害赔偿调解

涉外交通事故的调解可以采用单方调解方式进行。对于达成损害赔偿协议的,交通警察可以代当事人转交协议赔偿的款项。外国人发生交通事故并承担全部责任或者主要责任的,为维护受害人的合法权益,公安交通管理部门应当告知事故的损害赔偿权利人可以请求人民法院采取诉前财产保全措施。

5. 其他要求

公安交通管理部门在处理事故过程中应当使用我国通用的语言文字,对于不通晓我国语言文字的应当为其提供翻译,当事人通晓我国语言文字而不需要他人翻译的,经出具书面声明后可以不为提供翻译。经公安交通管理部门批准,外国人可以自己聘请翻译,翻译费由当事人承担。涉嫌犯罪的外国人需要委托辩护人的,应当委托在我国的律师事务所执业的律师。

(五)处理涉及外交或领事特权与豁免交通事故的特别程序规定

1. 外交或领事特权与豁免概述

外交或领事特权与豁免包括外交特权与豁免和领事特权与豁免,此外,类似的还有国际组织、国际组织驻华代表机构的特权与豁免。这些特权与豁免是我国为了保证驻华使、领馆等机构及其人员正常进行外交、领事活动,而给予的特殊权利和优遇。根据《中华人民共和国外交特权与豁免条例》和《中华人民共和国领事特权与豁免条例》,领事特权与豁免一般低于外交特权与豁免,其中,与交通事故处理有关的外交特权与豁免主要有:外交代表的人身不受侵犯,不受逮捕或者拘留;使馆的交通工具免受搜查、征用、扣押或者强制执行;外交代表享有刑事、民事和行政管辖豁免,免受强制执行;没有以证人身份作证的义务等。与交通事故处理有关的领事特权与豁免主要有:领事官员的人身不受侵犯,不受逮捕或者拘留(有严重犯罪情形并依照法定程序予以逮捕或者拘留的除外);财产不受侵犯;就执行职务的行为享有司法和行政管辖豁免(交通事故损害赔偿诉讼除外);就其执行职务所涉及的事项免除作证义务等。此外,由于我国参加的某些国际公约以及与有关国家或国际组织缔结的协议往往就相关人员的特权与豁免做出一些不同的规定,因此,对于外国驻华领事机构、国际组织、国际组织驻华代表机构的人员,还应依据我国已参加的国际公约以及与有关国家或者国际组织缔结的协议来具体确定其享有的特权与豁免。但需要注意的是,如果有关人员是我国公民或者已获得在我国永久居留资格的外国人时,只能就其执行公务的行为享有特权与豁免。

除了外交代表和领事官员本人以外,使、领馆的下列非中国公民并且不在中国永久居留的人员也享有全部或部分的外交或领事特权与豁免:与外交代表或领事官员共同生活的配偶和未成年子女、使馆或领馆的行政技术人员以及与其共同生活的配偶和未成年子女、使馆或领馆的服务人员。另外,来我国访问的外国元首、政府首脑、外交部部长、特别使团的团长(特使)及使团成员、途经或作短暂停留的驻第三国的外交人员、参加政府性国际会议的代表等,也都享有相应的外交特权与豁免。

上述特权和豁免是以相互尊重主权和平等互利为基本前提的,因此,所有享有特权与豁免的机构和人员都应当尊重我国的法律、法规。如果违反了我国法律、法规的强制性规定,将依法通过外交途径解决,或者请求派遣国放弃其管辖豁免权,更甚者宣布其为"不受欢迎"、"不能接受"的人。

2. 事故调查

享有有关特权与豁免的人员发生交通事故后,应当主动向到达现场的交通警察出示其有效身份证件,并配合公安交通管理部门的调查和检验、鉴定。现场的交通警察应当采取必要措施防止其人身自由和尊严受到侵犯,除了认为依法应当给予暂扣或者吊销机动车驾驶证处罚的可以扣留其机动车驾驶证之外,不得采取其他限制人身自由和查封、扣押车辆或财物的强制措施。因为事故调查需要进入或者检验、鉴定事故车辆的,必须事先征得当事人的同意,并在检验、鉴定结束后立即发还。需要对当事人进行调查的,可以约谈,谈话时仅限于与事故有关的内容,本人不接受调查的应记录在案。事故调查结束,公安交通管理部门应当根据收集的证据,制作事故认定书并送达当事人,当事人拒绝接收的,送至其所在机构,没有所在机构或者所在机构不明确的,由当事人所属国家的驻华使领馆转交送达。当事人在发生事故时有违法行为的,应当将其身份、证件及违法行为等基本情况记录在案,保存有关证据,并尽快将有关情况逐级上报省级公安机关,由省级公安机关商同级人民政府外事部门处理。

对于享有外交、领事特权与豁免的人员不出示有效身份证件并拒绝接受调查或者检验、鉴定的,公安交通管理部门有权对其采取强制措施。

对于享有外交、领事特权与豁免的外国人发生人员死亡事故的,应当将其身份、证件及事故经过、损害后果等基本情况记录在案,并迅速通报省级人民政府外事部门和该外国人所属国家的驻华使馆或者领馆。

3. 损害赔偿调解

对于事故的损害赔偿,如果各方当事人一致请求公安交通管理部门调解的,公安交通管理部门应当依法进行调解,但是,享有外交、领事特权与豁免的外国人拒绝接受调查或者检验、鉴定的除外,其损害赔偿事宜通过外交途径解决。当事人未请求公安交通管理部门调解,或者经调解未达成协议的,依照享有外交、领事特权与豁免的一方是否就事故损害赔偿享有民事司法管辖豁免的不同而在处理方法上有所差异,其中,对于当事人享有民事司法管辖豁免的,除非其本人主动向人民法院提起诉讼或者对方当事人针对该起诉提起反诉时,由人民法院依法审理之外,应当通过外交途径解决;对于当事人不享有民事司法管辖豁免的,则双方当事人均可向人民法院提起诉讼。

三、处理涉及港澳台事故的特别程序规定

由于我国在香港和澳门实行"一国两制"以及台湾尚未统一的历史现状,在大陆与香港、澳门、台湾地区之间事实上存在着法律、经济、文化、习俗等方面的差异,因此,对于涉及港、澳、台地区入境人员、车辆的交通事故,应当在本着一个中国的原则和严格执行道路交通安全法的基础上,充分考虑两地间在法律制度和文化、习俗差异,正确执行有关政策,进行妥善处理。其中,对于入境的台湾同胞因事故死亡的,公安交通管理部门应当通报当地人民政府的台湾事务办公室,并尽快通过台湾同胞的接待或聘用单位直接通知死者家属。如接待或聘用单位无法直接通知死者家属的,可通过两岸的红十字会等其他渠道代为通知,必要时也可通过海峡两岸关系协会与台湾海峡交流基金会联系。清点死者遗物时,应有死者家属或其代表和大陆有关部门人员在场,如家属明确表示不能到场时,应由公证人员到场公证。遗物清点必须造册,列出清单,并由清点人签字。如死者有遗嘱,应将遗嘱拍照或复制后,将原件交死者家属或其代理人。在事故中死亡的台湾同胞应当由地(市)级以上公安机关的法医出具死亡鉴定书,并由死亡地的公证部门对死亡鉴定书出具公证书。死者的尸体一般不作解剖,如死者家属提出书面申请,要求进行尸体解剖的可以同意解剖。尸体的处理应尊重死者家属的意愿,可在当地火化或者运出境外。如死者家属提出就地土葬的,需向所在地的省级人民政府民政部门提出申请,经批准后葬在指定的公墓内。死者的善后事宜处理结束后,公安交通管理部门应写出死亡善后处理情况报告,报上级主管部门和当地人民政府的台湾事务办公室。

四、处理交通肇事逃逸案的特别程序规定

(一)交通肇事逃逸的概念

交通肇事逃逸,是指发生交通事故后,当事人为了逃避法律责任,驾驶车辆或者遗弃车辆逃离事故现场,以及潜逃藏匿致使事故调查无法进行的行为。当事人在发生事故后逃逸的根本目的在于逃避承担事故的损害赔偿以及行政、刑事处罚,其常见的行为表现大体有以

下几种：

(1)在明知自己已经或者可能发生了事故的情况下,不顾受害人的安危和现场存在的其他危险,既不报警也不保护现场、救助伤员,直接驾驶车辆或者遗弃车辆逃离事故现场；

(2)在发生事故后,对现场进行破坏、伪造、毁灭证据或者隐藏、残害受害人之后逃离事故现场；

(3)在发生事故后没有立即离开现场,甚至还对事故进行了报警和保护现场、救助伤员,但是事后却潜逃藏匿,不接受公安交通管理部门的调查取证。

当事人在发生事故后逃逸,不仅会使事故现场的险情不能得到及时控制,进而危及受害人的生命、财产安全乃至现场其他过往车辆、人员的交通安全与畅通,而且还会使案件的调查处理变得困难,受害人无法获得赔偿,而极易诱发群体性事件和影响社会安定,因此,交通肇事逃逸历来是公安交通管理部门重点预防和打击的对象。

(二)交通肇事逃逸案的查缉

交通肇事逃逸是一类较为多发的恶性交通肇事案件,约占全部交通事故的5%。为了积极应对随时可能发生的交通肇事逃逸案件,公安交通管理部门应当根据管辖区域的道路情况,制定交通肇事逃逸的查缉预案,并组织专门力量侦办。当发生交通肇事逃逸案件后,案发地的公安交通管理部门应当根据有关报警情况或者出警人员在现场调查了解到的肇事逃逸车辆的车型、车号、车身特征或者逃逸路线、方向等信息,立即布置警力堵截,并通过全国机动车缉查布控系统,请求相邻的公安交通管理部门协助查缉。

案发地公安交通管理部门可以通过发协查通报、向社会公告等多种方式要求协查、举报交通肇事逃逸车辆、人员或者侦破线索。发出协查通报或者向社会公告时,应当提供交通肇事逃逸案件基本事实、交通肇事逃逸车辆类型、特征及逃逸方向等有关情况。对于军队和武警部队车辆涉嫌交通肇事逃逸的,应当通报军队有关部门。接到协查通报的公安交通管理部门,要根据协查通报的案件情况立即布置堵截或者排查。一旦发现肇事逃逸车辆或者嫌疑车辆的,应当予以扣留,并依法传唤肇事逃逸人或者与协查通报相符的嫌疑人,同时将有关情况及时通知案发地公安交通管理部门。案发地公安交通管理部门在接到通知后要立即派交通警察前往办理移交。当肇事逃逸车辆或者逃逸嫌疑人员被查获后,公安交通管理部门要按照原范围发出撤销协查通报。

对于公安交通管理部门及其交通警察在接到协查通报后不配合协查并造成严重后果的,由公安机关或者上级公安交通管理部门追究有关人员和单位主管领导的责任。对于为查获交通肇事逃逸车辆及人员提供有效线索或者协助的人员、单位,由公安交通管理部门给予表彰和奖励。

(三)交通肇事逃逸案的受害人救助

按照《机动车交通事故责任强制保险条例》第24条规定:机动车肇事后逃逸的,由道路交通事故社会救助基金先行垫付事故受害人的丧葬费用、部分或者全部抢救费用,事后,救助基金管理机构有权向事故责任人追偿。因此,当交通肇事逃逸案件发生后,有人员受伤并且需要抢救的,交通警察应当通知事故发生地的救助基金管理机构垫付有关抢救费用,有人员死亡的,由受害人亲属向救助基金管理机构申请垫付丧葬费用。救助基金管理机构已经向受害人垫付抢救费用或者丧葬费用的,交通警察在案件侦破后要及时将肇事逃逸驾驶人的有关情况书面告知救助基金管理机构。在案件的侦办期间,事故受害人及其家属向公安交通管理部门询问案件侦办情况的,公安交通管理部门应当予以告知。

(四)交通肇事逃逸案的事故认定

交通肇事逃逸案件通常应在查获肇事逃逸车辆和驾驶人之后的10个工作日内进行交通事故认定,但是,对于逃逸案件尚未侦破,受害方当事人要求出具《道路交通事故认定书》的,公安交通管理部门应当在接到当事人书面申请后的10个工作日内认定事故,并将认定书送达受害方当事人。事故认定书应当载明事故发生的时间、地点、受害人情况及调查得到的案件事实,有证据证明受害人对发生事故有过错的,相应确定受害人的责任,没有证据证明受害人对发生事故有过错的,确定受害人无责任。待逃逸案件侦破后,再根据最终查明的案件情况重新认定事故,并在重新制作的事故认定书中注明撤销之前的事故认定书。

第三章 道路交通事故现场处置

第一节 概 述

一、道路交通事故现场的概念及特点

(一)道路交通事故现场的概念

交通事故现场是指发生交通事故的车辆、人员、牲畜以及与事故有关的道路、物体、物质、痕迹等组成的空间结构。从内容上看,交通事故现场包括事故发生的地点、地理环境以及与事故有关的道路、车辆、人员、物品、痕迹等的状态、空间位置和相互关系,其中的道路、车辆、人员、牲畜、物品、痕迹等又被称为现场元素。

(二)交通事故现场的特点

1. 直观性

交通事故的发生过程都伴随着程度不同的能量传递与转化,使得现场的道路、设施、车辆、人员、物品等发生状态变化并留下痕迹,这些变化及痕迹不仅忠实地记录了事故的发生演变过程,而且都具有一定的外观形态,通常能够为人所直接感知,而不需要或很少需要使用专门的探测及观察仪器。

2. 开放性

交通事故现场都地处车辆、人员通行往来的公路、城市道路等向社会公众开放的空间,这与其他案件现场多处于室内或相对偏僻的野外具有很大不同。交通事故现场的开放性,使得现场很容易受到过往车辆、人员及自然因素的影响,现场的抢救、保护和勘查难度较大,不仅交通秩序较难维持,而且痕迹物证也容易遭受破坏,有时甚至可能引发连环事故和偷盗、哄抢、斗殴等案件。

3. 时序性

交通事故现场是空间性和时间性的综合,现场元素的形态及空间位置变化与车辆、人员、物体等在事故中的相互作用和运动情况有关,因此,不同现场元素的形态特征及空间位置分布呈现出一定的联系性和与事故发生演变进程一致的时间顺序性。交通事故现场的时序性是调查、分析交通事故发生演变过程及其原因的重要基础。

二、道路交通事故现场的分类

(一)按事故现场的完好性分类

1. 原始现场

原始现场是指与事故有关的车辆、尸体、物品、痕迹等的状态及位置在现场勘查时仍然保持着事故发生后的最初状态,均未受到人为或自然因素改变的现场。由于原始现场保持了事故发生后的最初状态,完整、真实地反映了事故发生的客观情况,对于分析判断事故的发生演变过程及成因具有特别重要价值,因此,应特别重视对事故现场的保护,以尽可能使其保持原始状态。然而,由于受风、雨、雪等自然因素以及现场抢救、疏导交通或者过往车辆碾压、人员践踏等人为因素的影响,要完全保持事故现场的原始状态是相当困难的,为此,通常将为了现场抢救、疏导交通而移动某些现场元素并做了相应标记或记录,以及其他虽然发生了局部变化,但并不影响现场勘查工作正常进行的现场也视为原始现场。

2. 变动现场

变动现场是指在事故发生后,现场状态由于受自然或人为因素影响发生了部分或全部改变,对现场勘查工作具有不同程度影响的现场。依现场发生变动的原因不同,变动现场又可分为一般变动现场、伪造现场和逃逸案现场。

所谓一般变动现场,是指在事故发生后由一些合法因素或者自然因素导致的现场变动。从实践来看,主要包括以下情形:

(1) 因抢救伤员而移动事故车辆、人体或其他物体,且未作标记的;
(2) 现场的痕迹物证被过往车辆或行人辗压、踩踏、抚摸而遭受破坏的;
(3) 因风、雨、雪等自然因素造成现场痕迹物证破坏或灭失的;
(4) 执行任务的警车、消防车、救护车等专用车辆或重要首长、外宾乘坐的车辆,在发生事故后为了继续执行任务或者确保首长、外宾的安全而离开现场的;
(5) 事故发生后,当事人因为不知道发生了事故而离开现场的。

所谓伪造现场,是指事故肇事人在事发后为了逃避法律追究或者嫁祸于人,而故意改变现场的原始状态或者布置虚假的事故现场。实践中还发生过违法犯罪人员为了隐瞒其违法犯罪行为或者诈骗保险等目的,利用受害人尸体和保险车辆布置虚假事故现场的案件。

所谓逃逸案现场,是指在事故发生后,当事人为了逃避法律追究而驾驶车辆或者遗弃车辆逃离的事故现场。这类现场的典型特征在于,不仅现场的痕迹物证往往遭受破坏,并出现车辆、人员缺失的情况,而且逃逸人在逃逸过程中还可能引发新的事故而形成连环事故现场。

(二) 按事故现场的形成分类

1. 原发现场

原发现场是指交通事故在发生后客观形成的现场,包括在事故发生后因其他车辆闯入又发生损害的次生事故现场。前述的原始现场和变动现场,除了人为故意布置的虚假现场以外,都属于原发现场。

2. 恢复现场

恢复现场又称模拟现场,是指为了调查和分析事故,根据原发现场的勘查记录、当事人陈述、证人证言以及其他事故证据,按照现场原貌重新布置的现场。实践中需要布置恢复现场的情况大体有两种:一是事故案情复杂,在现场已被撤离后需要重新回到现场,对事故过程、成因及相关问题进行实地分析研究;二是当事人在事发后未及时报警,致使现场遭受破坏或被撤离,需要在当事人或证人指认的事故发生地实地调查核实事故的有关事实。由于在实地恢复现场对道路的正常交通存在很大影响,并且需要花费大量的人力物力,因此近年来已逐渐转由利用计算机仿真技术对事故现场进行虚拟重建。

三、道路交通事故现场处置的任务

现场处置是公安交通管理部门处理交通事故的主要任务之一,也是整个事故处理工作的初始阶段。根据事故现场的具体情况和案件调查处理需要,公安交通管理部门所要完成的现场处置工作可概括为以下四个方面。

(一)现场保护

事故发生后,不仅当事人应当注意保护现场,赶到现场的事故处理人员也应当根据需要对现场采取划定隔离区、设置警戒线、疏导交通等现场保护措施。实践证明,保护好现场不仅可以使现场证据免遭破坏和灭失,为现场勘查取证打下基础,确保事故处理工作的正常进行,而且有助于维持现场交通秩序,避免或减轻现场人员围观和交通阻塞,防止发生连环事故,此外,保护好现场对于防止现场财物遭受破坏、偷盗、哄抢或者人员冲突等也有重要意义。

(二)现场救援

我国目前的交通事故死亡率约为15%,虽然这较过去已有很大程度降低,但仍然比发达国家高3~10倍,例如1987年日本的交通事故死亡率仅为1.3%。导致我国交通事故死亡率高的一个重要原因在于现场抢救水平低,事故伤员得不到及时有效的救护。有研究表明,我国的交通事故死亡人员中约有50%死于发生事故瞬间,30%死于事故后1~2小时,15%死于事故后7天内,其中约有30%是因为受伤后抢救不及时而死亡。实验证明,如果在事故发生后的5分钟内对伤员采取必要的急救措施,并在30分钟内送院急诊,那么约20%的重伤员是可以免于死亡的。因此,要降低交通事故的死亡率,除了不断提高道路、车辆的安全防护性能以外,提高对事故伤员的现场救护水平也是避免其伤势加重甚至死亡的有效措施。

交通事故除了直接造成人员伤亡外,有时还会导致事故车辆、装载物以及道路设施、路边管线、建筑物等发生失火、爆炸、泄漏、倒塌和坠落等险情,对现场及其周边的人员和财物安全构成很大威胁,可能造成比交通事故本身更为严重的次生事故,因此在交通事故发生后,必须针对现场险情迅速疏散现场无关人员和采取必要的安全防护措施,并根据需要立即通知急救、消防等部门到场施救,以最大限度地减轻事故损害。

(三)现场勘查

勘查现场是指公安交通管理部门为了查明事故过程、原因、损害后果并收集有关证据,依法对事故现场进行的勘验、检查和调查工作。现场是事故发生的空间所在,拥有几乎所有与事故有关的痕迹物证和其他重要证据线索,对现场进行科学、细致、全面和客观的勘验、检查和查访在场人员,不仅是了解事故真实情况并收集相关证据的主要途径,更是及时侦破交通肇事逃逸案和查清其他疑难复杂案件的关键。

(四)现场清理

现场救援与现场勘查完毕后,事故处理人员应当组织当事人和其他有关部门及时将事故车辆和损坏的道路设施等移至不妨碍交通的地方,并清理现场遗留物,以尽快撤离现场和恢复现场的正常交通秩序。

第二节　道路交通事故应急救援

一、道路交通事故应急救援的基本任务

交通事故应急救援的目的在于通过迅速、有效的现场抢救、抢险和保护措施,以最大限度地减少人员伤亡和财产损失,最大限度地降低交通事故对道路通行的影响和对环境的破坏。交通事故应急救援的主要任务包括:

(一)拯救受伤及遇险人员

拯救受伤及遇险人员是事故救援的首要任务。在交通事故发生后,为了有效降低事故人员伤亡,负责事故救援的人员除了需要尽快对事故伤者进行现场急救和转移,对于事故中经常出现的由于事故车体变形、翻倒、燃烧、落水等情况所导致的人员被困,还应当迅速采取安全、有效的解救措施,以避免他们遭受更为严重的伤害。

(二)控制危险事态

当发生失火、爆炸事故或者载运易燃、易爆、有毒、有害等危险品车辆发生交通事故,极可能给现场环境造成污染和破坏,甚至危及周围居民、建筑物、设施和过往车辆、人员的安全与健康,因此,在事故发生后需要迅速采取控制危险源、标明危险区域、封锁危险道路、划定警戒区、实行交通管制以及其他有效控制措施,以避免事故后果的进一步扩大,并有助于对现场受伤、受困人员的救援。

(三)消除危害后果

对于造成交通、通信、供水、排水、供电、供气、供热等公共设施遭受损坏的交通事故,需要立即通知有关部门抢修被损坏的设施,及时恢复正常的社会生产、生活秩序,以避免造成广泛的社会影响和经济损失。

二、道路交通事故应急救援的特点

(一)突发性和不确定性

突发性是交通事故的典型特征,事故在发生前往往没有明显征兆,而且一些事故在发生后其事态还会继续蔓延、加重,甚至失控,后果具有很强的不确定性,为此,要求有关应急救援部门必须在事前做好经常性的应急准备,并且在事发后以最短的时间做出有效反应,以求在事故产生重大灾难后果之前采取各种有效的防护、救助和控制措施。

(二)猝变性

由于交通事故多发生在人员和车辆密集的交通要道,对当事人和社会公众的影响较大,在应急救援过程中稍有不慎,就可能引起现场相关人员的不满,甚至发生对立、冲突和混乱,从而改变案件的性质,使事故的波及范围扩大,卷入的人员数量增加并加重其损害后果。

(三)复杂性

由于事故后果具有突发性和不确定性,极有可能引起现场人员产生恐惧心理和公众过激反应等突发情况,加之现场救援通常需要多个部门参与,在有关救援的信息沟通、行动协调与指挥、授权、职责等方面容易发生混乱和失调,所有这些都会加剧应急救援工作的复杂

程度,需要通过必要的组织协调机制进行有效调控。

三、道路交通事故应急救援的原则

交通事故应急救援应当遵循以下原则:

(一)反应迅速

接到事故报警后,公安交通管理部门应当根据案件的性质、特点和危害程度,立即通知急救、消防等有关部门,调动应急救援人员迅速赶赴现场实施救援。交通警察到达现场后,要迅速组织和协调各救援单位有序开展救援工作。交通警察在执勤巡逻过程中发现事故的,应当立即报告指挥中心或者值班室,并对现场进行必要的安全防护和抢救受伤人员、保护痕迹物证、疏导交通等先期处置。

(二)确保安全

在实施现场救援时,一方面要针对事故所造成的具体人员受伤、被困和财物危险状况,合理选择有效的救援途径和救援方法,避免因为救援措施不当或救援迟延而造成损害后果加重和扩大;另一方面还应注意救援人员和车辆的自身安全,避免与其他车辆、人员发生碰撞、剐蹭等次生事故,尤其是当载运危险物品的车辆发生事故时,施救人员必须做好个人安全防护,并严禁其他人员在险情未消除前进入现场。

(三)救人优先

人的生命是人类社会得以存续发展的基础,确保社会成员的生命健康安全是维护社会稳定、和谐的最低要求,因此,交通事故处理也应当以拯救人的生命和健康为第一要务,按照先救人后救物和先重后轻、先急后缓的原则开展现场救援行动。

(四)注意保护现场

在现场救援过程中应当注意保护好现场的痕迹物证,为了抢救人员、处置险情、疏导交通等需要移动事故车辆、人体、物品的,应当作好相应标记,必要时可以在移动前首先进行拍照、摄像、绘图或者先行勘验记录,并妥善保存现场的重要痕迹、物证。

四、道路交通事故应急救援体系

交通事故的应急救援体系由组织机制、运行机制和应急保障系统三个部分构成。

(一)组织体制

交通事故应急救援的组织体制包括管理机构、功能部门、应急指挥和救援队伍四个方面。其中,管理机构是指维持交通事故应急救援日常管理和应急指挥的部门,通常是由公安机关的指挥中心具体负责,但按照《中华人民共和国突发事件应对法》的规定,对于发生重大或者特别重大交通事故,造成或者可能造成严重社会危害的,当地的县级人民政府应当负责事故的应对工作,立即采取措施控制事态发展,并组织开展应急救援和处置工作;功能部门是指与应急救援活动有关的各类组织机构,主要包括医疗急救部门、消防部门以及交通、通信、供水、排水、供电、供气、供热等其他相关部门,这些部门需要根据各自的业务需要组织本部门的专业人员建立应急救援队伍,并在启动应急救援程序后受指挥中心的统一指挥开展应急救援工作。

(二)运作机制

交通事故应急救援的运作机制主要包括以下三个方面:

1. 统一指挥

为了使交通事故应急救援所涉及的相关部门互相协调，以达到各项救援工作配合一致，提高应急救援的工作实效，无论是应急救援的场内、场外指挥，还是所涉及单位的行政级别高低或者隶属关系不同，都必须在指挥中心的统一组织协调下开展工作，切实做到有令则行，有禁则止，统一号令和步调一致。按照规定，交通事故应急救援纳入消防救援体系统一指挥调度，当发生事故后，群众拨打110、122、119任一报警电话的，指挥中心都应当根据警情统一指令有关部门进行处置，遇有人员被困或者车辆有爆炸、着火危险的，指挥中心要分别向交管部门和消防部门下达处警指令，并持续追踪现场处置情况，需要时可随时调度周边地区的交管部门和消防部门支援。交通警察和消防人员接到处警指令后要在规定的时间内立即出警，迅速赶赴现场开展现场处置和应急救援。

2. 分级响应

应急救援应当按照事故的性质、严重程度、事态的发展趋势和控制能力实行分级响应机制，对不同的响应级别明确相应的事故通报范围、应急中心启动程度、应急力量出动和设备、物资的调集规模、疏散范围、应急总指挥等。交通事故应急响应一般分为三级，其中，一级响应是在需要调动包括公安交通管理部门在内的所有有关部门及一切资源，或者需要各个部门联合处理的紧急情况下启动，此时，通常要宣布进入紧急状态；二级响应是在公安交通管理部门需要有其他部门协作，并且提供人员、设备或其他资源的情况下启动；三级响应是在公安交通管理部门依照自身职权可以正常利用的资源处理的情况下启动。

3. 社会联动

为了提高交通事故应急救援的响应速度和救援效能，公安交通管理部门一方面要和消防部门开展有关应急救援知识、技能的学习、培训工作，加强协作配合，共同研究制定应急救援的联动预案，组织联合演练，提高应急处置能力；另一方面还应当与公路管理部门、社会组织应急救援队伍等单位加强协作，建立健全相关工作机制，加强日常业务指导与综合演练，充分整合社会应急救援力量资源，完善交通事故应急救援体系。

（三）保障系统

交通事故应急救援保障系统由信息通信、物资保障、人力资源保障和资金保障等子系统组成。其中，信息通信系统主要负责事故预警、报警、指挥等活动信息交流的快速、顺畅、准确以及信息资源共享；物资保障系统主要负责救援物资和装备的监管、生产、储备、调拨和紧急配送；人力资源保障系统主要负责应急救援人员的教育培训、演练、应急动员、指挥调度以及不同部门应急救援队伍的协同应急管理；资金保障系统主要承担应急救援资金的准备和支出管理。公安交通管理部门和消防部门要结合本地实际，共同分析研究交通事故的规律和特点，并针对事故的易发时间、路段、形态以及人员受伤部位等特点，研究制定相应的应急救援措施和预案。

五、道路交通事故应急救援的程序

交通事故的应急救援程序大体可分为接警、确定响应级别、启动应急、救援行动和应急恢复几个步骤。

（一）接警和确定响应级别

接到交通事故报警时，指挥中心的接警人员应尽可能详细地询问现场是否存在人员伤亡、被困或者有爆炸、着火等险情，指挥中心要根据报警情况迅速对现场险情做出判断，并对照应急处置预案初步确定需要启动的应急响应级别。

(二) 启动应急

确定应急响应级别后，指挥中心要按照预案要求迅速启动应急响应程序，在指派交通警察赶赴现场的同时，立刻通知急救、消防等部门调配救援人员和物资开展现场救援，并开通信息通信网络和根据需要成立现场指挥部。当发生多人伤亡的重特大事故后，事故发生地的地方人民政府应当迅速组织现场救援，有关部门应服从统一指挥、调度，积极参加或者配合现场抢救，力争将事故的人员伤亡和财产损失降到最低。

(三) 救援行动

交通警察到达事故现场后应当立即组织施救，同时加强对现场及其周边道路的交通指挥疏导、安全防护和开辟应急救援专用通道，以确保应急救援车辆、人员及装备顺利到达现场。应急救援人员进入现场后，要迅速按照各自的分工开展救援工作，在场的交通警察要积极协助其施救。如果发现事态的严重程度已超过响应级别而无法得到有效控制时，现场的应急救援人员要立即向指挥中心请求实施更高级别的响应。

(四) 应急恢复

应急救援队伍在完成救援行动后，应当对现场进行清理，清点救援人员和救援装备，并配合现场勘查工作结束后撤离现场和解除现场警戒。

六、道路交通事故应急救援的内容

(一) 救护伤员

当发生交通事故并造成人员伤亡时，发生事故的车辆驾驶人要立即抢救伤员，其他过往车辆驾驶人、乘车人、行人应积极协助，交通警察到达现场后，也要立即组织现场人员进行施救。由于交通事故伤者的伤情通常较为复杂，如果随意搬动或救治不当可能会加重其伤情，因此，如非情况紧急，对现场伤员的伤情处置一般由急救、医疗人员负责，交通警察根据其需要予以协助和配合。当情况紧急，而急救、医疗人员又未到达现场时，交通警察在组织施救时要格外小心，不要贸然行事，在必要时可主动联系相关医护人员，并在其指导下进行。

现场施救时应对伤员的伤势进行仔细查验和甄别，并根据需要采取适当的现场救护措施，包括对创口作简单包扎、止血，对骨折部位进行临时固定，对呼吸或心跳暂停人员实施心肺复苏等。经过必要的现场应急处置后，应当迅速将伤员送往附近有救治条件的医疗机构，并将医疗机构的名称和地址及时告知伤者的亲属。

医疗机构应对事故伤者进行及时抢救，不得因抢救费用未支付而拖延救治。在救治过程中按照《道路交通事故受伤人员临床诊疗指南》发生的各项抢救费用，由保险公司或者道路交通事故社会救助基金负责支付或者垫付，其中，对于事故车辆投保了交强险的，由交通警察制作《交通事故抢救费支付通知书》，通知保险公司在交强险的保险责任限额范围内支付伤者的抢救费用；对于发生交通肇事逃逸或者事故车辆没有投保交强险以及交强险超期的，由交通警察在3个工作日内书面制作《交通事故抢救费垫付通知书》，通知事故发生地的道路交通事故社会救助基金先行垫付伤者的部分或者全部抢救费用。

(二) 解救被困人员

当事故现场出现人员被困时，应根据被困人员的具体受困情况，迅速采取切割、牵拉、举升、扩张等措施,按照首先建立生存空间,然后解除阻困的步骤,破拆变形车体或者移除车体、重物等进行解困。对于被困人员受伤较重的,在解困的同时还应密切观察其神志和伤情变化,必要时可预先采取止血、包扎和补充体液等急救措施。

需要特别注意的是,在对变形车身实施牵拉、切割时,应预先做好对受困人员的保护措施,以免在施救过程中因为车体震动或者变形部位回弹而加重其困境和损伤。当采用热切割方式破拆车体时,还要同时做好防火和降温、隔热措施,以避免因火焰蔓延或者高温而伤及被困者和危及事故车辆及财物的安全。

(三)现场灭火

对于车辆发生燃烧的,在火势不大的情况下,应迅速切断车辆的油路和电路,并在向消防部门报警的同时尝试采用灭火器灭火或者用沙土、浸过水的棉被等不易燃烧的物品蒙盖火苗灭火。对于汽油、柴油等油料着火的,切勿用水泼,因为这样反而会助长火势。为了防止油箱在高温下发生爆炸,应对油箱采取降温和隔热措施。如果现场附近有加油站、草垛等易燃物或高压线时,应设法将着火的车辆移开后,再设法灭火。

(四)危险物品处置

当事故现场出现易燃、易爆、剧毒、腐蚀、放射性等危险化学品泄漏的,救援人员应立刻查看危险化学品包装上的《危险化学品安全标签》或者随车的《危险物品安全技术说明书》,以了解所泄漏危险化学品的危险性、急救措施、消防措施和泄漏时的应急处理措施,然后有针对采取喷洒中和液或者水雾稀释等方式消除其危害。与此同时,应设法阻止有毒、有害物质的继续泄漏,并对地面上的泄漏物采用沙土筑围、掩盖的方式拦截,以免扩大污染范围。待险情控制后,应对现场地面、设施和植物等进行彻底洗消或清除,以防止危害的继续扩散。对于有毒、有害物质落水的,应立即打捞上岸和设法清除泄漏到水体中的污染物,并立即报告当地政府,由政府公告相关区域的单位和人员停止取水和用水,同时加强对水体污染的监测。

(五)其他险情处置

当事故车辆及人员落水后,应立即在其入水点和沿水流的下游方向进行寻找和打捞。对于溺水人员应及时排出其肺部及呼吸道内的积水,必要时立刻进行心肺复苏等抢救措施。对于打捞上来的货物应及时排干积水,属于需防水保护的货物应同时清除其已被水浸湿的外包装物。

对于事故现场濒临倒塌或坠落的建筑物、电杆、树木、车辆和其他物体,应在设法对其进行支撑或固定的同时,迅速疏散建筑物、车辆内部以及危险物周边的人员,并及时划定警戒范围,在险情未排除前禁止无关人员进入。

第三节 道路交通事故现场保护与清理

一、事故现场的安全防护

(一)一般要求

交通事故发生后,当事人应当立即停车,开启车辆的危险报警闪光灯,将车上人员疏散到路外安全地带,并在车后适当位置摆放危险警告标志。如果车辆驾驶人已在事故中死亡或者受伤无法行动的，车上其他人员应当自行组织疏散，并立即报警。报警时应详细说明发生事故的时间、地点、事故后果、人员伤亡情况和现场存在的险情等，并按报警台的指示保护好现场和在现场等候交通警察到场处置。对于载运爆炸品、易燃化学品以及毒害性、放射性、腐蚀性、传染病病原体等危险物品车辆发生事故的，危险物品车辆驾驶人、押运人还应当针对危险品的性质和现场情况采取必要的应急处置措施。

　　交通警察到达现场后，要迅速了解现场概况，划定警戒区域，并确定专人负责现场的交通指挥和疏导，以维持好现场的安全秩序。警戒区域一般由警戒区和预警区两部分组成，其中，警戒区是指需要实施现场保护，不允许无关车辆和人员进入的空间范围；预警区则是为了确保现场安全，防止其他车辆闯入警戒区，而在其上游一定距离设置的提示过往车辆减速避让的缓冲区域。在确定警戒区的范围时，除了要考虑与事故有关的车辆、尸体、物品、痕迹等的所在位置，以及要为救援车辆、救援设备的摆放、移动、工作和救援人员作业提供足够的活动空间之外，还应尽可能为过往车辆及人员保留适当的通行条件，必要时可对现场的局部先行勘查和撤离，以缩小需要保护的范围和维持现场基本的通行条件，如遇夜间、雨雪、雾霾等能见度不良天气条件时则应进一步增大警戒区范围。因事故导致交通中断或者现场处置需要采取封闭道路等交通管制措施的，应立即报告指挥中心，由指挥中心通知相关路段的执勤民警在现场的来车方向提前组织分流，并通过电子显示屏、绕行提示标志和电台广播等方式及时提醒其他车辆绕行，避免发生交通堵塞。

　　当现场警戒区的范围确定后，要用警戒带或反光锥筒等安全防护设备标示出明显的区域边界，并在警戒区的前后端和预警区设置相应的警告标志、限制车速标志和解除限制车速标志。在设置反光锥筒和警告、限制车速标志时，要留心观察过往车辆，注意安全，并按照先设置前方最远端的警告、限制车速标志，再由远及近顺序设置其他标志和反光锥筒，在夜间、雨雪、雾霾、沙尘等能见度不良的天气条件下还应使用主动发光式警告、限制车速标志。

　　勘查车辆应当停放在现场来车方向的50m左右位置，其中，摩托车应横向停放，汽车应将车头以约30°夹角斜向路边，以防其他来车撞到勘查车辆后导致警车冲入现场内部。现场的其他救援车辆按照相同方式停放在勘查车辆与现场之间方便救援的区域。

　　处置事故现场的人员必须按照规定穿着反光背心，夜间还应佩戴发光或者反光器具。现场勘查、救护等车辆应在停车前开启警灯、危险报警闪光灯或车载显示屏，夜间应同时开启示廓灯，如果是在高速公路上的还应开启警报器。

（二）普通道路的事故现场安全防护

　　对于发生在城市道路和普通公路上的交通事故，现场警戒区的左右边界应以事故所占用车道的外侧车道分界线和道路中心线、边缘线为准，对于路面没有划分车道的，则沿现场所占用路面外侧约1m处平行于道路走向设置，如果剩余路面不能满足车辆通行的，则延伸至该侧路边。警戒区的前后边界根据道路限速分别设在现场上游的50~150m（或者至邻近路口）和下游的10~20m处，其中，现场一侧为同方向可通行车道的以约45°夹角斜向设置，左右两侧均为同方向可通行车道的沿横向设置。警戒区前后边界每隔1.5~2m设置一个反光锥筒，纵向边界每隔5~10m设置一个反光锥筒。预警区根据道路的视距条件设在警戒区上游的20~50m范围，并在其起始位置设立路面变窄标志和20km/h限速标志，如图3-1所示。如果现场位于交叉路口内，则应在所有受影响的入口处设置警告标志，有条件的还可通过调控交通信号灯来限制相关进口车道的通行。

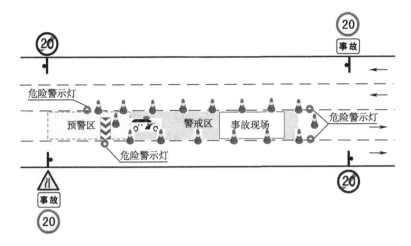

图 3-1 普通道路的事故现场防护

(三)高速公路的事故现场安全防护

高速公路交通事故现场的安全防护与普通道路的大体相似,但在具体防护范围和防护标准上要比普通道路要求严格。其中,对于现场不具备通行条件并且较长时间无法恢复交通的,应在其上游来车方向的就近匝道前设置警示标志,实施提前交通分流,引导车辆绕行;对于现场具备通行条件或者经短暂处置后能够恢复交通的,则应在现场周围设置相应的警戒区和预警区。警戒区范围一般应取现场的上游500m(白天在直线路段、匝道、收费站为200m)至下游50m,预警区范围一般应取警戒区上游的500m(白天在直线路段、匝道或收费站为400m)。如图3-2所示,警戒区的一侧必须依托道路的路侧护栏或中心护栏,另一侧以现场所占据路面的最外侧车道分界线为界,其前后端分别从车道分界线以约45°斜向路侧或中心护栏,并分别在预警区起点的应急车道内设置80km/h限速标志,在预警区内距离警戒区100m的应急车道设置40km/h限速标志(收费站路段在夜间和能见度不良天气条件时为20km/h),在临时通行车道的起点设置20km/h限速标志(白天直线和下坡路段为40km/h)。警戒区纵向边界的反光锥筒按照每隔10~20m一个的密度放置,并由前往后在反光锥筒上设置车辆闯入报警设备,有条件的在夜间和能见度不良天气条件下还可开启音响警示设备。

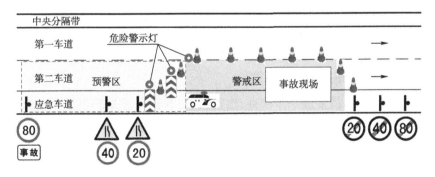

图 3-2 高速公路的事故现场防护

(四)涉及危险物品的事故现场安全防护

当载运易燃、易爆、剧毒、易腐蚀、放射性、传染病病原体等危险物品的车辆发生事故时,应根据现场的危险程度迅速在中心现场周围1000m以外设置警示标志和隔离设施,双向封闭道路、断绝交通,同时清点并撤离区域内的非救援车辆和人员。除了专业施救人员外,严禁其他人员在险情未消除前进入现场。因现场施救需要移动车辆或物品时,勘查人员应告知施救人员做好标记,待险情消除后再勘查现场。

现场人员要注意做好个人安全防护,必要时应穿着防护服和佩戴防护用具,并切勿随意触摸、踩踏和吸入泄漏物。在必要时,经与有关专业部门商议后,可以将载运危险物品的车辆移到尽量远离人群、重要建筑物、高压线、桥梁、河流的空旷地带,再行处置。

二、现场尸体与痕迹物证的保护

为了维护死者尊严和减轻对死者亲属的精神伤害,在现场处置过程中应对尸体和散落的人体组织进行遮盖或者围挡,必要时可以先行勘验并拍照固定后予以撤离。

现场的痕迹物证通常不需要作专门的保护措施,但是,遇烈日、大风、下雨、下雪等天气可能使痕迹物证散失、污染或者破坏时,可以采取先行勘验或者作适当遮盖、标记的方式进行保护。此外,对于现场散落的财物应当注意看护,其中价值较高的物品应尽快勘验后及时清理收存,以免发生遗失或者损坏。

三、确认并监护事故当事人

交通警察到达现场后,要及时确认事故当事人并查验和登记其身份证件、机动车驾驶证以及所驾驶车辆的机动车行驶证、机动车检验合格标志和交强险标志,在必要时还应对其身体、随身物品以及所驾驶车辆进行检查。对于没有相关身份证件和机动车行驶证的当事人,可依法实施传唤,将其带回公安交通管理部门进一步核查。对于受伤的当事人要积极抢救,待伤情稳定后及时向其调查了解事故的有关情况。对于造成人员重伤或死亡事故的肇事嫌疑人,应带入警车进行监护,不准其随意离开现场和与人交谈,以防止其逃逸、串供或与受害人亲属发生冲突,必要时可先行带离现场。如果现场出现人员冲突或者有人故意破坏现场、寻衅滋事、哄抢财物等违法事态时,应当及时冷静处置,情况严重的,要立即向指挥中心报告并请求支援。

四、事故现场清理

现场勘查完毕应及时清理现场。负责维护现场秩序的交通警察必须等待现场清理结束并恢复正常交通后方可离开现场。撤离现场时,应对现场路面的杂物和油污进行必要的清除后,再逆着来车方向由近及远撤除反光锥筒和警示标志。

(一)事故车辆和现场遗留物的处置

现场勘查完毕,除了需要进一步核查、检验、鉴定和提取证据的事故车辆及现场遗留物品由公安交通管理部门依法扣留或者扣押之外,现场的其他车辆及物品应当场发还其所有人或所有人的亲属、代理人。对于所有人及其亲属、代理人不在现场或者拒绝收取的,由勘查人员进行清点收存并登记《交通事故遗留物品清单》。对暂时无法移动的车辆和物品,要及时联系救援清障车辆进行拖移或转运,在拖移或转运前,应保持开启事故车辆的危险报警闪光灯和保留现场的预警区与警戒区,并安排人员看守。

《交通事故遗留物品清单》应由勘查人员和在场的当事人、见证人签字,以作为今后向遗留物所有人办理交接的依据。公安交通管理部门应妥善保管收存的现场遗留物,不得丢失、损毁、借用、挪用和侵占,并尽快通知或公告其所有人在 6 个月内领取。所有人无正当理由逾期不领的,作为无主财物处理,经登记后上缴国库或者依法变卖、拍卖后将所得款项上缴国库。对于容易腐烂变质以及其他不易保管或者危险的物品,如果其所有人无法及时认领的,经公安机关负责人批准,可以在拍照或者录像后依法进行变卖或拍卖,之后向其所有人交付变卖或者拍卖的价款。如果案件的管辖发生变更的,公安交通管理部门收存的现场遗留物应当随案移交。

(二)受害人尸体的处置

现场的人员伤亡情况,由到达现场的医疗、急救机构的医生确认和签名。现场勘查完毕后,交通警察应当清理登记死者的随身物品,并将尸体运离现场存放于殡葬服务单位或者有停尸条件的医疗机构,之后再根据需要对尸体作进一步的检验。

交通警察应当尽快核实死者的身份,并告知其家属尸体的存放地点。当尸体检验结束且无必要继续保留时,应向死者亲属送达《尸体处理通知书》,通知其在 10 个工作日内办理完毕丧葬事宜①。死者亲属无正当理由逾期不办理的,经县级以上公安机关负责人批准,由公安机关处理尸体,逾期存放的费用由死者亲属承担。实行殡葬改革的地区,死者的尸体应在当地火化,但是,死者是少数民族的应当尊重其本民族的风俗习惯。需要由救助基金垫付丧葬费用的,公安交通管理部门应当在送达《尸体处理通知书》的同时,告知受害人亲属向道路交通事故社会救助基金管理机构提出书面垫付申请。

对于身份不明的尸体,由法医提取人身识别检材,并对尸体拍照、采集相关信息后,由公安交通管理部门填写《未知名尸体信息登记表》报设区市公安机关刑侦部门留存,并于事故发生之日起 7 日后在当地设区市级以上报纸刊登认尸启事。登报后 30 日仍无人认领的,经县级以上公安机关负责人或者上一级公安交通管理部门负责人批准,可以及时处理尸体。处理尸体后,骨灰交殡葬部门存放一年,一年后无人认领的通知殡葬部门予以处理。

(三)被损坏道路和其他设施的处置

对于事故现场被损坏的道路、交通设施和其他供电、供水、供热、通信等设施,应及时通报其管理部门处理,尽早消除险情和恢复其正常功能。一时无法修复的,应根据实际情况采取相应的临时性加固、支撑或者设置警示标志等安全措施。被损坏设施妨碍交通的,要及时清理到路边。

第四节　道路交通事故现场勘查

一、现场勘查的任务

交通警察到达现场后,应及时对现场进行勘查,全面收集现场与事故有关的各项证据。现场勘查的任务包括以下三个方面:

---

① 《程序规定修改稿》新增规定:"对于没有家属、家属不明、与家属无法取得联系、因自然灾害等不可抗力导致无法通知的,经县级以上公安机关或者上一级公安机关交通管理部门负责人批准,可以及时处理。""因宗教习俗等原因对尸体处理期限有特殊需要的,经县级以上公安机关负责人或者上一级公安机关交通管理部门负责人批准,可紧急处理。"

(一)查明案件的性质及其管辖情况

由于道路上所发生事件的复杂性以及报警人通常不具备相应的专门知识,在实践中时常出现一些将非交通事故案件错误当作交通事故报警,或者将交通事故向不具有管辖权的公安交通管理部门报警的情况,因此,接受报警的公安交通管理部门在勘查现场时,应当首先通过现场调查和实地勘验,确认案件是否属于交通事故以及是否归本部门管辖。

(二)初步查明事故的真实情况

查明事故的真实情况是客观、公正、合法处理交通事故的基础。现场勘查作为调查事故的重要环节,必须通过实地勘验、调查访问和检查、实验等现场活动,查明或者初步查明与事故有关的下列事实:

(1)发生事故的时间、地点、天气情况,以及现场的照明条件和环境状况;

(2)事故当事人和证人的姓名、性别、年龄、工作单位、家庭住址、身份证件号码,以及当事人在发生事故时的交通方式、是否涉嫌疲劳、酒后、服用国家管制的麻醉药品或精神药品等基本情况;

(3)事故车辆的类型、型号、号牌号码、机动车安全技术检验情况、交强险保险情况、在发生事故时的制动、转向、照明、灯光信号、车轮、变速器等的所处状态,以及载客人数、载货质量、是否载运危险物品等装载情况;

(4)事故现场的道路类型、道路走向和道路宽度、坡度、转弯半径、路面性质、路面的清洁与干燥程度,以及交通标志、交通标线和交通信号灯情况;

(5)事故发生的基本过程、原因,以及事故造成的人员伤亡和财产损失情况;

(6)与事故有关的其他情况。

(三)发现和提取现场证据

按照法律规定,公安交通管理部门所查明的案件事实以及调查处理事故的过程都应当有相应的证据予以证明。在勘查现场时,交通警察除了需要初步查明事故的真实情况,还应当围绕所查明的事故事实收集相关的证据材料,包括按照相关法律和标准的要求提取事故的痕迹物证,以及通过拍照、绘图、制作笔录等方式记录事故现场及其勘查情况。

二、现场勘查的组织

接到事故报警后,公安交通管理部门应当根据发生事故的具体情况,及时组织人员对现场进行勘查。通常情况下,参加现场勘查的人员不宜过多,适用简易程序处理的一般可由一名交通警察承担,适用一般程序处理的则必须由两名及两名以上的交通警察承担,如果有人员死亡的,公安交通管理部门的负责人应当到场组织、指挥现场的救援和调查取证工作,必要时可聘请有关专业人员和邀请人民检察院派员参加。当发生特别重大事故时,应按照《生产安全事故报告和调查处理条例》的规定,由国务院或者国务院授权有关部门组织事故调查组进行调查处理,在事故调查组成立之前,事故发生地的地方人民政府和公安交通管理部门应负责对现场开展先期救援、保护和调查取证工作。

对于损害后果不严重的伤人事故和财产损失事故,由于到达现场的勘查人员数量通常较少,因此其内部一般不需要做专门分工,而对于其他损害后果严重或者案情复杂的事故,则应当根据勘查工作的需要,将现场人员按照勘查指挥、现场保护、痕迹物证勘验和调查访问等工作内容进行分组或分工。在现场勘查过程中,各小组或分工人员之间应加强联系,密切配合,随时沟通和交流所发现的情况和存在的问题。整个勘查工作实行责任制,指挥人员和主要勘查人员应分别对勘查工作的组织、指挥和取证工作负责。为了快速、准确、全面和有序地开展对各类事故现场的勘查处理工作,公安交通管理部门应当结合当地的实际情况预先制订详尽且可行的应急处置方案,明确勘查人员的分工及职责。

三、现场勘查的步骤

(一)了解事故及现场概况

交通警察到达现场后,应当首先向当事人或其他现场人员询问事故的发生过程和损害情况,同时对现场进行全面的巡视,以初步了解和掌握现场的地理环境、道路情况、交通流情况、事故形态,以及与事故有关的车辆、人员、物品、主要痕迹物证的状态、空间位置等,以便于明确现场勘查内容和合理安排人员分工及工作步骤。当事人不在现场的,应当立即查找其下落。

(二)现场勘验

现场勘验又称实地勘验,是现场勘查的核心,其目的在于发现和提取现场的痕迹、物证。在勘验过程中,需要对与事故有关的道路、设施、车辆、尸体、物品和痕迹进行观察、测量、检验、分析,并通过笔录、拍照、绘图和提取实物等多种方法进行如实记录和提取。

为了有利于准确掌握事故的发生形态和发生过程,同时避免勘验工作出现重复或者遗漏,现场勘验一般采取沿事故主要车辆的行驶路线推进,或者以事故接触点为中心沿事故各方接触前后的运动路线向外扩散的方式进行。对于发生连环碰撞、碾压、翻车、坠落等存在明显痕迹物证组团的现场,也可以根据各组团间的相互关系,在对现场进行分片或分段的基础上按照各区段的事故演进过程进行。勘验工作应当遵循先整体后个别、先表面后内部、先一般后重点的原则,按照如下步骤进行:

1. 整体勘验

在整体勘验阶段,应当对现场周围的地物、地貌、道路方位和主要现场元素及其空间位置进行观察,确定现场的勘验范围、勘验重点和后续勘验步骤,初步分析、判断事故的发生原因及发生过程,并相应完成对现场的方位照相、概览照相,以及在现场图和现场勘查笔录上绘制或记录现场的总体概貌。

2. 局部勘验

在局部勘验阶段,应当在不改变现场原有状态的情况下,观察和记录现场重要局部在事故中发生的变化和在事故后的变动情况,并分析现场的局部与整体间的内在联系,初步判断事故发生的原因及过程,同时,相应完成对现场各重要局部或对象的中心照相,以及在现场图和现场勘查笔录上绘制或记录所勘验道路、车辆、尸体、物品、痕迹等的状态、位置和几何尺寸。

3. 个体勘验

在个体勘验阶段,应当逐一并全面地观察、发现和记录现场中与事故有关的路面、车辆、物体和尸体上的细微痕迹、散落物、附着物状态及特征,分析研究其特点、形成原因和相互间关系,并相应完成对各主要痕迹、物证的细目照相,和在现场图、现场勘查笔录上记录有关痕迹物证的状态、位置和几何尺寸。

(三)查访证人和监控记录

在进行现场勘验的同时,应从现场和现场周边寻找事故的目击者或者其他知情人,并及时向他们询问事故发生时的有关情况。如果证人暂时不方便接受询问的,可以记下其姓名、身份证件号码和电话号码等联系方法,待现场勘查结束后再及时走访。需要在现场询问证人的,应注意将其带到警车或者其他僻静处进行单独询问,不得有当事人和其他无关人员在场。

现代视频监控技术的发展和普及,为交通事故的调查带来了极大便利。在勘查现场时,应注意观察现场道路及其周边建筑物、构筑物或者相关车辆上是否有视频监控设施,并及时联系监控设施的管理单位或人员,查看和调取在事故发生时段的现场监控录像。

(四)现场检查与实验

在现场勘查过程中,应根据需要对当事人是否存在疲劳、饮酒或者服用国家管制的麻醉药品、精神药品等情况进行检查,必要时,可以提取血液、尿样等物证送鉴定机构进行检验、鉴定。

经过勘验,对于现场的痕迹物证以及事故发生时车辆驾驶人发现对方的地点、采取措施的地点和事故双方的接触点、最终停止点等存有疑问的,在确保安全的前提下可以进行现场模拟实验。现场模拟实验的条件和过程应当尽量符合事故的本来情况,如果事故车辆已经损坏或者不能确保其运行安全时,除了与车辆自身性能有关的实验内容外,可以采用其他与事故车辆类似型号的车辆代替。有关现场检查和实验的条件、方法、检测数据和结论应当记入现场勘查笔录。

(五)检查复核与分析研究

在现场勘查基本结束时,勘查指挥人员应当组织全体勘验人员对勘查情况进行汇总和检查复核,并重点检查和复核如下内容:

(1)案件的性质及损害后果是否清楚;

(2)现场的有关证据是否都已按照要求提取、测试和保全,还有无遗漏;

(3)现场勘查笔录、现场图、现场照相等各项勘查记录材料的内容是否齐全、形式是否合乎要求;

(4)事故的发生原因和过程是否已基本清楚;

(5)事故当事人的基本情况是否已查清;

(6)对事故的调查取证还有哪些遗留问题,是否已落实解决措施。

在检查复核的同时,勘查人员应当对勘查中发现的一些特殊情况和疑难问题进行分析研究。现场分析研究应简明扼要,不要长时间争论,对一时难以统一认识的关键性问题可以根据情况进行补充勘查。对确因条件限制或案情复杂,而难于勘查的事故现场,经县级公安交通管理部门负责人批准,可以保留部分或者全部现场,并视现场范围大小安排人员进行警戒,待条件具备后再继续勘查。保留全部现场的,原警戒线区和预警区不得撤除,保留部分现场的,只对所保留部分进行警戒。

四、常见事故现场的勘查重点

(一)碰撞事故现场

碰撞事故的发生通常与车辆或行人的行进路线、方向、速度、道路的安全视距和当事人的生理及心理状态等因素有关,对此类事故现场应着重勘查以下内容:

(1)勘查地面轮胎痕迹的类型、位置、长度,判断车辆的行驶轨迹、速度和驾驶人的操作情况;

(2)勘查车辆、人体上的碰撞痕迹和附着物,判断碰撞时的接触部位、受力方向和受害人的行走姿态;

(3)勘查车辆轮胎痕迹的变化特征和行人鞋底、非机动车轮胎和其他物体在地面上留下的痕迹和散落物,判断事故接触点的位置和车辆、行人在碰撞时的运动方向;

(4)根据事故的具体情况,检查当事人的饮酒、服用药物、疲劳、疾病和精神状况。

(二)刮蹭事故现场

刮蹭事故的发生多与车辆在会车、超车或转弯时未保持足够的横向安全间距,对此类事故现场应着重勘查以下内容:

(1)勘查地面轮胎痕迹和行人鞋底痕迹的位置、形态,判断车辆或行人的行进路线、速度和接触点位置;

(2)勘查车辆和人体上痕迹、附着物的位置、状态,分析双方的接触部位、接触方式和作用力方向;

(3)勘查道路的宽度、安全视距和交通标线、交通标志、路面障碍等情况,夜间或隧道内发生的刮蹭事故,还应勘查道路的照明条件;

(4)勘查车辆的转弯内轮差、车身外部有无凸起物等情况,夜间或隧道内发生的事故,还应注意检查前照灯的防炫目性能和车窗玻璃的透明情况;

(5)根据事故的具体情况,检查当事人的饮酒、服用药物、疲劳、疾病和精神状况。

(三)翻车事故现场

翻车事故的发生往往与车辆超限装载、高速转向、爆胎、制动跑偏、车辆行驶方向或速度失控等有关,对此类事故现场应着重勘查以下内容:

(1)勘查地面轮胎痕迹的形态、长度、方向以及有无侧滑现象,判断车辆的行车速度、行车路线和转弯半径;

(2)勘查地面及车身上痕迹、附着物的位置和状态,分析车辆发生翻车的位置和翻动方向、翻动幅度;

(3)如果车辆是因为受到碰撞或刮蹭而发生翻车的,应重点勘查碰撞或刮蹭所形成的痕迹、附着物和发生碰撞或刮蹭的对象,并判定发生碰撞、刮蹭的地点、部位和方向;

(4)勘查道路的路面附着系数、坡度和交通标志的观察效果等,如果是弯道的,还应测量弯道半径、超高和路面加宽;

(5)如果事故发生在交叉路口,应勘查相关路口的宽度、事故发生时的交通信号和交通流情况;

(6)勘查车辆的装载情况,并根据车辆的轮距、轴距推算车辆在事故时的重心高度;

(7)根据事故的具体情况,检查车辆驾驶人的饮酒、服用药物、疲劳、疾病和精神状况。

(四)碾压事故现场

车辆对人体或物体进行单纯性碾压的情况较为少见,通常在碾压前都存在着碰撞或刮蹭致对方倒地的过程,此外,实践中曾有利用死者尸体伪造交通事故的情况发生,因此对此类事故现场应着重勘查以下内容:

(1)勘查地面上的轮胎痕迹、被碾压对象的挫划痕迹和血液及人体组织的飞溅痕迹,分析车辆和人员的行进路线、速度和发生碾压的位置;

(2)勘查地面、车体和被碾压对象身上是否有接触痕迹,判断车辆与被碾压对象在辗压

前有无发生碰撞或剐蹭,以及发生碰撞或剐蹭的位置、接触部位和受力方向;

(3) 勘查车辆的驾驶视野范围,夜间或隧道内发生的剐蹭事故还应当检查车辆的前照灯照明效果和车窗玻璃的透明情况;

(4) 向当事人和目击者询问事故的发生过程,重点了解车辆和人员在碾压前的动态情况以及是否有碰撞、剐蹭或者其他导致受害人发生摔倒的情况;

(5) 根据事故的具体情况,检查当事人的饮酒、服用药物、疲劳、疾病和精神状况;

(6) 必要时,对受害人的伤亡时间和伤亡原因进行检验鉴定。

(五)肇事逃逸现场

由于肇事逃逸是一种故意性的事故后继发违法行为,因此,对案件的调查应当以查获逃逸车辆和逃逸人员为首要目的,对于案件现场的勘查也应侧重于以下内容:

(1) 询问事故受害人、目击者,了解肇事车辆的类型、号牌号码、车身颜色、装载情况、车身的明显特征和逃逸方向等信息;

(2) 勘查并提取地面和受害人身体上的轮胎痕迹,判断肇事车辆的类型和逃逸方向;

(3) 勘查并提取现场的碰撞、剐蹭痕迹以及油漆、玻璃、灰土等附着物和散落物,判断肇事车辆的类型、颜色、新旧程度、损坏情况和装载情况;

(4) 勘查受害车辆的损坏情况或者受害人员的受伤情况,推断逃逸车辆的损坏情况和可能存在血迹、毛发、人体组织、油漆、灰土等附着物情况;

(5) 调取现场及其附近道路、建筑物的监控录像,寻找车身有明显破损、接触痕迹或疑似血迹的车辆,以及与受害人、目击者陈述或现场痕迹物证特征吻合的车辆;

(6) 勘查逃逸人员遗弃的车辆及其周围地面、草丛、树木等,寻找并提取疑似逃逸人员留下的血迹、毛发、指纹、足迹和随身携带物,判断逃逸人员的个体特征、受伤情况和逃逸方向;

(7) 勘查逃逸人员遗弃车辆的损坏情况,并调取车上的行驶记录仪或者车载GPS系统的记录信息,了解逃逸人员的身份信息、容貌特征和经常的活动范围。

第五节 道路交通事故现场强制措施

一、现场强制措施的概念

现场强制措施,又称即时性行政强制,是法律赋予公安交通管理部门及其交通警察的一种现场紧急处置权,是在交通事故现场处置过程中,为了预防或者制止可能发生或者正在发生的违法行为,消除危险状态,或者为了保全证据,确保事故调查处理工作顺利进行,而由公安交通管理部门及其交通警察依法对事故当事人或者现场其他人员的人身自由、财产实施强行限制的一种具体行政行为。

二、现场强制措施的种类及其适用要求

(一)传唤

传唤是指公安交通管理部门通知事故当事人到其所在市、县内的指定地点接受调查处理的一种行政强制措施。根据《道路交通事故处理程序规定》,传唤的对象主要是事故肇事

嫌疑人和交通肇事逃逸案的肇事逃逸人或者与协查通报相符的肇事逃逸嫌疑人。

传唤通常应先经公安交通管理部门负责人批准并制作传唤证,再由交通警察具体实施。交通警察在实施传唤时应向被传唤人主动表明自己的执法身份,并出示传唤证。在事故现场实施传唤的,可以不出示传唤证,采取口头方式进行传唤,但是在将被传唤人传唤到案后,应立即补办传唤证。被传唤人无正当理由不接受传唤或者逃避传唤的,交通警察可以强制传唤,并在强制传唤时可以使用手铐、警绳等约束性警械。

事故当事人或肇事嫌疑人被传唤到案后,办案民警应当立即对其进行询问查证。询问查证的时间一般不得超过8小时,但是,对案情复杂、被传唤人的违法行为应当适用行政拘留处罚的,询问查证的时间也可以延长至24小时。公安交通管理部门不得以连续传唤的形式变相拘禁事故当事人或肇事嫌疑人,并且,除了强制传唤外不得以任何限制人身自由的方式对被传唤人进行询问。

(二)扣留车辆

公安交通管理部门对有下列情形之一的事故车辆或者嫌疑车辆,应依法进行扣留:
(1)因收集事故证据需要的;
(2)在交通肇事逃逸案堵截或者排查中发现的交通肇事逃逸车辆或者嫌疑车辆;
(3)上道路行驶的机动车未悬挂机动车号牌,未放置检验合格标志、保险标志,或者未随车携带机动车行驶证、驾驶证的;
(4)有伪造、变造或者使用伪造、变造的机动车登记证书、号牌、行驶证、检验合格标志、保险标志、驾驶证或者使用其他车辆的机动车登记证书、号牌、行驶证、检验合格标志、保险标志嫌疑的;
(5)未按照国家规定投保交强险的;
(6)公路客运车辆或者货运机动车超载的;
(7)机动车有被盗抢嫌疑的;
(8)机动车有拼装或者达到报废标准嫌疑的;
(9)未申领《剧毒化学品公路运输通行证》通过公路运输剧毒化学品的;
(10)非机动车驾驶人拒绝接受罚款处罚的。

在现场做出扣留决定的,交通警察应当在24小时内将被扣留的车辆交所属公安交通管理部门,同时将行政强制措施凭证备案。公安交通管理部门应当妥善保管被扣留的车辆,除了依法需要检验、鉴定的以外,不得使用被扣留的车辆。对被扣留的车辆,除拼装车和已经达到报废标准的机动车外,当事人接受处理或者提供、补办相关证明或手续并经核实后,应当依法及时退还。交通管理部门对当事人提供的证明、手续进行核实的时间不得超过10日,需要延长期限的,经县级以上公安交通管理部门负责人批准,可以延长至15日,但机动车驾驶人或者所有人、管理人在30日内没有提供被扣留机动车的合法证明、没有补办相应手续,或者不来接受处理的除外。因收集证据需要扣留车辆做检验、鉴定的,公安交通管理部门应当在检验、鉴定结论确定之日起5日内通知当事人领取。对于驾驶人逃逸的无主车辆或者经通知当事人在30日后仍不来接受处理的,由公安交通管理部门对扣留的车辆进行依法处理。

公安交通管理部门在扣留车辆时不得扣留车辆所载货物,应当对所载货物的重量、体积以及货物损失进行核实后,通知车辆驾驶人或者货物所有人自行处理。无法通知当事人或者当事人不自行处理的,按照《公安机关办理行政案件程序规定》的有关规定办理。

(三)扣留机动车驾驶证

因收集事故证据需要,或者对于事故车辆驾驶人有下列违法情形之一的,公安交通管理部门可以依法扣留其机动车驾驶证:

(1)饮酒后驾驶机动车的;

(2)将机动车交由未取得机动车驾驶证或者机动车驾驶证被吊销、暂扣的人驾驶的;

(3)机动车行驶超过规定时速50%的;

(4)驾驶有拼装或者达到报废标准嫌疑的机动车上道路行驶的;

(5)在一个记分周期内累积记分达到12分的。

此外,根据《道路交通安全法》第110条的规定,交通警察认为应当对当事人给予暂扣或者吊销机动车驾驶证处罚的,可以先予扣留机动车驾驶证。

在现场决定扣留机动车驾驶证的,交通警察应当在24小时内将被扣留的机动车驾驶证交所属公安交通管理部门,同时将行政强制措施凭证备案。除了当事人因为在一个记分周期内累计记分达到12分而被扣留机动车驾驶证的,需扣留至其考试合格之日以外,其他情况下扣留机动车驾驶证的应该扣留至公安交通管理部门做出行政处罚时为止。

(四)扣押与事故有关的物品

因收集证据的需要,交通警察可以扣押当事人与事故有关的物品,并开具扣押物品清单。扣押的物品应当妥善保管。扣押期限一般不得超过30日,案情重大、复杂的,经本级公安机关负责人或者上一级公安交通管理部门负责人批准可以延长30日,但法律、法规另有规定的除外。

(五)拖移车辆

对于在事故现场违反机动车停放、临时停车规定,驾驶人不在现场或者虽然在现场但是拒绝立即驶离,妨碍其他车辆、行人通行的,交通警察可以将机动车拖移至不妨碍交通或者有关部门指定的地点。另外,根据《中华人民共和国道路交通安全法实施条例》第104条的规定,机动车驾驶人有下列行为之一,又无其他机动车驾驶人临时替代驾驶的,公安交通管理部门除依法给予处罚外,也可以将其驾驶的机动车移至不妨碍交通的地点或者有关部门指定的地点停放:

(1)不能出示本人有效驾驶证的;

(2)驾驶的机动车与驾驶证载明的准驾车型不符的;

(3)饮酒、服用国家管制的精神药品或者麻醉药品、患有妨碍安全驾驶的疾病,或者过度疲劳仍继续驾驶的;

(4)学习驾驶人员没有教练人员随车指导单独驾驶的。

在事故现场决定拖移机动车的,交通警察应当通过拍照、录像等方式固定违法事实和证据。公安交通管理部门应当公开拖移机动车查询电话,并通过设置专用标志牌或者其他方式向违法行为人说明拖移机动车的理由和被拖移机动车的停放地点等信息。

公安交通管理部门应采取正确的方式拖移车辆,对于转向或者照明、信号装置失效的机动车,应当使用专用的救援车或清障车拖曳、牵引。因采取不正确的方法拖移造成机动车损坏的,应当依法承担补偿责任。

(六)收缴非法装置

对于事故车辆有下列情形之一的,可以依法收缴其非法装置:

(1)非法安装警报器、标志灯具的;
(2)自行车、三轮车安装动力装置的。

交通警察在现场收缴当事人的非法装置后,应当在 24 小时内将所收缴的物品交到所属的公安交通管理部门。被收缴的非法装置除了需要作为证据予以保存的以外,其余的应当经县级以上公安交通管理部门批准后依法销毁。

(七)收缴非法车辆、牌证

对于事故现场扣留的拼装或者已达到报废标准的机动车,经县级以上公安交通管理部门批准后,应当予以收缴。

事故当事人伪造、变造或者使用伪造、变造的机动车登记证书、号牌、行驶证、检验合格标志、保险标志、驾驶证,或者使用其他车辆的机动车登记证书、号牌、行驶证、检验合格标志、保险标志的,公安交通管理部门应当对上述非法牌证予以收缴。

(八)检验体内酒精、国家管制的精神药品、麻醉药品含量

事故当事人涉嫌酒后或者服用国家管制的精神药品、麻醉药品后驾驶机动车发生交通事故的,交通警察应当将其带至医疗机构抽血或者提取尿液,并及时送交有检验鉴定资质的机构进行检测。公安交通管理部门在对车辆驾驶人体内酒精、国家管制的精神药品或麻醉药品含量进行检验时,应当通知当事人的亲属,但是无法通知的除外。

(九)强制约束

根据《中华人民共和国警察法》的规定,公安机关的人民警察对严重危害公共安全或者他人人身安全的精神病人,可以采取保护性约束措施。需要送往指定的单位、场所加以监护的,应当报请县级以上人民政府公安机关批准,并及时通知其监护人。另外,《道路交通安全法》第91条还规定:"醉酒后驾驶机动车的,由公安交通管理部门约束至酒醒。"强制约束应当以不伤害精神病人或者醉酒人的身体健康为原则,可以采用约束带或警绳等方法,但不能使用手铐、脚镣等。约束过程中应当加强看护,如果醉酒人已经酒醒,应立即解除约束。

三、现场强制措施的一般程序

交通警察采取行政强制措施时,除了拖移机动车和强制约束外,对于其他行政强制措施都应当严格按照下列程序进行:

(1)口头告知违法行为人或者机动车所有人、管理人违法行为的基本事实、拟做出行政强制措施的种类、依据及其依法享有的权利。

(2)听取当事人的陈述和申辩。当事人提出的事实、理由或者证据成立的,应当采纳。

(3)制作行政强制措施凭证,并告知当事人在 15 日内到指定地点接受处理。

(4)行政强制措施凭证应当由当事人签名、交通警察签名或者盖章,并加盖公安交通管理部门印章;当事人拒绝签名的,由交通警察在行政强制措施凭证上注明。

(5)行政强制措施凭证应当场交付当事人。当事人拒收的,由交通警察在行政强制措施凭证上注明,视为已经送达当事人。

在事故现场采取行政强制措施的,可以由一名交通警察实施。交通警察应在 24 小时内将行政强制措施凭证报所属公安交通管理部门备案,由公安交通管理部门按照一般程序对当事人的违法行为进行处理。

第四章 道路交通事故调查取证

第一节 道路交通事故证据的基本知识

一、道路交通事故证据的概念与基本特征

(一)交通事故证据的概念

证据,通指能够证明问题的依据,即用已知的事实来证明未知的问题,其中已知的事实就是证据,未知的问题则是需要用证据证明的对象。据此,交通事故证据可以定义为:能够证明事故真实情况的事实。

(二)交通事故证据的基本特征

交通事故证据具有客观性、关联性和合法性三项基本特征:

1. 客观性

证据是独立于人们的意识之外的客观实在,是伴随交通事故发生、发展而客观出现的事物、痕迹或反映现象。用作定案依据的证据必须是依法查证属实的客观事实。

2. 关联性

作为证据的客观事实必须与事故之间具有客观联系,并且能够证明案件的真实情况。那些虽然与事故事实有客观联系但却不能证明事故真相的事实,不能作为事故证据。

3. 合法性

用作证明交通事故真实情况的证据都必须符合法律规定的形式,并按照法定的程序和要求加以搜集与运用。凡是不符合法律、法规对证据形式的要求,以及非法取得的或者未经法定程序查证属实的证据都不得作为定案依据。

二、交通事故证据的法定形式

《中华人民共和国民事诉讼法》(简称《民事诉讼法》)、《中华人民共和国行政诉讼法》(简称《行政诉讼法》)、《中华人民共和国刑事诉讼法》和《公安机关办理行政案件程序规定》都对相应诉讼程序及行政程序中的证据形式作了明确规定,但有关证据形式的具体分类却有所不同。由于交通事故除了由公安交通管理部门进行行政处理外,还可能会涉及民事、行政乃至刑事诉讼,而在不同的处理和诉讼程序中,必然要遵循相关程序法对证据形式的要求,因此,这里将交通事故的证据形式综合概括如下:

(一)物证

物证是指能够证明案件真实情况的一切物品和痕迹,是交通事故行政处理和各类诉讼所共有的证据形式。物证以其固有的形状、大小、数量、颜色、新旧程度、质量、材料、结构、性能、物质属性和所处位置、所占有的时间和空间范围等来证明案件情况。交通事故物证一般分为痕迹、散落物、附着物三类。

1. 痕迹

痕迹是指能够证明案件事实的物质痕迹,通常表现为一物作用于另一物,在作用物(又称造型体、造痕体)或承受物(又称承受体)上留下的印迹,例如制动痕迹、碰撞痕迹等。一般根据需要将痕迹作如下方式分类:

(1)按照痕迹的外观形态分

按照痕迹的外观形态特征,将其分为平面痕迹、立体痕迹、分离痕迹和孔洞痕迹四种。

平面痕迹是指承受体的表面结构形态未发生变化,只是被附加或者去除一层物质而形成的痕迹,因此,根据表面物质的增减不同,平面痕迹又可进一步分为加层痕迹和减层痕迹。

立体痕迹是指承受体的表面结构形态发生了变化,形成了三维变形的痕迹。立体痕迹多表现为车体或其他物体表面向内凹陷,且凹陷形态与造型体的外形特征吻合。

分离痕迹是指承受体的原始结构发生破裂、解体,而在破裂、解体部位形成的破裂线或断离端面。将解体物的分离痕迹进行比对和拼复,是分析和判断解体物原始整体性的常用方法。

孔洞痕迹是指承受体在内力或外力作用下发生穿透所形成的孔洞。除了轮胎爆破、制动管爆破等少数由物体自身内力形成的孔洞痕迹外,形成孔洞痕迹一般需要造型体具有较高硬度和尖锐外形,并且在碰撞时的应力大于承受体的材料强度极限。

(2)按照与造型体的作用关系分

按照痕迹所在承受体部位是否与造型体发生直接接触,可将痕迹分为接触痕迹和传导痕迹。

接触痕迹是指痕迹所在承受体部位与造型体之间具有直接作用关系,是造型体与承受体直接接触并相互作用而形成的痕迹,例如在车体碰撞部位形成的凹陷痕迹或者油漆附着痕迹。

传导痕迹是指痕迹所在承受体部位与造型体之间没有直接作用关系,是造型体与承受体的某一部位发生相互作用,由于作用力沿承受体构件传递,而在离开作用部位形成的变形或开裂痕迹,例如发生正面碰撞的轿车,在其车体侧面形成的弯折痕迹。

(3)按照形成痕迹的作用力方向分

按形成痕迹的外力作用方向不同,可将痕迹分为碰压痕迹、剐蹭痕迹和爆破痕迹。

碰压痕迹是指造型体沿承受体表面法线方向由外向内作用,使其发生向内变形、穿孔等而形成的痕迹。碰压痕迹还可进一步分为碰撞痕迹和挤压痕迹,二者的主要区别在于前者的造型体与承受体在形成痕迹时的相互作用时间比后者短暂,因此在冲量相同的情况下作用力更大。

剐蹭痕迹是指造型体沿承受体的表面切线方向摩擦承受体,使其表面发生物质增减而形成的痕迹。

爆破痕迹是承受体由于承压能力减退或者内部压力过大,而出现内部气体或液体向外压迫形成的凸起、穿透现象。例如轮胎爆破形成的胎体穿孔、撕裂痕迹。

在实际事故中,由于事故双方的运动方向、速度和所具有的能量存在差异,在发生相互作用时所形成的痕迹也千差万别,通常很少单纯形成上述的某一种痕迹类型,而多数为其中某两种或多种痕迹的复合形态,例如,车辆在发生相互刮蹭时其作用力与接触部位的切线方向往往具有一定夹角,这就使得在接触部位的切向和法向均有力量作用,从而形成摩擦痕迹和挤压痕迹的复合;再如,车辆在发生正面碰撞时,往往在碰撞凹陷面上附着对方车体的表面物质而呈现一定的印迹,从而形成立体痕迹与平面加层痕迹的复合。因此,在具体确定痕迹的类别时,一般以痕迹的最主要特征或者所利用的特征为准,例如,在摩擦痕迹与挤压痕迹复合中,当事故双方的作用以摩擦为主时称为刮蹭痕迹,以挤压为主时称为碰撞痕迹;又如,在立体痕迹与平面加层痕迹复合中,当使用承受体的凹陷状态作为证据时为立体痕迹,而当使用承受体凹陷面上的附着物形态作为证据时为平面痕迹。

2. 散落物

散落物是指遗留在事故现场,能够证明事故真实情况的物品或物质。如:损坏脱离的车辆零部件、玻璃碎片、油漆碎片、橡胶碎片、车辆装载物、结构性土沙碎块、人体抛落在地面上的穿戴物品和携带物品、人体被分离的器官组织,从其他物体上掉落在地面上的树皮、断枝、水泥及石头碎块等。

3. 附着物

附着物是指沾附在现场路面、车体、人体及其他物体表面,能证明事故真实情况的油漆、油脂、塑料、橡胶、毛发、纤维、血迹、人体组织、木屑、植物枝叶及尘土等附着物质。由于附着物与依附对象之间具有粘连性,空间位置不易发生变化,因此与散落物相比往往具有更高的证据可靠性。

除上述分类外,交通事故物证还可分为痕迹、物品和微量物证,其中,物品是指能够证明案件事实的物质实体,包括多数散落物和部分附着物,如事故车辆、尸体、车辆零部件、玻璃片、油漆片等;微量物证是指能够证明案件事实的微小颗粒、粉末或液状的微量物质,其主要特征是量少而体小,包括多数附着物和部分散落物,如地面制动痕迹中的橡胶粉末、物体被碰撞部位附着的对方车体油漆等。

(二)书证

书证是指用文字、符号或图形等记载的内容和所表达的思想来证明案件真实情况的书面文件和其他物品,是交通事故行政处理和各类诉讼所共有的证据形式。与物证相比,书证是以其记载、表达的思想内容来证明案件事实的,其意思表示通常比较明确、具体和形象,容易让人理解,一般不需要通过其他中间媒介或中间环节就能够依据其内容直接判明与事故的联系,具有直接证明性和思想性的特征,并且也易于保存。

(三)证人证言

证人证言是指除当事人以外的知道事故真实情况的人,就其知道的事故情况向公安、司法机关所做的陈述。证人证言也是交通事故行政处理和各类诉讼所共有的证据形式。尽管证人与事故的发生和处理无利害关系,一般能够直接如实陈述其知道的事故事实,但由于证人证言的真实性和准确性易受记忆、思维和语言表达等各种因素的影响,常含有非客观叙述的内容,具有不稳定性和多变性,因此法律对证人的资格作了较严格的规定:

(1)证人必须是能够辨别是非,能够正确表达的自然人;

(2)证人必须了解事故的真实情况,对事故的有关事实、情节和证据有一定程度和范围的了解和知晓；

（3）证人必须与事故无任何利害关系，既不能是事故的当事人，也不能是当事人的代理人和事故的办案人员。

(四)当事人陈述

当事人陈述，笼统指当事人就其感知、理解和记忆的有关事故事实向公安、司法机关作的陈述和申辩。当事人陈述具有真实性与倾向性并存的特点：一方面，他们亲身经历了事故的发生，最有能力提供事故的真实情况，对查明事故事实，尤其对侦破肇事逃逸案有着其他证据所难以替代的作用，但另一方面，由于他们与事故的处理结果有直接的利害关系，受趋利避害心理的影响，在陈述时往往带有倾向性，会尽力掩饰对自己不利的事实。

由于当事人有肇事人和受害人之分，而他们在不同的法律程序中的身份和地位不同，因此所作陈述的具体称谓也有所差别：在事故的行政调查处理和民事诉讼中统一称为当事人陈述，而在与事故有关的行政处罚中分别称为违法嫌疑人的陈述和申辩、被侵害人陈述，在刑事诉讼程序中分别称为犯罪嫌疑人或被告人的供述和辩解、被害人陈述。

(五)鉴定结论

鉴定结论是指鉴定人员根据公安交通管理部门的指派、委托或者当事人的委托，运用自己的专门知识和技能以及必要的技术手段，对事故处理中涉及的专门性问题进行调查了解、科学检验、分析鉴别后所做出的结论性判断意见。鉴定结论是查明案件事实，确定案件性质、明确事故责任的重要证据，并且是审查判断其他证据的重要手段。常见的交通事故鉴定结论主要包括物证鉴定、事故车辆安全技术检验、事故车速鉴定、事故受伤人员伤残等级评定和事故财产损失评估等，此外，交通事故认定也是一种性质较为特殊的鉴定结论。

鉴定结论实质上是鉴定人对特定问题的推断和认定，是一种具有科学根据的意见，同时具有主观性与客观性两方面的特征，因此，为确保鉴定结论的准确性，鉴定人员必须是具备相关专门性知识，并且与案件处理无利害关系，能够公正客观进行鉴定的自然人。

(六)勘验、检查笔录

勘验、检查笔录是指公安交通管理部门依照法定程序对与事故有关的道路、车辆、尸体、物品、人身进行勘验、检查时制作，并由勘验、检查人员和在场当事人、见证人签名的记录性文件。相关法律关于勘验、检查笔录的概念略有差异，在交通事故处理中一般包括现场勘查笔录和现场图、现场照相等。

勘验、检查笔录是对现场物证、书证的固定和保全，其内容具有很强的客观性，但是，受事发后现场的被保护状况以及勘查人员自身业务素质和工作责任心的影响，也可能存在不真实的成分。

(七)视听资料

视听资料是指为证明事故的事实，而用录音、录像所反映的声音、图像，以及用电子计算机或者其他技术设备存储、输出的信息。视听资料是交通事故行政处理和各类诉讼所共有的证据形式，但有所不同的是，在行政处理中电子计算机和其他技术设备所存储或输出的信息被单独列为电子证据。目前应用较为普遍的视听资料类证据主要有现场勘查录像、交通技术监控系统信息、事故车辆的行驶记录仪或者车载 GPS 系统信息等，此外，汽车安全气囊系统中的碰撞数据记录系统 EDR(Event Data Recorder)记录的汽车在事故时的碰撞数据，在近年来也开始作为一种新型证据得到应用。

三、交通事故证据的分类

为了准确认识各类证据的本质特征和正确审查判断、运用证据,需要根据不同标准对证据进行分类。常见的证据分类方法和分类结果有以下几种:

(一)直接证据与间接证据

根据证据是否能够直接证明事故的主要事实,可以将其分为直接证据和间接证据。

直接证据是指能够单独直接证明事故主要事实的证据,例如当事人陈述、被害人陈述、证人证言、犯罪嫌疑人或被告人的供述和辩解等。这种证据对案件的证明关系是直截了当的,无须借助其他证据,因此,只要是经过查证属实的直接证据就可作为定案的依据,使案件得以迅速查明。但是,由于直接证据大多表现为言词证据,因而虚假的可能性较大,在办案过程中应当认真审查其真实性,不能将孤证作为定案依据。

间接证据是指不能单独直接地证明事故主要事实,而必须与其他证据结合起来才能够发挥其证明作用的证据,例如物证、鉴定结论等。由于间接证据不能独立地直接证明事故的主要事实,而只能从某一侧面证明事故的某一局部事实或个别情节,因此,只有把它们与其他证据事实联系起来,形成环环相扣的证据锁链,才有可能使事故的主要事实得到证明。

(二)原始证据与传来证据

按照证据是否直接来源于事故事实或原始出处,可以将其分为原始证据与传来证据。

原始证据是指直接来源于事故事实或原始出处的证据,例如物证的原物、鉴定结论和勘验、检查笔录的原件等。由于原始证据是从第一来源获得的,因此与事故事实的距离最近,没有经过其他中间环节的转述与传抄,能比较客观、真实地反应案件的本来面貌,其真实性和可靠性较高,证明作用比较强。

传来证据是指不直接来源于事故事实,离开了原始出处,经过转述或转传的第二手以上的证据,例如转述他人所述案情的证人证言、书证的手抄件和复印件、视听资料的复制品、各种物证的复制件等。传来证据经过了中间环节的转述和转传,与事故事实的距离较远,因而其真实性和可靠性都较低。

传来证据的证明力通常不及原始证据的证明力强,在调查事故时应尽力追根溯源,努力查找、收集各项原始证据。但是,取得必要的传来证据对于发现原始证据、审查原始证据,以及在无法取得原始证据的情况下认定事故事实仍有着十分重要的意义。

(三)有责证据与去责证据

按照证据对当事人的利害关系,可以将其分为有责证据和去责证据。

有责证据是指那些能够证明当事人对事故的发生具有过错或者过错较重,以及其行为对事故的发生起了作用或者所起作用较大,依法应当承担事故责任或者应承担事故责任较重的证据。

去责证据恰好与有责证据相反,是指那些能够证明当事人对事故的发生没有过错、过错较轻,以及其行为对事故的发生没有作用或者所起作用较小,依法应当不承担事故责任或者应承担责任较轻的证据。

某一证据事实对于事故各方当事人的利害关系往往是相对的,对一方当事人是有责证据,对其他当事人则可能是去责证据,即证据具有强化当事人责任与减免当事人责任的双重性。办案人员应当全面客观地收集和运用证据,防止主观片面性。针对事故的每一方当事人而言,既要收集对其不利的有责证据,也要收集对其有利的去责证据。

(四)言词证据与实物证据

根据证据的表现形式不同,可以将其分为言词证据和实物证据。

言词证据是指以人的语言陈述为表现形式的证据,包括证人证言、当事人陈述、被害人陈述、犯罪嫌疑人和被告人的供述与辩解、鉴定结论等,一般又称为人证。言词证据具有生动具体,内容容易失真的特点。

实物证据是指以实物形态为表现形式的证据,包括物证、书证、勘查、检验笔录、视听资料等。相对言词证据而言,实物证据具有客观性和稳定性强、内容不易失真的优点,但是由于此类证据不能直接表达出对案情的证明作用,必须依赖于人的"解读",因此,对收集到的实物证据要特别注意审查其真伪、有无变化以及与案件事实的联系。

在事故调查过程中,应当根据言词证据与实物证据的特点,有针对地加以收集和审查判断。通常是用实物证据来审查言词证据的真伪,用言词证据来说明实物证据的来源以及收集是否科学、合法,从而协调配合,综合发挥他们对案件事实的证明作用。

四、交通事故证据的收集

(一)收集证据的基本要求

1. 主动及时

交通事故发生后,随着时间的推移,现场极容易遭受各种因素影响而发生变动,使现场物证发生变化或灭失,此外,当事人、证人对事故的记忆也可能发生模糊或淡忘,甚至可能出现肇事人逃逸和毁灭证据、串通口供等情况,因此,公安交通管理部门在接到报警后应充分利用事故刚刚发生,各种证据尚未发生变化、灭失,容易被发现和提取的有利时机,尽快开展现场勘查及其他调查取证活动。

2. 客观全面

在收集事故证据时必须尊重证据的客观性,坚持实事求是,按事物的本来面目如实地加以反应,既不夸大也不缩小,不能以主观代替客观,更不得弄虚作假、歪曲事实。同时还必须注意全面收集证据,既要调查收集对当事人不利的证据,也要调查收集对当事人有利的证据,而不能仅凭主观臆断来判断和取舍对有关证据材料的调查收集。

3. 依法进行

为了防止收集证据时可能发生的偏差和错误,保证所收集证据的客观性、真实性和合法性,相关法律和技术标准对证据收集的程序、方法、途径等作了十分严格的规定,并禁止非法取证行为。办案人员必须严格遵守法定的权限和程序收集证据,如果违反了法律规定,除了所收集的证据不能作为定案依据,办案人员自身还将受到相应的法律处罚。

4. 运用科学技术手段

现代道路交通是人类科学技术发展的产物,各种新技术和新材料的不断应用,使得发生交通事故后的证据收集方法、手段及装备也在不断发展更新。为了保证所收集证据的准确性和可靠性,办案人员必须善于学习和应用先进的技术知识与仪器设备,科学地发现、提取、固定和保全事故证据。

(二)收集证据的主要方法

不同种类证据的性质及特征是不同的,为了使所收集证据的证明价值不因收集、提取的

方法不当而有所减损,在收集时应根据证据的具体类型有针对地进行。交通事故证据的常用收集方法有如下几种:

1. 提取原物

直接提取证据原物,主要适用于可以并且便于直接收集和保存的物证、痕迹载体、书证和视听资料。由于证据在复制过程中容易发生歪曲,从而影响其证据价值,而证据的原物如果提取、固定和使用及时、方法得当,一般能够保持其原貌,并正确反映案件的真实情况,因此在办案需要并且条件允许的情况下,都应当尽可能提取各种证据的原物。

2. 讯问、询问、谈话

对当事人、证人进行讯问或者询问,要求其陈述与事故有关的情况,是收集当事人陈述、证人证言、被害人陈述、被侵害人陈述、犯罪嫌疑人和被告人的供述和辩解,以及违法嫌疑人的陈述和申辩等证据的主要方法。讯问和询问有着严格区分,从语义上看,询问具有地位平等、气氛和谐的意味,讯问则具有上对下、下必须回答的意味,因此,除了在交通肇事刑事案件中对犯罪嫌疑人采用讯问以外,其他对事故当事人、证人的调查均应采用询问。

谈话是一种专门向享有外交或领事特权与豁免的当事人调查核实事故有关情况的证据收集方式。由于被调查的人员享有相关特权与豁免,因此谈话不具有强制性,通常由交通警察直接与其约定时间和地点进行会谈。

3. 扣留、扣押

扣留、扣押是指依法强行提取、扣留和封存与事故有关的车辆、物品、文件的行为。扣留和扣押在实质上并无差异,其目的都是为了获取和保全事故证据,所不同的是,扣留适用于事故的行政处理程序,而扣押则适用于事故的刑事诉讼程序。及时进行扣留、扣押,可以防止有关证据被当事人或其他人员隐匿、毁损或者丢失。

4. 勘验

勘验是指交通警察对事故现场的道路、车辆、物品、尸体等进行实地观察、测量、记录、提取、分析和检验。现场是事故发生和遗留主要证据的场所,任何交通事故都会在现场留下相应的痕迹、物证,即使当事人对现场进行了破坏和伪装也会留下新的痕迹、物证,通过现场勘验,可以获取这些证据和发现对调查事故有价值的线索。

5. 检查

检查是指办案人员对事故当事人的人身进行查验,以确定其某些特征、伤害情况和生理心理状态。对当事人进行人身检查,应当由两名以上交通警察进行,必要时也可以在交通警察的主持下由法医或者医师进行,其中,检查女性人员身体的应当由女性工作人员进行。对事故当事人进行人身检查一般应征得其本人意见,但在必要时,可以对肇事人或者肇事嫌疑人进行强制检查。

6. 照相、摄像

照相、摄像是指利用照相或摄像技术将一定的对象或者事物变化过程以影像的方式记录下来,其中,照相获得的是静态影像,摄像获得的是动态影像,又称视频资料。由于照相、摄像具有客观、形象、快速和简便的特性,因此已成为事故调查中最常用的取证方式。

7. 录音

录音是指利用录音设备对声音信息进行记录。作为一种证据收集方式,录音主要用于讯问、询问当事人或证人时的辅助记录手段。

8. 绘图

绘图是指运用绘图方法，以图画方式记录和反映事物的有关情况。由于绘图能够在直观反映事物内外部形态的同时准确记录相关的几何尺寸和空间位置关系，因此常用于记录事故现场的客观状态和描述事故的发生演变过程。

9. 复制

复制是指通过摹写、复印、翻拍、转录、脱模等方法或设备，按照原物的各种特征制作其仿制品。在事故调查中，复制既是一种收集证据的方法，同时也是一种保全证据的方法。

10. 调取、查询

调取是指公安交通管理部门依法向持有某项事故证据的单位或个人收集该证据。例如，向视频监控设备的管理单位调取有关视频资料、向事后报警的当事人收集现场记录或者照片。

查询是指利用相关计算机系统检索事故车辆、人员的登记、检验、保险、户籍、住所、家庭成员和交通安全违法、交通肇事以及其他违法犯罪记录等信息。

11. 检验、鉴定

检验、鉴定统称鉴定，是指为查明事故有关事实，由公安交通管理部门指派、委托具有专门知识的人员、具备资格的鉴定机构，或者由当事人委托具备资格的鉴定机构，对与事故有关的专门性问题进行检验、鉴别和判断并作出鉴定结论的活动。检验、鉴定不仅是揭示证据特性、印证证据真伪的过程，而且鉴定结论本身也是一种法定的证据形式。

12. 实验

实验是指为了确定和判明与事故有关的某些事实或者行为在某种条件下能否发生或者怎样发生，而按照事故原有条件进行重演、再现的调查活动。实验既是收集证据的方法，也是验证证据的方法，科学、符合事实的实验结果可以作为证据使用。

13. 辨认

辨认是指由当事人或证人对某一可能与事故有关的对象进行分辨、确认。在交通事故中最常见的辨认有对某物品是否与事故有关进行辨认，以及对事故的肇事嫌疑人、嫌疑车辆进行辨认。辨认既可作为收集证据的方法，也可作为验证证据的方法，其中，辨认嫌疑人的，被辨认的人数不得少于7人；通过嫌疑人照片进行辨认的，被辨认的照片不得少于10张；辨认嫌疑车辆的，被辨认的车辆不得少于7辆。辨认由交通警察主持进行，并按要求制作辨认笔录。在辨认开始之前应向辨认人详细询问被辨认对象的具体特征，同时避免其见到被辨认对象。在辨认过程中不得给辨认人以任何暗示，由多人对同一对象进行辨认的应分别进行。

第二节 现场勘验

一、现场勘验的基本要求

根据 GA 41—2005《交通事故痕迹物证勘验》，现场勘验应当符合以下基本要求：

(一)由具备交通事故处理资格的交通警察或有关专业技术人员担任

现场勘验是交通事故调查的重要环节，具有较强的技术性和职权性，因此，通常只能由公安交通管理部门内部取得了交通事故处理资格等级证书的交通警察承担，只有当勘验工作涉及某方面专门知识时,才能由公安交通管理部门聘请相关的专业技术人员参加。

(二)采用有效的现场保护措施,确保勘验人员的安全

事故现场都地处开放空间,现场人员及财物的安全容易受到过往车辆的威胁,为防止在勘验过程中发生次生事故,勘验时必须使用必要的保护装备和采取有效的保护措施,确保勘验人员的安全。

(三)应配备相应的勘验车辆、勘验器材等装备

为了保证交通警察及时赶赴事故现场,并快速、准确、完整地开展现场勘验工作,公安交通管理部门应当配备相应的勘查车辆和勘验器材等设备。其中,勘查车辆应配备反光指示牌、反光锥筒、警戒带、反光背心、手持照明灯或车载照明设备等,而常用的勘查器材包括长度测量工具(卷尺或者激光测距仪、超声波测距仪)、照相机、摄像机以及必要的痕迹物证提取工具和器材,有条件的还可以配备坡度仪、附着系数测定仪、摄影测量系统、现场绘图系统等。

(四)应根据各类事故的特点勘验其痕迹、物证

不同的事故,其发生过程和所形成的痕迹、物证也各不相同,勘验人员应当根据事故的具体类型及特点,仔细观察现场道路和痕迹、物证的形态及特征,在能够充分证明事故事实的前提下有重点地进行勘验。勘验的基本内容包括:

(1)勘验发生事故的车辆、人员、现场路面和有关物体及其状态、痕迹位置。

(2)勘验发生事故的车辆、人员行进路线的痕迹、物证。

(3)勘验事故车辆、人员、现场路面、有关物体接触部位、受力方向及有关的地面遗留物。在事故接触部位及周围寻找事故可疑物,重点勘验第一次接触的痕迹、物证及其相对位置。

(五)勘验并确定痕迹的造型体

任何痕迹都是造型体与承受体相互作用的结果,现场勘验的一项重要任务就在于调查并确认事故各方在事故发生时的相互作用情况,因此,痕迹及其造型体、承受体都始终处于同等重要的地位。当发某一痕迹后,除了勘验其本身之外,还应确定并勘验相应的造型体,其中,对于连续发生多次接触的应准确认定造型体和承受体第一次接触时的具体部位。

对痕迹造型体的确定,通常是将痕迹的形状、大小、位置、受力方向、附着物种类、颜色、状态等特征,与待确认对象的相应部位进行比对,如果二者的对应特征一致即可确认该对象为痕迹的造型体。这种比对认定的方法被称为同一性认定。同一性认定分为特定同一认定与种类同一认定两种,交通事故痕迹一般要求达到特定同一标准,但是,有时即使只能达到种类同一也很有价值,例如在查缉肇事逃逸案时就经常利用痕迹的种类同一性来筛查肇事嫌疑车辆。

(六)应测量各物证的相对位置以及痕迹的形状和尺寸

事故现场物证的空间位置、形态特征和痕迹的几何尺寸等,是分析事故过程及事故各方相互作用关系的依据。现场勘验时应当以道路边缘、交通标线、车辆的一侧或者地面为基准对现场进行定位,并测量各类痕迹、物证的位置、形状、尺寸等。在测量时,测量的最小计量单位为cm,测量的允许误差为:当距离小于50cm时,最大误差为0.5cm;当距离为50cm~10m时,最大误差不得超过1%;当距离超过10m时,最大误差不得超过10cm。

(七)应固定和提取有价值的痕迹和物证

对于勘验过程中发现的各种有价值的痕迹、物证,应当首先采用照相法进行固定,然后根据痕迹、物证的特点和处理事故的需要,进行绘图、摄像和提取原物、制作模型等。当水泥、沥青、块石路面上的痕迹被尘土、散落物覆盖时,在不妨碍其他项目勘验的前提下,可照相后清除覆盖物再勘验。

(八)应作好现场勘验笔录

在勘验事故现场时,交通警察应当按照有关法律、法规和标准的规定,制作交通事故现场勘验笔录,记录对现场痕迹、物证的勘验及提取情况。

二、道路及交通设施的勘验

(一)确定道路走向

道路走向是指现场中心位置的道路方向。道路走向一般以道路切线相对于大地正北方的夹角为准,在不能确定道路的方向时,也可用文字方式记录其两端的通达地名。

(二)确定交通信号的配置及显示情况

交通信号的配置及显示情况是判断当事人交通行为正当性的重要依据,在现场勘验时,应仔细观察并记录车辆行经路线上的交通标志、交通标线和交通信号灯的设置及显示情况,包括其种类、显示内容和设置位置等。

(三)测量路面宽度及车道宽度

在测量路面宽度及车道宽度时,对于路面采用水泥、沥青等材料铺装并且有交通标线的按照交通标线进行测量,没有交通标线的按照路面的边缘进行测量,如果路缘不整齐的以路缘的拟合直线或曲线为准;对于路面未采用水泥、沥青等材料铺装但有明显路面边界的按照其边界进行测量,无明显路面边界的根据地面的压实状况和通行痕迹来测量其有效路面宽度和非有效路面宽度。

(四)测量弯道曲线半径

弯道曲线半径是指转弯道路的中心线弯曲半径,其测量方法如图 4-1 所示,首先在弯道的中心线上测量一段弦长 a(适当增加 a 的长度可提高测量精度)以及弦的中分点到道路中心线的距离 b,之后代入式(4-1)即可得到弯道曲线半径 R。如果弯道未划设中心线,则先测量弯道外侧边缘线的弯曲半径,再减去半幅路宽。上述方法也可用于测量现场其他弧形痕迹的弯曲半径。

$$R = \frac{(a/2)^2 + b^2}{2b} \quad (4-1)$$

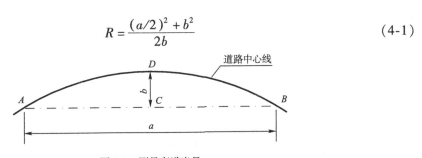

图 4-1 测量弯道半径

(五) 测量坡度值

道路的纵坡或横坡一般使用坡度仪测量,没有坡度仪的也可用图4-2所示的方法测量:首先在现场中心位置,沿道路走向(测量横坡时为道路横向)将具有一定长度的水平尺一端搭在地面上并调平尺身,然后测量其悬空一端的离地高度,并将测得的离地高度 h 和水平尺长度 l 代入式(4-2)计算即可。为确保测量精度,应根据路面的平整程度选取3个以上的点进行测量,并取其平均值。

$$i = \frac{h}{l} \times 100\% \tag{4-2}$$

图4-2 道路坡度的测量

(六) 测量安全行车视距范围

安全行车视距范围是指车辆驾驶人在行车过程中能够发现危险并采取回避措施,防止发生事故的动态可见范围,是分析确定驾驶人在事故发生时反应情况的重要依据。安全行车视距范围的测量方法是:以驾驶人驾驶车辆时的眼睛高度,顺着车辆左前轮行驶轨迹的内侧移动,并观察事故对方车辆或人员运行轨迹上的事物,确定并测量驾驶人发现对方或采取制动措施时的所处位置及其所能够看到的相关空间范围,如图4-3所示。

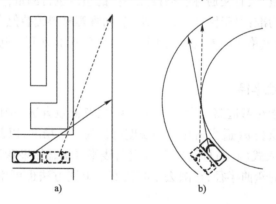

图4-3 行车视距的测量

(七) 检测路面附着系数

路面附着系数以车轮的方向为标准分为纵向附着系数和侧向附着系数,交通事故中一般测量纵向附着系数 φ。由于路面附着系数沿道路的横断面方向存在明显差异,其中车辆行驶较集中的区域较低,道路两侧边缘部位则较高,因此,为使所测结果能准确反映事故的真实情况,应当尽可能在事故车辆的行驶轨迹所在区域检测。路面附着系数的检测方法和可使用的检测仪器有多种,除了专门的路面摩擦系数测定仪之外,还可以利用便携式制动测试仪或者减速度仪在事故现场进行车辆制动试验,将试验得到的车辆在制动时充分发出的平均减速度(MFDD)代入式(4-3)计算即可。

$$\varphi = \frac{MFDD}{g} - i \qquad (4\text{-}3)$$

式中：g——重力加速度，9.8m/s^2；

i——道路坡度值，上坡时取正号，下坡时取负号。

(八)测量交叉路口的几何结构

对于发生在平面交叉口内部的事故，应如图4-4所示测量与事故有关路口的路面宽度、车道宽度和相邻路口道路边缘延伸线交点至连接弧线的距离，对于不规则的交叉路口还应测量相邻路口的相交角度和对向路口的错位距离，以准确反映交叉口的几何结构特征。

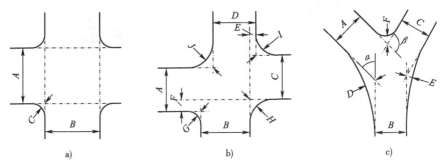

图4-4 交叉路口几何结构的测量
a)规则十字交叉口；b)不规则十字交叉口；c)Y型交叉口

三、地面物证勘验

(一)地面轮胎痕迹勘验

1.轮胎痕迹的鉴别

按照痕迹的外观形态和形成机理不同，地面轮胎痕迹可以划分为滚印、压印、滑印、侧滑印和制动跑偏印等。

1)滚印

滚印是指车轮相对于地面做纯滚动时留下的痕迹，如图4-5所示。滚印呈一条与胎面同宽的连续痕迹，痕迹清晰完整，能够反映出车轮胎面的花纹、胎面磨损和机械损伤等特征。这些特征可作为肇事逃逸案中判断逃逸车辆类型的依据。

2)滑印

滑印是指车轮受纵向外力作用，相对于地面作纯滑动时留下的痕迹。滑印可分为起步滑印和制动拖印两种，其中，起步滑印是静止车辆起步时，车轮相对于地面发生纯滑转形成的痕迹，这种痕迹在事故中较为罕见，一般多出现于车辆在上坡路段起步或遇信号灯放行时。制动拖印简称拖印，是指车辆制动时，车轮相对地面作纯滑移运动所留下的痕迹，

图4-5 车轮滚印

如图4-6所示。二者的主要区别为：第一，制动拖印较长并呈黑色带状，而起步滑印则很短且通常呈椭圆形；第二，痕迹内部都有方向统一的擦痕，但起步滑印的擦痕方向与车辆行驶方向相反，而制动拖印的擦痕方向指向车辆的行驶方向；第三，起步滑印只出现在驱动轮上，而制动拖印可出现在所有车轮上；第四，起步滑印的后方通常堆积有一定量的尘土和橡胶粉

末,而制动拖印的橡胶粉末多分散于痕迹内部。

如图4-7所示,制动拖印虽然在总体上不显示轮胎的胎面花纹,但仍然能够部分显示与轮胎滑动方向一致的花纹特征,并且在轮胎充气压力没有显著偏高或偏低时,痕迹的宽度与胎面宽度基本一致,这些可作为判定轮胎痕迹与车轮的关系以及分析肇事逃逸车辆轮胎类型的重要依据。

图4-6 制动拖印

图4-7 制动拖印显示的轮胎花纹特征

3)压印

压印是车轮受纵向外力作用,沿行进方向相对于地面做滚动与滑移的复合运动时留下的痕迹。从痕迹形态上看,压印介于滚印与滑印之间。与滚印相比,压印的花纹较模糊、颜色较深,痕迹内有指向轮胎滑动方向的细小擦痕;与拖印相比,压印的颜色较浅,且能在一定程度上显示胎面花纹的形态。压印的颜色深浅以及花纹的模糊程度与轮胎的滑动率成正比。

压印分为加速压印和制动压印两种,二者的外观比较相似,所不同的是:加速压印出现在车辆急起步和急加速过程,而制动压印出现在车辆制动减速过程;加速压印的轮胎花纹沿车辆行进方向被压缩变形,而减速压印的轮胎花纹沿车辆行进方向被拉伸变形。此外,驾驶人所采取的制动强度以及制动系统的结构不同,制动压印的形态也会有所不同,其中,缓和制动形成的压印一般较紧急制动的长且浅淡;在紧急制动时,普通车辆的压印较短且呈由浅至深单向变化,而装备了制动防抱死装置(ABS)的车辆的制动痕迹主要为压印,并且随ABS的作用呈深浅交替变化,中途也可能出现间断轻微拖印,如图4-8所示。

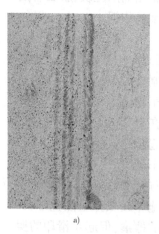

图4-8 车轮压印

a)普通车辆的制动压印;b)装备ABS车辆的制动压印

4）侧滑印

侧滑印是车辆在行驶过程中受到足够大的侧向外力作用,使车轮发生侧向滑动时留下的痕迹,如图4-9所示。侧滑印的起点即为车轮开始受到侧向外力的位置,并且痕迹内部有与形成痕迹时轮胎接地面瞬间速度方向一致的并列状弧形擦痕,因此,侧滑痕迹往往是判断事故双方接触位置和作用力方向的重要依据,如图4-10所示。

图4-9　侧滑印　　　　　　　　图4-10　侧滑印内部的擦痕

车辆在转弯发生侧滑时,由于受离心力作用,一般外侧轮胎痕迹比内侧轮胎痕迹深重,有时甚至不出现内侧轮胎痕迹。车辆在高速行驶状态下制动或遭受碰撞而发生侧滑时,容易出现大角度回转,并在地面上留下看似杂乱,其实与车身的回转方向或者所受综合外力的等效力偶方向相符的车轮痕迹(图4-11)。

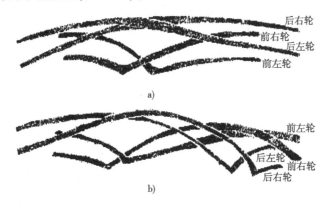

图4-11　汽车发生大角度回转时的车轮侧滑印

a)车辆转动180°,背向行驶方向的情况;b)车辆转动360°,面向其原行驶方向的情况

5）制动跑偏印

制动跑偏印是车辆在直线行驶情况下制动,车身出现自行向左或向右偏驶所留下的轮胎痕迹。产生制动跑偏的原因主要是车辆左右车轮(尤其是转向轴的左右车轮)的制动力不平衡或者车身受到横向外力作用,痕迹呈现偏向制动力大的一侧车轮或外力作用方向的弧形,并且所偏向一侧的车轮更容易出现痕迹,但痕迹通常较细窄而浅淡。车辆制动跑偏往往容易引发碰撞、刮蹭、翻车、坠车等事故,并且其痕迹与车辆转弯时制动的痕迹较为相似,对此可根据转向轮的偏转角和轮胎滑移状态进行鉴别。

2. 轮胎痕迹的勘验

交通事故现场一般都能够留下事故车辆的轮胎痕迹。轮胎痕迹通常是分析确认车辆在事故发生时的行驶速度和行驶轨迹的重要依据，因此是现场勘验的重点。对地面轮胎痕迹一般应勘验以下内容：

(1) 轮胎痕迹的种类、形状、方向、长度、宽度、痕迹中的附着情况，以及轮胎的规格、花纹等。

由于车辆驾驶人在发生事故时多会采取制动措施，因此现场勘验所针对的也主要是车轮制动痕迹。按照勘验规范要求，对于地面轮胎痕迹应当勘验其种类、形状、方向、长度、宽度以及轮胎的规格、花纹等，并且，滚印、压印、拖印、侧滑印、挫划印及痕迹突变点应分别勘验，弧形痕迹应分段勘验，轮胎跳动引起的间断痕迹应作为连续痕迹勘验，同时根据需要记录间断痕迹之间的距离。然而，由于目前越来越多的道路都采取水泥或者沥青铺装，而在这些路面上一般不会留下轮胎滚印和滑移率较低时的压印，只有当轮胎滑移率达到10%~20%以上时，地面上才开始出现较为明显的压印，并随着轮胎滑移率的增高而迅速过渡为拖印（图4-12），实践中通常很难分辨不同种类痕迹之间的分界点，因此一般不对制动压印和拖印作区分，而笼统地将肉眼可见的压印和拖印作为车轮制动痕迹。

由于受地面平整程度、轮胎附着情况以及车辆在制动时的载荷偏移等因素影响，制动痕迹的宽度通常并不等于胎面的宽度，并且痕迹内部的颜色深浅也极不均匀。为了准确找到制动痕迹及其起点，勘查人员应当顺着车轮的行驶轨迹，让视线与地面呈大约30°~50°夹角来寻找和观察痕迹（夹角大小应根据现场光线情况适当调整）。在夜间，照明灯的光照方向应当与观察者的视线保持一致或相反，必要时，也可借助多波段光源或者紫外线灯帮助寻找轮胎痕迹，但在使用紫外线灯时应佩戴护目镜、防护手套，注意不要用眼睛直视紫外线光源和避免让紫外线长时间照射皮肤，以免造成视力和皮肤受损，用毕应立即关闭灯具的电源开关。此外，对于装备了ABS的车辆留下的制动痕迹，可以根据车辆在制动时的载荷转移特征，通过仔细观察和对比前后轮痕迹的深浅及宽度变化来确定痕迹的起止点。

对于轮胎痕迹中有血液、人体组织、油污等附着物的，应仔细勘验并记录附着物的种类、形状、大小和在痕迹中的出现位置，如图4-13所示。

图4-12 汽车制动过程的轮胎痕迹过渡现象

图4-13 制动痕迹中附着的人体组织

(2) 滚印、压印、拖印、侧滑印、挫划印分段点相对路面边缘的垂直距离、痕迹与道路中心线的夹角，痕迹的滑移、旋转方向及旋转度数。

按照勘验规范要求，对于轮胎痕迹应当勘验滚印、压印、拖印、侧滑印、挫划印分段点相对路面边缘的垂直距离，但诚如前面所述，在事故现场通常很难准确识别滚印、压印、拖印三者间的分界点，因此，在实践中一般只勘验在现场可分辨的制动痕迹和侧滑印、挫划印的起点及分界点相对于路面边缘的距离。在测量时，应当以轮胎痕迹的外侧边缘为准，如果是并装轮胎的,则以外侧轮胎的外侧边缘为准。

对于痕迹与道路中心线的夹角以及痕迹的滑移、旋转方向及旋转度数,由于在现场直接测量角度不易保证测量精度,因此一般按照图4-14所示的方法进行间接测量:首先在痕迹的一侧边缘选取相距一定距离a的两点,并分别测量这两点到道路中心线的距离b和c,然后代入公式(4-4)即可计算得到待测的夹角α。

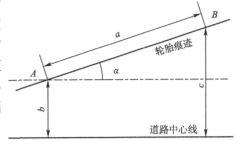

$$\alpha = \arcsin \frac{c-b}{a} \quad (4-4)$$

图4-14 痕迹与中心线夹角的测量

(3)交通肇事逃逸现场应勘验逃逸车两侧轮胎痕迹的间距和前后轮胎痕迹止点的间距,判明逃逸车辆的类型和行进方向。

交通肇事逃逸车辆在事故发生时往往采取过紧急制动措施,在现场会留下一定的轮胎痕迹,尤其是制动停车后再驶离的,在拖印的止点处还可能留下由灰土和轮胎橡胶粉末堆积而成的立体花纹痕迹,如图4-15所示。通过准确观察并测量逃逸车辆左右两侧轮胎痕迹的间距和前后轮胎痕迹止点的间距,将有助于分析判断车辆的大小和类型。

测量左右两侧轮胎痕迹的间距时,应当选择痕迹较清晰的部位测量两条痕迹的对应内侧或外侧边缘距离。测量前后轮胎痕迹的间距时,应首先确认各条轮胎痕迹的止点,然后测量同一侧前后轮胎痕迹止点之间的距离,并比较左右两侧的距离是否吻合,以判断是否存在车辆的车轴移位或者轮胎痕迹不完整的情况。

(二)地面其他痕迹物证的勘验

1. 地面挫划痕迹勘验

地面挫划痕迹是指车体、车辆构件、行人鞋底、人体等在地面上滑动留下的摩擦印迹或者沟槽,如图4-16所示。对于地面挫划痕迹,应勘验其长度、宽度、深度,以及痕迹中心或者起止点距道路边缘的距离,并比对确定痕迹的造型体。此外,当行人受到车辆碰撞时,承重脚的鞋底可能与地面发生摩擦而分别在鞋底和地面上形成摩擦痕迹,这对于判断事故双方在事发时的接触点及其作用方向至关重要。

图4-15 车轮制动终点的立体痕迹

图4-16 侧翻车辆在地面上的挫划痕迹

2. 地面散落物、附着物勘验

对于地面上的散落物和附着物,应当勘验其种类、形状、颜色、分布位置,并确定主要散落物的来源及第一次着地点与着地方向。此外,从车辆上掉落的沙土、油脂和装载物可以反映车辆的使用情况,从轮胎上脱落的泥块还可能反映车辆的行驶状态和轮胎花纹的形态特征,因此在需要时应细心提取并妥善保管,以便检验鉴定。

四、车体物证的勘验

(一)车体外部物证勘验

1. 勘验车体外部物证的种类与形成关系

车体外部物证主要包括痕迹和附着物,其中,痕迹多表现为车体发生变形、破损,以及灰土、油漆等表面物质缺失或者增加而形成的平面或立体痕迹,附着物多表现为纤维、毛发、血迹、人体组织、油漆物质等。由于车辆在事故中有时可能与其他车辆、人员或物体发生两次以上接触,并形成复杂的车体痕迹和附着物,因此勘验时应当以确定车体发生第一次接触的部位和受力方向为重点,仔细观察和记录相关物证的种类、颜色等性状,并根据痕迹的外观形态、空间位置和内部附着物质来判断对方的接触部位,明确其形成关系。对于肇事逃逸案或者其他疑难案件的事故车辆、肇事嫌疑车辆,还应当根据需要提取车体上的痕迹和附着物。

2. 测量车体痕迹的几何尺寸

车体痕迹的几何尺寸包括痕迹的长度、宽度和凹陷深度,如图4-17所示。其中,痕迹的凹陷深度是指车身立体痕迹的底部相对于其原始位置的压溃幅度,它直观地反映了事故中车辆发生碰撞的烈度,对于推算车辆在发生事故时的行驶车速具有重要意义。在测量痕迹的长度和宽度时,对于痕迹具有明显形成方向的,以其形成方向为长,与形成方向相垂直的为宽;对于痕迹没有明显形成方向或者形成方向与车体表面垂直的,以痕迹的水平方向为长,竖直方向为宽。测量痕迹凹陷深度的关键在于准确找到凹陷部位的原始位置,对此,一般根据与凹陷部位对称的车体完好部位来确定,如果其对称部位也发生了变形,则根据凹陷部位的车体残余长度或宽度与车体原始尺寸的差值来确定。

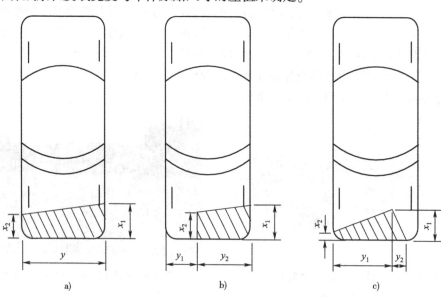

图4-17 车身痕迹几何尺寸的测量

3. 测量车体物证的空间位置

车体物证的空间位置是以痕迹、附着物的上、下边缘(尺寸较小的以其中心)距离地面的高度,以及痕迹、附着物的左右端点(尺寸较小的以其中心)与车体相关一侧的距离来确定的,其中,所谓车体相关一侧是指与痕迹、附着物所在面相接,并离痕迹较近的车体另一竖直面,例如图 4-18 中,车头痕迹右端点距车体相关一侧的距离 a,车身左侧痕迹后端点距车体相关一侧的距离 b。

(二)车体内部物证勘验

对于当事人涉嫌冒名顶替、肇事后弃车逃逸或者其他需要确定车辆驾驶人的事故,应当注意发现和提取事故车辆转向盘、变速杆、驾驶室车门、踏脚板等部位的手、足痕迹和血液、毛发等附着物。

车辆装配了行驶记录仪、车载 GPS 系统或者视频监控系统的,应当在现场或者将车辆拖移至有条件的地方提取其行驶记录仪、车载 GPS 系统或者视频监控系统的记录信息。对于车辆的安全气囊已经起爆的,在必

图 4-18　测量车体痕迹的空间位置

要时还可以提取安全气囊系统的传感诊断模块(Sensing and Diagnostic Module,SDM)中记录的碰撞数据。

(三)车辆零部件损坏情况勘验

车辆零部件有损坏、断裂、变形的,应观察和记录零部件的名称及其损坏、断裂、变形情况。如果事故的发生可能与车辆照明系统的工作情况有关,则应提取车辆照明系统的灯泡、灯丝及其碎片。

五、人体物证勘验

由于人体在现场的位置和姿态常常因为现场抢救和现场保护等需要发生变化,因此在勘验时应首先确认并记录其是否为原始位置和姿态,并结合车辆的毁损情况判断受伤或死亡人员是与一车还是多车接触、是车内人员还是车外人员,然后再按照由外到内、先衣着后体表的顺序进行勘验,以免破坏人体上的痕迹和附着物。通常在现场只勘验人体的衣着和裸露体表,对于伤者的其他体表痕迹则一般交由负责救治的医疗机构诊断检查,在需要时也可由法医检查或由勘验人员在医务人员的协助下检查;对于死者的尸表痕迹则一般结合尸体检验由法医或勘验人员勘验,并且在殡葬服务单位或者医疗机构等有停尸条件的场所进行。

(一)衣着勘验

由于衣着在事故中是人体与车辆或其他物体接触并传递作用力的主要介质,因此在受力部位的面料上和衣扣、衣缝等处极易形成磨损、褶皱、撕裂、开缝、脱扣等破损现象,并可能附着对方车体或其他物体表面的灰土、油漆、油污等。这些痕迹、附着物的特征和在人体上的位置反映了车辆或其他物体对人体的作用部位、作用力方向、相对运动状态等,其中,一些痕迹和微量物证还可作为确认肇事逃逸车辆的重要依据。概括而言,衣着勘验主要包括以下内容:

(1)衣着上有无勾挂、开缝、脱扣等破损痕迹,有无油漆、油污等附着物,鞋底有无挫划痕迹,并辨明与事故的关系。

(2)衣着上痕迹、附着物的位置、形状、特征,造成痕迹的作用力方向,痕迹中心距足跟

的距离,必要时应提取这些痕迹、附着物。

(3)死者衣着的完整性,现场散落的鞋帽、围巾、外衣及衣着饰品、碎片等与死者及其他有关痕迹物品的位置关系。

(4)需要查明死亡人员身份的,应勘验并记录衣着的名称、样式、产地、材料、图案、颜色、号码、新旧程度等特征及穿着顺序,并提取必要的衣着物证。

(二)体表勘验

对事故受伤或死亡人员的体表应勘验以下内容:

(1)检查人体的性别、体长、体型等体表特征。

(2)勘验体表损伤的部位、类型、形状、尺寸、造成损伤的作用力方向,以及损伤部位距足跟的距离和附着物情况,并注意发现和记录人体上的特征性损伤。

人体损伤情况与受害人在事故发生时的行为动态和受力情况有关。对于车外人员而言,其损伤可分为一次损伤和二次损伤两类,前者是车辆直接作用人体形成的,如碰撞伤、碾压伤、刮蹭伤、伸展创等;后者是人体与车辆接触后又与地面或其他物体发生撞击、刮蹭等形成的,如摔跌伤、拖擦伤等。对于车内人员而言,其损伤因撞击车内的部位和装置不同而有所差异,例如,当车辆前部发生碰撞且无安全带和安全气囊保护时以前排座位乘员的损伤较重,并以头面部、胸部和下肢膝部、胫前部碰撞伤为主,驾驶人还可形成胸部或上腹部的方向盘损伤,以及手腕、前臂尺桡骨骨折和右腿脚踏板损伤等特征性损伤,而后排乘员则以四肢的碰撞或刮蹭伤为主,且下肢多于上肢,其次为头面部和躯干部损伤。此外,当车辆因碰撞而突然加速或减速时,还容易使乘员的颈椎部形成挥鞭样损伤,并以后排乘员居多。通过对人体特征性损伤的发现和记录,将有助于分析事故的发生过程和受害人在事发时的行为动态。

(3)根据需要提取伤亡人员的衣着、血液、组织液、毛发、体表上的附着物等,进行检验、鉴定。

六、其他物证勘验

除了地面、车体和人体之外,交通事故还常常在行道树、交通标志杆、路灯杆、路边建筑物、山壁等固定物上留下碰撞、刮蹭痕迹或者血液、人体组织、油污、车体材料等附着物。对于这些痕迹、附着物,应当勘验其长度、宽度、深度及距离地面的高度,并寻找和确定相应的造型体。

第三节 痕迹物证提取

痕迹物证提取是指在现场勘查过程中,运用一定的方法对事故的有关痕迹、物证进行收集、获取,以确保在事故处理过程中能够正常发挥其证据作用。痕迹物证提取是现场勘验工作的重要组成部分,按照相关技术规范要求,在现场确认或疑似交通事故痕迹、物证的都应当进行提取,对于肇事逃逸案则应当提取现场遗留的所有与事故有关的痕迹、物证。

一、痕迹物证提取的基本要求

(一)及时提取

交通事故的痕迹、物证在事故发生后往往处于一种不稳定状态,极易随时间推移或者受各种因素的影响而发生变化或遭受破坏,从而影响其证据作用,因此,对于现场的痕迹和物证,应在发现、测量和照相之后立即进行提取,因故不能及时提取的应采取必要的隔离、覆盖、封存等保护措施,防止其破坏灭失,并尽快进行提取。

(二)在提取前应首先对痕迹物证进行固定

在现场发现的痕迹和物证,应当在提取之前首先运用照相、摄像、绘图和制作笔录等方法,对其原始位置、形态特征和与现场其他车辆、人体、物品或痕迹的关系进行记录,以固定其在事故现场的原始状态。

(三)注意保全痕迹物证

在勘验和提取痕迹物证时,应妥善保护痕迹和物证部位,以防止人员触摸或因天气变化等因素造成痕迹物证的损坏、灭失或被污染。在提取物证之前,不得在物证部位及附近用粉笔、圆珠笔或蜡笔等勾画,对于转向盘、变速杆等车体上遗留有指纹或轮胎上存在事故物证的车辆,应在提取之后方能移动车辆。提取物证所用的各种工具、包装物、容器等必须干净,用同一工具提取不同部位的物证时,每提取一处都必须把工具擦拭干净,其中,提取油脂、血迹、人体组织等物证时不得重复使用同一工具,并且提取人员不得讲话和咳嗽,更不得用手直接接触物证,以免物证被汗液或唾沫污染。提取留作整体分离比对的脱落物或部件碎片时,应注意保护其断口形态和边沿不被损坏。

直接提取的实物证据应分别包装和小心保管,以防其被污染、相互混杂或者形态发生损坏。对于提取的血液、油脂、人体组织等易挥发或易腐败、变质的样品,应使用清洁的玻璃瓶、塑料瓶或塑料袋密封,不能立即送检的还应低温保存。

(四)作好提取记录

勘验中发现的全部痕迹和物证,在提取之前必须将其形状、数量、颜色、所在地点等分别在现场勘查笔录上进行编号记录,同时在物证的包装物上作相应标识。

二、痕迹物证提取的方法

痕迹物证的提取方法分为直接提取法和间接提取法两类。其中,直接提取法是指直接对痕迹物证本体进行收集;间接提取法是指通过照相、摄像、复制、制作模型等技术手段间接固定和记录痕迹物证的形象及特征。由于交通事故调查通常以查明事故过程及原因为主,对相关痕迹物证的利用多较为宏观和直接,因此在满足案件处理对相关证据的需求基础上,为了提高工作效率并降低办案成本,对事故的痕迹物证一般采取间接提取法,而直接提取法则主要用于交通肇事逃逸案或者某些重大、疑难案件中需要进行检验鉴定的痕迹物证,并且即使如此,对于一些无法进行直接提取的事故痕迹,也仍然只能采取间接提取。

(一)直接提取法

1.痕迹的提取

痕迹对其承受体具有很强的依附性,必须依赖承受体来保持其形态特征,因此一般宜采取间接法提取,如确需直接提取的也应通过提取其承受体来完成。其中,对事故中受害人衣服上的车轮花纹痕迹等,应连同衣服提取;对于能反映事故痕迹,以及与形成事故痕迹有关的小件物品、易分解车辆零部件,应将物品和有关零部件全部直接提取;对于不能分解的车辆零部件或者其他大件物品上的痕迹,在必要时应对车辆及物品进行整体扣留封存。

2. 散落物的提取

对于现场散落物应在确保不损坏其外形结构的情况下进行提取。其中,散落在地面或者其他物体上的玻璃碎片、油漆碎片、塑料碎片、车辆零部件及装载物等固体物质,可用镊子夹取后放入透明的玻璃瓶或塑料袋内;散落在地面轮胎痕迹中的橡胶粉末,可用浸有洁净水的纱布或脱脂棉球蘸取后装入透明玻璃瓶内;蘸有事故物证的较大物品以及散落在事故车辆内外的鞋只、纽扣、手套、人体组织等,可直接拾取,但提取时应戴手套并且不得直接接触其痕迹和附着物部位。

3. 附着物的提取

直接提取附着物时,应注意防止所提取附着物被污染。对于蘸附在小件物品及易分解车辆零部件表面的物质,应将有关物品和拆卸下的车辆零部件进行整体提取;对于蘸附在车体或者其他较大物体表面的固体性附着物,可根据附着物的理化性质,采用手术刀片刮、镊子夹等方法提取,并将提取物放入试管或用滤纸包好后放入透明塑料袋内。必要时,为防止物证丢失,可采取剪、挖、锯等方法将车体或其他较大物体上沾有附着物的部位分离下来,并提取沾有附着物的分离体;对于血液、油脂等液体物质,量较多的,可以用滴管或者注射器吸取后放入试管,并向血液中加入相当于血量1/5的生理盐水,量较少的,可用镊子夹住滤纸、纱布或脱脂棉擦取后放入试管;对于已经干燥的血迹,量较多的,可以用手术刀片刮离后放入试管内,量较少的,可用浸有生理盐水的脱脂棉球或纱布擦取后晾干,再放入试管内。

4. 血液及尿样提取

当事人饮酒或者吸食国家管制的麻醉药品、精神药品后驾驶车辆是引发交通事故的常见原因。由于人体对其体内的酒精或者精神药品、麻醉药品具有一定的分解和排泄能力,因此对于涉嫌饮酒或者服用国家管制的精神药品、麻醉药品驾驶车辆的当事人,应当及时提取其血液或尿液进行酒精或者精神药品、麻醉药品检测。抽取血液的,应当由专业人员进行,提取时不得采用酒精或者挥发性有机药品对皮肤进行消毒,所抽取血样应当放入洁净、干燥、密闭、不留空间的容器中,并添加抗凝剂后低温保存。提取血液或尿样时应填写《当事人血样(尿样)提取登记表》。

5. 对照样品的提取

当肇事逃逸车辆本身的物质或者装载物遗留在现场时,应细心提取并妥善保存,待查到嫌疑车辆后,再从嫌疑车辆的相应物质脱落部位或者装载物中提取与现场遗留物外观相似的物质作为对照样品,进行比对检验。在勘验嫌疑车辆时,发现有可疑附着物的,应从被撞车辆、伤亡人体或者现场其他物体表面提取对照样品,进行比对检验。

(二)间接提取法

1. 照相或摄像法

照相或摄像具有简便、快捷、经济等特点,在交通事故调查过程中不仅是固定和提取各类痕迹物证的重要手段,而且广泛用于记录事故现场情况及其勘验过程,并形成了一套相对完备的技术标准,因此,有关利用照相或摄像方法提取事故痕迹物证的内容将结合现场勘验照相在本章的第五节作详细介绍。

2. 脱影法

脱影法主要用于提取肇事人留在事故车体或其他物体上的手印。由于事故现场手印的形成时间普遍不长,手印中的汗、油性物质较多,对粉末物质有较强的黏附作用,因此一般采用粉末法对手印进行显现和提取。提取时,首先用软毛刷粘取适量显影粉末,均匀地抖散在可能有手印的物体表面,然后用毛刷尖部轻轻刷动粉末,同时注意观察是否有手印显现,当发现有手印后,应注意顺着已显现手印纹线的方向刷动,直至手印显现完整后刷净多余粉末,之后取一段透明胶带从手印的一端向另一端平整覆盖整个手印,并注意不要出现褶皱和气泡,再小心揭下并贴在与粉末不同颜色的衬底纸上即可。

3. 静电吸附法

静电吸附法主要用于提取事故车辆的轮胎在沥青、水泥路面上遗留的平面性加层或减层痕迹。提取时,首先将静电取迹器的静电提取板擦拭干净,并铺放在需提取的轮胎痕迹上,然后将静电取迹器的静电发生装置端部两极中的任意一极与静电提取板背面的金属面相接触,另一极则通过接地线搭接在地面上,同时打开静电发生装置的电源开关,于是轮胎痕迹中的灰尘或橡胶粉末将在静电的作用下转移到静电提取板上,此时将静电提取板翻转过来并喷洒固定剂固定或者进行拍照提取。

4. 制模法

制模法主要用于提取事故立体痕迹。目前常用的制模材料主要有石膏、硅橡胶和硬塑料三种,由于不同材料的物理性状存在差异,所适用的痕迹类型也有所不同。

石膏制模法比较适合于提取在松软地面或雪地上的轮胎痕迹和足迹。提取时,首先将石膏粉和水按大约5:3的比例均匀调和成糊状,并注意不要搅出气泡,然后将石膏浆经痕迹边缘轻轻注入痕迹后等待30分钟左右,待石膏凝固结实后起出即可。启模时要注意小心轻柔,不要弄坏模型。在制作浮土或雪地上的痕迹模型时,应事先给痕迹薄而均匀地筛上一层石膏粉,然后再灌入石膏浆,并且在灌入时不要直接冲刷到痕迹,而应让石膏浆缓慢流入痕迹。如果痕迹较大,可以待灌入的石膏浆将痕迹掩盖完全并稍有硬化后,放入一些竹片、木条等物再覆盖一层石膏浆,以增加模型的强度。

硅橡胶制模法比较适合于提取车体和其他有一定强度物体表面的几何尺寸小、细微特征明显的立体痕迹。提取时,首先取适量的硅橡胶放于干净的玻璃板上,加入3%~5%的正硅酸乙酯和1%~3%的月桂酸二丁基锡,用调墨刀均匀调和后灌入痕迹,等约1个小时硅橡胶硬化定型后起出即可。对于痕迹在竖直面上的,为防止硅橡胶流失,可用橡皮泥围住痕迹的下缘再注入胶液。起模时应从四周逐渐剥离,不能强拉,以防断裂。适当增加正硅酸乙酯的比例可以加速胶液的固化,但这样会使模型的韧性变差。

硬塑料制模法比较适合于提取车辆或其他物体表面上面积较大的立体痕迹。硬塑料的主要成分是黄蜡、松香、石蜡和填充物,受热后易软化。提取时,首先将适量硬塑料放入温水,待其软化后捞出甩掉表面水珠,并在一干净的平面上快速压展成一薄片,然后将薄片覆盖在已经预先涂有甘油的痕迹上,由内向外将薄片与痕迹表面均匀压实,待冷却定型后起出即可。

三、痕迹物证的保存

提取的痕迹、物证应按要求分别用物证袋装好,并在物证袋上详细注明事故名称、事故时间、物证编号、物证名称、提取地点、提取部位、提取方法、数量、提取人、见证人和物证说明等内容,然后统一存入物证室内妥善保管,防止损坏和丢失。如因体积过大存放在室外的,应作适当封闭和覆盖,防止无关人员触摸和受日晒雨淋的破坏。需要进行检验、鉴定的痕迹、物证,必须尽快送交有关专业技术人员或者检验鉴定机构进行检验、鉴定,以避免痕迹、物证因自身因素和外部条件发生变化而给准确检验、鉴定带来影响。

对于当事人涉嫌交通肇事犯罪的案件,在案件侦查终结并向检察机关移送时,与案件有关的所有痕迹、物证应当一并移送。

第四节 道路交通事故现场图

一、交通事故现场图的分类及格式

交通事故现场图是指运用绘图方法,记录事故现场情况或者描述事故发生过程的图形材料,是调查和处理交通事故的重要证据和记录、分析手段。

(一)交通事故现场图的分类

按照交通事故现场图的绘图内容、绘图依据和绘图过程不同,可将其分为现场记录图、现场实景记录图、现场比例图和现场分析图四种。适用一般程序处理的事故应当绘制现场记录图或者现场实景记录图,并根据需要选择绘制现场比例图和现场分析图。适用简易程序处理的交通事故,可按需绘制现场图。

1. 现场记录图

现场记录图,是指用图形符号、尺寸和文字记录事故现场环境、事故形态和有关车辆、人员、物体、痕迹等的位置及相互关系的图形记录。由于现场记录图是由交通警察在勘查事故现场时徒手或者使用简易工具绘制的,绘图通常较为粗糙,因此过去又被称为现场草图,然而尽管如此,现场记录图却是一项十分重要的证据材料,通常所称的交通事故现场图一般指的就是现场记录图。

2. 现场实景记录图

现场实景记录图,是指直接在现场照片上标注尺寸和文字,记录事故现场环境、事故形态和有关车辆、人员、物体、痕迹等的位置及相互关系的图形记录。这是随着数码照相与计算机图像处理技术发展而出现的一种将照相与绘图相结合的新型现场记录方式。

3. 现场比例图

现场比例图,是指为了更准确地反映事故现场环境、事故形态和有关车辆、人员、物体、痕迹等的位置及相互关系,而根据现场记录图、现场实景记录图、现场照片和现场勘查笔录等其他现场记录材料,按照规范的图形符号和较严格的比例重新绘制的事故现场全部或局部平面图形。由于现场比例图是在现场勘查结束后根据案件处理的需要而选择绘制的,其绘图的直接依据是现场记录图等现场勘查记录而并非现场本身,因此,现场比例图只能作为一种传来证据,对现场记录图等现场勘查记录起归纳整理和补充说明作用,当图中的数据出现疑义时,仍然应当以现场记录图和现场勘查笔录的数据为准。

4. 现场分析图

现场分析图是一种反映事故车辆、行人、散落物等在事故发生时的运行轨迹、时序及接触或冲突位置的平面图。由于现场分析图所反映的是事故发生的动态过程以及在此过程中车辆、人员和物体之间的相互作用关系,其中还包含了绘图者对事故事实的主观性分析判断,与现场记录图和现场比例图所记录的事故现场静态情况存在着明显不同,因此一般不能作为对事故现场的记录材料,而只用于分析及描述事故的发生过程和原因。

交通事故现场图一般按照俯视正投影方式绘制,但为了准确反映事故现场的某一截面或者车辆、物体的侧面情况,必要时也可绘制现场断面图、现场立面图和现场立体图。其中,现场断面图主要用来反映事故现场某一横断面、纵断面或水平断面位置上有关车辆、人员、物体、痕迹的相互关系;现场立面图主要用来反映事故车辆、物体侧面的痕迹、物证状况;现场立体图则是按照几何透视原理绘制的从某一角度观察事故现场的三维结构图。

(二)交通事故现场图的格式

交通事故现场图分为 A 型、B 型、C 型三种,三者的版面结构和纸型基本相同,只是装订方向、图幅比例和适用情况略有差异而已。其中,A 型图为竖装格式,适于绘制长宽差异不大的现场;B 型和 C 型图为横装格式,前者适于绘制有一定纵深的现场,后者专供绘制现场实景记录图,图 4-19 所示为 C 型图样式。现场图格式可根据需要选择使用,当绘制较大范围的事故现场时,可拼接现场图。

图 4-19　道路交通事故现场实景记录图

交通事故现场图的版面内容由以下部分组成:

(1)事故现场的基本情况栏。该栏目在现场图的顶部,用于填写勘查人员到达现场的时间,以及发生事故的地点、天气情况和路面性质。

(2)绘图栏。绘图栏居于现场图的中部,是现场图的主体部分,用于绘制和书写事故现场的道路、设施、建筑物、车辆、人体、物品、痕迹等的图形符号、图线和文字标注等。为了方便绘图,绘图栏内一般印有浅色坐标线。

(3)说明栏。说明栏位于绘图栏的下方,主要用于以文字方式记录一些不适合在图中绘制或者需要对绘图进行补充说明的内容,以及在现场绘图完毕的时间。

(4)签署栏。签署栏位于现场图的底部,供现场勘查人员、绘图人员、事故当事人或见证人签字。

二、交通事故现场图的绘图元素

交通事故现场图是由一定的图线、图形符号和文字标注等,按照现场的实际空间结构关系组合而成的。

(一)图线

现场图中的线条称为图线,图线是现场图的最基本要素。绘制交通事故现场图所需图线的名称、规格及应用范围如表4-1所示。图线宽度可在0.25~2.0mm间选择,但在同一图中同类图线的宽度应基本一致。

交通事故现场图的图线　　　　　　表4-1

图线名称	图线形式及代号	图线宽度	应用范围
粗实线	———— A	B	1. 可见轮廓线 2. 图例图形线
细实线	———— B	约 $0.3B$	1. 尺寸线及尺寸界线 2. 剖面线 3. 引出线 4. 说明示意线 5. 范围线、辅助线 6. 较小图例的图形线
波浪线	～～～ C	约 $0.3B$	1. 断裂处的边界线 2. 变形处的边界线
双折线	∽∽∽ D	约 $0.3B$	断裂处的边界线
虚线	- - - - F	约 $0.3B$	1. 不可见轮廓线 2. 延长线
点虚线	-·-·- G	约 $0.3B$	1. 设立的测量基线 2. 对称中心线 3. 轨道线 4. 分界线

(二)图形符号

图形符号也称图例,是为了简化绘图,用以代表实际现场中的道路、设施、车辆、人体、物品、痕迹等的抽象符号。图形符号分为规定符号和自定义符号两类,其中,规定符号是指由相关技术标准统一规定,在绘图时必须按要求绘制的符号;自定义符号是指在技术标准中未作规定,由绘图人员根据现场实际情况自行绘制的图形符号,由于这类符号不具有通识性,因此必须在现场图的说明栏内进行说明。

GB/T 11797—2005《道路交通事故现场图形符号》将交通事故现场图的规定符号分为6个大类,共计95种,各图形符号既可以单独使用,也可合并使用。在实际绘图时,应按标准图形符号的各部位近似比例绘制,避免图形符号失真。

1. 交通元素图形符号

交通元素图形符号分为机动车图形符号、非机动车图形符号、人体图形符号、牲畜图形符号4类,共计34种,具体图形及含义如表4-2~表4-5所示。其中,将机动车平面图形上的两侧轮胎连接作为车轴时,即为机动车仰翻后的底面图形。

机动车图形符号　　　　　　　　表 4-2

含　义	图形符号	备　注	含　义	图形符号	备　注
客车平面		含大、中、小、微（除轿车越野外）客车	电车平面		含有轨电车、无轨电车
客车侧面		含大、中、小、微（除轿车越野外）客车	电车侧面		
轿车平面		含越野车	正三轮机动车平面		含三轮汽车和三轮摩托车
轿车侧面		含越野车	正三轮机动车侧面		
货车平面		含重型货车、中型货车、轻型货车、低速载货汽车、专项作业车	侧三轮摩托车平面		
货车侧面		按车头外形选择（平头货车）	普通二轮摩托车		含轻便摩托车
货车侧面		按车头外形选择（长头货车）	轮式拖拉机平面		
牵引车平面			轮式拖拉机侧面		
牵引车侧面			手扶拖拉机平面		
挂车平面		含全挂车、半挂车	手扶拖拉机侧面		
挂车侧面			轮式自行机械平面		

非机动车图形符号 表 4-3

含 义	图形符号	备 注	含 义	图形符号	备 注
自行车			三轮车		
残疾人用车平面			人力车		
残疾人用车侧面			畜力车		

人体图形符号 表 4-4

含 义	图形符号	备 注	含 义	图形符号	备 注
人体			伤体		
尸体					

牲畜图形符号 表 4-5

含 义	图形符号	备 注	含 义	图形符号	备 注
牲畜			伤畜		
死畜					

2.道路及道路安全设施图形符号

道路及道路安全设施的图形符号分为道路结构、功能图形符号和安全设施图形符号 2 类,共计 33 种,具体图形及含义如表 4-6 和表 4-7 所示。其中,道路的交通标志和交通标线按实际道路情况绘制。

道路结构、功能图形符号 表 4-6

含 义	图形符号	备 注	含 义	图形符号	备 注
道路		道路线形按实绘制	涵洞		
上坡道		i 为坡度	隧道		
下坡道		i 为坡度	路面凸出部分		

续上表

含 义	图形符号	备 注	含 义	图形符号	备 注
人行道	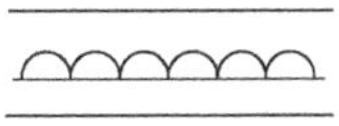		路面凹坑		
道路平交口	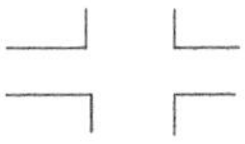		路面积水	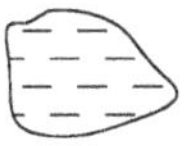	
道路与铁路平交口	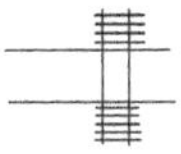		雨水口	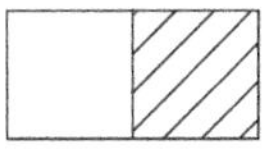	
施工路段	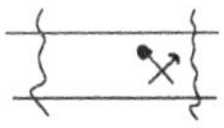		消火栓井	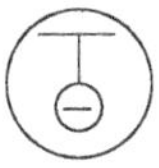	
桥	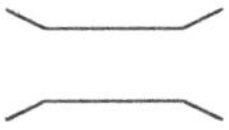		路旁水沟	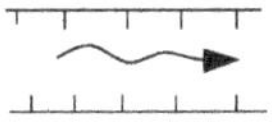	
漫水桥			路旁干涸水沟		
路肩	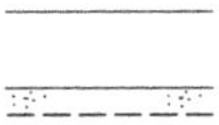				

安全设施图形符号　　　　　表 4-7

含 义	图形符号	备 注	含 义	图形符号	备 注
信号灯		含车道信号灯、方向指示信号灯。可水平或垂直放置	禁令标志		在符号旁注明标志牌的内容
人行横道灯		含非机动车信号灯,灯色自左向右为红、绿	警告标志		在符号旁注明标志牌的内容
黄闪灯			指示标志		在符号旁注明标志牌的内容
计时牌	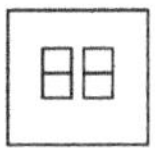		指路标志		在符号旁注明标志牌的内容
隔离桩（墩、栏）	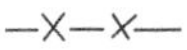		安全镜		
隔离带（或花坛）			汽车停靠站	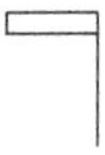	
安全岛			岗台(亭)	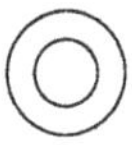	

3. 土地利用、植被和地物图形符号

土地利用、植被和地物的图形符号有 16 种，其图形及含义如表 4-8 所示。其中，现场道路以外的情况，按照实际情况绘制，并用文字简要说明。

土地利用、植被和地物图形符号　　　　　　　　表 4-8

含 义	图形符号	备 注	含 义	图形符号	备 注
树木侧面	△		路灯		
树木平面	▲		里程碑	K	
建筑物			窨井	井	
围墙及大门			邮筒	✉	
停车场	P		消防栓		
加油站			碎石、沙土等堆积物		外形根据现场实际情况绘制
电话亭			高速公路服务区	✕	
电杆			其他物品		中间填写物品名称

4. 动态痕迹图形符号

动态痕迹图形符号有 8 种，其图形及含义如表 4-9 所示。

动态痕迹图形符号　　　　　　　　表 4-9

含 义	图形符号	备 注	含 义	图形符号	备 注
轮胎滚印	··········		挫划印		
轮胎拖印	————	L 为拖印长，双胎则为：	自行车压印		
轮胎压印	------	————	血迹	血	
轮胎侧滑印	∥∥∥		其他洒落物		画出范围图形，填写名称

5. 交通现象图形符号

交通现象图形符号有 4 种,其图形及含义如表 4-10 所示。

交通现象图形符号　　　　　　　　　　　　　　　表 4-10

含 义	图形符号	备 注	含 义	图形符号	备 注
接触点	⊗		非机动车行驶方向	◀──	
机动车行驶方向	◁──		人员运动方向	◀─ ─ ─	

6. 其他图形符号

其他图形符号包括方向标和风向标,其图形及含义如表 4-11 所示。

其他图形符号　　　　　　　　　　　　　　　表 4-11

含 义	图形符号	备 注	含 义	图形符号	备 注
方向标	↑	方向箭头指向北方	风向标	╤X	X 为风力级数

(三)尺寸与文字标注

现场图中图形符号所表达事物的名称、几何尺寸大小以及相互间的关系等,需要通过一定的尺寸数据和文字进行说明,这些统称为现场图的尺寸与文字标注。

1. 基本要求

(1)现场数据以图上标注的尺寸数值和文字说明为准,与图形符号选用的比例、准确度无关。

(2)图形中的尺寸,以厘米(cm)为单位时可不标注计量单位,采用其他计量单位时,应在说明栏中注明计量单位的名称或代号。

(3)现场测量的尺寸应只标注一次。需要更改的,应当场在原数据上打一横杠后将新数据写在其旁边,并在说明栏中注明更改原因,由绘图员和当事人或见证人在说明栏中签名,切不可对原数据进行刮擦和涂抹。

(4)标注文字说明应准确、简练,一般可直接标注在需说明的图形符号上方、尺寸线上方或图形符号里,也可引出标注在图形符号的旁边。当文字较多时,可以在图中只标注代号,并在说明栏内作相应说明。

2. 尺寸标注方法

一个完整的尺寸标注通常由尺寸界限、尺寸线、尺寸线终端和尺寸数字四个要素组成。

1)尺寸界限

尺寸界限由细实线绘制,并由被测物体、痕迹的固定点引出,用以表达所示尺寸的起止点。必要时也可利用固定线、基准线作为尺寸界限。尺寸界限一般应与尺寸线垂直,并超过尺寸线 2~3mm,必要时也可以倾斜。

2)尺寸线

除标注地面轮胎痕迹长度不需要尺寸线以外,尺寸线应用细实线单独绘制,不能用其他图线代替,一般也不得与其他图线重合或者画在其延长线上。标注线形尺寸时,尺寸线必须与所标注线段平行,且相距 5～10mm。互相平行的尺寸线,小尺寸在内,大尺寸在外,且相隔 5～10mm。

3)尺寸线终端

尺寸线终端有简明箭头、斜线和小黑点三种形式。现场图绘制一般采用简明箭头形式,当标注连续的小尺寸或者没有位置绘制箭头时,才可使用斜线或者小黑点。简明箭头一般应画在尺寸线的两端,但尺寸线太短没有足够位置画箭头时,也可将其画在尺寸线的延长线上。

4)尺寸数字

线形尺寸的数字一般应标注在尺寸线的中间上方,位置不够时可标注在尺寸线的一侧引出线上。尺寸数字的方向应按图 4-20a)所示的方向标注,图中 30°范围内的尺寸应按图 4-20b)所示的形式引出标注。尺寸数字通常不允许被任何图线穿过,不可避免时,必须将图线断开以保证数字的清晰完整。

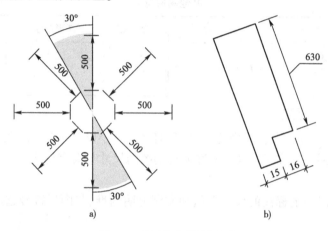

图 4-20 尺寸数字的标注方法

如图 4-21 所示,标注整圆或大于半圆的圆弧时,应标注直径尺寸,尺寸线应经过圆心,终端为实心箭头,并在数字前加符号"ϕ"。标注小于或等于半圆的圆弧时,应标注半径尺寸,尺寸线由圆心出发指向圆弧,并在数字前加符号"R"。当圆弧过大,图幅内无法标出其圆心位置时,可按图 4-21d)所示的形式标注。

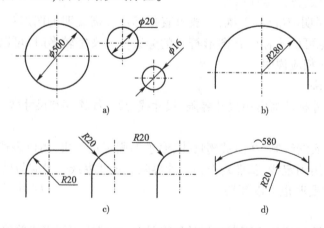

图 4-21 直径或半径的标注方法

标注角度的尺寸界限应沿径向引出,尺寸线应画成圆弧,圆心为所标夹角的顶点。角度数字一律水平标注在尺寸线的中断处,必要时也可标注在尺寸线的上方或外面,或引出标注,如图 4-22 所示。

标注弦长或弧长的尺寸界限应平行于该弦的垂直平分线。当弧度较大时,可沿径向引出标注。标注弧长时,应在数字的前面加注弧线符号"⌒",如图 4-21d)所示。

当对称图形只画出一半或略大于一半时,尺寸线应略超过对称中心线或断裂处的边界线,此时仅在尺寸线的一端画出箭头。

道路坡度值应标注在道路中心线旁边。为避免混淆,应统一按上坡方向标注。

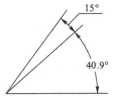

图 4-22 角度的标注方法

(四)比例

比例是指现场图中各要素和相互关系的线性尺寸与现场实际相应尺寸之比。绘制不同的现场图对比例的要求是不同的,其中,对于现场记录图和现场分析图不要求有严格的比例,只需大致按照现场各元素的大小和位置关系绘制即可,而对于现场实景记录图和现场比例图则必须严格遵循比例绘制,并且同一图中应采用同一比例。按照 2014 年修订的 GA 49《道路交通事故现场图绘制》要求,现场比例图的比例应标注在说明栏内,并且图中的下列图形符号必须按照比例绘制:

(1)机动车、非机动车;
(2)道路形式、结构,道路隔离带、隔离桩;
(3)动态痕迹的长度;
(4)图中各主要要素间的图形符号。

除此外,对于人体、牲畜、交通安全设施、动态痕迹的宽度以及其他图形符号可以不按照比例绘制,有其他特殊情况的应注明。

现场图的比例一般优先采用 1∶200,此外也可根据需要选择其他比例。

三、现场定位

现场定位是指对现场元素所处空间位置的确定。准确的现场定位是绘制现场图的基础,在现场绘图之前都必须首先确定现场的地理方位和现场各元素的空间位置。

(一)现场定位的基础

1. 确定现场方位

确定现场方位是指以大地为参照,确定事故现场的地理位置和道路走向。

现场的地理位置一般以事故发生地点在路网中的所处位置为准,其中,在公路上发生的事故采用"行政区划名+公路名称或者编号+公里数(km)+米数(m)"表示,在城市道路上发生的事故采用"行政区划名+路口、路段名或者编号+与路口、路段起点的距离(m)"表示,必要时,辅助性记录现场的标志物名称。现场的地理位置应记录在现场图的事故现场基本情况栏内。

道路走向一般采用道路中心线的切线方向与正北方(N 极)的夹角表示,并按现场实际情形用方向标标注在绘图栏的右上角。当难以判断现场的方向时,也可用"→"或"←"直接标注在道路的两端,并注明各端通往的最近处地名。

2. 基准点和基准线

基准点是对现场元素进行定位的基本参照点,其作用类似于平面坐标系中的坐标原点。

绘制现场图时,必须在现场内部或者附近选取一个或多个位置固定、保存时间长,并且较为醒目和便于测绘的对象,例如道路里程碑(牌)、交通标志杆、电杆、路灯杆、永久性建筑物或构筑物的转角、基座等作为基准点。

基准线是对现场元素进行定位的参照线,其作用类似于平面坐标系中的坐标轴或基线。绘制现场图时,通常选择现场道路的一侧路缘或交通标线及其延长线作为基准线,如果没有整齐路缘和交通标线的,可以利用两个基准点进行人工设定,或者以事故一方车辆的某一侧面在地面上的投影线为准。

基准点和基准线一经确定,就可以在现场地面和现场图纸上分别构建起相互对应的两个坐标系,而现场所有元素的大小、方向及空间位置也就可以依据这一坐标对应关系和一定的比例,在现场图中一一画出。

3. 固定点及固定线

固定点、固定线又称现场元素的特征点、特征线,是指在具体确定现场元素的空间位置时用于代表该元素实际位置及形体特征的点或线。GA 49—2014《道路交通事故现场图绘制》对现场元素的固定点或固定线作了统一规定(表4-12),在现场测量及绘图时应当严格遵守。其中,对于扭曲幅度较大的人体应增加其臀部为固定点,当人体、牲畜的躯干发生断离以及车辆发生严重解体的,宜按照其他几何形物进行测量和绘制。

交通事故现场定位的固定点与固定线　　　　　　表4-12

物体痕迹名称	固定点或固定线
机动车	同侧(侧翻时近地的一侧)前(中)后轴外侧轮胎轴心的投影点
仰翻机动车	近地靠路边车身的两个角
非机动车	同侧(侧翻时近地的一侧)前、后轴轮胎轴心的投影点
人体	头顶部、足跟部
牲畜	头顶部、尾跟部
路面障碍	两头的端点、占路最外端点(即最突出点)的投影点
安全设施	基部中心或边缘线
血迹	中心点
线状痕迹	起、终点、中心线、变化点
基准点物体	向路边一侧最突出点
其他几何形物	中心点

(二)现场定位方法

1. 直角坐标定位法

直角坐标定位法是运用平面直角坐标原理对现场进行定位的。如图4-23所示,在定位时,首先在现场选择一基准点作为坐标原点,并以道路走向为 X 轴,垂直于该方向为 Y 轴建立坐标系,然后依次测量各待测点到基准点的距离在 X 轴和 Y 轴上的投影长度,作为其定位参数。为了方便测量,一般尽可能将基准点选在道路的边缘线、中心线上,并且有人行横道线、停止线、路面拼缝线等垂直相交线的位置。从定位原理看,直角坐标定位法比较适于直线路段和规则交叉口的事故现场定位。

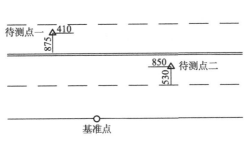

图 4-23 直角坐标定位法

2. 极坐标定位法

极坐标定位法是运用平面极坐标原理对现场进行定位。如图 4-24 所示,在定位时,首先在现场选择两个不相邻的基准点,并将其中一点作为极点,将连接两点的直线作为极轴,建立坐标系,然后分别测量各待测点到极点的距离以及待测点到极点连线与极轴的夹角,作为其定位参数。从定位原理看,极坐标定位适于对各种道路的事故现场定位,并尤其适合对弯道处的事故现场定位。

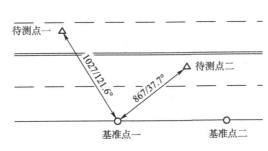

图 4-24 极坐标定位法

与直角坐标定位法相比,利用极坐标定位法可以减少在测量时寻找垂点的烦琐,但由于在现场较难精确测量夹角,使得定位精度通常不高,因此,一般改测量夹角为测量待测点到极轴所在直线的距离,如图 4-25 所示。

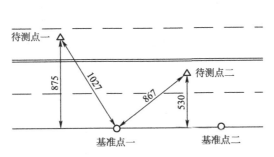

图 4-25 改进的极坐标定位法

3. 交叉定位法

交叉定位法,也称三角坐标定位法,是利用三角形的稳固原理,通过分别测量待测点到两个基准点的距离来实现对其定位的。如图 4-26 所示,在定位时,首先在现场地面选定两个不相邻的基准点,并测量两点之间的距离,然后分别测量各待测点到这两个基准点的距离并将其作为该待测点的定位参数。对于现场缺乏明显特征点的,可以先实际选取一点,然后以该点为圆心取一定半径作与道路边缘相交的弧线,并将其交点作为第二基准点。从定位原理看,交叉定位法的适用情况与极坐标定位法相似,也适合对各种道路,尤其是弯道内的现场定位。

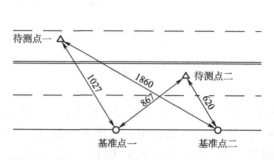

图 4-26 交叉定位法

4. 综合定位法

综合定位法是一种基于改进的极坐标定位法和交叉定位法演变而来的现场定位方法,其定位原理是:首先在现场地面选取一基准点和一基准线,然后分别测量某一待测点到基准点和基准线的距离,作为该待测点的定位参数,当任一待测点被定位后,就可以按照相关性原则和就近原则,将该点作为新的基准点(称为次基准点)来代替原基准点对其附近的其他待测点进行定位,即分别测量其他待测点到该次基准点和基准线的距离作为其定位参数。与其他定位方法相比,综合定位法的最大优势在于能够根据事故各方的相互作用关系,循着事故发生轨迹,通过不断地将已定位点作为次基准点来实现对其他待测点的定位,既方便现场测绘,又可直接展现现场相互关联元素间的位置关系。

这里以一起汽车碰撞自行车的实例来说明综合定位法的具体定位方法。如图 4-27 所示,现场需要定位的元素主要包括汽车、自行车、尸体和汽车的制动痕迹、灯罩碎片、自行车装载物(纸箱)、血迹等。由于汽车在事故中起主导作用,现场勘验与绘图宜按照先汽车后自行车和尸体的顺序进行,具体步骤如下:

(1)建立现场定位基准。分别选定现场的道路一侧边缘作为基准线,路边电杆作为基准点。由于所选基准点不在基准线上,因此需测量二者间的位置关系,即图中的 y_0。

(2)对事故的主导者进行定位。为方便测量,按照就近原则选定汽车靠近基准线的左侧前、后轮为固定点,首先将左后轮向基准点和基准线定位,即分别测量左后轮到基准点的距离 l_0 和到基准线的距离 y_1;然后以左后轮为次基准点,将左前轮向该点和基准线定位,即分别测量左前轮到左后轮的距离(由于汽车的轴距为固定值,因此实际可以不用测绘)和到基准线的距离 y_2。

(3)对与事故主导者有关的痕迹物证进行定位。按照相关性原则和就近原则,将由事故主导者形成的痕迹、散落物向基准线和事故主导者定位,即分别测量各痕迹、散落物的固定点到基准线的距离和到事故主导者最近固定点的距离,例如灯罩碎片的定位参数 y_3、z_1。较为特殊的是,对于弧形的地面轮胎痕迹,由于必须采取分段勘验,相应的痕迹固定点就有起点、分段点和终点(即车轮停止点)等多个,因此,在勘验时应首先明确痕迹与汽车轮胎的对应关系,并从车轮出发由近及远进行测绘:首先对第一分段点进行定位,分别测量其到车轮和基准线的距离,例如汽车左后轮制动痕迹的 l_{c1} 和 y_{c1};然后对第二分段点进行定位,分别测量其到第一分段点和基准线的距离,并依此法推进至完成对痕迹起点的定位,例如汽车左后轮制动痕迹的 l_{c2} 和 y_{c2}。在上述对轮胎痕迹进行定位时所测量的痕迹分段点到车轮、分段点到起点以及各相邻分段点相互间的距离,其总和即为制动痕迹的长度。

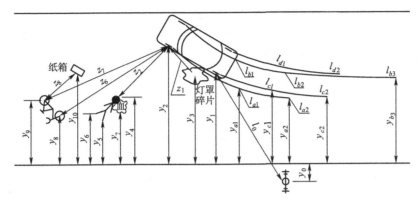

图 4-27 综合定位法

(4) 对现场其他元素进行定位。参照前述对汽车及其有关痕迹、散落物的定位原则和方法,由近及远依次以现场中已定位的固定点为次基准点对现场其他元素进行定位,直至所有需要定位元素被定位完毕。例如:将尸体向基准线和汽车定位,分别测量尸体头顶、两脚后跟到基准线的距离 y_4、y_5、y_6 和到汽车左前轮的距离 z_2、z_3、z_4(为避免图面杂乱,z_3 和 z_4 未在图中标出),以及将与尸体有关的血迹向基准线和尸体定位,分别测量血迹中心到基准线的距离 y_7 和到尸体头顶的距离 z_5(z_5 未在图中标出);将自行车向基准线和汽车定位,分别测量自行车前、后轴心到基准线的距离 y_8、y_9 和到汽车左前轮的距离 z_6、z_7,以及将与自行车有关的纸箱向基准线和自行车定位,分别测量纸箱中心到基准线的距离 y_{10} 和到自行车前轴心的距离 z_8。

四、交通事故现场图的绘制

(一)现场记录图的绘制

1. 绘图内容

现场记录图应当能够全面、客观、准确地反映出事故现场的全貌,包括现场的道路、交通设施、与事故有关的车辆、人体、痕迹物品等的方向、位置、形态、几何尺寸,以及道路周边的地物、地貌等。概括而言,除了现场一些明显与事故无关的事物可以不绘制之外,现场记录图至少应当具备以下基本内容:

(1) 基准点和基准线;
(2) 道路全宽和各车道宽度,路肩宽度及性质;
(3) 非水泥或非沥青道路的路面总宽、有效宽度、非有效宽度、几何中心线位置及路面性质;
(4) 遗留在路面的痕迹及与其相关物体、痕迹间的关系数据;
(5) 各被测车辆、人员、物体、痕迹等所在位置,距测量基准线尺寸及相互间距离;
(6) 现场的道路交通标志、标线、交通信号灯的位置和种类;
(7) 事故发生所涉及的路口、道路开口相对位置及宽度;
(8) 弯道半径及3%以上的道路坡度。

2. 绘图方法

现场记录图是在勘查现场的同时进行绘制并当场完成的,绘图过程需要与其他现场勘查工作配合进行、同步完成。由于在事故现场的绘图条件较差,因此对绘图一般只要求达到图栏内容填写齐全,图形符号使用正确,数据完整,尺寸与文字标注准确、清楚,图形比例大致统一,并与现场勘查笔录、现场照片等能相互印证和补充即可,对图面的工整性和比例精度则不作过高要求,但尽管如此,绘图人员仍然应当努力提高现场绘图的质量和速度。

现场记录图以平面图为主,需要表示局部情况时可以引出局部放大图,必要时也可绘制立面图或断面图。绘图过程一般按照由大到小和由粗到细的步骤进行:首先,根据现场情况确定需要绘制的空间范围,并选择相应格式的图纸,确定大致的绘图比例和构思图的总体布局;然后,在图纸的绘图栏内画出方向标、道路、交通标线和事故车辆、人体等现场主要元素,同时选定现场定位所需的基准点和基准线。现场范围较大的可使用双折线压缩无关道路的画面;之后,跟随勘查工作的推进,依次将测量到的各元素的定位参数、几何尺寸等相应标注在图上,并根据需要,针对现场的局部特征在绘图栏的空白区域或者另用图纸绘制局部放大图、现场立面图或现场断面图。当现场各元素及其空间位置和几何尺寸绘制、标注结束后,应测量并标注道路的全宽、各车道宽、坡度、转弯半径等,并根据现场的实际情况画出道路两侧的主要地物和地貌,最终完成现场绘图。

现场记录图绘制完毕,应当当场进行审核,并注意检查各被测车辆、人员、物体、痕迹等有无遗漏,所用图线、图形符号是否正确,标注是否准确、完整,数据间有无矛盾等,如发现错误和缺漏的应立即进行更正和弥补,并将更正情况记录在说明栏内。现场记录图经审核无误后,应当场交由勘查人员和在场的事故当事人或者见证人签字,绘图人员本人也应当签字。当事人、见证人拒绝签名或者无法签名以及无见证人的,应当在现场图上注明。

(二)现场实景记录图的绘制

现场实景记录图的绘制是在现场照相的基础上进行的。绘制前,首先根据现场情况拍摄一张或分段拍摄多张能够完整反映现场各元素分布状况的照片,并利用彩色打印机将照片打印在图纸上;然后由绘图人员跟随现场勘查进程,依次将测量到的各元素的定位参数、几何尺寸等标注在图纸画面上的对应位置。如果有条件的,也可以在现场直接利用计算机软件对照片进行标注处理后,再打印输出为纸质材料,供勘查人员和现场当事人或见证人签字。

(三)现场比例图的绘制

现场比例图应采用绘图工具绘制,有条件的也可使用计算机绘制。在具体绘制时,要以现场记录图、现场实景记录图、现场勘查笔录所记载的数据为基础和依据,并以现场记录图中的基准点和基准线为基准,严格按照规范的图线、图形符号、标注方式和统一的比例进行绘制。现场比例图绘制完毕,应当与现场记录图和现场勘查笔录进行仔细比对,以确保绘图内容的准确和完整。审核合格后,绘图人员应当在现场比例图上签字。

(四)现场分析图的绘制

事故现场分析图一般是在现场记录图或者现场比例图的基础上,根据事故调查所获取的相关证据和事故事实进行绘制的。绘图时,首先按照一定的比例画出现场的道路、交通标线、交通标志、行车或视线障碍物等主要地物地貌,然后将已经查证属实的事故车辆、人员在事故发生时的运动轨迹以及相互间的接触位置、接触方向和最终停止位置等,用规定符号逐一绘制出来,以完整描述事故的主要发生过程和事故各方的相互作用关系。

(五)交通事故现场图的计算机绘制

随着现代计算机技术的飞速发展,尤其是平板电脑的普及,为了提高绘图效率和绘图质量,计算机绘图技术在交通事故现场勘查中的应用也日益广泛。目前可以用于交通事故现场绘图的计算机软件有多种,并可大体可分为通用型和专业型两类,其中,通用型软件中较有代表性的有 AutoCAD 和 Visio 等,其特点是功能强大但针对性较差,需要经过二次开发才能较好地满足交通事故的绘图需要;专业型软件又可大致分为普通绘图软件和基于摄影测量或三维激光扫描等勘测技术的自动绘图系统两种,前者多与平板电脑整合为方便携带的现场绘图系统,后者则需要与配套的摄影测量或激光扫描设备协同工作。由于普通绘图软件只是在替代传统绘图工具的基础上,部分简化了对具体图形的绘制,对绘图过程本身则并没有太多实质性改变,因此,虽然这有利于增强绘图的规范性,但对提高绘图速度却收效甚微,而与之相比,自动绘图系统能够在摆脱人工测量的同时自动完成大部分绘图工作,从而有利于大幅提升现场勘查与绘图的速度和精度,无疑是未来交通事故现场勘查与绘图的发展方向。

第五节 勘验照相与摄像

一、交通事故勘验照相

交通事故勘验照相,是指运用照相方法对事故现场的方位、环境以及与事故有关的车辆、人体、物品、痕迹等进行记录和固定。与现场勘查笔录和现场图相比,照相由于具有更为快捷、直观、完整和客观等优势,在交通事故现场勘查中应用极为广泛,是客观记录现场和固定痕迹物证的最常用手段。

(一)勘验照相的内容

根据照相的目的和内容不同,交通事故勘验照相可分为方位照相、概览照相、局部照相、元素照相、细目照相和比对照相六种。

1. 方位照相

方位照相是指将整个事故现场及其周围环境作为拍摄对象,用以反映现场的地理位置及现场与周围环境相互关系的照相,如图 4-28 所示。方位照相的拍摄内容如下:

(1)现场的地理位置、现场与周围环境的相互关系;

(2)现场地理位置的固定标识物,包括标志牌、里程碑、灯杆、桥梁以及医院、学校、商店等标志性建筑物;

(3)现场周围环境,包括街道、隧道、桥梁、山体、悬崖、沟渠、涵洞、河流、植被等;

(4)现场周围交通设施,包括道路交通信号灯、交通标志、交通标线、交通监控设备等;

(5)现场道路的形态特征,包括路口、路段、车道数量、视距、坡度、曲度等。

拍摄方位照相时,取景范围应能反映出现场与现场地理位置标识物、周围环境、周围交通设施的相互关系和道路形态特征,并应尽可能将现场置于取景范围的前景或中央位置,将能反映现场地理位置和周边环境的其他事物,如路外设施、建筑物、树木、山体等分置于取景范围的两旁或者作为背景,其中,可供现场地理位置识别的标识性物体,如地名牌、里程碑、交通标志牌等应尽量置于较显眼位置。

图4-28 方位照相

方位照相一般应从离现场较远且较高的位置以俯视角度拍摄,如果现场条件受限的,也可采取尽量抬高相机拍摄位置的方式拍摄。对于现场位于路段的,应沿道路走向相向拍摄,视角尽量涵盖现场所有车道,并反映是否弯道或坡道。对于现场位于路口的,应沿道路走向从三个或三个以上不同方向对现场及周围环境进行拍摄,视角覆盖整个路口范围。拍照时,每个拍摄方位一般只拍摄一张照片,当现场范围过大或者拍摄条件受限,无法用一张照片涵盖整个拍摄范围时,也可从中远距离采用回转连续拍摄法或者直线连续拍摄法,拍摄若干张照片进行拼接。

2. 概览照相

概览照相是将整个现场作为拍摄对象,用以反映现场的全貌以及各现场元素位置和宏观相互关系的照相,如图4-29所示。概览照相的拍摄内容包括事故现场的全貌和全部的现场元素。

图4-29 概览照相

拍摄概览照相时,取景范围应完整覆盖所有与事故有关的现场元素,并尽量避免现场元素之间相互遮挡,以反映各现场元素之间的宏观位置关系。概览照相一般应从中远距离平视拍摄,对于现场位于路段的,应结合道路走向或车辆行驶轨迹进行相向拍摄,视角涵盖现场所在车道;对于现场位于路口的,应沿道路走向从三个或三个以上不同方向进行拍摄,视角涵盖路口区域。当现场范围较大时,可从相对方向分别采用直线连续法拍摄。

3. 局部照相

局部照相是将事故现场的局部作为拍摄对象,以反映该部分现场范围内各现场元素的位置关系的照相,如图4-30所示。局部照相的拍摄内容包括现场的重要局部以及处于该局部的各现场元素。

拍摄局部照相时,取景范围应能够反映出现场重要局部有关元素间的相互关系,例如,在拍摄路面轮胎痕迹与车辆位置关系时,应将机位设置于痕迹起点处,使视角覆盖痕迹起点和车辆位置的空间区域,在照片上尽量反映痕迹的起点、止点、突变点和走向。有地面痕迹突变点的,应拍摄路面痕迹突变点与现场元素之间的关系。

局部照相一般采用较近距离围绕现场重要局部进行多向拍摄,并应选择适当的拍摄角度,避免被拍摄对象之间相互遮挡。

4. 元素照相

元素照相是指将某一具体现场元素作为拍摄对象,以反映该现场元素的外观、状态的照相,如图 4-31 所示。元素照相的拍摄内容包括人体或尸体、车辆、道路设施、现场地面痕迹、散落物和血迹,以及被撞的动物、树木、房屋等其他与事故有关的物证。为充分展现拍摄对象的形态特征,拍摄时应恰当选择拍摄距离和拍摄角度,并使被摄元素不小于画面的 2/3。

图 4-30　局部照相

图 4-31　元素照相

对于现场的人体或尸体,应先标划出其位置,再进行拍摄。如果死亡两人以上的,还应事先对尸体进行编号。拍摄的照片应反映出人体或尸体的全貌、头面、在现场车内或车外的所处位置、姿态和衣着情况,以及体表及衣着表面的破损、痕迹、血迹、附着物等位置关系。其中,拍摄尸体全身照时,应采用中心垂直拍摄的方法,持相机站于尸体一侧,保持相机镜头与尸体所在平面基本垂直;拍摄面貌照时,应以鼻尖为中心,相机垂直于面部拍摄,记录面貌特征及附着物和伤痕情况。

对于现场的车辆,应拍摄其在现场的位置、状态和车体、轮胎、号牌、灯光、附加物等外观特征,以及车辆的破损变形情况。其中,拍摄多轮车辆时,应以相同高度、相同距离沿车辆对角线相对方向各拍摄一张;拍摄两轮车辆时,应在垂直于车体两侧的中心位置各拍摄一张;车体损伤变形较大的,可选取能反映车辆损伤变形情况的位置拍摄。

对于现场的道路设施,应拍摄道路交通标志全貌、交通信号灯、交通标线,以及被撞设施的整体状态和受损部位。

对于现场的地面痕迹,应拍摄地面的轮胎痕迹,如拖印、侧滑印、滚印、压印等,以及人体、车体、车辆部件或物品等在地面上形成的其他痕迹。所拍摄照片应反映痕迹的起点、止点、突变点和走向。当痕迹与背景反差较小时,在确保不污染痕迹的条件下,可用粉笔标画出痕迹外廓后再进行拍摄。

对于现场的车辆部件、物品等散落物和血迹、人体组织等,应拍摄其位置、方向和形态特征。当拍摄较大面积痕迹和散落物时,可持相机站于痕迹或散落物起点一侧,朝痕迹止点或散落物抛洒方向水平拍摄;当拍摄较小面积痕迹和血迹时,应采用中心垂直拍摄方法。

5. 细目照相

细目照相是将某一具体痕迹或物体作为拍摄对象,以详细反映其局部细节、物证及表面痕迹特征的照相,如图 4-32 所示。细目照相的目的在于细节性记录被拍摄对象的形状、大小、色泽、纹理、附着物质等特征,主要用于记录和固定需要检验鉴定或者具有证据价值的人体或尸体痕迹、车辆痕迹和部件状况、地面痕迹等。

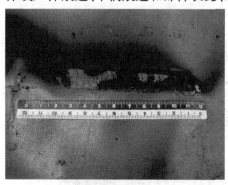

对于人体或尸体痕迹,应拍摄其衣着表面的破损、剐蹭、轮胎花纹等痕迹,以及衣着或体表的油脂、泥土、漆、橡胶等附着物和体表伤痕。

对于车辆痕迹和部件,应拍摄其破损、变形、缺失的具体位置、形态,擦划痕迹的位置、形态,血迹、毛发、人体组织、纤维、指纹、掌纹、鞋印等痕迹和附着物的位置、形态、颜色,轮胎的花纹形态及轮胎破损痕迹,转向盘、仪表盘、灯光及刮水器开关、挡位、驻车制动器、座椅、安全带、气囊、车载卫星定位装置、行驶记录仪等车内物品和车内部件的状态。

图 4-32　细目照相

对于地面痕迹,应拍摄车辆轮胎、车体、人体和其他物体在地面遗留痕迹的起点、突变点、止点、形态和尺寸等,以及血迹和散落物上附着痕迹的形态、尺寸。

拍摄细目照应采用比例照相方法,并根据被拍摄对象大小相应采用近距或者微距方式拍摄,将被拍摄对象作为画面的主体,使其不小于画面的2/3。拍摄时,要保证比例尺与取景器的一侧边框平行,并准确对焦,以清晰反映痕迹、损伤、微量物质的形态、颜色、质地和比例尺刻度。当单幅画面无法反映完整时,可采用直线连续拍摄法,拍摄时相邻两张照片应有重合部分,并且重合部分应避开主要痕迹损伤位置。

6. 比对照相

比对照相是指将反映造痕体和承痕体接触部位和接触方式的专门照相。在现场经勘查确定的承痕体与造痕体,应拍摄比对照片,拍摄内容包括:车辆与车辆的接触部位和接触方式、车辆与固定物(树、线杆、护栏等)的接触部位和接触方式、车辆轮胎花纹与地面轮胎花纹的比对、车体痕迹与地面痕迹的比对、人体及衣着痕迹与车体痕迹或地面痕迹的比对、整体分离痕迹的比对。

在拍摄时,应首先确认痕迹的对应关系,分析判断承痕体与造痕体的接触部位和接触方式,然后垂直于痕迹所在平面,分别拍摄承痕体与造痕体接触部位的细目照片。有条件的,应按接触方式摆放造痕体与承痕体,拍摄两者的关系照片。

(二)勘验照相的基本要求

现场勘验应符合以下基本要求:

(1)勘验照相应客观、全面、及时、清晰。

(2)照相设备应采用符合 GA/T 591《刑事照相设备技术条件》的常规照相机或者数码照相机,并优先选择画幅尺寸为 36mm×24mm 或 60mm×45mm 以上的小型专业级单镜头反光式照相机。如果选用数码照相机,其成像器件的几何尺寸最低不小于 23.7mm×15.6mm。

(3)应根据事故现场特点和痕迹物证勘验需要,相应采用相向拍摄法、多向拍摄法、回转连续拍摄法、直线连续拍摄法和比例照相法。

(4)拍摄前应根据事故现场情况制定拍摄计划,清除现场无关人员和车辆,在不污染、破坏痕迹、物证的前提下,标划或放置标识物,标示地面痕迹起止点、突变点及相关物证的位置。

(5)在确保痕迹物证完好的情况下,车辆内部勘验照相、人(尸)体体表勘验照相和比对照相可在撤离现场后,于其他地点拍摄完成。其中,人(尸)体体表勘验照相应拍摄尸体头面部正侧位轮廓,突出反映尸体相貌特征,以及尸体生前的痣、痘、疤痕、文身、生理缺陷、疾病残疾、畸形或缺损等固定特征及其在尸体上的所在部位,拍照时应加放比例尺。

(6)受环境条件限制在现场无法拍摄的,应在条件具备后补拍,并在制作照片卷时用文字注明。

(7)现场照片应与现场图、现场勘查笔录相互补充、相互印证。

(三)勘验照相的方法

1. 单向拍摄法

单向拍摄法是指从单独一个方向对拍摄对象进行拍照,其特点是只能反映拍摄对象的某一侧面情况。拍摄时,取景构图应以突出拍摄对象为目的,将拍摄对象作为画面的主体,并灵活运用平视、仰视、俯视等方式拍摄。单向拍摄法广泛用于各类勘验照相,并尤其适于拍摄各类痕迹、附着物和散落物。拍摄时,应当选择合适的拍摄角度和照明方向,以保证所拍图像清晰、完整和准确地反映拍摄对象的形态特征。对于一些浅淡、细小、不易拍摄清楚的痕迹或者附着物,可以在痕迹的起点、止点、转折点或者附着物的旁边作适当标记后再进行拍摄。

2. 相向拍摄法

相向拍摄法是指从拍摄对象的两个相对方向且大致相等的距离进行拍照。其特点是能够同时反映拍摄对象的前后、左右等两个相对方位的情况。拍照时,对拍摄点的选取除了要满足对拍摄对象形态特征的记录需要之外,还应保证两次拍摄的影像比例基本一致,并避免出现逆光和反光拍摄现象,其中,对于尸体应从其两侧拍摄。

3. 多向拍摄法

多向拍摄法是指从几个不同的方向,以大致相等的距离对同一个对象进行拍照,以反映拍摄对象的不同侧面及其与周围事物的联系。实践中,多向拍摄法一般用于事故现场的概览照相、局部照相和对事故车辆的元素照相,并且多采用三向交叉或者十字交叉法拍摄。

4. 回转连续拍摄法

回转连续拍摄法是指固定相机的拍摄位置,通过水平或者垂直转动拍摄方向,将拍摄对象分为若干段进行连续拍照,然后将照片按照拍摄顺序拼接成一整体。这种拍摄方法主要用于现场范围大而拍摄距离有限,无法在一个视角内完成拍摄的情况。为了避免出现较严重的影像变形或错位而影响拼接效果,在拍摄时,除了要将照相机安放在具有旋转功能的三脚架上,以保证拍摄每段照片的机身离地高度和旋转轴线一致,还应把照相机的拍摄视角调至不大于50°并保持镜头焦距固定不变,所拍摄的相邻照片中上一张与下一张之间要有20%左右的画面重叠。对于具有全景照相功能的数码照相机,也可以利用这一功能实现对拍摄照片的自动拼接。

5. 直线连续拍摄法

直线连续拍摄法是指将照相机的焦平面沿与拍摄对象平行的某一直线移动,将拍摄对象分为若干段进行连续拍照,然后将照片按照拍摄顺序拼接成一整体。这种拍摄方式主要适用于拍摄对象比较狭长,无法在一个视角内完成拍摄的情况。平移连续拍摄与回转连续拍摄的具体方法基本相似,所不同的只是照相机的拍摄位置不固定,需要沿某一直线移动,并且在不同拍摄位置的镜头光轴方向应始终保持平行。

6. 比例照相法

比例照相法是指用厘米比例尺为基本测量单位，将比例尺同被摄物一同拍照记录下来，以便于事后从照片上根据比例尺测量出原物尺寸及其特征，防止变形，恢复原状的拍摄方法。拍摄较小的痕迹、物证应选择以毫米为最小测量单位的黑白、彩色或透明比例尺，其误差率必能超过1%，且刻度边缘清晰可辨。测量较大的痕迹、物证应采用以厘米为刻度单位的长度超过2m的钢卷尺或皮尺。拍摄前，首先将不反光、无褶皱的比例尺平放于被摄物的一侧，有刻度的一侧指向被摄物。拍摄时，照相机镜头必须与被摄物保持垂直，并使比例尺与被摄物处于同一焦平面。其中，拍摄横向物体时，比例尺应置于被摄物下方，与画面成比例横向放置；拍摄纵向物体时，比例尺应置于被摄物一侧，与画面成比例纵向放置。进行黑白摄影时，如被摄物为深色调的，选用黑底白字比例尺；如被摄物为浅色调的，选用白底黑字比例次。进行彩色照相时，可以选用黑白、彩色比例尺。拍摄透明被摄物的，可选用透明比例尺。当拍摄物超过10cm时，为保证照片按比例准确还原，比例尺应不短于10cm。拍摄较大范围的痕迹物证时，应在被摄物一侧按比例放置贯通画面的卷尺。拍摄立体痕迹时，比例尺应放于被摄物体同一平面的一侧。进行比例照相应使用微距镜头或者标准镜头，不可使用广角镜头。使用数码照相机的，镜头焦距应根据相机的画幅尺寸进行换算，使镜头焦距符合标准镜头焦距。

（四）勘验照相的用光

不同交通事故现场的环境照度差异很大，即使是白天，在不同天气条件下的光照情况也会有很大不同，因此在拍照时需要通过合理用光进行补充和调剂，此外，一些色泽浅淡的痕迹或附着物，也需要通过适当的照明方式来提高其拍照的清晰度。

勘验照相的用光，按照其来源可分为自然光源和人工光源两类。其中，自然光源是指太阳光，这种光线具有光照范围大、照度较均匀、光色符合人眼视觉习惯等优点，但是，由于光线的照射方位和照射时间不可控，因此对勘验照相的制约性较强。人工光源是指闪光灯、现场照明灯、汽车前照灯和紫外线灯、红外线灯等人工灯具发出的光线，这类光线具有照射方位和照射时间上的灵活性，但由于光源的发光强度有限，使得有效照射范围小、在不同照射距离的照度差异较大，并且人工可见光的光色也与人眼的视觉习惯存在一定差异。

1. 自然光拍摄

1) 常规拍摄

自然光照条件下拍摄，应当根据阳光照射方向以及拍摄对象的不同，适当调整拍摄角度或者相应采取遮光、补光措施。其中，顺光拍摄对拍摄对象的光照均匀、色调和质感显示较好，可满足大多数勘验照相的需要，但由于明暗反差不强，所表现出的物体表面立体感较弱；侧光拍摄的被摄对象将形成明显的受光面、阴影和投影，能够较好地表现其轮廓和空间层次，因此较适于拍摄各类立体痕迹；逆光拍摄的光照方向与照相机镜头相对，虽然能突出显示拍摄对象的轮廓和现场的空间深度，但由于拍摄对象的拍摄面处于阴影中，与周边的照度反差过大，曝光平衡较难把握，容易丢失物体的细节信息，因此宜用闪光灯等人工照明方式进行补光。

2) 分色拍摄

分色拍摄是根据不同颜色物体对各种色光的吸收反射程度存在差异的原理，通过选择适当的色光照射拍摄物体，以提高其与背景的反差，从而达到清晰拍摄的目的。分色拍摄主要用于与背景存在颜色差异，并且自身较为浅淡，按照常规拍摄无法清晰显示的痕迹和附着物质。分色拍摄可以通过多波段光源和滤光镜来实现,一般而言,若要强调某一颜色就选择该颜色不能透过的滤色镜,若要消除某一颜色就选择该颜色能够透过的滤色镜,而在勘验照相时,最好选择背景色透过而拍摄对象的颜色不能透过的滤色镜。

3) 偏振光拍摄

光波在传播过程中的振动方向是与传播方向相互垂直的,其中,自然光的振动方向在其传播方向的四周呈对称分布,而偏振光的振动方向则在其传播方向的四周呈非对称分布。研究发现,当自然光在两种各向同性介质分界面上反射、折射时,反射光和折射光都是部分偏振光,并且反射光中的垂直振动多于平行振动,折射光中的平行振动多于垂直振动,因此,利用偏振光拍摄有利于消除物体表面反光,使痕迹拍摄清晰。

偏振光拍摄是通过给照相机镜头加装偏振镜或者同时使用偏振光源来实现的,主要用于拍摄深色纺织物、粗糙表面的细微痕迹,以及减弱或消除非金属表面的反射光斑、倒影、重影。一般而言,当被摄物体是玻璃等镜面时,使用偏振镜可以获得较好的拍摄效果;当被摄物体是油漆等光洁面时,使用偏振镜拍摄的效果相对较差;对于有色物体表面的粉尘痕迹,可以结合分色手段进行分色偏振光拍摄,使拍摄效果更理想;而以漫反射为主的粗糙表面,则需要配合使用偏振镜和偏振光源。

2. 人工光源拍摄

1) 闪光灯拍摄

闪光灯由于具有质量小、用电省,方便携带等优点,而成为交通事故勘验照相中最常用的人工光源,广泛用于夜间、隧道等低照度条件和逆光拍摄时的照明和光照补偿。按照与照相机的结合情况,闪光灯可分为内置式和外接式两种,其中,内置式闪光灯因为操作简单而使用最为普遍,但由于闪光灯发光强度有限,并且对物体的照度与照明距离的平方成反比,在夜间拍摄时极容易形成近景曝光过度而远景曝光不足甚至无法曝光的现象,因此在夜间进行大场景拍摄或者近景具有反光物体时,应尽可能采用外接式闪光灯,并且可采用多灯同步照明。

2) 红外线拍摄

红外线是电磁波中可见光谱外端的一种人眼看不见的热辐射,具有较强的透射力。由于不同物质对红外线的反射、透射、吸收、散射等特性与其他波段光线存在差异,许多物质吸收可见光,却能被红外线穿透而呈现一定的"透明"状态,因此,利用红外线拍摄可以显示某些痕迹物证在其他光照条件下所无法显现的影像特征。红外线拍摄是利用红外线光源照射被摄对象来实现的,在勘验照相中一般使用 700~1350nm 的红外线,且主要用于提取与背景同色的痕迹、深色物体上的灰尘痕迹、油斑等,以及在雾天甚至夜间全黑条件下拍摄事故现场。在必要时,根据被摄物体的颜色不同,还可以通过给照相机加装红外线滤光镜来截止可见光或其他波长的红外光、紫外光,以提高影像的清晰程度。

3) 紫外线照相

紫外线是电磁波中介于可见光谱和 X 射线之间的一段波长范围为 1~400nm 的不可见光。由于同一物质对紫外线的反射、吸收特性与其他波段光线存在差异,因此,利用紫外线拍摄也可获得某些痕迹物证在可见光拍摄时无法显现的影像和影像细节。紫外线拍摄是利用紫外线光源照射被摄对象来实现的,在勘验照相中一般使用 254nm 和 365nm 的紫外线,且主要用于发现和固定玻璃、油漆、塑料等高光泽且强烈吸收紫外线物体表面的手印、灰尘足迹等。

(五)交通事故照片卷制作

交通事故照片应按照 GA 50—2014《道路交通事故现场勘验照相》的要求编制成照片卷并归入事故案卷,其中,对追究肇事人刑事责任的案件,应分别制作一式两份照片卷归入事故案卷的正本和副本。数码照片应保存原始图像文件,刻制光盘,光盘上应注明案件的名称、发生时间、地点、案件性质、拍摄日期、拍摄人等信息,并与案卷统一归档。

1. 照片卷的格式

交通事故照片卷由封面、正文、正文载体三部分组成。其中,封面除了印有案卷题名和制作单位名称外,还需填写事故编号、事故时间、事故地点、拍摄人、拍摄日期、制卷人、制卷日期、卷内照片张数等内容;正文是照片卷的主体部分,由照片和必要的标引线、文字说明组成;正文载体选用 A4 幅面的白色卡片纸或者照片级打印纸,用于粘贴、承载照片及其标引线和文字说明,当一页承载不下一个段落层次的多张照片时,可在翻口侧连续折页,折页为扇形折,宽度为 182mm,并且连续折页不超过 7 页。

照片的几何形状应以横幅矩形为主,竖幅矩形不宜过多,也可配少量的方形或圆形,但不宜有菱形、三角形等其他形状,更不应只剪留主体而没有背景。照片的长宽比例应为 8:5 左右,必要时,可根据画面主体形状和版面组合要求进行剪裁,其中,属于主要画面的方位、概览、局部照片和直接反映案件性质的重要细目照片,尺寸应为 127mm×203mm 或者 89mm×127mm 左右;属于辅助画面的场景、特写照片应在 89mm×127mm 或者 63mm×89mm 左右;属于从属画面的痕迹物证照片应以清晰反映形象和特征为前提,按比例尺放大,尺寸在 89mm×127mm 或 63mm×89mm 左右;拼接照片的宽度不应小于 89 mm,长度不大于 305mm。

2. 照片的编排

交通事故照片一般按照方位、概览、局部、元素、细目和比对照片的顺序编排,也可根据需要对局部、元素、细目和比对照片进行穿插编排,其中,细目照片应与局部、元素照片相对应。

交通事故照片用防霉化的胶水粘贴在照片粘贴纸上,或者使用 A4 型照片级打印纸进行打印。版面布局应注意规范、整洁,照片间隔疏密得当,不要过分拥挤或松散,每页应留有 25%~35% 的空白区。其中,单幅照片应粘贴在页面的中心偏上位置,两幅以上照片(包含其文字说明)应按上下或左右方向均匀排列。在同一页面上横向排列的大小相同的两张或两张以上照片,应注意保持其上下两边平齐。现场指纹照片应指尖向上,足迹照片应足尖向上,其他细目照片应与所属主画面上反映的方向基本一致。

3. 照片的标引及文字说明

如图 4-33 所示,照片粘贴完毕,应根据需要对照片作适当的标引及文字说明,以对照相内容进行补充说明,增强照片的表达力。

1) 标引

标引是指为了表达同一或相邻页面上的多张具有关联性照片的主题内容和位置关系,而采用的线条标注方式。标引线为连续的单实线,线条宽度不超过 0.8mm。标引线的用色种类不宜过多,一般为红色或黑色,当线条必须通过与其颜色相同或相近的照片影像部位时,应改为易于辨别的颜色通过该部位。标引线应平行于正文载体的横边或竖边,必要时可以用直角折线,并且一条标引线的折角最多不超过两处。标引线的线端指向要准确,不应离被标引的位置太远,但也不要把线端画在较小的被标引对象上。标引线不得相互交叉。

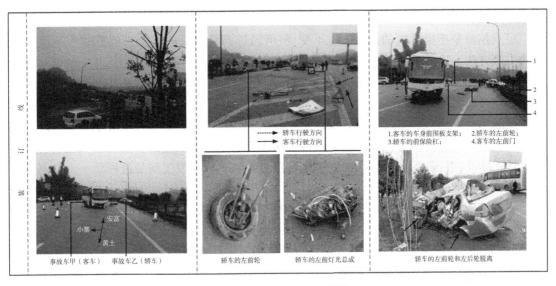

图 4-33 照片标引及文字说明

2）符号与代号

为了直接明了地在照片中标示出现场、重点部位、痕迹物证的具体位置以及道路方向，可以使用符号、代号在照片上进行标注。符号、代号的颜色一般为红色、黑色或者白色，在标画时应注意清晰醒目，位置准确，数量和种类不要过多过杂。当需要标注符号、代号的数量较多，或者不宜在照片中直接标注时，可以用标引线引至照片以外进行标注。

3）文字说明

文字说明用于对必须以文字方式表述的照片内容和照片上标注的符号、代号等进行说明。文字说明要与被说明的照片相对应，粘贴或打印在照片下方距照片边缘 5～10mm 居中部位，并且内容应通俗、简练、严密、准确。其中，方位照和概览照的文字说明应体现出拍摄方向，局部照和比对照的文字说明应体现出被摄主体的名称、比对关系。文字说明可手写或打印，手写字迹应工整、清晰、可辨，打印字体为三号宋体。文字说明中带有计量单位的数字应采用阿拉伯数字和法定计量单位，并书写该计量单位的符号或代号，如：毫米应写作 mm。

照片及其标引线、符号、代号、文字说明等可使用计算机排版，直接打印在采用照片级打印纸的正文载体上。

二、交通事故勘验摄像

根据《道路交通事故处理程序规定》，一次死亡三人以上的交通事故应当进行现场摄像①。摄像和照相一样，都是客观记录现场勘验情况的重要手段，并且二者的拍摄内容和拍摄要求也较为一致，但与照相所不同的是，摄像所获得的是动态连贯的视频图像，能够更加灵活和形象地反映现场勘验的情况。

（一）交通事故勘验摄像的基本方法

摄像与照相的拍摄方法有很多相似之处，但也有其一些独特的方法和技巧，为了充分发挥摄像能够动态连贯记录现场勘验过程的优势，通常综合使用下列方法进行拍摄：

---

① 《道路交通事故处理程序规定》修改稿中将需要进行现场摄像的事故范围修改为"较大以上事故"。

1. 定点拍摄

定点拍摄是指摄像机的镜头方位不变，但可通过调整镜头的焦距来拉近或推远被摄对象的拍摄方法。这种方法适合于拍摄对某个车辆、尸体、物品、痕迹的特写，并反映其在现场的空间位置和与其他事物之间的关系。

2. 跟随拍摄

跟随拍摄是指摄像机的镜头方位跟随现场勘验进程或者沿事故发生时主要车辆或人员的运动轨迹移动和变化的拍摄方法。这种方法主要用于记录现场勘验过程以及现场有关车辆、尸体、物品、痕迹的分布情况，并在一定程度上反映事故的发生演变过程。

3. 回转拍摄

回转拍摄是指摄像机的位置不变，但摄像机镜头可沿左右或上下摆动的拍摄方法。这种方法主要用于拍摄一些范围宽阔、形体狭长而用一个固定画面无法表现完整、清楚的对象，以及用于反映相隔一定距离的不同事物之间的某种联系性。

（二）交通事故勘验摄像的要求

勘验摄像除了要遵循勘验照相的相关规范之外，为了保证所拍影像的质量，还应注意以下几点要求：

1. 拍摄画面应平正

交通事故现场的绝大多数拍摄画面中都有水平或垂直线条，在拍摄时要尽量使这些线条与画框的横边或纵边平行，以达到拍摄画面的整体平正。

2. 保持摄像机身平稳

为了使拍摄的画面稳定，避免画面抖动模糊，在拍摄时一定要注意保持机身平稳，即使在跟随拍摄和回转拍摄时，也要尽力消除任何不必要的机身晃动，在必要时可以适当缩短镜头焦距进行拍摄。

3. 运动镜头的落幅画面要准确

在进行跟随或回转拍摄时，摄像机的运动节奏和前后镜头的过渡要协调、准确，除了需要反映或者强调现场的某种联系性之外，一般应尽量避免频繁拉近或推远拍摄对象的变焦拍摄方式。当确有必要进行变焦拍摄，并且由大视角过渡到小视角时，落幅画面的镜头焦点、构图和时机一定要把握准确，以增强对落幅画面内容的强调作用。

4. 画面要力求清晰和逼真

为了使拍摄影像具有较高的清晰度，在拍摄时要注意保持足够的景深范围和对焦准确，并在跟随、回转和变焦拍摄过程中尽量做到快慢适当、速度均匀和路线明确，在转换镜头时可以暂停拍摄，切不可移动镜头、变焦过快或者造成不必要的机身晃动。

（三）摄像资料的编辑

为了使勘验摄像的内容具有整体性和连贯性，在不改变影像客观真实性的前提下，可以对其进行适当的编辑整理。摄像资料的编辑整理一般通过计算机视频编辑软件完成，在编辑时一定要注意以下几点：

1. 内容选取恰当

对摄像资料的内容选取，应在确保摄像内容完整性的基础上认真做到内容简练且条理清晰，其中，长镜头画面应连续完整无剪辑，单镜头单幅画面不得任意组合，相同或相似的画面不宜过多、过长。

2. 画面过渡合理

在不损坏摄像资料证据能力和证据效力的前提下,应当尽量保持画面过渡自然、连贯、平稳,场景变换合理,影像内容符合人的正常视觉观察和认知习惯,不出现大的跳跃。

3. 字幕及解说规范

为了增强对拍摄主题和拍摄内容的表达效果,应当为摄像资料编配必要的字幕、配音,并在片头或片尾标明事故的时间、地点、拍摄人和拍摄时间。字幕和配音的内容要与画面协调、同步,并注意语言文字规范、内容简单明确、发音准确清晰。

4. 保持客观真实性

编辑摄像资料时应注意保持对事故现场及其勘验情况记录的客观真实性,严禁对视频的影像进行随意删改和艺术渲染与夸张。编辑好的摄像资料应当与原始视频资料一同存储于计算机中,对于一次死亡3人以上的事故还应刻录成光盘保存,保存期限与事故案卷一致。

三、交通事故现场摄影测量

摄影测量是指利用摄影技术的投影原理,通过拍照和影像分析的方式来完成对现场的空间测量。摄影测量技术的应用,可以在勘验照相的基础上将烦琐的现场测量工作转变为事后对计算机的操作或者系统智能识别,这一方面可以加快现场的勘查进度,缩短占道时间,另一方面也使现场测量具有了可回溯性,为现场勘查数据的复核提供了有效途径。

摄影测量分为二维测量和三维测量两种,交通事故现场勘验主要使用三维摄影测量,并且基本上采用基于数码照相和计算机图像识别技术的双目照相法。如图 4-34 所示,双目照相法摄影测量的基本原理是:首先在事故现场模仿人眼相隔一定距离拍摄左右两张照片 L 和 R,并假设 O_W 为实际现场的空间坐标系,O_L、O_R 为拍摄左右两张照片时的照相机坐标系,O_l、O_r 为左右两张照片的图像坐标系,其中,O_L、O_R 的 Z 轴方向与图像平面垂直,坐标原点至图像平面的距离为照相机的焦距 f,于是按照坐标变换原理,现场任意空间点 P 的空间坐标 (X_w^p, Y_w^p, Z_w^p) 与其在照相机坐标系上的投影坐标 (X_L^p, Y_L^p, Z_L^p)、(X_R^p, Y_R^p, Z_R^p) 有如下变换关系:

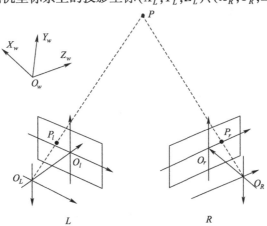

图 4-34 双目照相的成像线性模型

$$\begin{pmatrix} X_L^p \\ Y_L^p \\ Z_L^p \end{pmatrix} = R_W^L \begin{pmatrix} X_w^p \\ Y_w^p \\ Z_w^p \end{pmatrix} + T_W^L \quad \text{和} \quad \begin{pmatrix} X_R^p \\ Y_R^p \\ Z_R^p \end{pmatrix} = R_W^R \begin{pmatrix} X_w^p \\ Y_w^p \\ Z_w^p \end{pmatrix} + T_W^R \tag{4-5}$$

式中：R_W^L、R_W^R——3×3 的正交单位矩阵，表示照相机坐标系和现场坐标系之间的方位关系；

T_W^L、T_W^R——三维向量，表示照相机坐标系原点相对于现场坐标系原点在三个坐标轴方向的平移量。

而 P 在左右两张照片的成像点 P_l、P_r 在图像坐标系中的坐标值分别为 $(X_l^{p_l}, Y_l^{p_l})$、$(X_r^{p_r}, Y_r^{p_r})$，在照相机坐标系中的坐标值分别为 (X_L^p, Y_L^p, Z_L^p)、(X_R^p, Y_R^p, Z_R^p)，按照透镜成像原理，二者间具有如下对应关系：

$$\begin{cases} X_l^{p_l} = X_L^{p_l} = \dfrac{f \cdot X_L^p}{Z_L^p} \\ Y_l^{p_l} = Y_L^{p_l} = \dfrac{f \cdot Y_L^p}{Z_L^p} \end{cases} \text{和} \begin{cases} X_r^{p_r} = X_R^{p_r} = \dfrac{f \cdot X_R^p}{Z_R^p} \\ Y_r^{p_l} = Y_R^{p_l} = \dfrac{f \cdot Y_R^p}{Z_R^p} \end{cases} \tag{4-6}$$

因此，只要拍照时的照相机焦距 f 和照相机相对于现场坐标系的方位参数 R_W^L、R_W^R、T_W^L、T_W^R 确定，并且在左右两张照片上分别测得现场某一点的图像坐标值，就可以通过式(4-6)和式(4-7)得出该点在实际空间的位置坐标，进而可以实现对现场中任意两点间的距离测量。其中，方位参数 R_W^L、R_W^R、T_W^L、T_W^R 可通过拍摄时在现场内放置具有若干已知特征点的标尺，然后对比各特征点在左右照片的成像坐标值与实际坐标值的方式得到，这一过程被称为照片的标定。

四、交通事故现场三维激光扫描

交通事故现场三维激光扫描，是一种运用三维激光扫描技术快速获取事故现场空间结构数据的现场测绘方法，其最大优点在于能够通过一次连续扫描来完整获取现场整体或者局部的全景三维坐标数据，以及在此基础上直接生成现场的计算机三维模型，而且扫描速度快、测量精度高，测距误差一般不超过 ±2mm。运用三维激光扫描技术勘测事故现场，不仅可以大幅提高现场勘查效率和质量，而且为事故分析处理的数字化和智能化奠定了基础。

交通事故现场三维激光扫描系统主要由激光扫描仪、集成数码相机和系统软件三部分组成，其中，激光扫描仪是系统的核心部分，其主要功能在于通过向周围旋转发出经过脉冲或调幅处理的激光束，并检测激光束从发出到被周围物体反射回来所经过的时间，进而根据光速和被反射激光束的传播方向计算出反射物的距离和空间坐标。激光扫描仪的测量原理如图4-35所示，只要处于坐标原点 O 的激光扫描仪检测出到某空间点 P 的直线距离 S，就可以根据测量时激光束相对于 x 轴的横向扫描角 α 和相对于 xOy 平面的纵向扫描角 β，运用式(4-8)得出 P 点的三维坐标，而当激光扫描仪连续检测出现场内所有物体表面的众多点之后，就可由这些点组成一个与实际场景一致的三维点云图，进而可以方便地得到场景内任意两点间的空间距离。

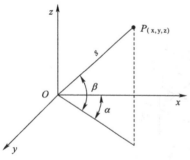

图4-35 三维激光扫描系统的测量原理

$$\begin{cases} x = S\cos\beta\cos\alpha \\ y = S\cos\beta\sin\alpha \\ z = S\sin\beta \end{cases} \tag{4-7}$$

第六节　道路交通事故现场勘查笔录

一、交通事故现场勘查笔录的概念与格式

交通事故现场勘查笔录是办案人员在勘查事故现场时,对所勘查内容、勘查结果和勘查过程作的文字记录。作为交通事故勘验、检查笔录的重要组成部分,现场勘查笔录应当与现场图和现场照相协调配合,互为印证,重点记录那些通过绘图和照相所无法反映或反映不清楚的现场勘查情况。

为了规范和统一对现场勘查笔录的制作,2008年修订的GA 40《交通事故案卷文书》改变了过去对现场勘查笔录的内容无限定,主要由办案人员根据现场勘查情况和工作经验自由记述的做法,转而采取固定笔录内容和记录方式,将现场勘查所需记录的全部内容按照其性质划分为若干个模块,并以相应栏目的形式分类设定了需要记录的事项及格式。如图4-36所示,整个笔录由4页组成,除了在第一页的上部需要单独填写发生事故的地点、天气和勘查现场的时间、勘查人姓名、单位等内容外,其余各页均按一定格式事先印制好了有关勘查事项的记录栏目,供交通警察在事故现场依照顺序进行勘查和记录。

二、交通事故现场勘查笔录的内容

现场勘查笔录所要记录的内容分为以下10个模块:

(一)道路基本情况

记录事故现场的道路走向、道路的行政等级、影响视线或行驶的障碍物、交通标志、隔离设施、路面性质、路表情况、照明条件和其他需要记录的道路情况,例如:弯道的转弯半径、道路坡度、路面附着系数、路面破损或路基沉陷等情况。

(二)相关部门到达情况

记录到达现场的急救、医疗部门或者消防部门的名称。

(三)初步判断现场人员伤亡情况

记录经现场初步判断的事故死亡人数和受伤人数。其中,判断人员死亡的,应当由现场的医疗人员签名确认。

(四)肇事车辆情况

记录现场的事故车辆情况以及肇事车辆不在现场的情况,其中,事故车辆在现场的,应记录车辆的数量以及每辆车的车辆型号及牌号、是否有保险标志、车辆挡位、转向灯开关位置、照明灯开关位置和是否扣留车辆及行驶证;肇事车辆不在现场的,应记录经现场调查初步判断的离开现场车辆的车型、车号、车身颜色、驶离路线或方向等。

(五)当事人及证人情况

记录事故的当事人和证人情况,包括具体人数和每个人的姓名、身份证件名称、号码、联系方式,如果是肇事驾驶人的,还需记录是否依法扣押了其机动车驾驶证。

(六)涉及危险物品情况

记录事故是否涉及危险物品,以及初步查明的危险物品种类和危险物品名称。

道路交通事故现场勘查笔录

事故地点		天气	
勘查时间	年 月 日 时 分至 年 月 日 时 分		
勘查人员姓名			
单位			

一、道路基本情况

道路走向： 道路行政等级：

影响视线或行驶的障碍物： □无 □有：__________。

道路交通标志： □无 □有：标志名称及内容：__________。

道路隔离设施： □无 □有：名称：__________。

路面性质：□沥青 □水泥 □砂石

路表情况：□干燥 □潮湿 □积水 □漫水 □冰雪 □泥泞 □其他

照明情况：□白天 夜间路灯照明：□无 □有

其他需要记录的情况：

二、相关部门到达情况

1. 急救、医疗部门： 2. 消防部门：

三、初步判断现场人员伤亡

死亡：（ ）人；急救、医疗人员签名确认：

受伤：（ ）人。

现场勘查人员签名： 记录人签名：

当事人或者见证人签名：

共 肆 页 第 壹 页

a)

道路交通事故现场勘查笔录（续页）

四、肇事车辆情况

1. 现场有肇事车辆（ ）辆。

甲车：A、车辆型号及牌号（ ）；

B、是否有保险标志（ ）；C、车辆挡位（ ）；D、转向灯开关位置（ ）；

E、照明灯开关位置（ ）；F、是否扣留车辆及行驶证（ ）。

乙车：A、车辆型号及牌号（ ）；

B、是否有保险标志（ ）；C、车辆挡位（ ）；D、转向灯开关位置（ ）；

E、照明灯开关位置（ ）；F、是否扣留车辆及行驶证（ ）。

丙车：A、车辆型号及牌号（ ）；

B、是否有保险标志（ ）；C、车辆挡位（ ）；D、转向灯开关位置（ ）；

E、照明灯开关位置（ ）；F、是否扣留车辆及行驶证（ ）。

2. 肇事车辆不在现场。

经初步判断：A、车型（ ）；B、车号（ ）；C、颜色为（ ）；D、驶离路线或方向（ ）；E、无相关信息（ ）。

其他需要记录的情况：

现场勘查人员签名： 记录人签名：

当事人或者见证人签名：

共 肆 页 第 贰 页

b)

道路交通事故现场勘查笔录（续页）

五、当事人及证人情况

1. 肇事驾驶人是否在现场（ ）。若在现场，其姓名和身份证件名称、号码及联系方式如下：

是否已扣押机动车驾驶证：

2. 除肇事驾驶人外，现场共查找到（ ）名当事人，其姓名和身份证件名称、号码及联系方式如下：

3. 现场共查找到（ ）名证人，其姓名和身份证件名称、号码及联系方式如下：

现场勘查人员签名： 记录人签名：

当事人或者见证人签名：

共 肆 页 第 叁 页

c)

道路交通事故现场勘查笔录（续页）

六、涉及危险物品情况

是否涉及危险物品：□ 否 □ 是：

初步查明危险物品为：□ 爆炸物品 □ 易燃易爆化学物品 □ 毒害性

□ 放射性 □ 腐蚀性 □ 传染病病原体 □ 其他危险物品

危险物品名称为：

七、抽血或提取尿样情况：现场共带离（ ）名涉嫌酒后或服用国家管制的精神药品、麻醉药品嫌疑的当事人进行抽血或提取尿样，分别为：

八、痕迹物证提取情况：提取痕迹物证：□ 否 □ 是

分别为：

九、照相或摄像情况：现场是否拍照：□ 是 □ 否；现场是否摄像 □ 是 □ 否。

十、其他需要记录情况

现场勘查人员签名： 记录人签名：

当事人或者见证人签名：

共 肆 页 第 肆 页

d)

图 4-36 道路交通事故现场勘查笔录

a）第一页；b）第二页；c）第三页；d）第四页

（七）抽血及提取尿样情况

记录现场带离进行抽血或提取尿样的涉嫌酒后或服用国家管制的精神药品、麻醉药品的当事人数量及其姓名、抽血或提取尿样的类别。

(八)痕迹物证提取情况

记录在现场是否提取了有关痕迹物证,以及所提取痕迹物证的名称、编号、提取部位、提取数量等。

(九)照相或摄像情况

记录在现场是否进行了拍照或者摄像。

(十)其他需要记录情况

记录勘查人员认为需要记录的现场其他与事故有关的情况。

三、交通事故现场勘查笔录的记录方式

现场勘查笔录针对所记录内容的特征,相应采用了选择、填充、选择加填充、文字叙述4种记录方式。

选择性项目以若干备选项的形式列出,由记录人员根据现场勘查情况对相应选项进行勾选。这种方式主要用于记录各类事故现场都普遍存在的基础性勘查内容,例如路面性质、路表情况、照明情况、道路交通标志、道路隔离设施等。

填充性项目以下划线或者括号的形式列出,由记录人员根据现场勘查情况在下划线或者括号位置用简短文字进行填充。这种方式主要用于记录一些以数字、代码或词语等形式表达的勘查内容,例如车辆型号及牌号、车辆挡位、死亡人数、受伤人数等。

选择加填充性项目以若干备选项加下划线的组合形式列出,由记录人员根据现场勘查情况,在勾选有关选项的基础上再用简短文字进行填充,以进一步说明该选项的具体情况。例如在道路基本情况模块中的"影响视线或行驶的障碍物"、"道路交通标志"、"道路隔离设施"等项目,都需要在作相应勾选之后在对应的下划线位置填写具体的障碍物、交通标志或隔离设施的名称、内容和位置等。

文字叙述性项目以空白区域的形式列出,由记录人员根据现场勘查情况以文字描述的方式进行记录。这种方式主要用于记录一些难以用选择或者填充方式表达的内容,例如对道路线形特征的描述、对事故车辆损坏情况的描述、对现场痕迹物证提取情况的描述等。

四、制作现场勘查笔录的基本要求

为了充分发挥现场勘查笔录在事故处理中的证据作用,根据《公安机关办理行政案件程序规定》、《道路交通事故处理程序规定》以及其他有关法律、法规的规定,现场勘查笔录的制作必须遵循以下基本要求:

(一)按照法定程序制作

现场勘查笔录作为一项证据材料,其制作程序必须符合相关法律的规定。一方面,现场勘查笔录应当由勘查现场的交通警察制作,并与现场勘验、检查工作同步进行,其中,需要另行进行尸体检验和车辆检验的可以单独制作检验笔录,补充勘查现场的应当制作补充勘查笔录;另一方面,现场勘查笔录制作完毕并经核对无误后,应当场由现场勘查人员、当事人或者见证人在笔录每一页下方的签名栏内签名。当事人不在现场、无见证人以及当事人、见证人拒绝签名、无法签名的,应当在现场勘查笔录上注明。

(二)内容必须客观真实和完整

现场勘查笔录必须以事故现场的实际勘查情况以及与事故有关的道路、车辆、物体、尸

体和痕迹的本来状态为依据,全面、客观、如实地记录和反映,切不可人为缩小或夸大,更不得将任何主观分析、估计、推断的东西和与事故无关的事物记入笔录,要保证笔录中记载的内容与现场的实际情况高度吻合,真实无误。

(三)语言表达必须明确而规范

现场勘查笔录应当严格做到文字简练、语言规范、意思明确和通俗易懂,避免出现错字、别字、生造字和禁止采用渲染夸大、模棱两可的词语及表达方式,有关事物的名称、类别、术语和计量单位等应当使用规范,避免出现方言俚语和非公制单位等现象,并尽量保持书写工整清晰,易于辨认。

(四)与其他现场记录材料协调一致

为了使现场勘查所获取的各项证据材料形成一套紧密联系的现场证据体系,以达到充分证明现场真实情况的效果,现场勘查笔录中记录的内容应当与现场勘查的其他证据材料所反映的现场情况吻合和协调一致,尤其要保证现场勘查笔录与现场照相、现场图之间能够互为印证、互为补充,切不可有相互矛盾之处,在现场图中已经作了明确绘图和标注的内容,在现场勘查笔录上均不再重复记录。

(五)修改或补正必须规范

现场勘查笔录的内容应注意确保准确和没有遗漏。如果确因现场勘查错误或者笔误导致记录内容与实际情况有出入时,在有关人员(特别是事故当事人和现场见证人)签名之前可以进行更正和补充。更正时应当首先用线条划掉需要更正的内容,并在线条的两端做好起止标记,然后将更正的内容记录在其上方,切不可采用涂抹的方式掩盖原有内容。如果在有关人员签名之后发现笔录有错误或者遗漏的,则应当另行制作现场补充勘查笔录来进行补正。现场补充勘查笔录仍然应当按照规定由勘查人、记录人和事故当事人或现场见证人签名。

第七节 讯问与询问

一、讯问和询问的基本要求

讯问和询问是调查收集交通肇事犯罪嫌疑人口供以及其他事故当事人陈述、证人证言的基本方法。根据《公安机关办理刑事案件程序规定》和《公安机关办理行政案件程序规定》,讯问和询问应当按照以下要求进行:

(一)个别进行

无论是讯问交通肇事犯罪嫌疑人,还是询问其他事故当事人、证人,都应当分开个别进行,并且不得有其他无关人员在场,以免他们之间互相影响、相互串通,使被讯问或询问人员做出违背自己客观记忆的陈述,降低有关陈述和证言的证明力。

(二)讯问或询问人员应当熟悉案情

进行讯问或询问之前,办案人员应当尽量熟悉案情,以便在讯问或者询问过程中能把握全局、突出重点,并及时发现有关人员所作陈述之间,以及所作陈述与已经调查掌握事实之间可能存在的矛盾之处,提高讯问、询问的质量及效率。

(三)注意保护被讯问询问人员的合法权益

办案人员在每次进行讯问或询问时,都必须首先向被讯问、询问人告知其有关法律权利和法律义务。在讯问或询问过程中要认真听取并核查被讯问、询问人的陈述及申辩,不要偏听偏信,并严禁使用刑讯、利诱、欺骗等非法手段,以及唆使被讯问、询问人提供虚假陈述和证言。非经强制传唤的,不得以限制人身自由的方式进行讯问。

讯问或询问聋、哑当事人或证人时,应当有通晓聋哑手势的人在场,并在笔录上注明有关情况。在少数民族聚居或者多民族共同居住的地区,应当使用当地通用的语言进行讯问、询问,对不通晓当地通用语言文字的当事人,应当为其提供翻译。

询问不满16周岁的未成年人,应当通知其父母或者其他监护人到场,其父母或者其他监护人不能到场的,可以通知其教师到场。确实无法通知或者通知后未到场的,应当在询问笔录中注明。

如果在医疗机构对受伤住院人员进行讯问或询问的,应当事先征求医务人员的同意,并邀请医务人员或伤者亲属旁听。在讯问或询问结束后,如伤者不能自行在讯问或询问记录上签名的,可由旁听的医务人员或伤者亲属签名证实。

(四)严格遵守案件保密制度

办案人员在讯问或询问过程中,应当严格遵守有关案件保密制度,不得向被讯问、询问人员泄露案情和表示自己或者公安交通管理部门其他有关人员对案件的看法,对了解到的被讯问、询问人员的隐私或商业秘密,也应为其保密。

(五)依法制作讯问或询问笔录

讯问或询问时,应当按照法律规定制作讯问笔录或者询问笔录,必要时还应当进行同步录音或摄像。讯问笔录或询问笔录应当如实记录讯问或询问的提问、回答和在场人员情况,笔录上所列的各项目均应当按照规定填写齐全。对于经过一次讯问或询问后仍有部分问题没有搞清楚,需要再次进行讯问或询问的,应当另行制作讯问笔录或者询问笔录。

经过办案人员的同意,交通肇事犯罪嫌疑人或者其他事故当事人、证人可以自行书写犯罪嫌疑人供述、当事人陈述及证人证言,必要时,办案人员也可以要求他们自行书写。

(六)讯问或询问人员必须合法

讯问或者询问时,讯问或询问人员不得少于2人,其中一人负责记录,其他人负责提问和观察被讯问、询问人员的神情表现。讯问交通肇事犯罪嫌疑人时,必须由负责处理事故的交通警察进行。

(七)应当及时进行

为防止当事人和证人的记忆减退或相互串通,讯问或询问工作应当及时进行。对于发生有人员伤亡的事故,应当在事故发生后的24小时内进行讯问或询问。对于当事人因为伤情严重无法接受讯问或询问的,应当记录在案,并告知承担救治的医疗机构,待伤者能够接受讯问或者询问时立即通知办案人员。对于证人因为特殊情况无法立即接受询问的,应当留下证人的姓名、性别、年龄、工作或学习单位、现住址、通信联络方式等,并在事后及时走访。

二、讯问和询问的内容

由于讯问或询问的对象不同,被讯问或询问人与事故的关系、对事故的了解角度、了解程度,以及他们所作陈述和证言对处理事故的证据价值都会各不相同,因此,有关讯问或询问的内容也就有所差异。

(一)讯问的内容

讯问交通肇事犯罪嫌疑人时,应当根据事故发生前后的具体情况,从了解事故发生原因、过程以及各项与事故的发生和处理有关的事实角度出发,重点讯问以下内容:

1. 犯罪嫌疑人的基本情况

犯罪嫌疑人的基本情况是指犯罪嫌疑人的姓名、别名、曾用名、出生年月日、户籍所在地、现住地、籍贯、出生地、民族、职业、文化程度、家庭情况、社会经历、是否属于人大代表、政协委员、是否受过刑事处罚或者行政处理,以及所持机动车驾驶证的准驾车型、领取时间和机动车驾驶经历等。犯罪嫌疑人是外国人的,还应当问明其国籍、出入境证件种类及号码、签证种类、入境时间、入境事由等情况,必要时还应当问明在华关系人等情况。

2. 事故的发生过程及其有关情况

事故的发生过程及其有关情况主要包括:犯罪嫌疑人在发生事故前的行车路线、行车速度、连续驾驶车辆的时间、是否从事与交通无关的其他活动;犯罪嫌疑人发现对方和感到危险时的地点以及当时与对方的距离和方向,在遇险时是否采取以及采取了怎样的处置措施;在事故发生过程中,各方车辆及人员、其他物体间的相互接触地点、接触部位、事故形态以及发生接触后的运动状态、运动轨迹、停止地点和最终损害后果;犯罪嫌疑人在发生事故时的思想、情绪等主观心理状态;在事故发生后采取了哪些现场急救和现场保护措施;事故现场是否发生过变动以及发生变动的原因和具体变动情况;犯罪嫌疑人在事故发生后离开现场的,应详细讯问其离开现场的原因和过程,如果属于交通肇事后逃逸的,还应当讯问促使其逃逸的因素和动机。

3. 与事故有关的其他情况

与事故有关的其他情况主要包括:犯罪嫌疑人在发生事故时的交通方式、出行目的;所驾驶车辆的安全技术状况、登记与审验情况、保险情况,以及车辆的所有人或管理人情况;驾驶车辆出行前的主要活动、休息及餐饮情况;犯罪嫌疑人在最近一段时间以及发生事故时的身体健康情况和精神状况,是否有饮酒或服用国家管制的精神药品、麻醉药品等。

(二)询问的内容

1. 对当事人的询问内容

对事故其他当事人的询问内容与讯问交通肇事犯罪嫌疑人的大体相似,但根据当事人在事故中所起作用或所受损害的不同而又有所差异,通常是在询问他们的个人基本情况和所了解的事故发生过程及其有关情况的基础上,对有违法嫌疑的当事人侧重于询问其在事故中的违法行为和行为时的心理状态,对其他当事人则侧重于询问其在发生事故时的活动情况和在事故中受到的身体伤害和财产损失情况,如果是事故车辆乘员的,还应当了解他们在事故发生前后观察到的车辆运行状况和驾驶人行为情况。

2. 对证人的询问内容

对证人的询问内容主要包括以下三个方面:

(1) 证人的基本情况。证人的姓名、出生日期、户籍所在地、现住址、身份证件号码、工作单位、所从事职业、文化程度,证人是否有机动车驾驶资格或者驾驶经历,证人与事故当事人或车辆之间的关系,是否是当事人的亲属、事故车辆的乘员或车辆的所有人、管理人等。

(2) 证人在发现或了解事故前后的活动情况,包括证人在事故发生时的所处位置、面向方向和所从事活动,最初发现或了解事故的途径、方式、时间,以及是否协助当事人报警或者参与现场抢救与保护等。

(3)证人知悉的事故发生过程及其有关情况,包括:事故各方在事故发生前的行进路线、行进速度,以及有无行进方向和行进速度不稳定、在行进时从事其他无关活动和精力不集中等异常情况;事故各方在事故前有无采取避险措施,以及在发生事故时的具体接触位置、接触方向、接触部位和接触后的运动情况;事故造成的人员伤亡情况和车辆及其他财物损失情况;当事人在事故发生后是否对现场采取了急救和保护措施,事故现场是否发生过变动以及发生变动的原因,如果当事人在事故发生后逃逸的,还应当详细询问逃逸人员和车辆的有关情况,例如逃逸人的性别、大概年龄、长相、穿着、是否在事故中受伤,逃逸车辆的种类、大小、颜色、新旧程度、号牌号码、装载情况、在事故中的受损情况等。

三、讯问和询问的程序

(一)准备阶段

在进行讯问或询问之前,办案人员应当首先了解事故的基本情况以及被讯问、询问人与事故的关系,明确讯问或询问的任务和需要重点了解的问题,必要时,应事先草拟具体的讯问或询问方案和问题要点。然后依照法律、法规的规定,传唤或通知被讯问、询问人接受调查,其中,讯问交通肇事犯罪嫌疑人一般应在犯罪嫌疑人的羁押场所进行,对于不需要拘留、逮捕的犯罪嫌疑人,经办案部门负责人批准,可以传唤到犯罪嫌疑人所在市、县内的指定地点或者到他的住处进行;询问有交通安全违法嫌疑的当事人,可以到当事人的住处或者单位进行,也可以将其传唤到他所在市、县内的指定地点进行;询问事故其他当事人或证人,可以到当事人或证人的所在单位、学校、住所或者居住地的居(村)民委员会进行,必要时,也可以通知到公安交通管理部门接受询问。

(二)开始阶段

在开始进行讯问或询问之前,办案人员应首先核实被讯问、询问人的身份以及与事故及事故其他当事人之间的关系,并逐一介绍讯问、询问人员的姓名、职务和出示相关的工作证件,然后向被讯问、询问人告知其享有的法定权利和承担的法定义务。其中,讯问交通肇事犯罪嫌疑人的,应告知被讯问人对办案人员的提问除了与本案无关的有权拒绝回答之外,都应当如实回答,以及如实供述自己罪行可以从轻或减轻处罚的法律规定;询问其他事故当事人或证人的,应告知被询问人必须如实提供证据、证言和故意作伪证或者隐匿证据应负的法律责任,对与本案无关的问题有拒绝回答的权利。

(三)主要阶段

在完成对被讯问、询问人的身份核实和权利义务告知之后,即进入讯问或询问的主要阶段。在此阶段,办案人员一般通过逐一提问方式,详细了解事故的事实和当事人的有关行为及心理状态。通常,讯问或询问之初应首先由被讯问、询问人按照事故的发生过程陈述其所了解和掌握的有关事故事实和相关证据,然后由办案人员根据其陈述情况和事先拟定的讯问、询问提纲和策略进行有针对地提问,其中,对交通肇事犯罪嫌疑人还应首先讯问其是否有犯罪行为,并让他陈述有罪的情节或者无罪的辩解。在提问过程中发现被讯问、询问人的回答存在前后矛盾或者与公安交通管理部门已掌握的事实有出入的,应结合被讯问、询问人与事故处理之间的利害关系,分析其形成矛盾和出入的原因,然后有策略地进行提问核实。

如果发现被讯问、询问人故意隐瞒事实或做虚假陈述的,应向其重申法律规定并晓以利害,必要时,可提出有关证据予以驳斥,以迫使其如实陈述。对于被讯问或询问人提出的合理陈述和申辩,应当认真核查。

(四)结束阶段

讯问或询问完毕,办案人员应当提问被讯问、询问人是否还有需要补充的内容,如果被讯问、询问人不要求补充,即可结束讯问或询问,并将讯问笔录或询问笔录交其核对或者向他宣读。被讯问或询问人认为笔录的记录有遗漏或者有差错的,有权提出补充或者更正,并对补充或更正的内容按指印。笔录经核对无误后,应由被讯问、询问人在末页紧邻最后一行文字的下方写明"以上笔录我看过(或向我宣读过),和我说的相符",并逐页签名和按指印。被讯问、询问人拒绝签名、按指印的,由办案人员在笔录上注明。此外,办案人员和翻译人员也应在笔录上签名。

第八节 检验鉴定

一、检验鉴定的基本知识

(一)鉴定机构

鉴定机构,是指接受公安交通管理部门或者当事人的委托,对交通事故中的专门性问题运用科学技术或者专门知识进行鉴别和判断,并提出鉴定意见的专业机构。根据《全国人民代表大会常务委员会关于司法鉴定管理问题的决定》和《最高人民法院、最高人民检察院、公安部、国家安全部、司法部关于做好司法鉴定机构和司法鉴定人备案登记工作的通知》,司法鉴定机构分为侦查机关内设鉴定机构和面向社会的司法鉴定机构两类,其中,前者由公安机关、检察机关或者国家安全机关直接管理,专门承担相关侦查工作中的检验鉴定业务,后者由司法行政机关统一管理,主要面向社会接受委托从事司法鉴定业务。各类司法鉴定机构都必须经过有关管理机关核准登记并由司法行政机关编入国家鉴定机构名册,方可在所核准的业务范围内开展鉴定业务,并且不受地域范围的限制。

(二)鉴定人

鉴定人是指受鉴定机构指派、聘请或者公安机关聘请,运用自己的专门知识、技能以及必要的技术手段,对交通事故中涉及的专门性问题进行分析判断并提出鉴定意见的专业技术人员。按照鉴定人登记管理规定,交通事故鉴定人员应当同时满足以下条件:

1. 具有所鉴定事项的鉴定人资格

从事交通事故鉴定的人员,通常应当经过公安机关、检察机关、国家安全机关或者司法行政机关的核准登记,并取得相应鉴定业务的鉴定人资格证书,此外,《公安机关鉴定规则》第30条规定,在必要时,公安机关的鉴定机构可以聘请本机构以外的具有专门知识的人参加鉴定。

2. 受鉴定机构的指派或者聘请

交通事故鉴定应当由鉴定机构统一接受委托,并由鉴定机构根据所鉴定事项指派具有本专业鉴定资格的鉴定人进行鉴定,或者聘请具有专门知识的人员参加鉴定。对于面向社会的司法鉴定机构,委托人有特殊需要的,经双方协商一致,也可以从本机构中选择符合条件的鉴定人进行鉴定。

3. 不具有依法需要回避的情形

为保证鉴定人能够客观公正地进行鉴定,确保鉴定结论的科学性和准确性,按照法律规定,鉴定人具有下列情形之一的应当回避:

(1)是本案当事人或者当事人的近亲属的;

(2)本人或者其近亲属与本案有利害关系的;

(3)担任过本案证人、辩护人、诉讼代理人的;

(4)担任过本案办案人员的;

(5)重新鉴定时,是本鉴定事项原鉴定人的;

(6)其他可能影响公正鉴定的。

(三)检验鉴定的程序

1. 检验鉴定的委托

交通事故需要进行检验、鉴定的,公安交通管理部门应当自事故现场调查结束之日起3个工作日内委托具备资格的鉴定机构进行,其中,尸体检验应当在受害人死亡之日起3个工作日内委托。在现场调查结束之日起3个工作日之后需要检验、鉴定的,应报经上一级公安交通管理部门批准。

按照《公安机关鉴定规则》要求,公安交通管理部门在处理交通事故时需要进行检验鉴定的,通常应当委托公安机关的鉴定机构进行鉴定,如因技术能力等原因或者法律另有规定需要委托公安机关以外的其他鉴定机构进行鉴定的,经县级公安机关负责人或者地市级以上公安交通管理部门负责人批准,可以对外委托取得合法鉴定资质的鉴定机构进行鉴定。对精神病的鉴定,应当由省级人民政府指定的医院进行。

公安系统内部委托的鉴定事项,本级公安机关鉴定机构有鉴定能力的,实行本级委托;超出本级公安机关鉴定机构鉴定项目或者鉴定能力范围的,逐级向上级公安机关鉴定机构委托;特别重大案件的鉴定或者疑难鉴定,经拟委托的鉴定机构同意,可以在列入鉴定机构名册的鉴定机构中选择送检。

公安交通管理部门应当指派熟悉案件情况的人员送检,并向鉴定机构提交载明委托检验鉴定事项、要求和案情摘要等内容的鉴定委托书,以及证明送检人身份的有效证件、委托鉴定的检材、鉴定所需的比对样本和其他材料,其中,提供的检材应当是原物、原件。无法提供原物、原件的,应当提供符合鉴定要求的复制件、复印件。

2. 检验鉴定的受理

接到公安交通管理部门的鉴定委托后,鉴定机构应当听取送检人介绍与鉴定有关的案件情况和鉴定要求,并对委托的鉴定事项进行审查。对于属于本机构鉴定业务范围并且鉴定事项的用途和鉴定要求、鉴定委托程序合法,提供的鉴定材料真实、完整、充分的,应当受理。对于提供的鉴定材料不完整、不充分的,可以要求委托单位补充,待补充完成或充分后再予受理。受理鉴定委托的,鉴定机构受理人与委托单位送检人共同填写《鉴定事项确认书》,明确鉴定要求,并对鉴定时间以及送检检材和样本的使用、保管、取回等事项进行约定。鉴定机构对检验鉴定可能造成检材、样本损坏或者无法留存的,应事先征得委托单位同意,并在《鉴定事项确认书》中注明。

公安交通管理部门与鉴定机构约定的鉴定完成时间一般不超过20个工作日,需要更长时间的应报经上一级公安交通管理部门批准,并且最长不得超过60日。

3. 检验鉴定的实施

鉴定机构受理鉴定委托后,应指派2名以上鉴定人进行检验鉴定。需要聘请其他具有专门知识的人参加鉴定的,应当经过鉴定机构负责人的批准,并制作鉴定聘请书。鉴定实行鉴定人负责制度,由鉴定人独立进行鉴定,并对本人出具的鉴定结论负责。

鉴定机构应当在约定的期限内完成检验鉴定,并出具鉴定文书。鉴定文书分为《鉴定书》、《检验鉴定报告》和《检验意见书》三种,其中,客观反映鉴定的由来、鉴定过程,经过检验、论证得出确定性鉴定意见的,出具《鉴定书》;客观反映鉴定的由来、鉴定过程,直接得出检验结果的,出具《检验鉴定报告》;客观反映鉴定的由来、鉴定过程,鉴定人的鉴定意见不一致或者做出倾向性鉴定意见的,出具《检验意见书》。

公安交通管理部门在接到鉴定结论后,应当在2个工作日内将其复印件送达当事人[①]。

4. 重新检验鉴定

当事人对鉴定结论有异议的,可以在接到鉴定结论复印件后的3个工作日内申请重新检验、鉴定。经审查发现原鉴定结论存在下列情形之一的,由县级公安交通管理部门负责人批准进行重新检验、鉴定,但不具备重新检验、鉴定条件的除外:

(1)鉴定机构或者鉴定人不具有相应鉴定资格的;

(2)鉴定结论明显依据不足的;

(3)有证据证明鉴定结论存在错误的[②]。

重新检验、鉴定应当另行委托鉴定机构或者由原鉴定机构另行指派鉴定人。重新检验、鉴定结束,公安交通管理部门应当在收到鉴定结论后的2个工作内,将鉴定结论的复印件送达当事人或者其代理人。重新检验、鉴定以一次为限,并且以重新检验、鉴定的结论为准。

二、物证检验鉴定

(一)物证检验鉴定的目的

物证检验鉴定是指对事故的有关痕迹、散落物、附着物,以及人体、人体检材等进行的痕迹检验鉴定、理化检验鉴定和法医学检验鉴定。

物证是以其外部特征、内在属性或存在状态来证明事故事实的,然而,物证的某些细部特征和内在属性很难通过常规方法观察到,必须借助于一定的仪器设备和技术手段,对其进行检验鉴定,才能得以深入细致地发现和掌握。例如,在当事人涉嫌酒后或者醉酒驾驶这一问题上,就很难用普通的观察方式来做出准确判断,而需要对人体的呼气或者血液进行酒精浓度检测来得出结论。对物证的检验鉴定将有助于对事故相关事实的调查和认定,尤其对侦破交通肇事逃逸和肇事人涉嫌冒名顶替、伪造交通事故等疑难案件有着不可替代的重要作用。

① 《道路交通事故处理程序规定》修改稿中将此修改为:"公安机关交通管理部门应当在收到检验报告、鉴定意见之日起五日内,将检验报告、鉴定意见复印件送达当事人。"

② 《道路交通事故处理程序规定》修改稿中将此修改为:"当事人提供证据证明或者经审查发现检验报告、鉴定意见存在下列情形之一的,县级以上公安机关交通管理部门负责人应当批准重新检验、鉴定:(一)检验、鉴定程序违法或者违反相关专业技术要求的;(二)鉴定机构、鉴定人不具备鉴定资质和条件的;(三)鉴定人故意作虚假鉴定或者违反回避规定的;(四)检验报告、鉴定意见明显依据不足的;(五)检验报告、鉴定意见存在错误的;(六)检材虚假或者被损坏的;(七)其他应当重新检验、鉴定的情形。"

(二)物证检验鉴定的常用方法

1. 理化检验方法

1）放大镜或显微镜观察

放大镜或显微镜观察是交通事故物证鉴定的最基本方法，主要用于在放大或显微条件下对痕迹物证的形态、颜色、纹理、材质等特征进行单独观察，以分析痕迹物证的形成条件，以及直接或者借助紫外线灯照射将痕迹物证与比对样本进行对比观察，以发现它们在颜色、纹理、材质、形态、荧光反应等方面是否具有一致性。此外，借助于放大镜或显微镜观察，还有助于将痕迹部位的微量附着物分离出来，供有关的检验测试使用。

2）测定物理参数

物证往往具有厚度、重量、大小、颜色、密度、熔点、透明度、折光率、荧光性等多种物理特性，通过对这些物理特性的参数进行检测，并与标准值进行比较，将有助于判断物证的物质种属。此外，将检测得到的检材与比对样本的物理参数进行比较，还可以判断二者的物质种属是否相同。

3）化学检验

交通事故的物证种类繁多，化学属性各异，利用不同物质的化学属性差异，可以判断物证的种属以及与比对样本之间是否存在相同性。目前常用的化学检验方法主要有点滴反应法、溶解法和燃烧法三种，其中，点滴反应法主要利用塑料、树脂、橡胶、油脂等物质在特定试剂作用下会产生相应沉淀、结晶或者变色的特征进行检验和比对；溶解法主要利用多数固态物质在不同溶剂中的溶解性能差异进行检验和比对；燃烧法则是利用物证在接近火源时的反应、离开火源后能否燃烧、燃烧时有无放出特殊气味，以及燃烧后的性状变化等特征进行检验和比对。

2. 仪器分析法

1）色谱分析法

色谱分析法是一种对化学物质的混合物进行分离和分析的方法，其基本原理是：利用适当的气体或液体携带含有多种化学合成物的混合物，通过由某种吸收物质组成的固定相，由于混合物的各组分在性质、结构上存在差异，与固定相发生作用的大小、强弱也不相同，因此不同的组分将被分离并按一定的顺序在不同的时间内流出固定相，而不同组分在固定相内滞留的时间长短或者流出固定相的先后顺序可作为对物质成分的定性和定量分析指标。色谱分析法可分为薄层色谱法、气相色谱法和液相色谱法等多种，其中，气相色谱法在交通事故物证检验中应用较多，利用气相色谱仪不仅可以对油料、酒类等由多种可挥发性物质组成的混合物进行组分的定性和定量测定，而且对于油漆、塑料、橡胶等不可挥发性物质也可通过加温裂解，将其转化为可挥发的小分子物质后再进行组分测定。

2）光谱分析法

光谱分析法分为原子发射光谱法、原子吸收光谱法、红外吸收光谱法、紫外吸收光谱法和荧光光谱法等多种方法。

原子发射光谱法是依据各种元素的原子或离子在热激发或电激发下，原子核外电子从基态跃迁到具有较高能量的激发态，之后在重新跃迁回到基态过程中能够对外发射出具有独特波长和强度特征的电磁辐射的原理，利用分光仪和摄谱仪记录下检材在激发状态下所发射电磁辐射的特征光谱，并与各种元素的标准谱线进行比较，从而对检材中的元素进行定性与定量分析测定。一般而言，根据某种原子的特征光谱线在检材原子被激发时是否出现，即可判断该种原子是否在检材中存在,而该种原子的特征光谱线越强,则表明在检材中的含量也越多。由于原子发射光谱法能够通过一次检验将检材中多种元素的光谱同时记录下来,因此一般用于对检材元素构成的普查。

原子吸收光谱法是将检材加热形成原子蒸气,并用一定波长范围的电磁波辐射原子蒸气,然后利用原子蒸气中的不同元素原子将会吸收不同波长的电磁辐射,以及所吸收量与该元素在检材中的含量成正比的特性,对检材中的元素进行定量分析。这种方法多用于检测金属元素。

红外线光谱法是根据任何物质都对红外线有一定的吸收能力,并且分子结构不同的物质对红外线的吸收频率和吸收强度均不相同的特性,利用红外线光谱仪测定检材吸收红外线的光谱分布图,以准确鉴别各种有机物证和部分无机物证(例如油漆中的无机填料、颜料和泥沙、矿物等)的物质组成和各组分的分子结构。

紫外线光谱法的原理与红外线光谱法类似,可用于鉴别某些化合物和对部分有机物质的定量分析。

荧光光谱法是利用某些物质吸收一定波长的光线后会发出荧光的特性,通过对检材的荧光光谱与标准图谱进行比对,从而定性和定量分析检材内的荧光物质成分。

3)扫描电子显微镜与能量谱法

扫描电子显微镜可以将物证放大 10~100000 倍,并且所观测到的物证图像具有立体感,能逼真地反映出物证表面的细微结构特征。利用 X 射线能谱仪测定物证的特征 X 射线能量,可以定性或定量测定出物证中的元素周期表第 11 号(钠 Na)至第 92 号(铀 U)元素。而将扫描电子显微镜和 X 射线能谱仪相结合,是对油漆、玻璃、金属、沙土等物证进行微观几何形态和化学成分检验的理想手段。

3. 法医学检验

法医学检验主要是指对人的血迹、毛发、皮肤、肌肉或脏器组织等生物性检材,进行物证种属和个人识别检验,检验的内容一般包括确证试验、种属鉴定、遗传标记测定及性别鉴定等方面。其中,确证试验的目的在于确定检材是否属于生物性检材,种属鉴定的目的在于确定检材是否是人的血液、毛发和人体组织等,而测定检材的血型、DNA 分型等遗传标记和鉴定性别则是为了进行个人识别,即明确检材与什么人有关。进行物证的法医学检验将有助于查明在事故中车辆与人体的接触情况、车辆的驾驶人情况和有关当事人的真实身份等问题,尤其对侦破交通肇事逃逸案和处理某些有特殊争议的案件具有重要意义。

(三)常见物证的检验

1. 油漆的检验鉴定

对油漆类物证通常采取目视的方法,将物证与嫌疑车辆或物体表面的油漆脱落部位进行外形及颜色比对,必要时,可通过显微镜观察并使用显微分光光度计测量每一漆层的色度值进行比较。此外,也可利用显微红外光谱技术和扫描电子显微镜与能谱仪,检验油漆物证与比对样本的有机物及化学元素构成是否相同。

2. 塑料的检验鉴定

对塑料类物证通常采取目视方法,将物证与从嫌疑车或物体上提取的样本进行比对,检查他们的颜色、形状、厚度、弹性、硬度、材料内部的纹理结构、制造模具痕迹、产品标记等特征是否相同,必要时,可以在显微镜下进行比对或者进行热分析检验和裂解气相色谱检验。

3. 玻璃的检验鉴定

对玻璃类物证通常采取人工观察的方法,检查物证的种类、颜色、厚度、纹理、形状、产品标记等特征是否与比对样本相同,必要时,也可对二者进行光线折射率和比重的测定比对。此外,对于破碎程度不严重,可能拼复原形的玻璃片,应当进行拼复,以查明破碎玻璃的原始结构特征。

4. 痕迹的检验鉴定

对痕迹的检验鉴定,是按照同一性认定理论和方法将痕迹与可疑造痕体进行比对,以确定它们是否相互吻合。GA/T 1087—2013《道路交通事故痕迹鉴定》规定,痕迹检验鉴定的一般方法和步骤为:首先分别检验痕迹和可疑造痕体,寻找二者各自具有的结构特征,然后将二者的结构特征进行逐一比对检查,寻找其符合点和差异点,如果发现二者对应部位的一般特征不相同即可排出其具有同一性,发现二者对应部位的一般特征相同则需要做进一步的细节性比对。当对二者的所有结构特征对比完毕,应对检验中发现的所有符合点和差异点进行综合分析,判断各符合点的可靠程度和对差异点做出合理解释,其中,对于二者具有突出的结构特征符合点,同时不存在或者虽然存在差异点,但不属于本质性差异且可以做出合理解释的,即可认定二者具有同一性;对于二者只是一般性结构特征相符,但细节特征却存在明显差异并且无法做出合理解释的,即可认定二者不具有同一性;对于二者结构特征的符合点和差异点都不明显的,则不能判断二者是否具有同一性。

三、车辆安全技术检验鉴定

(一)车辆安全技术检验鉴定的目的

交通事故的发生往往与车辆的安全技术状况有关,车辆在设计、制造、使用、维护等环节形成的故障时常成为引发事故的原因。通过对事故车辆的安全技术状况进行检验、测试,并结合事故产生的其他相关因素进行综合分析后得出检验鉴定结论,将有助于查明其在事故发生前是否存在诱发事故的安全隐患,这不仅对查明事故的真实原因和正确分析判断当事人的行为与过错至关重要,而且也有利于促进车辆安全技术的进步。

(二)车辆安全技术检验鉴定的内容及标准

按照车辆在事故后的损坏程度不同,交通事故车辆安全技术检验鉴定的内容大体可分为两种情形:一种是对具有行驶能力的车辆,根据需要选择的检验鉴定项目有车辆的唯一性认定、整车、车身及附件、发动机和发动机舱、故障警告灯或故障码、刮水器或风窗玻璃清洗器、悬架、侧滑量、四轮定位、车轮、轮胎、转向性能、制动性能、照明及信号装置、车速表、喇叭声级、安全防护装置;另一种是对失去行驶能力的车辆,根据需要选择检验鉴定的项目有制动系、转向系、行驶系、电源、照明信号装置及电控系统、传动系、发动机、车身及附件、专用装置。其中,对于具有行驶能力的车辆,应以动态检验鉴定为主,并且首先选择在有资质的机动车安全技术检验机构进行检测,当机动车安全技术检验机构无法满足检测要求时,应进行必要的路试检测或现场模拟实验,如果通过动态检验鉴定无法确定事故原因的,应辅以静态检验鉴定和零部件性能检验鉴定。对于失去行驶能力的车辆,应以静态检验鉴定为主,通过对部分总成的相关工作参数及工作状况进行检测、检验,或通过拆解检验其主要零部件,分析、判断该系统或零部件的基本技术状况,推断检验结果对该系统技术状况或对整车安全性能的影响。检验中如果发现车辆的某个部件功能失效或部分失效对事故的形成具有影响的,应委托有关的专业实验室对零部件性能进行检验鉴定。

车辆安全技术检验鉴定的依据主要有 GA/T 642《交通事故车辆安全技术检验鉴定》、GB 7258《机动车运行安全技术条件》、GB 21861《机动车安全技术检验项目和方法》、GB 24407《专用校车安全技术条件》、GB 24155《电动摩托车和电动轻便摩托车安全要求》、GB 3565《自行车安全要求》等国家或行业标准,当国家或行业标准对相关技术参数、技术要求没有明确规定的,也可以车辆原厂技术资料提供的技术参数和技术条件作为判断依据。

四、人体损伤检验鉴定

(一)人体损伤检验鉴定的目的

人体损伤,是指交通事故造成的人员身体结构完整性被破坏或者生理、心理功能差异或丧失。《中华人民共和国刑法》第 133 条规定:因造成重大交通事故致人重伤、死亡的构成交通肇事罪,因此,对事故受害人进行人体损伤检验鉴定,是确定事故损害后果、追究交通肇事人法律责任的重要依据。此外,通过检验鉴定对人体损伤的性质和形成机制做出判断,对于分析案件性质、事故发生过程、受害人在事故中的动态情况、事故车辆的行驶速度等都也具有重要的参考价值。

(二)人体损伤的分类

法医学将人体损伤分为致命伤和非致命伤两类,凡导致人死亡的为致命伤,属于法医尸体检验的范畴,而未导致人死亡的为非致命伤,属于法医活体检查的范畴,一般又称人体损伤程度鉴定。其中,非致命伤又划分如下三种,其鉴定标准为最高人民法院、最高人民检察院、公安部、国家安全部、司法部联合颁布的《人体损伤鉴定标准》。

1. 重伤

重伤是指使人肢体残废、容貌毁损、丧失听觉、丧失视觉、丧失其他器官功能或者其他对于人身健康有重大伤害的损伤,包括重伤一级和重伤二级。其中,重伤一级是指损伤或者其并发症严重危及生命,遗留肢体严重残废或者重度容貌毁损,以及严重丧失听觉、视觉或者其他重要器官功能的情形;重伤二级是指损伤或者其并发症危及生命、遗留肢体残废或者轻度容貌毁损,以及丧失听觉、视觉或者其他重要器官功能的情形。

2. 轻伤

轻伤是指使人肢体或者容貌损害,听觉、视觉或者其他器官功能部分障碍或者其他对于人身健康有中度伤害的损伤,包括轻伤一级和轻伤二级。其中,轻伤一级是指损伤或者其并发症未危及生命,以及遗留组织器官结构、功能中度损害或者明显影响容貌的情形;轻伤二级是指损伤或者其并发症未危及生命,以及遗留组织器官结构、功能轻度损害或者影响容貌的情形。

3. 轻微伤

轻微伤是指各种致伤因素所致的原发性损伤,造成组织器官结构轻微损害或者轻微功能障碍。

(三)人体损伤程度鉴定

交通事故受伤人员的人体损伤程度鉴定,由相关鉴定机构的鉴定人进行检验鉴定并出具《法医学人体损伤程度鉴定书》[①]。鉴定应当以致伤因素对人体直接造成的原发性损伤及

---

① 《道路交通事故处理程序规定》修改稿中规定:"卫生行政主管部门许可的医疗机构具有执业资格的医师为道路交通事故受伤人员出具的诊断证明,公安机关交通管理部门可以作为认定人身伤害程度的依据。"

由损伤引起的并发症或者后遗症为依据,全面分析,综合评定。其中,对于影响人体健康的原发性损伤及其并发症应当以损伤当时的伤情为主,以损伤的后果为辅,进行综合鉴定,并且,以原发性损伤为主要鉴定依据的在伤后即可进行鉴定,以损伤所致的并发症为主要鉴定依据的应在伤情稳定后进行鉴定;对于以容貌损害或者组织器官功能障碍作为鉴定依据的,应以损伤的后果为主,以损伤当时伤情为辅,进行综合鉴定,并且在造成损伤的90日后进行鉴定,在特殊情况下也可根据原发性损伤及其并发症出具鉴定意见,但必须对有可能出现的后遗症加以说明,必要时应进行复检并予以补充鉴定。

鉴定时,不能因为临床抢救及时、治疗好转、预后良好而减轻对其原发性损伤程度的判定,也不能因为治疗不当或者个体特异体质等特殊因素致原伤情加重而提高对原损伤程度的判定。对于疑难、复杂的损伤,应在临床治疗终结或者伤情稳定后进行鉴定。对于伤者存在既往伤病的,如果事故损伤为主要作用,既往伤病为次要或者轻微作用的,应依据事故损伤进行鉴定;如果事故损伤与既往伤病共同作用,即二者作用相当的,应在依据事故损伤进行鉴定的基础上适度降低损伤程度等级,即等级为重伤一级和重伤二级的,可视具体情况鉴定为轻伤一级或者轻伤二级,等级为轻伤一级和轻伤二级的,均鉴定为轻微伤;如果既往伤病为主要作用,而事故损伤为次要或者轻微作用的,不宜进行损伤程度鉴定,而只对损伤的因果关系进行说明。

(四)尸体检验

交通事故造成人员死亡的,应当经急救、医疗人员或者法医确认,并由公安机关或者国务院卫生行政部门规定的医疗机构出具死亡证明。需要进一步查明其死亡原因的,由鉴定机构的鉴定人对尸体进行检验,并出具《道路交通事故尸体检验报告》。

交通事故尸体检验通常只进行尸表检验,但对于经过衣着及体表检验后仍不能确定死亡原因,或者当事人涉嫌其他违法犯罪行为,以及死者生前伤与死后伤并存,伤病关系难以认定等案件性质不明的,则应当进行解剖检验。按照规定,需要对尸体进行解剖检验的,应当事先征得死者亲属的同意①,其中,需要对境外来华人员的尸体进行解剖的,应当取得死者家属或者其所属国驻华使馆、领馆同意解剖的书面证明。

1. 尸表检验

尸表检验一般应结合事故现场的痕迹物证勘验情况进行,检验的内容包括:检查尸斑、尸僵和角膜混浊度等尸体现象;检查死者性别、身长、体型、瘢痕、色素斑、痣疣、文身、生理残缺及发育畸形等体表特征;检查和鉴别尸体全身的生前伤和死后伤情况;检查体表损伤的部位、类型、形态、大小、性状和创口内的黏附物、散落物,并注意分析受力方向,发现和描述特征性损伤;检查全身骨骼的骨折、关节脱位情况、离断肢体的形态,创面情况;检查损伤部位附着物的性质、形态等特征,并根据需要提取检材进行检验、鉴定。

2. 解剖检验

解剖检验应当在尸表检验的基础上,根据需要分别剖开颅腔、胸腔、腹腔,检查各内部器官的病理改变,并根据需要提取脑、心、肝、胰、胃、脾、肾等重要脏器组织做法医病理学和毒理学检查。

---

① 《道路交通事故处理程序规定》修改稿中将此修改为:"需要解剖尸体的,应当经县级以上公安机关或者上一级公安机关交通管理部门负责人批准。"

3. 典型人员的尸体检验

对机动车驾驶人尸体的检验内容包括：勘验或调查死者在车上的位置、姿势；制动、离合器、加速踏板上留下的鞋印；右鞋底踏板印痕；车辆上散落毛发、喷溅血迹、附着的衣服纤维；转向盘和变速杆上的指掌纹；安全带损伤和死者衣着、体表上安全带压痕的方向；面部、胸部、腹部、上肢、下肢等与风窗玻璃、转向盘、安全带、仪表盘、脚踏板及其他驾驶座附近车辆物件接触形成的特征性损伤；挥鞭样损伤；机动车驾驶人当场死亡的，应及时抽血检验；对毒品、药物等检材进行提取和检验。

对乘车人尸体的检验内容包括：在车辆上的位置和姿势；车辆上毛发、血迹和衣服纤维；安全带损伤和安全带压痕的方向；尸体颈部的挥鞭样损伤；与车内及前排座椅靠背等物件形成的特征性损伤。

对摩托车驾驶人尸体的检验内容包括：会阴部损伤；双手及前臂的车把损伤；下肢护板、护杠损伤；头面部风挡、后视镜、仪表盘损伤。

对行人尸体的检验内容包括：事故车上附着的血痕、毛发、组织和衣服纤维，车身表面上与人体有关部位相似的印痕；死者衣服、尸表和损伤创口中附着的事故车油污、油漆、碎玻璃等车辆物品；死者损伤形态与可能的车辆致伤物的比对；损伤到足跟的距离与事故车保险杠或其他部位高度的对比；撞击伤、摔跌伤、拖擦伤、碾压伤、保险杠损伤、伸展创；对一次碾压与多次碾压、生前碾压与死后碾压的鉴别。

对非机动车驾驶人尸体的检验内容包括：尸体的撞击伤高度与事故车相关物件高度的比对；死者衣着、尸表和损伤中附着物与车辆附着物的比对；会阴部、双下肢内侧损伤与骑乘交通工具的关系；死者主要损伤及主要受力面的方向。

对逃逸事故尸体的检验内容包括：确定系交通事故死亡；确定是第一现场或抛尸现场；确定死亡时间；现场痕迹物证、车辆地面遗留物、死者损伤部位或衣着附着物与嫌疑车辆痕迹的比对；损伤的特征，确定是单车或多车接触。

对未知名尸体的检验内容包括：面部皱纹、毛发、胡须的颜色、牙齿的萌出和磨损程度等，以及年龄段的确定；衣着、装束特征、死者卫生程度及随身物品、饰品、化妆、皮肤颜色等以及其生活地区及社会阶层的推定；色素沉着、痣、胎迹、文身、文眉、文唇；生理缺陷、畸形、手术瘢痕、肿块、器官的病变等；义齿、缺牙等；染发、假发、耳环孔等个体识别特征；提取DNA生物检材和指掌纹信息。

对于一次事故中有多人死亡的，还应对尸体进行逐一编号，调查或检验每一名死者生前在车辆上的乘坐位置和确定驾驶人员，并注意检查尸体的特殊性损伤、体表特征及携带物、饰物。

五、受伤人员伤残评定

（一）受伤人员伤残评定的目的

交通事故造成的人体损伤，有些经过治疗可基本恢复人体的原有健康状况，而有些即使经过治疗仍然会留下人体解剖结构或者生理功能不同程度的损害，形成生理或心理缺陷，使人的生活自理能力、工作能力、社会交往能力减低或丧失，这种现象被称为交通事故伤残。由于交通事故伤残会使伤者今后的工作、学习、生活及社会交往受到影响，并造成其长期的财产损失和精神损害，因此，在伤者的事故损伤治疗终结后，需要对其身体是否留下伤残以及具体的伤残程度进行评定，以作为事故损害赔偿的依据。

(二)受伤人员伤残评定的时机

受伤人员认为自身留有伤残的,应当在事故直接导致的损伤或直接引起的并发症治疗终结,亦即临床医学一般原则所承认的临床效果稳定后,自行委托具有资格的鉴定机构进行交通事故伤残等级评定。对于伤者原有伤病因事故而诱发的症状加重或复发,不应作为评定时机的限制条件。

有关受伤人员治疗终结时间应按照实际治疗终结时间认定,治疗终结时间难以认定或有争议的,可按照 GA/T 1088—2013《道路交通事故受伤人员治疗终结时间》认定,遇有标准以外的损伤时,应根据损伤所需的实际治疗终结时间,或比照标准中相类似损伤所需的治疗终结时间确定。对于有多处损伤或不同器官损伤的,以损伤部位对应最长的治疗终结时间为准。

(三)受伤人员伤残评定的标准

GB 18667—2002《道路交通事故受伤人员伤残评定》根据事故受伤人员在治疗终结后的日常生活能力、各种活动能力、职业、工作、学习能力和社会交往能力的丧失或低下程度,将交通事故伤残划分为 10 个等级(表 4-13),并对每一伤残等级的具体评定指标和评定标准作了详细规定。在具体评定时,需要依据受伤人员的伤后治疗效果并结合受伤当时的损伤部位、损伤程度,认真分析伤残同事故、损伤之间的关系,排除伤者原有的伤、病情况,实事求是地进行评定。当遇有标准规定以外的伤残程度时,可根据伤残的实际情况,比照标准中最相似等级的伤残内容和划分依据确定相当的伤残等级。同时符合 2 处以上伤残等级的,在评定结论中应当分别写明各处的伤残等级。

交通事故受伤人员伤残的分级标准　　　　表 4-13

等级	日常生活能力	各种活动能力	工作能力	社会交往能力
Ⅰ	完全不能自理	均受限制而卧床	意识消失	完全丧失
Ⅱ	需随时有人帮助	仅限于床上或椅子上	不能工作	极度困难
Ⅲ	不能完全独立,需经常有人监护	仅限于室内活动	职业明显受限	困难
Ⅳ	严重受限,有时需帮助	仅限于居住范围内活动	职业种类受限	严重受限
Ⅴ	部分受限,需要指导	仅限于就近活动	需要明显减轻工作	贫乏
Ⅵ	部分受限,但能部分代偿,部分日常生活需要帮助	各种活动降低	不能胜任原工作	狭窄
Ⅶ	日常生活有关的活动能力严重受限	短暂活动不受限,长时间活动受限	不能从事复杂工作	降低
Ⅷ	日常生活有关的活动能力部分受限	远距离活动受限	能从事复杂工作,但效率明显降低	受约束
Ⅸ	日常活动能力大部分受限	—	工作和学习能力下降	部分受限
Ⅹ	日常活动能力轻度受限	—	工作和学习能力有所下降	轻度受限

六、伤残人员护理依赖程度评定

(一)伤残人员护理依赖程度评定的目的

护理依赖是指事故伤残人员因为生活不能自理,需要依赖他人护理、帮助以维系日常生活的情况。在确定是否对事故伤残人员予以护理费赔偿以及具体的赔偿标准时,需要考虑伤者本人的生活自理能力和对他人护理的依赖程度。

(二)伤残人员护理依赖程度评定的时机

按照护理依赖人员形成生活不能自理的原因不同,可分为躯体残疾者和精神障碍者两种,其中,前者的护理依赖程度评定应在治疗终结后进行,后者的护理依赖程度评定应在其精神障碍至少经过一年以上治疗后进行。

(三)伤残人员护理依赖程度评定的标准

人的生活自理能力主要包括进食、翻身、大小便、穿衣洗漱和自主行动五个方面,按照伤残人员在这五个方面需要护理的具体情况不同,护理依赖程度可分为部分护理依赖、大部分护理依赖和完全护理依赖3个等级。就一般而言,其中有5项需要护理者为完全护理依赖,有3项以上需要护理者为大部分护理依赖,有1项以上需要护理者为部分护理依赖。在具体评定伤残人员对护理的依赖程度时,应遵循实事求是的原则,以事故给人体直接造成的损害及并发症和后遗症所导致的日常生活活动能力或自理能力丧失为依据,通过对伤残人员客观、全面、详细的身体检查,进行综合评定。对于伤残人员原有疾病或残疾需要护理依赖的,必要时应确定本次事故损伤对其护理依赖的参与度。对于同时具有躯体残疾和精神障碍的伤残人员,应当分别对其躯体残疾和精神障碍进行评定,并按照护理依赖程度较重的确定最终等级。

七、财产损失评估

(一)财产损失评估的目的

财产损失评估,又称物损鉴定,是指对事故造成的直接财产损失进行查勘和价值评定,其目的在于确定事故的具体损害后果,为事故损害赔偿和追究肇事人刑事责任提供依据。

(二)财产损失评估的方法

交通事故财产损失通常由当事人自行协商确定,协商不成的,可以委托有相应价格评估资格的鉴定机构进行评估,而对于需要依法追究肇事人刑事责任的事故,则应当由公安交通管理部门委托有相应价格评估资格的鉴定机构进行鉴定。在确定事故受损车辆、设施、物品等财物的具体损失金额时,应当根据财物的种类、规格、质量、新旧程度、受损程度、修理费用、残余价值,以及事故发生时当地同类财物的购置、建造价格等因素,进行综合确定。对于财物灭失的,以原物的实有价值作为其财产损失额。对于财物遭受部分损坏的,如果经过修复能够恢复其原有功能或特性的,以其修理费用为财产损失额;如果无法修复或者不具有修复价值,以及因伤失去使用价值或者死亡的牲畜,以其实际减少的价值,即损失前的原物价值与损失后的残存价值之间的差额为财产损失额。其中,残存价值是指受损财物的残余物所具有的价值,一般依据受损财物残骸的回收利用价格或死、伤牲畜的市场交易价格估算;原物价值是指受损财物在事故发生前的实际价值,一般根据财物的原有价格、可使用时间、已使用时间等因素综合确定,计算公式为:

$$原物价值 = 原物价格 - 使用折旧率 \times 已用时间 \qquad (4-8)$$

第五章 道路交通事故技术分析

道路交通系统运行过程是一个受控制的能量传递与转换过程,交通事故的发生正是在这一过程中出现能量流转失控的结果。道路交通系统运行及造成事故损害的能量形式主要表现为机械能,交通事故的发生及其损害后果的严重程度除了与事故车辆、人员和物体自身的质量、结构等因素有关之外,更主要受他们在事故时的运动速度、运动方向和相互作用部位、作用形式等因素影响。交通事故技术分析的目的就在于根据事故的痕迹物证和人体、车辆、物品的损伤特征,以及当事人和目击者的陈述等证据材料,综合运用力学、法医学、心理学、人机工程学等学科知识和方法,分析推断事故的主要发生过程和事故车辆的行驶速度。

第一节 车辆运行状态分析

车辆运行状态是由车辆所受外力综合作用的结果,其中,沿车辆行驶方向的驱动力、行驶阻力和制动力的综合作用决定了车辆的行驶、停止状态,以及行驶时的速度、最大爬坡度、最大加速或减速能力等。

一、车辆驱动

(一)驱动力

如图5-1所示,车辆的驱动力是由发动机输出的转矩,经传动系传至驱动轮,使驱动轮产生对地面的圆周力 F_0,地面相应形成的对驱动轮的反作用力 F_t。如设 M_e 为发动机的转矩(N·m)、i_k 为变速器的传动比、i_0 为主减速器的传动比、η_t 为传动系的机械效率、r 为驱动轮的滚动半径(m),则有

$$F_t = M_e i_k i_0 \eta_t / r \tag{5-1}$$

发动机的转矩 M_e 与转速 n_e 之间存在一定的函数关系,并且不同型号发动机的这种函数关系并不完全相同,需要通过实验来确定。如果已知发动机的转速为 n_e(r/min),并且驱动轮没有与地面发生相互滑动,那么车辆的行驶速度 v(km/h)可由下式得出

图5-1 车辆的驱动力

$$v = 0.377 \frac{r n_e}{i_k i_0} \tag{5-2}$$

(二)行驶阻力

车辆在道路上行驶时受到的阻力包括滚动阻力、坡道阻力、空气阻力和加速阻力。

1. 滚动阻力

滚动阻力是指车辆轮胎在地面上滚动时,因为与地面在接触区域产生切向、法向的相互作用以及轮胎和路面的变形而受到的阻力,其大小与车轮的负荷有关。车辆全车受到的滚动阻力 F_f 可表示为

$$F_f = fG \tag{5-3}$$

式中:G——车辆的总重力,N;

f——滚动阻力系数。

2. 空气阻力

空气阻力是指车辆在行驶时受到的空气阻碍,包括作用在车身表面的法向压力和由于空气的黏性而形成的切向力。空气阻力与车身的形状有很大关系,并且与车速的平方成正比。在汽车行驶速度的范围内,空气阻力 F_w 可表示为

$$F_w = C_D A \rho v_r^2 / 2 \tag{5-4}$$

式中:C_D——空气阻力系数,主要与车身形状有关;

A——迎风面积,即车辆在行驶方向的投影面积,m^2;

ρ——空气密度,一般取 $1.2258 kg/m^3$;

v_r——车辆与空气的相对运动速度,m/s。

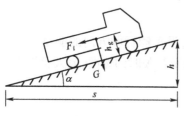

图5-2 车辆受到的坡道阻力

3. 坡道阻力

如图 5-2 所示,当车辆上坡时,车辆重力沿坡道的分力表现为对车辆的行驶阻力,这就是坡道阻力 F_i。如道路的坡度角为 α,则 $F_i = G\sin\alpha$。由于在道路交通领域一般用 $i = \tan\alpha$ 来表示坡度大小,而按照 JTG B01—2003《公路工程技术标准》的规定,我国公路的最大坡度不超过 9%,在一般道路上可近似认为 $\sin\alpha \approx \tan\alpha = i$,因此有

$$F_i = G\sin\alpha \approx G\tan\alpha = Gi \tag{5-5}$$

4. 加速阻力

加速阻力,是指车辆在加速时需要克服的自身惯性力。惯性力是由车辆的质量引起的,而车辆的质量又可分为车辆整体沿行驶方向的平移质量和车轮、传动系、发动机等旋转构件的旋转质量两个部分,为了便于计算,一般将旋转质量的惯性力偶矩等效折算为平移质量的惯性力,如令车辆的旋转质量换算系数为 $\delta(\delta > 1)$,则加速阻力 F_j 可表示为

$$F_j = \delta \frac{G}{g} \frac{dv}{dt} \tag{5-6}$$

(三)车辆行驶的驱动条件和附着条件

1. 车辆行驶的驱动条件

车辆在直线道路上行驶时,作用在车辆上的驱动力和行驶阻力必须达到平衡,即

$$F_t = F_f + F_i + F_j + F_w$$

当车辆在水平道路上匀速行驶时,由于 $F_j = 0$、$F_i = 0$,因此 $F_t \geq F_f + F_w$ 是车辆行驶的基本条件。只有当 $F_t > F_f + F_w$ 时,车辆才可能爬坡或者加速。而车辆的最大爬坡度 i_{max} 和在

水平路面上可获得的最大加速度 j_{max} 分别为

$$i_{max} = [F_t - (F_f + F_w)]/G \tag{5-7}$$

$$j_{max} = [F_t - (F_f + F_w)]g/\delta G \tag{5-8}$$

2. 车辆行驶的附着条件

由于车辆的驱动力实际是地面对驱动轮的反作用力,而按照式(5-1)计算得到的 F_t 严格说来只是发动机转矩在驱动轮上形成的等效圆周力,还不是真正意义上的驱动力。地面对驱动轮的真实反作用力不仅取决于 F_t 的大小,还要受驱动轮与地面之间附着力 $F_{\varphi 2}$ 的限制,不得超过其大小。而 $F_{\varphi 2}$ 又与驱动轮对地面的法向压力 F_{z2} 和轮胎与地面之间的附着系数 φ 有关

$$F_{\varphi 2} = F_{z2}\varphi \tag{5-9}$$

可见,在发动机输出转矩足够的情况下,要增加驱动力就必须提高 φ 和 F_{z2}。而 φ 与地面的材料种类、表面粗糙程度、轮胎花纹类型等因素有关,F_{z2} 与车辆的结构特征、行驶状态和道路坡度等因素有关。如图 5-3 所示,设 h_g 为车辆的质心高度,h_w 为风压中心离地高度,M_{je} 为横置发动机的惯性阻力矩,M_{f1} 和 M_{f2} 为前、后轮的滚动阻力偶矩,M_{j1} 和 M_{j2} 为作用在前、后轮上的惯性阻力偶矩,F_{z1} 和 F_{z2} 为前、后轮的地面法向反作用力,F_{x1} 和 F_{x2} 为前、后轮的地面切向反作用力,F_{zw1} 和 F_{zw2} 为作用在车体上并位于前、后轮位置的空气升力,L 为车辆的轴距,将车辆受到的各力对其前、后轮与地面的接触面中心求取力矩,则有

$$\begin{cases} F_{z1} = \dfrac{1}{L}\left(G\cos\alpha \cdot b - Gh_g\sin\alpha - F_w h_w - \dfrac{Gh_g}{g}\dfrac{dv}{dt} - M_{je} - M_{j1} - M_{j2} - M_{f1} - M_{f2}\right) - F_{zw1} \\ F_{z2} = \dfrac{1}{L}\left(G\cos\alpha \cdot a + Gh_g\sin\alpha + F_w h_w + \dfrac{Gh_g}{g}\dfrac{dv}{dt} + M_{je} + M_{j1} + M_{j2} + M_{f1} + M_{f2}\right) - F_{zw2} \end{cases}$$
$$\tag{5-10}$$

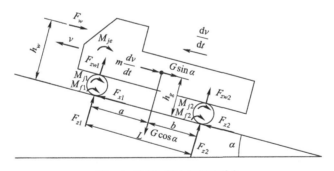

图 5-3 车辆加速上坡时的受力

二、车辆制动

(一)车轮制动时的受力

如果忽略空气阻力与滚动阻力的影响,车轮在制动时的受力状况如图 5-4 所示。图中,M_μ 为制动器的摩擦力矩、F_x 为地面制动力、G 为车轮垂直载荷、F_T 为车轴对车轮的推力、F_z 为地面对车轮的法向反作用力。

令在轮胎周缘克服制动器摩擦力矩所需要的力为制动器制动力 $F_\mu(F_\mu = M_\mu/r)$。在制动时,若只考虑车轮的运动为滚动或抱死拖滑两种状态,则当制动踏板力 F_p 较小时,制动器摩擦力矩不大,地面与轮胎之间的纵向附着力(即地面制动力 F_x)足以克服制动器摩擦力矩

而使车轮继续滚动,此时,$F_x = F_\mu$,且随 F_p 的增长而成正比地增长(图5-5),车辆的动能主要由制动器的摩擦转换为热能而耗散。由于 F_x 是制动器滑动摩擦的约束反力,它的最大值 F_{xmax} 不能超过地面附着力 F_φ,即

$$\begin{cases} F_x \leq F\varphi = F_z\varphi \\ F_{xmax} = F_z\varphi \end{cases}$$

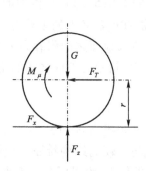

图 5-4 制动车轮的受力状况

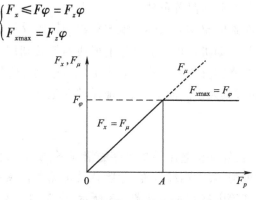

图 5-5 制动力关系

因此,当 F_p 继续上升到某值 A,F_x 也同步增加并达到 F_φ 值时,车轮即抱死不转动而出现拖滑现象。以后随着制动踏板力继续增加,即当 $F_p > A$ 时,F_μ 将由于制动器摩擦力矩的增长而继续按直线关系上升,但是,若作用在车轮上的法向载荷不变,则 F_x 受 F_φ 的限制而不再增加。可见,车轮的地面制动力首先取决于制动器制动力,同时又受到地面附着条件的限制,只有车轮具有足够的制动器制动力,同时地面又能提供较高的附着系数时,才能获得较好的行车制动效能,这一关系可表达为:

$$F_x = \begin{cases} M_\mu/r, F_\mu \leq F_z\varphi \\ F_z\varphi, F_\mu > F_z\varphi \end{cases} \tag{5-11}$$

(二)车轮制动时的运动状态

车辆是利用地面与轮胎之间的附着力来实现制动减速的。制动开始后,在制动器摩擦力矩的作用下,车轮角速度 ω 迅速减小,于是在车体速度(即车速)与车轮线速度(即轮速)之间形成一定的速度差,需要通过车轮相对地面的滑动来弥补,这种现象称为轮胎的滑移现象。轮胎滑移的程度用滑移率 S 表示

$$S = \frac{v - r\omega}{v} \times 100\% \tag{5-12}$$

如图5-6所示,车轮与地面之间的纵向附着系数和侧向附着系数都与车轮的滑移状况有关。未制动时,$S = 0$,车轮在地面上作纯滚动,此时纵向附着系数为0,侧向附着系数为最大值;制动且当 $0 < S < 100\%$ 时,车轮在地面上既滚动又滑动,这时侧向附着系数随 S 的增大而持续减小,纵向附着系数则在 $0 < S < S_p$($S_p \approx 15\% \sim 20\%$)时随 S 的增加而升高,在 $100\% > S \geq S_p$ 时随 S 的增加而降低。制动且当 $S = 100\%$ 时,车轮在地面上作纯滑动,此时侧向附着系数接近于零,纵向附着系数约相当于 $0.3 \sim 1.0$ 倍 S_p,其中,在干燥路面上较高,

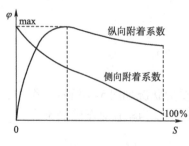

图 5-6 车轮运动状态与附着系数

在湿路面上较低。在分析事故时,纵向附着系数一般通过现场测试获得,也可参考表 5-1 作近似取值。

车轮与地面之间的纵向附着系数参考值（$S=100\%$）　　　　表5-1

路面类型		干　燥		潮　湿	
		48km/h 以下	48km/h 以上	48km/h 以下	48km/h 以上
混凝土路面	新铺装	0.80~1.00	0.70~0.85	0.50~0.80	0.40~0.75
	路面磨耗较小	0.60~0.80	0.60~0.75	0.45~0.70	0.45~0.65
	路面磨耗较大	0.55~0.75	0.50~0.65	0.45~0.65	0.45~0.60
沥青路面	新路	0.80~1.00	0.60~0.70	0.50~0.80	0.45~0.75
	路面磨耗较小	0.60~0.80	0.55~0.70	0.45~0.70	0.45~0.65
沥青路面	路面磨耗较大	0.55~0.75	0.45~0.65	0.45~0.65	0.40~0.60
	焦油过多	0.50~0.60	0.35~0.60	0.30~0.60	0.25~0.55
砂石路面		0.40~0.70	0.40~0.70	0.45~0.75	0.45~0.75
灰渣路面		0.50~0.70	0.50~0.70	0.65~0.75	0.65~0.75
冰路面		0.10~0.25	0.07~0.20	0.05~0.10	0.05~0.10
雪路面		0.30~0.55	0.35~0.55	0.30~0.60	0.30~0.60

（三）车辆的制动分析

1. 制动过程

如图5-7所示，当 $t=0$ 车辆前方出现危险时，危险信息通过驾驶人的感觉器官传入其大脑，由大脑对信息进行分析后发出制动指令，之后右脚松开加速踏板并移到制动踏板上，这段时间称为驾驶人的反应时间 t_1，其时长一般为 $0.3\sim1.0$s。接着，制动踏板被踩下，但由于制动系统存在间隙，需要经过时间 t'_2 后制动器的摩擦片才会与制动鼓或制动盘接触，以后随着制动踏板力的加大，制动器开始产生摩擦力矩并经过时间 t''_2 使地面制动力达到最大值。$t_2=t'_2+t''_2$ 总称为制动系统协调时间，时长一般为 $0.2\sim0.9$s，其长短不仅取决于驾驶人踩踏板的速度，还受制动系结构形式的影响。t_3 为持续制动时间，其长短主要取决于车辆的制动初速度和驾驶人决定的减速程度，在此期间车辆的减速度基本维持不变。制动结束，驾驶人松开制动踏板后，在制动系统的内部阻尼作用下，制动力需要经过时间 t_4 才会消失，t_4 一般在 $0.2\sim1.0$s 之间。

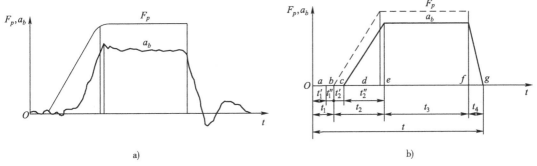

图5-7　车辆的制动过程

2. 制动距离

制动距离，是指从车辆驾驶人开始踩下制动踏板到车辆停止运行，即图5-7中 t_2 和 t_3 期间行驶过的距离。由前述制动过程可知，虽然驾驶人在 t'_2 已踩下制动踏板，但并未真正产生制动效果，这段时间车辆仍按原速度继续行驶，只有在 t''_2 和 t_3 期间，制动器才会产生

制动力,车辆也才会减速。设速度为 v_0 的车辆在水平路面上制动,则制动距离可按如下方式得到:

在 t'_2 期间,车辆保持匀速行驶

$$s'_2 = v_0 t'_2 \tag{5-13}$$

在 t''_2 期间,制动减速度呈线性增长,并最终达到最大减速度 a_{max},因此有

$$\int dv = \int -\frac{a_{max}}{t''_2} t dt$$

由于当 $t=0$ 时(图5-7中的 c 点), $v=v_0$,因此

$$v = \frac{ds}{dt} = v_0 - \frac{a_{max} t^2}{2 t''_2}$$

可得

$$\int ds = \int \left(v_0 - \frac{a_{max} t^2}{2 t''_2} \right) dt$$

而当 $t=0$ 时, $s=0$,因此

$$s''_2 = v_0 t''_2 - \frac{1}{6} a_{max} t''^2_2 \tag{5-14}$$

在 t_3 期间,车辆以减速度 a_{max} 做匀减速运动,并且初速度为 $v_e = v_0 - \frac{a_{max} t''_2}{2}$,末速度为零,故

$$s_3 = \frac{v_e^2}{2 a_{max}} = \frac{v_0^2}{2 a_{max}} - \frac{v_0 t''_2}{2} + \frac{a_{max} t''^2_2}{8} \tag{5-15}$$

于是在 t_2 和 t_3 期间的总制动距离为

$$s = s_2 + s_3 = \left(t'_2 + \frac{t''_2}{2} \right) v_0 + \frac{v_0^2}{2 a_{max}} - \frac{a_{max} t''^2_2}{24} \tag{5-16}$$

3. 制动痕迹与制动初速度

1) 在水平路面上全部车轮制动

车辆驾驶人在遭遇危险时,往往以紧急制动方式快速踩下制动踏板,并且在轮胎滑移率达到一定值时,路面上开始出现明显的压印或拖印,而车轮已基本进入并处于持续制动状态,因此,如果能够准确测量压印和拖印的长度,则利用式(5-15)可反向估算制动时的初始速度。

GB 7258—2012《机动车运行安全技术条件》规定:车辆的制动系统协调时间,对液压制动的汽车应小于等于0.35s,对气压制动的汽车应小于等于0.60s,对汽车列车和铰接客车、铰接式无轨电车应小于等于0.80s,而制动系统协调时间 $t_2 = t'_2 + t''_2$,因此 t''_2 很小,可忽略式(5-15)中的 $\frac{a_{max} t''^2_2}{8}$,并将式(5-15)整理成关于 v_0 的一元二次方程后求解,得

$$v_0 = \frac{t''_2 a_{max}}{2} + \sqrt{\left(\frac{t''_2 a_{max}}{2} \right)^2 + 2 a_{max} s_3}$$

因 $a_{max} = g\varphi$,并且车速的单位为 km/h,所以上式的 v_0(m/s)可写为

$$v_0 = 1.8 t''_2 g\varphi + 3.6 \sqrt{\left(\frac{t''_2 g\varphi}{2} \right)^2 + 2 g\varphi s_3} \tag{5-17}$$

这就是车辆在水平路面上制动停止时,利用制动痕迹估算其制动初速度的公式。

在式(5-17)中, t''_2 对 v_0 的贡献值为 $1.8 t''_2 g\varphi \sim 3.6 t''_2 g\varphi$,并且 v_0 越高, t''_2 的贡献值越

小。以小型轿车为例,假设 $t''_2 = 0.3s, \varphi = 0.7$,则 t''_2 的贡献值为 3.7~7.4 km/h,其中最大值出现在 $s_3 = 0$ 的情况下,而当 $s_3 = 1m$ 时 t''_2 的贡献值已降为 4.2km/h(此时 $v_0 = 17.5km/h$),并且其中的 3.7 km/h 是由式中第一项所形成,因此,当 $s_3 > 1m$ 时可直接用下式推算车辆的制动初速度。

$$v_0 = 1.8 t''_2 g\varphi + 3.6 \sqrt{2g\varphi s_3} \tag{5-18}$$

2)在水平路面上部分车轮制动

在交通事故中,有时因为制动系统故障、地面附着系数不均或者驾驶人操作等因素,导致车辆只有部分车轮充分制动,其余车轮要么不制动要么只是部分制动,使得各车轮的附着不能有效利用而影响其实际制动效能。因此相对于全部车轮制动而言,在分析车辆部分车轮制动时需要根据车轮的实际制动情况来求取全车的等效附着系数 φ_e。

如图 5-8 所示,汽车制动时,由于整车的惯性力 F'_j 作用在重心上,对汽车形成一个向前翻倒的力矩,使其前轴载荷加大而后轴载荷减轻。假设汽车静止时前、后轴受到的地面反力分别为 N_1 和 N_2,制动时载荷向前转移 δG,前、后轴的附着系数分别为 $\varphi_1、\varphi_2$,于是有

$$\begin{cases} F'_j = F_{\varphi 1} + F_{\varphi 2} = \varphi_1(N_1 + \delta G) + \varphi_2(N_2 - \delta G) \\ \delta G L = F'_j h_g \end{cases}$$

求解,得

$$F'_j = \frac{l_2\varphi_1 + l_1\varphi_2}{L - (\varphi_1 - \varphi_2)h_g} G$$

因为整车的等效附着力 $F_\varphi = G\varphi_e = F_{\varphi 1} + F_{\varphi 2} = F'_j$,所以有

$$\varphi_e = \frac{l_2\varphi_1 + l_1\varphi_2}{L - (\varphi_1 - \varphi_2)h_g}$$

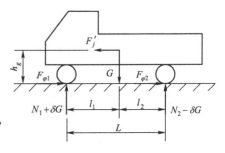

图 5-8 汽车制动时的载荷转移

在上式中,当全轮制动时,$\varphi_1 = \varphi_2 = \varphi$,因此 $\varphi_e = \varphi$;当只有前轮制动时,忽略后轮的滚动阻力,则 $\varphi_1 = \varphi, \varphi_2 = 0$,于是有

$$\varphi_e = \frac{\varphi \cdot l_2}{L - \varphi h_g} \tag{5-19}$$

当只有后轮制动时,忽略前轮的滚动阻力,则 $\varphi_2 = \varphi, \varphi_1 = 0$,于是有

$$\varphi_e = \frac{\varphi \cdot l_1}{L + \varphi h_g} \tag{5-20}$$

汽车的重心位置参数 h_g、l_1 和 l_2 一般采用垫高称重法测量:首先在水平状态测量汽车的轴距 L 以及前轴载荷 G_1 和后轴载荷 G_2,然后将前轴车轮垫高 h(此时前后轮的轴心连线与水平线夹角为 α)后再测量后轴载荷 G'_2,最后分别以前轮的着地点为支点取力矩,即可得到

$$l_1 = \frac{G_2 L}{G_1 + G_2} \tag{5-21}$$

$$l_2 = L - l_1 \tag{5-22}$$

$$h_g = \frac{[G'_2 L - (G_1 + G_2)l_1]\cos\alpha}{(G_1 + G_2)\sin\alpha} \approx \frac{L[G'_2 L - (G_1 + G_2)l_1]}{(G_1 + G_2)h} \tag{5-23}$$

为了简化计算,GA/T 643—2006《典型交通事故形态车辆行驶速度技术鉴定》(以下简称 GA/T 643)采用附着系数修正值 k 来代替对 φ_e 的求解,规定 $\varphi_e = k\varphi$,其中 k 值根据汽车

的制动状态确定:全轮制动时取1;一前轮和一后轮制动时取0.5;只有前轮或后轮制动时则视车辆的结构形式而定,对于发动机前置前驱动的轿车在良好路面只有前轮制动时取0.6~0.7、只有后轮制动时取0.2~0.3。为保持计算的严谨性,在本书中除介绍GA/T 643的有关内容外,仍采用实际测算φ_e的方法。

与汽车不同的是,摩托车的前、后轮制动机构是相互独立的,很难做到同步制动,更何况为了防止制动时车身发生前滚翻或侧滑回转,在紧急情况时驾驶人往往只是全力制动后轮,而对前轮不制动或只稍加制动,因此,分析摩托车的制动时也需要采用等效附着系数。实践中,一般参照GA/T 643提供的附着系数参考值选定,如表5-2所示。

摩托车的纵向附着系数参考值　　　　　　　　表5-2

摩托车名	只后轮制动	前后轮都制动
本田SL125	0.31~0.40	0.53~0.67
丰田3.50	0.36~0.43	0.62~0.72
丰田XBS00R	0.35~0.42	0.65~0.76
BMW R900	0.31~0.42	0.72~0.87
Harley DavidsonFLH	0.36~0.51	0.63~0.88

3) 在坡道上制动

车辆在上坡时受到的坡道阻力,其作用效果类似于制动力。如图5-9所示,由于在上坡时车辆全轮制动的路面切向附着力为$F_\varphi = \varphi_e N = \varphi_e G\cos\alpha$,因此沿上坡方向建立动力平衡方程,得

$$Ga/g = -\varphi_e G\cos\alpha - G\sin\alpha$$

$$a = -g(\varphi_e \cos\alpha + \sin\alpha) \approx -g(\varphi_e + i)$$

将a的绝对值代入式(5-18),就得到车辆在上坡全轮制动停车时的初速度

$$v_0 = 1.8 t''_2 g(\varphi_e + i) + 3.6\sqrt{2g(\varphi_e + i)s_3} \tag{5-24}$$

与上坡相反,坡道阻力在车辆下坡时的实际作用效果变成类似于驱动力,此时应将式(5-24)中的i取负值。

4) 发生碰撞时的制动初速度

在碰撞事故中,需要根据车辆制动痕迹计算制动初速度的情形主要有以下两种:

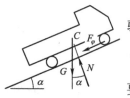

图5-9 上坡制动

(1) 车辆在碰撞后继续滑行了一段距离才停止的,根据其碰撞后的滑印长度s计算在碰撞后瞬间的运动速度v。由于驾驶人通常在发生碰撞时已采取制动措施,因此可将碰撞后的滑移过程视为持续制动状态,根据式(5-15)可得

$$v = 3.6\sqrt{2g\varphi_e s} \tag{5-25}$$

(2) 已知车辆在碰撞前瞬间的运动速度v'_0,根据其碰撞前的制动痕迹长度s'推算在事故前的行驶速度v_0。此时由于车辆的制动末速度并不为零,根据能量守恒定律和车辆的制动过程可得

$$2\varphi_e g s' = \left(v_0 - \frac{\varphi_e g t''_2}{2}\right)^2 - v'^2_0$$

移项并整理,得

$$v_0 = \frac{1}{2} g \varphi_e t''_2 + \sqrt{2g\varphi_e s' + v'^2_0} \tag{5-26}$$

三、车辆转向

车辆转弯时,在离心力的作用下,轮胎将对地面形成侧向力,而地面则对轮胎相应产生侧向附着反力,该反力被称为侧偏力。侧偏力的存在使车辆得以保持或者由驾驶人控制其行驶方向。通常而言,轮胎要有足够的侧偏力才能够使车辆保持较好的方向稳定性,但是,过大或过小的侧偏力也可能成为引发事故的因素。

(一)侧滑

由于侧偏力的大小与车轮和地面间的侧向附着系数成正比,而侧向附着系数在车轮制动时随滑移率的增加而降低(如图5-6所示),因此,当车辆高速转弯并尤其是在转弯的同时制动的,将可能出现侧滑乃至失去方向控制的现象。与之相应,一旦在现场发现事故车辆留下转弯侧滑痕迹的,即可推断其在转弯时受到的离心力大于了地面对轮胎的横向附着力,亦即车辆的行车速度高于了转弯时车轮不发生侧滑的临界速度。设车辆的转弯半径为 R,道路的横向坡度为 i',路面的横向附着系数为 φ'(通常,$\varphi' = 0.97\varphi + 0.08$),则车辆不发生转弯的侧滑临界速度为:

$$v = 3.6\sqrt{gR\frac{\varphi' + i'}{1 - \varphi' i'}} \tag{5-27}$$

(二)侧翻

与转弯侧滑相反,如果车辆以过高速度转弯而轮胎又能够获得足够侧偏力的情况下,往往发生车辆侧翻事故。而一旦车辆在转弯过程中侧翻,通常即可推断侧翻时车辆受到的离心力大于了其自身的横向稳定力矩,但却又未超过地面对其轮胎的横向附着力。如图5-10所示,设车辆在转弯时的离心加速度为 a,且把车辆的车轮、悬架等近似看作刚性体,则根据车体发生翻倒的静力条件 $mah_g > mgb$,可得车辆发生侧翻的临界横向加速度 $a > bg/h_g$。尽管实际上转弯车辆在离心力作用下其车体会向外侧发生偏斜,从而使 b 小幅减小、h_g 有所增大,但一般仍可将该临界横向加速度作为推断车辆发生侧翻的条件,于是,当忽略道路横坡和车辆装载可能存在的偏斜时,车辆发生转弯侧翻的临界车速为:

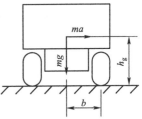

图5-10 转弯车辆的受力情况

$$v = 3.6\sqrt{gR(B + 2h_g i')/(2h_g - Bi')} \tag{5-28}$$

式中:B——车辆轮距。

(三)坠车

车辆在弯道驶出路面发生坠车是丘陵和山区道路较为典型的事故类型,这类事故除了与驾驶人操控方向失误有关之外,多数还与车辆行驶速度过高,使转向轮所获得的侧偏力不足以抵抗车体前部受到的离心力有关。如图5-11所示,车辆驶出道路后,最初是按照近似平抛运动飞出,着地之后再向前滑移一段距离并停止,车辆在之前所具有的动能将在着地后由对地面的摩擦功来消耗。如果车辆坠落后的停止点至坠出点的水平距离为 x,竖直高度为 h,并且在着地时处于制动状态,则根据平抛运动方程和式(5-25)可得

$$x = x_1 + x_2 = v\sqrt{2h/g} + v^2/2g\varphi_e$$

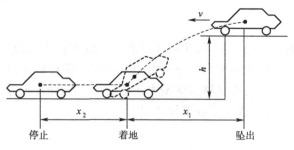

图 5-11　坠车过程

求解上式并变换单位,即得到车辆在坠落时的初速度

$$v = 3.6\sqrt{2g\varphi_e}\left(\sqrt{h + x/\varphi_e} - \sqrt{h}\right) \tag{5-29}$$

如果坠落车辆在着地后没有制动,则上式中的 φ_e 应替换为着地后的地面滚动阻力系数 f。

除上述方法外,也可根据平抛运动方程,直接利用车辆在坠出路面后的水平飞行距离 x_1 计算其坠落时的初速度

$$v = x_1\sqrt{g/2h} \tag{5-30}$$

第二节　汽车碰撞汽车或固定物事故分析

一、碰撞的基本原理

(一)碰撞事故的基本特征

1. 碰撞过程的简化

汽车碰撞事故大致可分为三个阶段:一是从驾驶人觉察到危险到两车即将发生接触的碰撞前阶段;二是从两车开始发生接触到停止相互作用的碰撞作用阶段;三是从两车停止相互作用到停止运动的碰撞后阶段。其中,碰撞作用阶段又被称为碰撞过程,是碰撞事故的最核心阶段,其特点是历时极短(一般为 70~120ms),汽车的减速度和受到的碰撞力巨大,并且多数情况下车体的损坏变形都只限于相撞的局部,车体的其他部位仍然完好。针对这些特点,在对碰撞事故进行力学分析时一般作如下简化:

(1) 忽略非碰撞力。汽车在事故中受到的碰撞力非常巨大,使得车体同时受到的重力、摩擦力、风力、驱动力、制动力等其他力量都远不能与之相比,因此在计算时均予以忽略。

(2) 忽略位移。试验表明,车体最大变形在发生碰撞后的 60~80ms 之间出现,此时双方车辆的碰撞中心重叠,角位移约为 1°~5°,而到碰撞后 100~150ms,碰撞中心已位于最大变形区域,碰撞基本结束。可见,由于碰撞过程非常短暂,汽车从碰撞开始到碰撞结束时的空间位置变化极小,可以近似认为在碰撞过程没有发生移动。

(3) 将车辆视为刚体。除了需要对车体结构本身进行分析之外,一般忽略车辆在碰撞中的变形以及因为部件脱落等原因造成的质量改变。

2. 碰撞过程的分类

如图 5-12 所示,根据碰撞双方接触点的公法线与车体质心连线的相对位置关系,可以

将车辆碰撞事故分为如下两类:

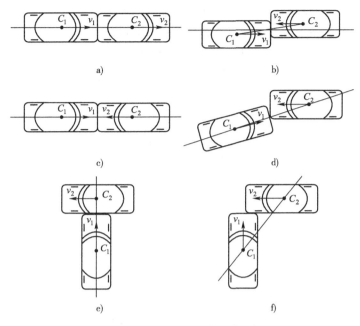

图 5-12 碰撞过程的分类

a)对心碰撞;b)偏心碰撞;c)对心正碰撞;d)对心斜碰撞;e)对心直角碰撞;f)偏心直角碰撞

1) 对心碰撞

对心碰撞是指碰撞双方接触点的公法线与车体质心连线共线的碰撞形式。这类碰撞可进一步分为对心正碰撞和对心斜碰撞两种,其中,对心正碰撞是指两车在碰撞前的初速度方向也在车体质心连线上,例如在相同行驶轨迹上发生两车的正面碰撞或追尾碰撞。这类碰撞由于双方车辆的质心运动始终保持在同一直线上,只需用一个坐标轴进行描述,因此又称为一维碰撞;对心斜碰撞是指两车在碰撞前的初速度方向不在车体质心连线上的碰撞,例如双方接触点的公法线与车体质心连线共线的斜向碰撞和直角碰撞。这类碰撞不仅会导致双方的停止位置偏离原运动方向,而且车体还会发生旋转,需要同时用平面上的两个直角坐标和一个转动角才能描述其运动状态,因此又称为二维碰撞。

2) 偏心碰撞

偏心碰撞是指碰撞双方接触点的公法线不与车体质心连线共线的碰撞形式。这类碰撞与对心斜碰撞一样,也会导致双方在运动方向变化的同时发生旋转,因此也属于二维碰撞。

(二)碰撞过程的平面运动方程

图 5-13 是以汽车碰撞中心为坐标原点,以两车在碰撞点的公法线和公切线为坐标轴,在地面上建立的二维坐标系。根据动量定律和动量矩定律,可得方程组:

$$\begin{cases} m_1(v_{1x} - v_{10x}) = -I_x \\ m_1(v_{1y} - v_{10y}) = -I_y \\ m_2(v_{2x} - v_{20x}) = I_x \\ m_2(v_{2y} - v_{20y}) = I_y \\ m_1 J_1(\omega_1 - \omega_{10}) = -I_x y_1 + I_y x_1 \\ m_2 J_2(\omega_2 - \omega_{20}) = I_x y_2 - I_y x_2 \end{cases} \quad (5\text{-}31)$$

式中：m_1、m_2——甲车和乙车的质量；
v_{10x}、v_{20x}——甲车和乙车在碰撞前瞬间的 x 轴方向速度分量；
v_{1x}、v_{2x}——甲车和乙车在碰撞后瞬间的 x 轴方向速度分量；
v_{10y}、v_{20y}——甲车和乙车在碰撞前瞬间的 y 轴方向速度分量；
v_{1y}、v_{2y}——甲车和乙车在碰撞后瞬间的 y 轴方向速度分量；
I_x、I_y——甲车和乙车在碰撞过程中的 x、y 轴方向冲量分量；
J_1、J_2——甲车和乙车的横摆转动惯量；
ω_{10}、ω_{20}——甲车和乙车在碰撞前瞬间的横摆角速度；
ω_1、ω_2——甲车和乙车在碰撞后瞬间的横摆角速度；
x_1、y_1——甲车的质心位置在 x、y 轴方向坐标；
x_2、y_2——乙车的质心位置在 x、y 轴方向坐标。

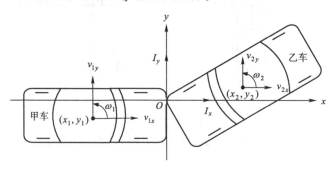

图 5-13 汽车碰撞的力学模型

这就是描述汽车在碰撞事故中所作平面运动的一般公式。其中，当汽车发生一维碰撞时，由于双方的质心运动在碰撞过程中始终保持在同一直线上，并且没有发生车体旋转，因此以两车的质心连线为坐标轴，可将上式简化为

$$m_1 v_{10} + m_2 v_{20} = m_1 v_1 + m_2 v_2 \tag{5-32}$$

式中：v_{10}、v_{20}——甲车和乙车在碰撞前瞬间的速度；
v_1、v_2——甲车和乙车在碰撞后瞬间的速度。

(三) 碰撞的恢复系数

自然界中的碰撞可分为完全弹性碰撞（如橡胶球撞向墙壁）、部分弹性碰撞（如充气不足的篮球撞向墙壁）和塑性碰撞（如湿泥团撞向墙壁）三种形式。三者之间相同的是碰撞物在进入碰撞后都在碰撞力的作用下发生了变形，但所不同的是，完全弹性碰撞发生的是纯弹性变形，碰撞力所做的功被全部转化为弹性变形能，塑性碰撞发生的是纯塑性变形，碰撞力所做的功被全部转化为塑性变形能，而部分弹性碰撞则是弹性变形与塑性变形的复合，碰撞力所做的功被同时转化为弹性变形能和塑性变形能两种形式，当碰撞力做功结束，先前发生了弹性变形的物体将随着弹性变形的恢复而将变形能重新转化为物体的动能，从而使物体向相反方向获得加速，出现反弹现象。三种碰撞形式可以用碰撞后与碰撞前的碰撞物之间相对速度的比值，即恢复系数 e 来描述：

$$e = \frac{v_2 - v_1}{v_{10} - v_{20}} \tag{5-33}$$

当 $e = 1$ 时，$v_2 - v_1 = v_{10} - v_{20}$，两碰撞物在碰撞前后的速度差值不变，表明二者在碰撞过程没有发生能量损耗，所发生的变形可以全部得以恢复，即完全是弹性变形；当 $e = 0$ 时，

$v_2 = v_1$,两碰撞物在碰撞后的速度值相同,表明二者在碰撞后结合为一个整体,在碰撞过程发生的变形全部不能恢复,即完全是塑性变形;当 $1 > e > 0$ 时,$v_2 - v_1 < v_{10} - v_{20}$,两碰撞物在碰撞前后的速度差值不相同,碰撞后的速度差值小于碰撞前的速度差值,表明二者在碰撞过程发生的变形只有部分得以恢复,即既有塑性变形又有弹性变形。

图 5-14 是用实车进行碰撞试验的恢复系数统计结果。图中的有效碰撞速度为两车在碰撞过程中由相撞前各自的速度变为同一速度时的速度变化量,用 v_e 代表有效碰撞速度,则图中的正面碰撞实验结果可拟合为式(5-34)。由此可见,车辆在碰撞时的恢复系数并不是一个固定值,当有效碰撞速度较小时,弹性恢复系数较大,趋向于弹性碰撞;当有效碰撞速度加大时,弹性恢复系数减小,趋向于塑性碰撞。造成这一结果的原因除了与车体的材料性质有关之外,与碰撞对象的形状、碰撞时的相对速度和方向等因素也有关系。

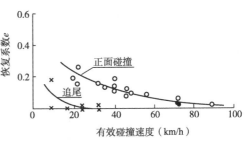

图 5-14 一维碰撞恢复系数

$$e = 0.574\exp(-0.0396v_e) \qquad (5-34)$$

由于车辆的碰撞并不是完全的弹性碰撞,在碰撞过程中总是有塑性变形的存在,因此也就不可避免会有动能转化为塑性变形能,从而使碰撞前的总能量发生损耗,其大小等于碰撞前后的动能差 ΔE:

$$\Delta E = E_0 - E_1 = \frac{1}{2}m_1(v_{10}^2 - v_1^2) + \frac{1}{2}m_2(v_{20}^2 - v_2^2)$$

将上式与式(5-32)、式(5-33)联立,得

$$\Delta E = \frac{1}{2}\frac{m_1 m_2}{m_1 + m_2}(1 - e^2)(v_{10} - v_{20})^2$$

可见,碰撞中的能量损耗主要受恢复系数 e 的影响。

二、汽车对汽车的一维碰撞

(一)正面碰撞的速度分析

1. 利用恢复系数推算碰撞速度

将式(5-32)与式(5-33)联立,可得

$$\begin{cases} v_{10} = \dfrac{m_1 v_1 + m_2 v_2}{m_1 + m_2} + \dfrac{m_2(v_2 - v_1)}{e(m_1 + m_2)} \\ v_{20} = \dfrac{m_1 v_1 + m_2 v_2}{m_1 + m_2} - \dfrac{m_1(v_2 - v_1)}{e(m_1 + m_2)} \end{cases} \qquad (5-35)$$

显然,只要能够利用事故现场的地面轮胎痕迹计算得到双方车辆在碰撞后的运动速度,并且已知它们在发生碰撞时的质量和在碰撞部位的恢复系数 e 的话,就可求出各方车辆在碰撞前瞬间的行驶速度(即碰撞速度)。

2. 利用塑性变形量推算碰撞速度

利用恢复系数 e 推算碰撞速度的过程虽然简单,但由于车辆在实际碰撞中的恢复系数较难确定,因此,一般改用塑性变形量与有效碰撞速度之间的经验公式来推算碰撞速度。

发生正面碰撞的两车,在进入接触后随着相互的挤压变形,双方的速度越来越接近,当碰撞部位的车体变形达到最大时,双方的速度变为相等(即达到共同速度v_c),这时由式(5-32)可得

$$v_c = \frac{m_1 v_{10} + m_2 v_{20}}{m_1 + m_2}$$

令 v_{e1}、v_{e2} 为两车在碰撞过程中的速度变化量(即有效碰撞速度),则有

$$\begin{cases} v_{e1} = v_{10} - v_c = \dfrac{m_2(v_{10} - v_{20})}{m_1 + m_2} \\ v_{e2} = v_{20} - v_c = \dfrac{m_1(v_{20} - v_{10})}{m_1 + m_2} \end{cases} \quad (5\text{-}36)$$

由于 v_{e1}、v_{e2} 是两车在碰撞变形阶段的速度变化情况,因此与车体在碰撞后残留的塑性变形深度之间具有如图5-15所示的函数关系。

当车辆碰撞足够坚固的固定障壁时,由于障壁在碰撞前后的速度均为零,车辆在碰撞后的速度也为零,于是车辆碰撞障壁的速度就等于其有效碰撞速度。因此,对于车辆在发生碰撞时的有效碰撞速度与碰撞后车体残留塑性变形深度之间的关系,可以采用让不同类型的车辆以不同的速度碰撞用混凝土制成的固定障壁来获得。图5-16即为车辆正面碰撞障壁的试验结果,其有效碰撞速度 v_e 与车体正面碰撞部位的塑性变形深度 x 之间的关系可用一次函数 $v_e = b_0 + b_1 x$ 来表示,其中的 b_0 和 b_1 与车型及车体结构有关。表5-3列出了利用通用(GM)系列轿车车型进行正面碰撞障壁实验所获得的 b_0 和 b_1。

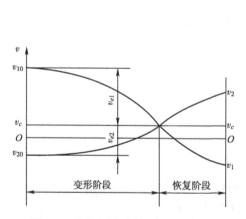

图5-15 速度变化与有效碰撞速度的关系

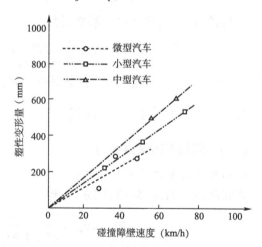

图5-16 正面碰撞障壁速度与塑性变形量

一次函数中的常数 b_0、b_1 表5-3

通用(GM)车规格化	b_0(mph)	b_1(mph/inch)	空车质量(lbs)
71-72 标准 全规格	6.85	0.88	4500(2040kg)
73-74 标准 全规格	7.5	0.90	4500(2040kg)
73-74 中型	7.5	0.90	4000(1810kg)
71-74 紧凑型	3.0	1.35	3400(1540kg)
71-74 次紧凑型	3.0	1.35	2500(1130kg)

上述的轿车正面碰撞试验结果可统一表达为式(5-37)的经验公式,其中,当车头的塑

性变形不是均匀分布时,x 应按照图 5-17 所示的方法折算为塑性变形的平均深度;当碰撞部位的塑性变形轻微,变形量难以测量时,有效碰撞速度可判定为 4.8km/h 以下。

$$v_e = 105.3x \tag{5-37}$$

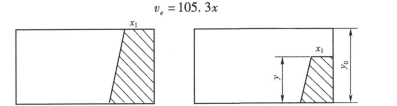

图 5-17 不均匀塑性变形的深度折算方法

a) $x = \dfrac{x_1 + x_2}{2}$; b) $x = \dfrac{y}{y_0}\left(\dfrac{x_1 + x_2}{2}\right)$

至此,对于汽车与汽车的正面一维碰撞,只要准确测量出双方车辆在碰撞前后的制动或滑移距离,以及车体碰撞部位的塑性变形深度,就可以通过联立求解式(5-25)、式(5-36)和式(5-37)得到各方车辆在碰撞前瞬间的行驶速度 v_{10} 和 v_{20},进而再根据式(5-26)计算出在发生事故前的行车速度。GA/T 643 推荐用式(5-38)计算轿车与轿车发生正面碰撞时的碰撞前瞬间速度,式中的"±"号,当乙车在碰撞后继续沿原方向运动时取"−"号,变为沿甲车方向运动时取"+"号:

$$\begin{cases} v_{10} = 105.3x_1 + 3.6 \times \dfrac{m_1\sqrt{2\varphi_1 k_1 g s_1} \pm m_2\sqrt{2\varphi_2 k_2 g s_2}}{m_1 + m_2} \\ v_{20} = \dfrac{105.3 x_1 m_1}{m_2} - 3.6 \times \dfrac{m_1\sqrt{2\varphi_1 k_1 g s_1} \pm m_2\sqrt{2\varphi_2 k_2 g s_2}}{m_1 + m_2} \end{cases} \tag{5-38}$$

式中:φ_1、φ_2——甲车和乙车的纵向附着系数;

k_1、k_2——甲车和乙车的附着系数修正值;

s_1、s_2——甲车和乙车在碰撞后的滑移距离,m;

x_1——甲车的塑性变形量,m。

(二)追尾碰撞的速度分析

分析正面碰撞的方法同样适用于分析追尾碰撞,但与正面碰撞相比,追尾碰撞具有如下特征:一是在相同速度下碰撞,车尾部比车头部表现出来的刚度小,碰撞后的塑性变形更大。由图 5-14 可知,当有效碰撞速度达到 20km/h 以上时,其弹性变形可以忽略不计,恢复系数趋于零,不存在弹性变形及其恢复阶段,因此碰撞车与被撞车通常在碰撞后结合在一起,具有相同的速度;二是被碰车的驾驶人在事故前一般不会发现将发生碰撞,不可能采取制动或转向等躲避措施,两车在碰撞时所具有的动能几乎都要由碰撞车的制动来消耗,少数时候在碰撞车停止后,被撞车还会继续向前移动一段距离。如果用 1 代表碰撞车,2 代表被碰撞车,则根据动量守恒定律和能量守恒定律有

$$v_1 = v_2 = v_c = \dfrac{m_1 v_{10} + m_2 v_{20}}{m_1 + m_2} \tag{5-39}$$

$$\dfrac{1}{2}(m_1 + m_2)v_c^2 = \varphi_{e1} m_1 g s_1 + f_2 m_2 g s_2 \tag{5-40}$$

式中:f_2——被撞车的轮胎在地面上的滚动阻力系数。

f_2 可以在事故现场测试得到,不具备测试条件的也可参照表 5-4 选取。

汽车滚动阻力系数参考值   表5-4

路面状况	滚动阻力系数 f
良好的平滑沥青铺装路	约 0.01
良好的平滑混凝土铺装路	约 0.011
良好的粗石混凝土铺装路	约 0.014
良好的石块铺装路	约 0.02
修正好的平坦无铺装路	约 0.04
修正不良的石块铺装路	约 0.08
新的砂路	约 0.12
砂或石质路	约 0.16
松散的砂石或黏土道路	约 0.2～0.3

图 5-18 是通过同型轿车追尾碰撞试验获得的被撞车尾部塑性变形情况。可见,当被撞车的有效碰撞速度 v_{e2} 小于 32km/h 时,v_{e2} 与车尾塑性变形深度 x_2 之间的关系为

$$v_{e2} = \frac{35.8 m_1 x_2}{m_1 + m_2} + 4.6 \tag{5-41}$$

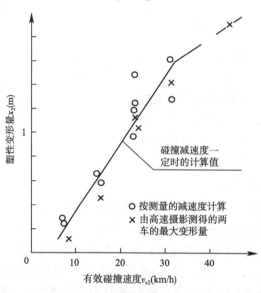

图 5-18 追尾碰撞的汽车尾部塑性变形量

至此,联立求解式(5-39)、式(5-40)、式(5-41)和式(5-36)中的 $v_{e2} = m_1(v_{10}-v_{20})/(m_1+m_2)$,就可得到两车在碰撞前瞬间的行驶速度 v_{10} 和 v_{20}。GA/T 643 推荐用式(5-42)计算轿车与轿车发生追尾碰撞前的瞬间车速:

$$\begin{cases} v_{10} = 3.6 \times \sqrt{\dfrac{2g(\varphi_1 m_1 s_1 k_1 + f_2 m_2 s_2)}{m_1 + m_2}} + m_2\left(\dfrac{35.8 x_2}{m_1 + m_2} + \dfrac{4.6}{m_1}\right) \\ v_{20} = 3.6 \times \sqrt{\dfrac{2g(\varphi_1 m_1 s_1 k_1 + f_2 m_2 s_2)}{m_1 + m_2}} - \dfrac{35.8 m_1 x_2}{m_1 + m_2} - 4.6 \end{cases} \tag{5-42}$$

三、汽车对汽车的二维碰撞

(一)求解条件

对于汽车与汽车之间发生的二维碰撞,由于在式(5-31)中即使假设已经知道碰撞前的6个速度和角速度分量,仍然有碰撞后的6个速度分量和2个冲量属于未知,总共有8个未知量,所以单靠现有的6个方程是无法求解的。为解决这一难题,需要补充以下两个条件:

1. 法向力弹性恢复条件

令发生二维碰撞的两车在碰撞点公法线方向上的相对速度在碰撞前瞬间为 v_{r0x},在碰撞后瞬间为 v_{rx},于是,可按照式(5-33)定义两车在碰撞点处的法向恢复系数 e_x 为

$$e_x = -v_{rx}/v_{r0x} \tag{5-43}$$

由于甲、乙两车在碰撞时均要绕各自的质心发生旋转,因此,两车在碰撞点 O 处的法向速度 $(v_o)_1$、$(v_o)_2$ 分别为

$$\begin{cases} (v_o)_{1x} = v_{1x} - \omega_1 y_1 \\ (v_o)_{2x} = v_{2x} - \omega_2 y_2 \end{cases} \tag{5-44}$$

于是,两车碰撞后在碰撞点处法线方向上的相对速度为

$$v_{rx} = (v_o)_{1x} - (v_o)_{2x} = (v_{1x} - \omega_1 y_1) - (v_{2x} - \omega_2 y_2) \tag{5-45}$$

同理,两车碰撞前在碰撞点处法线方向上的相对速度为

$$v_{r0x} = (v_{10})_{1x} - (v_{10})_{2x} = (v_{10x} - \omega_{10} y_1) - (v_{20x} - \omega_{20} y_2) \tag{5-46}$$

2. 切向滑动摩擦条件

按照摩擦原理,定义两车在碰撞点处的切向相对滑动摩擦系数 μ_y 为

$$\mu_y = \frac{I_y}{I_x} = \frac{m_1(v_{1y} - v_{10y})}{m_1(v_{1x} - v_{10x})} = \frac{m_2(v_{2y} - v_{20y})}{m_2(v_{2x} - v_{20x})}$$

即

$$v_{1y} - v_{10y} = \mu_y (v_{1x} - v_{10x}) \tag{5-47}$$

$$v_{2y} - v_{20y} = \mu_y (v_{2x} - v_{20x}) \tag{5-48}$$

将式(5-47)与式(5-31)中的第1、2、5、6式联立,得

$$J_1(\omega_1 - \omega_{10}) = -m_1(v_{1x} - v_{10x})(y_1 - \mu_y x_1) \tag{5-49}$$

$$J_2(\omega_2 - \omega_{20}) = m_1(v_{1x} - v_{10x})(y_2 - \mu_y x_2) \tag{5-50}$$

(二)求解过程

1. 正推法

正推法是指以甲、乙两车在碰撞前的速度 v_{10x}、v_{10y}、ω_{10}、v_{20x}、v_{20y}、ω_{20} 为自变量,正向求解它们在碰撞后的速度 v_{1x}、v_{1y}、ω_1、v_{2x}、v_{2y}、ω_2。具体求解过程如下:

首先,将式(5-43)整理为 $v_{rx} = -e_x v_{r0x}$,两边同时减去 v_{r0x}

$$v_{rx} - v_{r0x} = -e_x v_{r0x} - v_{r0x} = -(1 + e_x)v_{r0x} \tag{5-51}$$

并将式(5-45)和式(5-46)代入,得

$$v_{rx} - v_{r0x} = (v_{1x} - v_{10x}) - (v_{2x} - v_{20x}) - (\omega_1 - \omega_{10})y_1 - (\omega_2 - \omega_{20})y_2 \tag{5-52}$$

然后,将式(5-31)中的第1式代入第3式,得

$$m_2(v_{2y} - v_{20y}) = -m_1(v_{1y} - v_{10y}) \tag{5-53}$$

并将其与式(5-49)、式(5-50)一起代入式(5-52),整理得

$$v_{rx} - v_{r0x} = m_1(v_{1x} - v_{10x})\left(\frac{1}{m_1} + \frac{1}{m_2} + \frac{y_1 - \mu_y x_1}{J_1}y_1 + \frac{y_2 - \mu_y x_2}{J_2}y_2\right) \quad (5-54)$$

再将该式与式(5-51)联立,并且根据车体碰撞部位的变形情况选定 e_x 和 μ_y 后,代入自变量即可解得 v_{1x},之后将求解值依次代入式(5-47)、式(5-49)、式(5-53)、式(5-48)、式(5-50),就能得到一组正推法的解(v_{1x}、v_{1y}、ω_1、v_{2x}、v_{2y}、ω_2)。

2. 反推法

反推法是指以甲、乙两车在碰撞后的速度 v_{1x}、v_{1y}、ω_1、v_{2x}、v_{2y}、ω_2 为自变量,求解其在碰撞前的速度 v_{10x}、v_{10y}、ω_{10}、v_{20x}、v_{20y}、ω_{20}。具体求解过程如下:

首先,将式(5-43)整理为 $v_{r0x} = -v_{rx}/e_x$,两边同时减去 v_{rx},得

$$v_{r0x} - v_{rx} = -(1 + 1/e_x)v_{rx}$$

之后与式(5-54)联立并且选定 e_x 和 μ_y 后,代入自变量即可得 v_{10x},最后与正推法类似,将求解值依次代入式(5-47)、式(5-49)、式(5-53)、式(5-48)、式(5-50),就能得到一组反推法的解(v_{10x}、v_{10y}、ω_{10}、v_{20x}、v_{20y}、ω_{20})。

根据在事故现场测量到的数据,运用反推法计算事故前的碰撞速度时,通常很难一次就得到与实际碰撞过程完全相符的结果,需要不断调整有关参数,反复试算才能达到满意。而造成这种情况的原因主要有三个方面:

(1)路面附着系数、法向恢复系数和切向摩擦系数的选取有较大的主观性,不可能完全符合实际情况;

(2)碰撞时车辆的位置和方向是根据现场痕迹和当事人、证人陈述选定的,多数时候难以做到完全准确;

(3)碰撞后的速度是根据最终停车位置按照匀减速运动计算得到的,有时也不完全符合实际情况。

由于分析汽车与汽车二维碰撞事故的计算量巨大,单纯通过人工方式几乎无法完成,因此目前一般运用计算机进行自动求解,这既可以提高求解速度和求解精度,也有利于实现对事故过程的计算机模拟再现。

(三)直角侧面碰撞的简便计算

汽车对汽车的直角侧面碰撞是一种典型的二维碰撞,对双方的碰撞速度可采用简便方式计算。如图5-19所示,假设两车直角侧面碰撞后,甲车相对于 y 轴向右偏转 α 角方向滑行 s_1 后停止,乙车相对于 x 轴向左偏转 β 角方向滑行 s_2 后停止,令甲车为1,乙车为2,于是根据动量守恒定律有

$$\begin{cases} m_1 v_{10} = m_1 v_1 \cos\alpha + m_2 v_2 \sin\beta \\ m_2 v_{20} = m_1 v_1 \sin\alpha + m_2 v_2 \cos\beta \end{cases}$$

移项并与式(5-25)联立,可得

$$\begin{cases} v_{10} = v_1 \cos\alpha + \dfrac{m_2}{m_1} v_2 \sin\beta = 3.6\left(\sqrt{2g\varphi_{e1}s_1}\cos\alpha + \dfrac{m_2}{m_1}\sqrt{2g\varphi_{e2}s_2}\sin\beta\right) \\ v_{20} = \dfrac{m_1}{m_2} v_1 \sin\alpha + v_2 \cos\beta = 3.6\left(\dfrac{m_1}{m_2}\sqrt{2g\varphi_{e1}s_1}\sin\alpha + \sqrt{2g\varphi_{e2}s_2}\cos\beta\right) \end{cases} \quad (5-55)$$

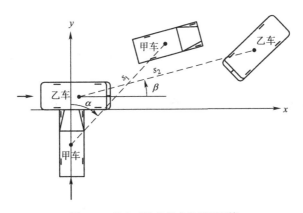

图 5-19 汽车对汽车的直角侧面碰撞

四、汽车碰撞固定物

(一)单纯碰撞固定物

对于轿车单纯碰撞固定物,在碰撞后没有发生翻车、翻滚和跳跃等现象的,GA/T 643 推荐用下列经验公式推算轿车在碰撞前瞬间的行驶速度

$$v = 67l \tag{5-56}$$

式中:l——汽车的塑性变形量,m。

(二)碰撞后发生翻车

如果汽车在碰撞障碍物后发生了翻车,并且翻倒的车身在地面上有滑行现象的,GA/T 643 的推荐用下列公式计算在翻车前瞬间的行驶速度

$$v = 3.6\sqrt{2g(\mu \pm i)S} \tag{5-57}$$

式中:S——车体在路面上的滑移距离,m;

μ——车体与路面的摩擦系数,其取值见表 5-5。

翻车时车身滑动摩擦系数参考值　　　表 5-5

滑 行 条 件	摩擦系数 μ
卡车的侧面车身在混凝土路面上滑行	0.3~0.4
翻车的轿车在混凝土路面上滑行	0.3
翻车的轿车在粗沥青路面上滑行	0.4
翻车的轿车在石子路面上滑行	0.5~0.7
翻车的轿车在干燥的草丛上滑行	0.5
车身外板对沥青路面	0.4
车身外板对泥土路面	0.2
车身外板对车身外板	0.6

(三)碰撞后发生翻滚或者跳跃

对于汽车在碰撞障碍物后发生了跳跃或者在空中翻滚,而在落地后没有再继续滑动和翻滚的,当确定了车体在发生碰撞时的质心位置与跳跃或翻滚后首次触地的质心位置的水平距离 S,以及车体跌落或上升的垂直高度 h,可以用 GA/T 643 推荐的下列经验公式,推算汽车在发生翻滚或跳跃前的瞬时速度

$$v = \frac{11.27S}{\sqrt{S \pm h}} \tag{5-58}$$

式中的"±"号,对车体向下跌落的取"+"号,对车体向上跃升的取"-"号,单位为米(m)。

第三节 汽车碰撞两轮车事故分析

一、汽车与两轮车的碰撞过程

(一)汽车与摩托车碰撞

汽车与摩托车发生的碰撞,约有30%是摩托车碰撞汽车的侧面,并且碰撞造成的摩托车前部塑性变形基本在碰撞开始后的100ms内结束。摩托车的变形量与摩托车对汽车的相对碰撞速度有关:当相对碰撞速度低于25km/h时几乎不变形;当碰撞速度大于30km/h~40km/h时,变形量急剧增加,并且首先是前叉发生弯曲,继而前轮夹在发动机与被撞车之间发生变形。由于发动机对变形的阻抗作用,变形一般只限于发动机以前的部分,对于发动机以后的部分则几乎不发生变形,因此,当碰撞速度超过60km/h以后,即使碰撞速度继续提高,变形量也不再有显著增加。

摩托车碰撞汽车时,摩托车乘员的运动情况是非常复杂的,既与碰撞的角度和部位有关,又与乘员有无躲避或跳车等动作及其程度有关,因此很难根据事故后乘员的躺卧位置来推测事故前的状况。图5-20是让假人骑着质量为185kg的摩托车,以48km/h的速度和45°的夹角碰撞障壁时的人体运动轨迹。通常而言,当摩托车碰撞汽车时,乘员受惯性作用首先冲向前方,腹部、裆部和腿部与车把、油箱、护杠等部位发生刮碰,之后在乘员双臂及身体对车把的挤压力作用下,摩托车后轮向上抬起,乘员的上半身急剧下翻并从车把上方向前抛出,头部撞向汽车的侧面或者发动机舱、行李舱上面,最后跌至地面或者在发动机舱、行李舱上面滑动,头部继续撞向汽车的前风窗玻璃或后窗玻璃。此外,在上述过程中乘员的肢体还往往受碰撞角度的影响而发生旋转运动。

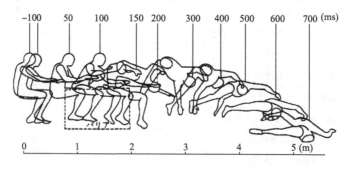

图5-20 两轮车碰撞障壁试验的乘员运动轨迹

当有两名乘员的摩托车与汽车碰撞时,驾驶人的运动状况与上述只有一名乘员的运动状况类似,而搭乘者由于双手搂抱驾驶人呈类似下蹲的乘坐姿态,除了在碰撞之初随驾驶人一同向前滑动并加重驾驶人对车把、油箱等的挤压之外,还会随着摩托车后部的翘起和驾驶人向前俯倒而向前旋转飞出,并越过汽车滚落在地面上,因此所受到的伤害在很多时候并不比驾驶人轻。

(二)汽车与自行车碰撞

图 5-21 是自行车碰撞汽车事故的两车运动方向夹角(即碰撞角)分布情况,从中可看出,自行车与汽车右侧面直角相撞(碰撞角为 255°~285°)的比例最高,占总数的 41%,而与汽车左侧面直角相撞(碰撞角为 75°~105°)的次之,占总数的 18%,与汽车左后角斜向相撞(碰撞角为 15°~75°)的最少,仅占总数的 1%。

若把汽车四周分成 12 个区位,则自行车与汽车在各区位发生碰撞的统计情况如图 5-22 所示。可见自行车与汽车的碰撞大多发生在汽车的前部,其中,34% 的发生于 01 区位,21% 的发生于 12 区位,15% 的发生于 11 区位,仅有 4% 的发生于汽车尾部。

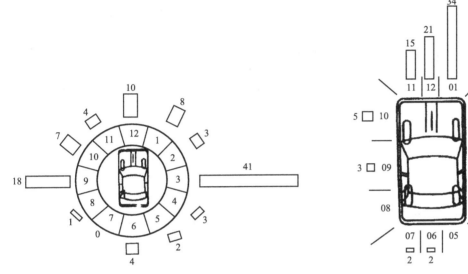

图 5-21 自行车碰撞汽车的方位分布　　图 5-22 汽车与自行车碰撞的部位统计

一般而言,自行车与汽车碰撞的运动过程可分为接触、自由飞行和滑移三个阶段。如图 5-23 所示,碰撞发生时,自行车与汽车相接触,在碰撞冲量的作用下,骑车人及自行车被向上抛起,身体上部迅速倒向汽车的发动机舱盖,之后自行车和骑车人先后被抛向汽车前方,并在落地后分别以滑动或者滚动的形式向前运动至最终停止位置。

碰撞发生

接触阶段

飞行阶段

滑移阶段

图 5-23 自行车碰撞汽车的运动过程

二、汽车碰撞对两轮车乘员受伤程度的影响

汽车碰撞两轮车时,两轮车乘员的受伤程度主要与汽车的撞击速度有关,一般而言,撞击速度越高受伤也越严重。除此外,两轮车乘员的年龄对受伤程度的影响也较明显,如图 5-24 所示,当汽车的碰撞速度为 51～70km/h 时,儿童的受伤要比成年人严重,而当速度高于此范围时,成年人的死亡率又比儿童高。

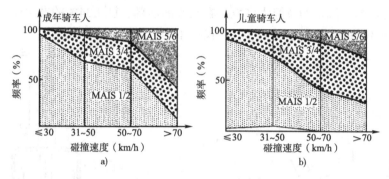

图 5-24 汽车碰撞速度与两轮车乘员受伤程度的关系

图 5-25 是汽车不同部位碰撞自行车时致伤率与碰撞车速之间关系的统计结果,可见汽车不同部位碰撞两轮车所造成的两轮车乘员受伤机会也不相同,并且与碰撞速度有关。对成年乘员致伤率最高的是风窗玻璃,并且伤害率随碰撞车速的提高而增大;对儿童乘员致伤率较高的除了风窗玻璃之外还有发动机舱盖,尤其在碰撞车速低于 30km/h 时,由发动机舱盖造成的伤害甚至超过了风窗玻璃。

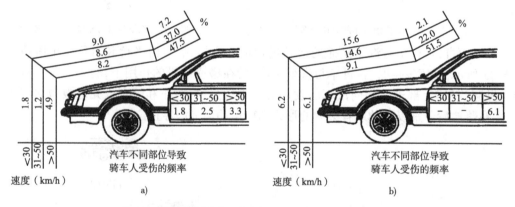

图 5-25 汽车不同部位碰撞自行车的致伤率与碰撞车速关系
a)成年人;b)儿童

三、汽车与两轮车碰撞的速度分析

(一)汽车碰撞两轮车的速度

1. 利用抛距估算碰撞速度

如图 5-26 所示,在汽车碰撞自行车事故中,如果将自行车和骑车人的被碰撞位置与其停止位置在汽车行驶方向上的投影距离 OB 和 OA 分别定义为自行车的抛距 s_m 和骑车人的抛距 s_p,那么在碰撞过程中,由于自行车与骑车人之间存在着相互作用,使得他们的抛距之

间也会存在着某种联系。试验表明,自行车的抛距通常要比骑车人的抛距大,而只有在碰撞速度较低的时,骑车人的抛距才会比自行车的大。

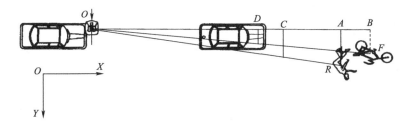

图 5-26 两轮车与骑车人抛距的定义

图 5-27 和图 5-28 分别是汽车碰撞自行车时,自行车抛距、骑车人抛距与汽车碰撞速度之间关系的试验结果。Burg 根据 37 例试验结果提出了式(5-59)所示的骑车人抛距与汽车碰撞速度的关系式,和式(5-60)所示的自行车抛距与汽车碰撞速度的关系式,如果在事故现场能够确定自行车被碰撞的位置以及自行车或者骑车人在碰撞后的最初停止位置,就可以利用这两个关系式估算汽车碰撞速度的大概范围。

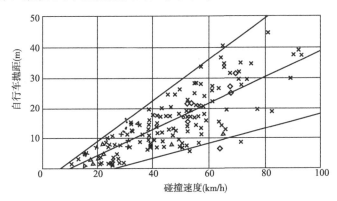

图 5-27 自行车抛距与碰撞速度的关系

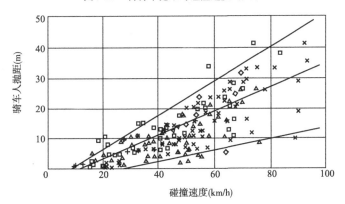

图 5-28 自行车骑车人抛距与碰撞速度的关系

$$s_p = 0.033 v_{10}^{1.59} \tag{5-59}$$

$$s_m = 0.044 v_{c0}^{1.57} \tag{5-60}$$

此外,Böhnke 根据骑车人的抛距和汽车在发生事故时的平均减速度 a,提出用式(5-61)估算汽车的碰撞速度,并认为该公式也适用于根据行人的抛距来计算汽车碰撞行人时的速度。

$$v_{c0} = \sqrt{37 a s_p + 0.1 a^4} - 0.33 a^2 \tag{5-61}$$

由于摩托车与自行车在行驶原理上较为相似,因此,上述利用抛距来估算汽车碰撞自行车速度的方法,也基本适用于对汽车碰撞摩托车的速度估算。

2. 利用滑移距离计算碰撞速度

1) 汽车碰撞两轮车侧面

如图5-29所示,当汽车碰撞两轮车的质心侧面时,在碰撞力的作用下,两轮车将沿汽车的行驶方向被加速,而两轮车骑车人则以类似平抛的方式飞出。如果分别设两轮车、汽车、骑车人的质量为 m_m、m_c、m_p,在碰撞后的移动距离为 s_m、s_c、s_p,碰撞时骑车人的质心高度为 h_p,两轮车、骑车人被抛出的角度为 θ_m、θ_p,两轮车车体、骑车人与地面的摩擦系数为 μ_m、μ_p,则类似于式(5-29)可得骑车人在碰撞后的飞行速度为

$$v_p = 3.6\sqrt{2g\mu_p}\left(\sqrt{h+s_p/\mu_p}-\sqrt{h_p}\right) \tag{5-62}$$

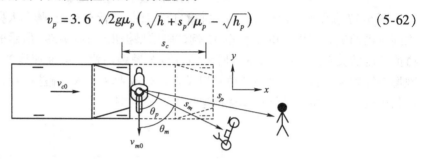

图 5-29 汽车碰撞两轮车的质心侧面

于是,根据动量守恒定律和式(5-25),GA/T 643 推荐用式(5-63)来推算两轮车和汽车在碰撞前的瞬时速度,其中,$\mu_m = 0.55 \sim 0.7$,μ_p 参考表5-6取值。

$$\begin{cases} v_{m0} = \dfrac{m_m\cos\theta_m\sqrt{2g\mu_m s_m} + \sqrt{2g}m_p\mu_p\cos\theta_p\left(\sqrt{h_p+s_p/\mu_p}-\sqrt{h_p}\right)}{m_m+m_p} \times 3.6 \\ v_{c0} = \dfrac{m_m\sin\theta_m\sqrt{2g\mu_m s_m} + \sqrt{2g}m_p\mu_p\sin\theta_p\left(\sqrt{h_p+s_p/\mu_p}-\sqrt{h_p}\right) + m_2\sqrt{2g\varphi ks_c}}{m_c} \times 3.6 \end{cases}$$

(5-63)

着装人体与地面摩擦系数参考值 表5-6

地面类型	男(体重71kg)	女(体重44kg)
沥青路面	约0.52	约0.44
混凝土路面	约0.42	约0.44
水泥路面	约0.32	约0.26
铺石路	约0.57	约0.5
黏土路面	约0.52	约0.48
海岸干燥沙地	约0.44	约0.5
海岸湿润沙地	约0.52	约0.56
碎石路面	约0.46	约0.5
修整过的草坪	约0.35	约0.36
未修整过的草坪	约0.46	约0.52
较高的草丛	约0.54	约0.56
较低的草丛	约0.56	约0.65
旱田	约0.58	约0.59

如图 5-30 所示，当汽车碰撞两轮车的质心以前侧面时，由于两轮车在碰撞力矩的作用下发生绕竖轴的逆时针转动，使两轮车的后部以近似于碰撞前的速度撞击汽车的侧面，两轮车的动量几乎全部传递给汽车，如果汽车在碰撞后制动停车，则根据式(5-25)，GA/T 643 推荐用式(5-64)来推算两轮车和汽车在碰撞前的瞬时速度。

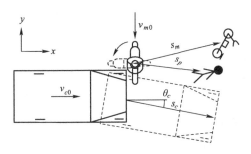

图 5-30　汽车碰撞两轮车的质心以前侧面

$$\begin{cases} v_{m0} \quad \sqrt{2g\varphi ks_c} \times \sin\theta_c \times 3.6 \\ v_{c0} \quad \sqrt{2g\varphi ks_c} \times \cos\theta_c \times 3.6 \end{cases} \tag{5-64}$$

如图 5-31 所示，当汽车碰撞两轮车的质心以后侧面时，由于两轮车在碰撞力矩的作用发生绕竖轴顺时针方向的转动，使两轮车的前部回转后以较低的冲量撞击汽车侧面，之后一边旋转一边偏向汽车行驶方向滑移，而在此过程中，汽车的行驶方向基本无变化，骑车人则以近似于碰撞前的速度及方向向外飞出，因此，可根据骑车人的停止位置，借用式(5-62)计算两轮车在碰撞前的瞬时速度。

2) 汽车追尾碰撞两轮车

对于汽车追尾碰撞自行车的事故，由于骑车人的恢复系数几乎为零，并且 m_c 较 m_m、m_p 大很多，可近似认为汽车、自行车和骑车人三者在碰撞后的速度相等，因此根据动量守恒定律和式(5-25)，GA/T 643 推荐用式(5-65)计算汽车在碰撞前的瞬时速度。

$$v_{c0} = \frac{m_1 + m_2 + m_p}{m_1} \sqrt{2g\varphi ks_c} \times 3.6 \tag{5-65}$$

(二) 两轮车碰撞汽车的速度

1. 利用滑移距离和偏向角计算速度

如图 5-32 所示，对于摩托车碰撞汽车的侧面，使汽车的侧向运动状态发生改变的，根据动量守恒定律和式(5-25)，GA/T 643 推荐用下列方法计算汽车和摩托车在碰撞前的瞬时速度：

(1) 骑车人落在被碰撞车前的

$$\begin{cases} v_{c0} = \sqrt{2g\varphi ks_c}\cos\theta_c \times 3.6 \\ v_{m0} = \left(1 + \dfrac{m_c}{m_m + m_p}\right)\sqrt{2g\varphi ks_c}\sin\theta_c \times 3.6 \end{cases} \tag{5-66}$$

(2) 骑车人越过被碰撞车顶的

$$\begin{cases} v_c = \sqrt{2g\varphi kS_c}\cos\theta \times 3.6 \\ v_m = \left(1 + \dfrac{m_c}{m_m}\right)\sqrt{2g\varphi kS_c}\sin\theta \times 3.6 \end{cases} \tag{5-67}$$

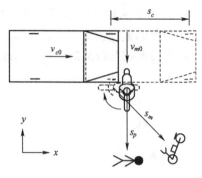

图 5-31 汽车碰撞两轮车的质心以后侧面

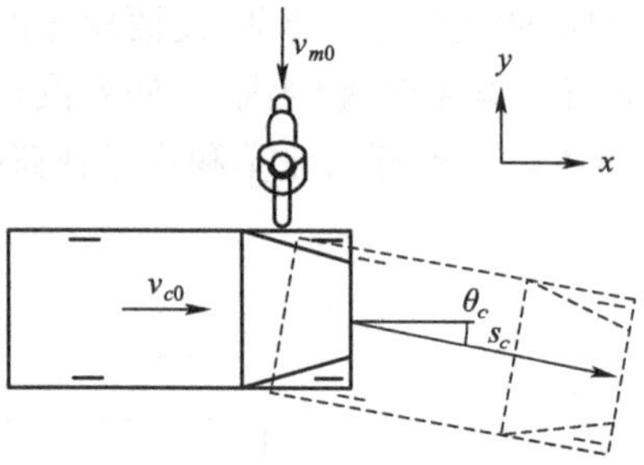

图 5-32 两轮车碰撞汽车的侧面

2. 利用两轮车的轴距变化估算速度

利用模拟假人和志愿者的试验表明,自行车或摩托车碰撞墙、大树或汽车的侧面时,因前叉等部位发生变形,自行车或摩托车的纵向长度会缩短。例如:以模拟假人为试验对象,骑 28 型女式自行车碰撞障壁,当速度为 10km/h 时前后轴距缩短 9.6cm,当速度为 18km/h 时前后轴距缩短 18cm,而以志愿者为试验对象,骑 26 型男式自行车以 20km/h 碰撞障壁时,前后轴距缩短 19.3cm,骑 28 型男式自行车以 13km/h 碰撞障壁时,前后轴距缩短 11.5cm。

图 5-33 是摩托车碰撞汽车侧面试验得到的摩托车轴距减少量 D 与碰撞速度之间的关系。GA/T 643 据此推荐用式(5-68)推算摩托车碰撞轿车侧面时的瞬时车速。

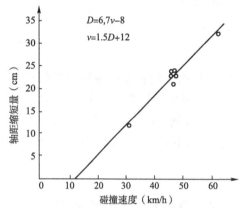

图 5-33 摩托车正面碰撞时车身纵向变形量与碰撞速度的关系

$$v_m = \frac{(150D + 12)(1 + m_m/m_c)}{1 + m_m/1950} \tag{5-68}$$

第四节 汽车碰撞行人事故分析

一、汽车碰撞行人的过程

(一)汽车碰撞行人实验

汽车碰撞行人时,行人的运动状态与汽车的外形、尺寸、速度和行人的身高、速度、方向等有关。一般而言,当碰撞部位处于人体的质心以上时,行人被直接朝远离汽车的方向抛出,如果汽车未制动,将对倒地的行人进行辗压;当碰撞部位处于人体的质心时,行人的整个身体几乎同时与车体接触,被抛向汽车前方;当碰撞部位处于人体的质心以下时,行人在腿部受力后,身体上部将倒向汽车的发动机舱盖和风窗玻璃,并且随着碰撞速度的提高,将有更大概率与汽车的风窗玻璃发生碰撞而被斜向汽车前上方抛出。如果碰撞速度足够高,并且汽车没有制动减速,则行人甚至掠过车顶被抛在车后。

图 5-34 是利用成年人尸体试验的汽车碰撞行人过程,可见在碰撞的初始阶段,行人的

下肢与车前端接触,身体下部对上部运动的影响是不明显的,只有当身体开始绕发动机舱盖前端旋转时,下肢的运动才对身体上部的运动状态有影响。而与成年人有所不同的是,当汽车碰撞儿童时,由于儿童的身体质心低,受撞部位通常高于或接近质心位置,因而只能被汽车撞倒而不会被抛上发动机舱盖,倒地的时间也较短,例如用本田 N360 型轿车以 27.5km/h 的速度碰撞模拟假人,得到成年人被抛上发动机舱盖后再落地的所需时间约为1s,而儿童被撞后倒地的时间仅需0.3s。

图 5-34 汽车碰撞成年行人试验

(二)行人的行进速度

涉及行人的交通事故,通常与行人的行进速度、行走方向和车辆的运动状态等有关。确定行人的行进速度是事故分析中一项较为困难的问题。表 5-7 列出了行人在不同运动状态下的平均行进速度。

行人在不同运动状态下的平均行进速度(单位:m/s)   表 5-7

年龄(岁)		6~14	14~20	20~30	30~50	50~60	70~80
性别		男/女	男/女	男/女	男/女	男/女	男/女
运动状态	行走	1.5/1.5	1.7/1.6	1.2/1.4	1.5/1.3	1.4/1.4	1.0/1.1
	快走	2.0/2.0	2.2/1.9	2.2/2.2	2.0/2.0	2.0/2.0	1.4/1.3
	跑步	3.4/2.8	4.0/3.0	4.0/3.0	3.6/3.6	3.5/3.3	2.0/1.7
	赛跑	4.2/4.0	5.4/4.8	7.4/6.1	6.5/5.5	5.3/4.6	3.0/2.3

二、汽车碰撞行人的速度分析

(一)根据行人抛距计算碰撞速度

行人的质量一般要远比汽车的质量小,当行人被汽车碰撞时,行人会被立刻加速到几乎与碰撞车速相同的速度向前抛出,并在落地后受地面摩擦力的作用停止运动,而行人对汽车的行驶状态则影响很小。如果令行人在碰撞时的质心高度为 h_p,碰撞后的抛距为 s_p,路面对人体的摩擦系数为 μ_p,则可以沿用式(5-62)来推算汽车在碰撞前瞬间的行驶速度。

(二)利用经验公式估算碰撞速度

图 5-35 是通过多类轿车碰撞行人模型试验得到的碰撞速度与行人抛距之间的关系。根据图中各试验结果的集约曲线 Z,可得到行人抛距与汽车碰撞速度之间关系的拟合公式

$$s_p = 0.079v_{c0} + 0.0049v_{c0}^2$$

求解该公式,即可得到下列利用行人抛距估算轿车碰撞速度的经验公式。

$$v_{c0} = \sqrt{64.98 + 204.08s_p} - 8.1 \tag{5-69}$$

此外,在分析汽车碰撞行人事故时,Böhnke 根据汽车的减速度 a,建议用式(5-70)估算汽车的碰撞速度。

$$v_{c0} = \sqrt{0.1a^4 + 37as_p} - 0.33a^2 \tag{5-70}$$

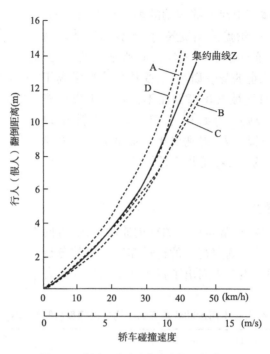

图 5-35 轿车碰撞速度与行人抛距的关系

三、人体的耐冲击性

交通事故中人体的受伤害程度,与人体的耐冲击性有关,同时也反映了人体在事故中受到的外力作用情况。表示人体耐冲击性的物理量有加(减)速度、冲击负荷、压力、变形量等,其中冲击负荷和位移多用于表征骨折和挫伤的耐冲击性,加(减)速度则主要用于表征人体受到的冲击力大小。

(一)头部的耐冲击性

美国韦恩州立大学的 Lissner,以尸体的头部直接落到刚性平面上产生颅骨线状骨折为界限,于 1960 年提出了直线减速度下人体头部耐冲击性 WSTC 曲线(图 5-36),尽管图中的减速度为平均减速度,与实际撞车时产生的复杂减速度有较大差异,但由于该曲线使用方便,因此仍被广泛用于讨论交通事故伤害标准的场合。此外,Ommaya 通过对三类 136 只猴子进行冲击试验,得到发生脑震荡的界限值,并于 1973 年发表了关于对回转加速度的耐冲击性界限曲线,如图 5-37 所示。

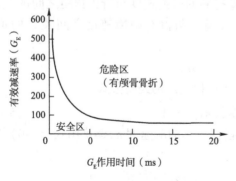

图 5-36 头部耐冲击性 WSTC 曲线

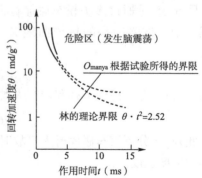

图 5-37 对回转加速度的安全界限

(二)胸部的耐冲击性

在汽车事故中,前排乘员的胸部受到转向盘和仪表板强烈冲撞的情况很多,造成的乘员伤害大体有两类:一种是加害部件贯穿胸壁,直接对脏器造成伤害;另一种是加害部件没有贯穿胸壁,只是压迫胸部,产生包括肋骨骨折在内的间接内部伤害。为了掌握冲撞胸部时动载荷与胸部变形量的关系,通过尸体试验得到的轻伤和重伤界限为:用150mm的平刚性板,加以20km/h的冲撞速度时产生约640kgf的最大载荷,最大位移约为50mm。

(三)大腿骨及骨盆的耐冲击性

大腿骨在靠近骨盆的地方弯曲成弓形,在此附近形成薄弱点。按照Patrick于1965年通过尸体试验测得的数据,大腿骨及骨盆的耐冲击值约为10kN。

(四)颈部的耐冲击性

颈部是一个聚集大量神经、血管和食道、气管的人体重要部位,即使较轻的冲击也容易留下严重的后遗症。1971年Merlz和Patrick用静态试验得到人体颈部的弯曲特性,其有代表性的结果如图5-38、图5-39所示,图中分别给出了头部前倾和后倾的伤害界限。

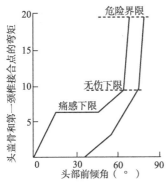

图5-38 颈部前倾弯曲特性

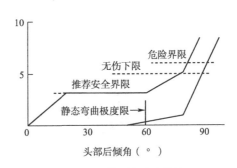

图5-39 颈部后倾弯曲特性

第五节 利用视频测算事故速度

随着视频监控技术的进步与普及,视频资料在交通事故处理中的应用日渐广泛,各种固定或车载监控的视频图像除了用于查证事故发生过程的常规性证据外,还普遍用于测算车辆和人员在事故发生时的运动速度。

一、视频的基础知识

视频技术,是指将一系列静态图像以电信号方式加以采集、处理、储存、传递、重现的各种技术。由于人的眼睛具有视觉后像机能,能够将交替变化频率达到一定值的连续性静态画面感知为活动影像,而这些连续的静态画面就被称为视频,其中的每一幅画面则被称为一帧。为了使人感知的活动影像达到平滑连续的视觉效果,视频的帧速率最低不得小于8fps(即每秒钟交替变换8幅画面),并且帧速率越高视觉效果越好,但由于提高帧速率将导致视频文件的数据量剧增,从而不利于视频信号的采集、储存、传递和重现,因此常规视频的帧速率一般不超过50fps,而交通事故的视频帧速率多为25fps。

由于摄像机所拍摄视频的原始数据量极大,为了方便传输和存储,需要对视频数据按一定方式进行压缩处理,而不同摄像器材与系统的压缩编码方式不同,从而形成了不同种类的视频文件格式。大体来看,视频可分为适合本地播放的本地视频和适合网络播放的流媒体视频两大类,其中,常见的本地视频格式有 AVI、MOV、DV-AVI、MPEG、MPG、DAT 等多种,其优点是播放画面质量好、稳定性高,但文件的数据量大,不利于传输和存储;常见的流媒体视频格式有 RM、RMVB、ASF、WM 等,其特点是文件压缩率高、数据量小,适合网络流式传输,但播放的画面质量通常不如本地视频好。为便于远程传输和存储,视频监控系统一般采用流媒体视频格式。

二、利用视频测速的原理

视频测速是利用视频以一定的帧序列连续记录空间事物的时间变化过程,并且各帧之间保持固定时间间隔的特性来实现的。如图 5-40 所示,用固定机位的摄像机以一定视角连续拍摄车辆或人员通过道路某一区段的全过程,由于所拍摄视频的帧速率为固定值,在视频文件的数据没有遭受损坏和人为编辑的情况下,帧序列中各帧的排列顺序将保持不变,每相邻两帧之间的时距值等于帧速率的倒数,因此,只要在帧序列中任意选取两个不相同的帧作为关键帧,并记录下两帧之间相隔的连续帧数,就可以得出拍摄这两帧的前后时间间距。而如果能够在实际道路上对应找到同一车辆或人员被两个关键帧记录时的所处位置,并测得车辆或人员在两地间的运动轨迹长度 s,就可以根据时间与路程的关系计算出该车辆或人员通过相应道路区间的平均速度。

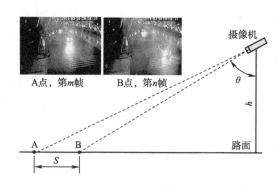

图 5-40 视频测速原理

三、利用视频测速的基本方法

根据视频图像的拍摄方式不同,用于测算事故车辆或人员运动速度的视频图像分为固定式视频图像和车载式视频图像两种。其中,固定式视频图像的摄像头位置及视野固定,可以从中直接观察并确定被测对象的运动轨迹和在不同时刻的空间位置,测速过程通常较为简单,但由于视野范围有限,可以利用的图像帧数往往非常有限,测算的精度较难保证;车载式视频图像的摄像头位置和视野范围始终处于变化状态,并且变化过程与承载车辆的行驶轨迹和速度相一致,因此不仅可以用于测算视野内其他对象的运动速度,也可用于测算承载车辆自身的运动速度,但由于在图像中无法直接观察到承载车辆自身,对其速度的测算,需要通过在视野范围内选择其他固定物作为观测对象来实现。GA/T 1133—2004《基于视频图像的车辆行驶速度技术鉴定》分别针对固定式视频图像和车载式视频图像提出了直线行驶状态和转弯、沿曲线路行驶状态车辆的测速方法,而归纳起见,利用视频测速不外乎有以下两种基本方法。

(一)区间测速法

区间测速法是对视频测速原理的直接运用,适用于对车辆、人员等现场所有运动对象的运动速度测算。运用这种方法测算某对象的运动速度时,需要在实际现场中沿被测对象的运动轨迹选取至少两处相隔一定距离的参照物,然后通过视频的帧序列统计被测对象通过各处参照物的时间间隔。具体步骤为:首先查看监控视频的文件属性,以确认视频文件的格式、大小、拍摄时间和帧速率、总帧数等基本参数,并选择适合的播放器播放并逐帧检查视频文件,以确认可利用的帧序列段是否有掉帧、错帧、被编辑等异常情况以及画面质量是否满足对被测对象空间位置的识别需要;然后在视频画面中沿被测对象的运动轨迹选取两个便于观察并且位于实际现场同一平面内不同位置的对象,例如路面标线、伸缩缝或交通标志立柱、电杆、里程碑等作为参照点或参照线,并在现场实地测量被测对象在这两处参照点、线之间运动轨迹的长度 l;之后根据各帧画面中被测对象及参照点、线的可辨别品质,在被测对象身上选取某一靠近参照点、线所在平面的特征点作为观察对象,并逐帧播放视频,依次记录下该特征点与第一处参照点或参照线对齐时的关键帧序数 m,以及与第二处参照点、线对齐时的关键帧序数 n(图5-41),即可用式(5-71)得到被测对象通过这两处参照点、线所对应区间的平均速度。

$$v = 3.6 \frac{l \cdot f}{n - m} \tag{5-71}$$

式中:f——视频的帧速率,帧/s。

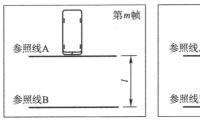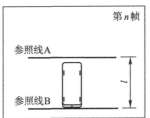

图5-41 区间测速法

(二)定点测速法

当监控视频中可供选取的参照点或参照线不足两处时,可以采用定点测速法测算运动对象的运动速度。定点测速法是根据被测对象身上两处相隔一定距离的特征点通过现场同一参照点、线的时长来计算其运动速度的,因此要求被测对象沿其运动方向具有足够且固定的几何尺寸,以及两处以上可被识别的特征点。具体测算步骤为:首先审查视频文件的格式、帧速率、总帧数、帧序列段完整性和画面质量等基本情况,并根据被测对象在视频中的可视角度,在其某一纵向侧面或水平面上沿行进方向选取离地高度相近且前后相隔一定距离的两个特征点,例如车体同一侧的前后端线、前后车轮轴心等,并测量两点在行进方向上的投影距离 l;然后在被测对象的运动轨迹旁边选取一处靠近其特征点并便于观察的参照点或参照线,并逐帧播放视频,依次记录下被测对象前后两个特征点与参照点、线对齐时的关键帧序数 m 和 n(图5-42),即可用式(5-71)得到被测对象通过该参照点、线的瞬时速度。

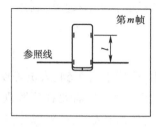 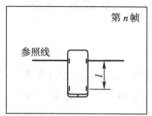

图 5-42 定点测速法

对比以上两种测速方法,可以发现二者的主要区别在于区间测速法得到的是被测对象通过现场一定区间的平均速度,而定点测速法得到的是被测对象通过现场某一点的瞬时速度,但不论使用哪种方法,都需要通过视频准确获取被测对象通过现场确定点的时间差。由于受拍摄视野的限制,当被测对象的运动速度太高时,其在拍摄视野中出现的时间可能只有几秒乃至几十毫秒,相对于常用的帧速率为 25fps 的监控视频来说,所能观察到的有效图像帧数就会很少,有时甚至只有 2~3 帧,因此,在实际运用监控视频测算速度时,应尽可能选取可以准确判断被测对象与参照物之间相对位置的帧作为关键帧,当可利用的帧序列长度不满足区间测速需要时,可采用定点测速法,并可以在视频图像上直接人工设定观测标记作为参照物。如果出现被测对象的影像模糊或者通过参照物的时机不与帧同步,而难以通过一个参照物对其位置做出准确判断时,可以按图 5-43 所示的方式选取多个参照物,并测算被测对象通过多个区间或地点的速度来进行综合分析,以减少测算误差。

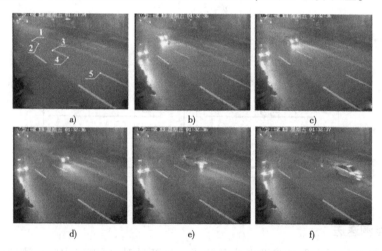

图 5-43 多区段综合测速

第六节 事故过程再现

一、事故过程的时间—位移分析

事故过程的时间—位移分析是在事故车速分析的基础上,根据调查取证得到的事故发生情况,按照运动学原理,用图的形式描述各方在事故发生时的运动情况及时间、空间位置关系,以形象再现事故的全过程。

进行事故过程的时间—位移分析时,首先需要依据现场比例图建立事故过程的时间—

位移直角坐标系,并规定坐标系的原点为事故的碰撞位置,横轴为事故双方的位移轴,竖轴为事故发生的时间轴。其中,位移轴的左、右两端分别对应事故双方在事发时的运动方向,坐标值为双方沿各自运动轨迹到碰撞点的距离;时间轴的上、下半轴分别对应碰撞前与碰撞后距离碰撞时刻的时距。然后,根据事故调查情况在现场比例图上画出事故各方在碰撞前后的运动轨迹线,再将轨迹线展开成水平直线并向位移轴投影,这样就可以将双方在事故发生过程中任一时刻的空间位置在坐标系中表达出来。最后,根据对事故双方行驶速度的分析结果,以及人的反应时间和车辆的制动器协调时间,分别在现场图的轨迹线上和时间—位移坐标中找出各方在事故过程中发现危险、采取措施、碰撞及最终停止点,并将时间—位移坐标中的上述各点依次连接起来即得到双方的时间—位移线(简称位移线)。

位移线形象地反映了事故中双方与碰撞点的距离和速度变化情况,其中,位移线上距坐标原点越远的点表示在现场到碰撞点的轨迹距离也越远,位移线的切线斜率越大的位置表示该处的运动速度越低,当切线与位移轴垂直时即表示车辆或行人处于停止状态,而切线斜率发生变化的区段则表示车辆或行人处于减速或者加速运动状态,并且斜率变化越快(即曲线弯曲度越大)表示加(减)速度值越大。例如,在图 5-44 所示的一起摩托车侧向碰撞对面左转小客车的事故中,规定摩托车由位移轴的左端驶向碰撞点,小客车由位移轴的右端驶向碰撞点,由于事故双方在碰撞前均未采取减速措施,而在碰撞后分别倒地滑行和制动停车,因此双方的位移线在 1、2 象限为两条斜率不同的直线,在 3、4 象限为两条向下弯曲的曲线。

利用位移线不仅可以直观地展现双方在发生事故全过程的运动情况,而且在此基础上还可进一步探讨事故的可避免性,从而为事故的成因分析提供依据。例如在图 5-44 中,假设小客车驾驶人受视野影响在碰撞前未发现摩托车,而摩托车驾驶人在路口外发现危险并从路口的停车线位置开始采取制动措施,那么其位移线将提前向下弯曲而不再通过坐标原点,此时如果位移线与时间轴的交点位于小客车全车长(4.5m)在坐标原点处通过摩托车通道宽度(1.0m)的时距范围以外时,将意味着双方不会发生碰撞。

二、事故过程的计算机分析再现

随着社会与法制不断进步,人们对交通事故处理的公正性与合法性提出了更高要求,这其中就包括了对事故过程分析的科学性和时效性的追求,因此随着计算机技术的发展,基于数值模拟技术的事故分析再现也越来越受到重视。利用计算机及相关软件根据事故现场情况反推车辆运动状态并重建事故过程,已逐渐成为对交通事故进行分析再现的主要方法。

交通事故计算机分析再现一般采用逆向计算与正向模拟相结合的方式,而近年来基于有限元法和多体动力学的事故过程三维模拟技术也开始得到运用。其中,对事故的逆向计算是指根据现场勘查数据逆向计算车辆在碰撞发生前的状况,正向模拟则是将逆向计算结果作为初始条件进行仿真计算,以检验并优化逆向计算的参数。在我国,由于对事故进行分析再现的目的主要在于帮助对事故的调查处理,因此侧重于利用逆向计算类软件获得事故发生前的车辆运行状态,而在欧美等发达国家则更侧重于利用逆向计算后的正向模拟,对事故中人、车、路和环境的行为与状态进行分析,以有助于对事故预防措施的探讨。

(一)逆向计算类软件

逆向计算类分析再现软件的核心是碰撞模型,目前国际上投入应用的以二维模型为主,并主要有 CRASH 模型和动量模型两种。

1. CRASH 模型

CRASH 最初由美国交通安全管理局资助开发，于 1976 年发布 CRASH3 版本。美国事故采集系统将其用于对事故严重程度的调查。CRASH 的基本原理是根据汽车的挤压变形，通过变形与能量损失的经验公式推测速度变化量，并在事故再现中用于设定正向模拟类软件的初始条件。在 CRASH3 的基础上，其他软件公司通过改进开发了不同的 CRASH 类软件，例如 EDCRASH、M-CRASH、WinCRASH 等。CRASH 类软件的主要应用困难在于难以准确获得事故车辆的变形刚度值。

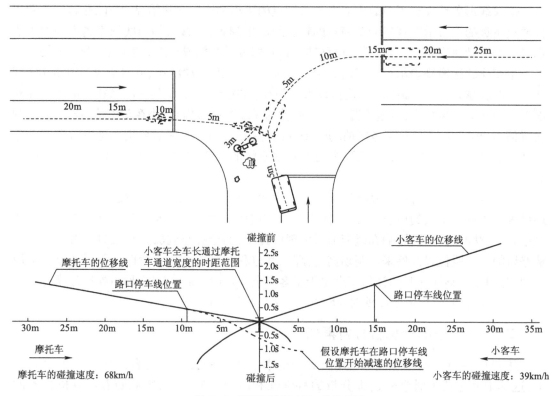

图 5-44　事故过程的时间—位移分析

2. 动量模型

动量碰撞模型主要由动量守恒定律和动量矩守恒定律组成，其主要特点是假定车辆在碰撞阶段的位置不变，并且知道车辆在碰撞时的位置、碰撞点和碰撞角度等。国外的软件产品主要有 PC-CRASH 和 SMASH，前者需要用户确定碰撞过程的摩擦系数、回弹系数等参数，通过现场初始值逆向计算事故状态并进行正向模拟，后者采用法向恢复系数和切向摩擦系数作为补充参数来求解碰撞方程，并将碰撞分为有滑移和无滑移两种。目前国内的计算系统大多基于动量模型，如清华大学的 CM 事故分析系统和长安大学的 TACAR 事故分析再现软件。表 5-8 和图 5-45 给出了一组车对车实车碰撞试验与运用 TACAR 进行分析再现的结果对比，可见在给定的模拟计算条件下对碰撞车速的计算误差最大为 11.5%，模拟的车辆碰撞后运动轨迹及停止位置也与试验结果吻合较好。

车对车碰撞试验与 TACAR 计算结果对比   表 5-8

试验序号	试验车编号	试验碰撞车速(km/h)	计算碰撞车速(km/h)	误差(%)
1	1	49.9	50.6	1.4
	2	49.9	48.6	2.0
2	1	83.2	85.1	2.3
	2	82.0	75.9	7.4
3	1	41.9	37.1	11.5
	2	41.0	41.6	0.7
4	1	61.8	64.2	3.9
	2	42.5	46.2	8.5
5	1	79.5	48.5	2.1
	2	49.3	52.1	5.9

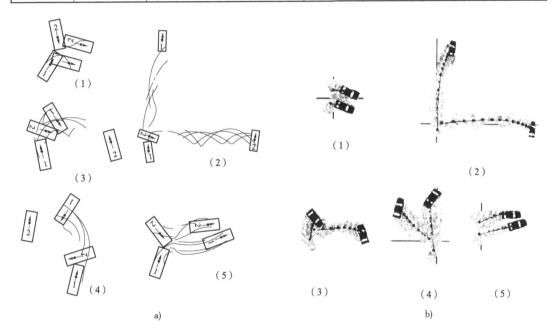

图 5-45 车对车碰撞试验与 TACAR 模拟结果对比
a)试验结果；b)模拟结果

(二)正向模拟类软件

1. SMAC 类软件

SMAC 类软件是模拟类分析再现软件的代表,最初由 Mchenry 公司于 1973 年开发完成,类似改进开发的还有 EDSMAC、M-SMAC、WinSMAC 等。其特点是主要通过牛顿第二定律的数值积分来求解,在模拟事故时需输入通过逆向计算得到的碰撞前速度,然后根据受力情况模拟碰撞过程的运动和按轨迹模型模拟碰撞后的运动,并通过对比模拟结果和实际结果的差异来修正初始值,直到与现场实际轨迹吻合为止。SMAC 类软件的优点在于可以比较碰撞车辆的计算变形和实际变形,而缺点是需要获得碰撞部位的刚度和摩擦特性参数。

2. 三维模拟软件

三维模拟类分析再现软件分为有限元法和多体动力学法两种。有限元法的基本思想是将连续的求解区域离散为一组有限个且按一定方式相互联结在一起的单元组合体,从而模型化几何形状复杂的求解域,使计算精度得到充分保证。目前国际上常用的软件有法国 ESI 公司的 PAM-CRASH、LSTC 公司的 LS-DYNA 3D 等。由于利用有限元分析需要完整的力学参数和耗费较长时间,因此一般只用于特大或疑难事故的模拟分析。

多体动力学法通过建立车辆、人体的多刚体模型来进行运动、动力以及碰撞分析。该方法虽然模型简单、运算快捷,但是由于不能很好地体现车身结构的变形特性,而主要用于汽车碰撞过程中乘员的运动分析。目前常用的软件有 TASS 公司的 MADYMO。

第六章 道路交通事故认定

第一节 概述

一、交通事故认定的概念

交通事故认定是指公安交通管理部门在对事故进行现场勘查和调查取证后,根据所掌握的案件情况和相关证据材料,经过综合分析、鉴别和判断,依法对事故的基本事实、成因和当事人的责任做出确认。

交通事故认定是由过去的交通事故责任认定发展而来的。1991年国务院颁布的《道路交通事故处理办法》规定:"公安机关在查明交通事故原因后,应当根据当事人的违章行为与交通事故之间的因果关系,以及违章行为在交通事故中的作用,认定当事人的交通事故责任。""交通事故责任者应当按照所负交通事故责任承担相应的损害赔偿责任。"但由于当时的立法没有明确界定交通事故责任认定的法律性质,使得在之后的司法实践和理论界掀起了一场有关交通事故责任认定是否具有行政可诉性的争议,并直接影响到了公安交通管理部门调查处理交通事故业务的正常开展。为了理顺交通事故处理工作的社会分工,同时解决交通事故责任认定的法律性质问题,2003年10月28日首次通过的《中华人民共和国道路交通安全法》,在总体继承原有处理模式的基础之上,将交通事故责任认定改为了交通事故认定,并且规定交通事故认定书是处理事故的证据,这实际上也就确认了交通事故认定是一项专属公安交通管理部门的调查取证职权。而按照我国有关证据法的规定,对证据的真伪存有疑问的,应当在具体用以证明案件真实情况前通过必要的审查判断来确定其证据的可采性,而并非通过单独的法律诉讼来做出裁判。

二、交通事故认定的特征

(一)交通事故认定的主体是公安交通管理部门

按照道路交通安全法和其他相关法律的规定,公安交通管理部门既是调查处理交通事故的行政机关,又是负责侦办交通肇事犯罪案件的侦查机关,在有关交通事故的行政处理和刑事侦查阶段,只有具体办理案件的公安交通管理部门拥有进行交通事故认定的权力,其他任何单位和个人均不得干涉和拒绝公安交通管理部门的认定,更无权自行对事故做出认定。当然,由于交通事故认定结论只是处理事故的证据,因此,尽管公安交通管理部门是法定的认定主体,却并不影响其他国家机关在办理与交通事故有关的案件时,依法对公安交通管理部门的认定结论进行审查,当发现认定结论有误的可以不予采信,并根据查证的案件情况径直确认事故的有关事实、原因和当事人责任。例如,《最高人民法院关于审理道路交通事故损害赔偿案件适用法律若干问题的解释》(简称《交通事故损害赔偿解释》)第27条规定:"公安机关交通管理部门制作的交通事故认定书,人民法院应依法审查并确认其相应的证明力,但有相反证据推翻的除外。"

(二)交通事故认定是人们认识事故发生情况和形成原因的思维过程

交通事故认定的内容包括事故的基本事实、成因和当事人的责任三个方面。这三个方面其实也是人们由现象到本质认识事故的逻辑过程,其中,事故的基本事实是指事故的主要发生事态以及相关人员和事物的状态及其变化情况;事故的成因是指引发事故或者加重事故损害的各种因素,从认识论的角度看,对于事故的成因,必须依赖已被查证属实的事故基本事实,围绕引起事故发生的因果关系分析提炼来获得;事故的当事人责任则是将事故成因定性或定量地归结于事故当事人,确定当事人的行为对发生事故所起的作用力大小及其主观过错的严重程度。可见,对事故基本事实的认定是整个交通事故认定的基础,为事故成因及当事人的责任认定提供事实依据,其认定结果的真实与否将直接影响到对事故成因分析的正确性,并最终决定对当事人责任认定的公正性。

(三)交通事故认定是对事故基本事实、成因和当事人责任的法律确认

交通事故的基本事实、成因和当事人责任是处理交通事故,尤其是追究当事人法律责任的重要依据。然而,由于交通事故作为一种损害性事件,其发生过程及相关事实具有不可重复性,有关事故的成因和当事人责任也不可能自然呈现,因此需要在充分调查取证的基础上,首先运用相关证据证明相关事实的真实存在,然后再遵循事物变化的客观规律、逻辑原理对事故事实的相互关系进行分析,判定引发事故的各种主客观因素,并依法确定各方当事人的责任大小。上述有关事故的认识方法和步骤对于公安交通管理部门和事故当事人乃至其他任何人员来说都是基本一致的,然而有别于事故当事人和其他人员的是,公安交通管理部门是法定的事故认定主体,对事故的分析认定不仅是依照法定职权和程序进行的,认定结论在非经法定程序判定其存在错误或者明显瑕疵的情况下,也依法具有确定的证据效力。然而,公安交通管理部门认定的事故事实和成因并不完全等同于事故本来的客观事实和成因,一方面,认定的事实和成因只是事故的基本事实和成因,并不包含事故中那些对事故调查处理没有影响的细枝末叶、无足轻重的次要性事实和因素;另一方面,认定的事实和成因是一种法律上的真实,是由交通警察依照法定程序和基于客观证据,通过主观思维、判断、逻辑分析得出并为法律所认可的事实,因而兼有客观性、主观性和法律性三种特性。

(四)交通事故认定是具有鉴定性质的调查取证行为

交通事故认定过程既包含了对与事故有关的道路环境情况、车辆情况、人员情况以及事故的发生事态、损害后果等客观事实的证据审查、判断和归纳证明,也包括了对事故中相关因素之间的影响关系以及当事人行为的正当性和主观心理状态等问题的分析、判断和评价,在分析认定时需要综合运用到力学、痕迹学、逻辑学、法学和车辆工程、道路工程、交通心理学等多方面知识,其认定结果不仅具有客观性,而且体现了当时的交通安全政策,以及不可避免地会受到办案人员的知识水平和价值观念等主观因素的影响,因此,无论是从证据的法定形式还是收集方式上看,交通事故认定都与鉴定有较高的相似性。但与一般意义的鉴定所不同的是,交通事故认定不仅由公安交通管理部门依照法定职权独立做出,而且其内容兼

有对事故事实的分析判断和对当事人的行为与主观状态的法律评价。

三、交通事故认定的基本要求

(一)事实清楚、证据确实充分

交通事故认定必须做到事实清楚、证据确实充分。一方面,所认定的事故事实和成因必须具有唯一性,能够排除其他任何合理的怀疑和可能性,并且都有必要的证据证明,没有证据证明的"事实"不得被认定;另一方面,用以证明事故事实的证据必须已经查证属实,并且不同证据之间以及证据与事故事实之间的矛盾必须得到合理的排除。

(二)适用法律正确、责任划分公正

对当事人责任的认定必须在查明事故事实和成因的基础上,严格按照道路交通安全法律、法规和规章的规定,准确认定当事人的违法行为,并根据违法行为对发生事故所起的作用以及当事人的过错程度,客观公正地划分当事人的责任。

(三)程序合法

交通事故认定是公安交通管理部门依职权实施的事故处理行为,是公安交通管理执法的重要组成部分,为了维护事故当事人的合法权益,同时确保对事故认定的法律监督和提高办案效率,整个认定工作必须严格执行法定的认定程序,按照规定的工作步骤、法律手续和时限进行。

四、交通事故认定的程序

(一)交通事故认定的步骤

交通事故认定应当在事故现场勘查、检验鉴定和其他调查取证工作结束后进行。其中,适用简易程序处理的事故,由负责事故现场处置的交通警察当场认定并制作《道路交通事故认定书(简易程序)》;适用一般程序处理的事故,则按照下列步骤进行:

1. 提交《道路交通事故调查报告》

办案人员应当自现场调查之日起7个工作日内,或者交通肇事逃逸案件在查获肇事车辆和驾驶人后7个工作日内,或者进行了检验鉴定的事故在鉴定结论确定之日起2个工作日内,向本部门交通事故处理机构的负责人提交《道路交通事故调查报告》。调查报告应具体说明以下内容:事故的当事人、车辆、道路和交通环境等基本情况;事故的发生经过;事故证据及对事故形成原因的分析;适用法律、法规及责任划分意见;事故暴露出来的事故预防工作中存在的突出问题及预防对策建议。

2. 审批《道路交通事故调查报告》

交通事故处理机构的负责人接到调查报告后,应当对事故调查情况和办案人员提出的认定意见进行审核,并做出审批意见,对于造成人员死亡和其他案情疑难、复杂的事故,则应将调查报告交由公安交通管理部门的负责人审批。审批工作应当自接到报告之日起的2个工作日内完成。

3. 制作《道路交通事故认定书》

调查报告一经审批,办案人员就应当根据审批意见制作《道路交通事故认定书》。属于死亡事故的,还应当在制作认定书之前召集各方当事人到场,公开公安交通管理部门调查取得的证据,但是,证人要求保密或者涉及国家秘密、商业秘密以及个人隐私的证据不得公开。

办案人员应当对证据公开的过程及各方当事人的意见进行记录,对于当事人提供新证据的,应及时报经公安交通管理部门负责人批准后进行补充调查。当事人无故不到场的,应视为对证据没有异议。

认定书应当载明以下内容,由办案人员签名或者盖章,并加盖公安交通管理部门的道路交通事故处理专用章:

(1)事故当事人、车辆、道路和交通环境等基本情况;

(2)事故的发生经过;

(3)事故证据及事故形成原因的分析;

(4)当事人导致事故的过错及责任或者意外原因;

(5)做出事故认定的公安机关交通管理部门名称和日期。

对于事故成因无法查清的,应当向当事人出具《道路交通事故证明》,载明事故发生的时间、地点、当事人情况及调查得到的事实。

对尚未查明身份的当事人,应当在事故认定书中予以注明,待其身份信息查明以后,再制作书面补充说明送达各方当事人。

4.送达道路交通事故认定书

认定书制作完毕,应当依法及时送达事故各方当事人,并告知当事人向公安交通管理部门申请复核、调解和直接向人民法院提起民事诉讼的权利和期限。当事人及其代理人在收到认定书后要求查阅事故证据材料的,应当提交书面的查阅申请,由公安交通管理部门应当安排在指定的地点进行查阅。

(二)交通事故认定的时限

1.认定时限

公安交通管理部门通常应当自现场调查之日起的10个工作日内完成对事故的认定,并制作认定书,但是,对于进行了检验鉴定的事故,应在鉴定结论确定之日起的5个工作日内制作认定书;对于交通肇事逃逸案件,应在查获肇事车辆和驾驶人后的10个工作日内制作认定书。

2.时限中止

由于事故的当事人、关键证人处于抢救状态或者因其他客观原因无法及时取证,而现有证据不足以认定事故主要事实的,经上一级公安交通管理部门批准,事故的认定时限可以中止计算,但中止的时间最长不得超过60日。当中止认定的原因消失或者中止期满受伤人员仍然昏迷或死亡的,则要在5个工作日内根据已经调查取得的证据制作事故认定书或者出具事故证明。有关认定时限中止的决定应当书面告知当事人。

五、交通事故认定复核

(一)交通事故认定复核的概念

交通事故认定复核是指事故当事人对公安交通管理部门做出的事故认定有异议,依法申请复核机关对事故的有关事实、证据、适用法律、责任划分和调查程序进行审查的行政监督程序①。其目的在于确保事故认定的客观、公正和合法性,以及维护当事人处理事故的程

---

① 《道路交通事故处理程序规定》修改稿中将当事人对公安交通管理部门出具道路交通事故证明有异议的也纳入了复核的范围。

序性权益。

交通事故认定复核由做出事故认定的原办案单位的上一级公安交通管理部门负责。为了提高办案效率,以维护当事人的合法权益和合理、有效利用行政资源,交通事故认定复核以一次为限,当事人对于复核结论或者原办案单位在复核后重新做出的事故认定仍然有异议的,不得再申请复核。

(二)复核程序

1. 复核申请

当事人对事故认定有异议的,可以自认定书送达之日起的 3 个工作日内向上一级公安交通管理部门提出书面复核申请,复核申请应当说明具体的复核请求以及申请复核的理由和主要证据。

2. 复核受理

复核部门在收到当事人的复核申请后,应当及时对申请进行审核和向原办案单位了解案件有关情况,通知原办案单位提交事故的案卷材料,在 5 个工作日内做出是否受理的决定并书面通知当事人。其中,具有下列情形之一的复核申请不予受理:

(1)任何一方当事人向人民法院提起诉讼并经法院受理的;
(2)人民检察院对交通肇事犯罪嫌疑人批准逮捕的;
(3)适用简易程序处理的事故;
(4)车辆在道路以外通行时发生的事故[①]。

3. 复核审查

复核部门受理当事人的复核申请后,应当组织不少于 2 名具有事故处理中级以上资格的交通警察,对申请复核的原事故认定进行审查。审查的内容包括以下三个方面:

(1)道路交通事故事实是否清楚,证据是否确实充分,适用法律是否正确;
(2)道路交通事故责任划分是否公正;
(3)道路交通事故调查及认定程序是否合法[②]。

复核原则上采取书面审查方式,但是,当事人提出要求或者复核部门认为有必要时,可以召集各方当事人或者其代理人到场,听取各方的意见。

复核审查期间,任何一方当事人就该事故向人民法院提起诉讼并经法院受理的,复核部门应当终止复核[③]。

4. 做出复核结论

复核部门应当根据对原事故认定的审查情况,自受理复核申请之日起的 30 日内做出书面复核结论。其中,对于原事故认定事实不清、证据不确实充分、适用法律不正确、责任划分不公正,或者调查及认定违反法定程序,可能影响事故认定的,应当责令原办案单位重新调

---

① 《道路交通事故处理程序规定》修改稿中新增了两种不予受理复核申请的情形:一是当事人超过规定期限提出复核申请的;二是公安交通管理部门已经按照规定做出复核结论的。

② 《道路交通事故处理程序规定》修改稿中就对道路交通事故证明的复核,规定了"出具道路交通事故证明的理由是否充分,事故成因是否确属无法查清"这一审查内容。

③ 《道路交通事故处理程序规定》修改稿中新增了两种终止复核的情形:一是人民检察院对交通肇事犯罪嫌疑人做出批准逮捕决定或者提起公诉的;二是申请人提出撤销复核申请的。此外,就当事人向人民法院提起诉讼的情形还规定:人民法院受理后,当事人又自行撤诉,复核申请人请求恢复复核的,公安交通管理部门应当恢复复核审查,复核时限从恢复之日起重新计算。

查认定;对于原事故认定事实清楚、证据确实充分、适用法律正确、责任划分公正、调查程序合法的,应当维持原认定结论;对于调查及认定程序存在瑕疵但不影响事故认定的,可以维持原认定结论,同时责令原办案单位予以补正或者做出解释①。

复核结论应当载明复核申请人的基本情况和申请复核的主要事项、理由、依据,以及复核部门的复核意见,并加盖复核部门的道路交通事故处理复核专用章。

5. 复核结论的送达与执行

复核部门做出复核结论后,应当召集事故各方当事人,当场宣布复核结论,并及时通知原办案单位。当事人没有到场的,应当采取其他法定形式将复核结论送达当事人。对于责令重新调查认定的,原办案单位应当对事故进行重新调查,并在10个工作日内重新制作认定书,并在认定书中注明撤销原认定书②。如果重新调查需要检验鉴定的,应当在鉴定结论确定之日起的5个工作日内重新制作认定书。重新制作的认定书除了依法送达各方当事人之外,还应当报复核部门备案③。

原办案单位拒不执行复核结论的,复核部门可以按照《公安机关内部执法监督规定》,对原办案单位做出的认定书直接予以撤销或者变更,同时按照《公安机关执法过错责任追究规定》进行错案追究。

第二节 道路交通事故事实认定

一、交通事故事实认定的概念

交通事故事实认定,是指公安交通管理部门运用调查取得的事故证据,证明并确认对案件处理具有意义的事故真实情况。其本质是公安交通管理部门运用已经调查取得的证据材料来分析确定事故有关事实的证明活动,是公安交通管理部门对处理交通事故所负证明责任的具体体现。

对交通事故事实的认定是整个事故认定工作的重要组成部分,并且是进行事故成因分析与确定当事人责任的基础和前提条件,因此从工作程序上看,相关认定活动必须在事故现场勘查和调查取证完毕和分析事故成因及当事人责任之前进行。

二、交通事故事实认定的对象

交通事故事实认定的对象是指公安交通管理部门运用证据予以证明的事故真实情况,又称为交通事故事实认定的证明对象或者待证事实。

(一)待证事实的范围

由于在事故认定中证明事故事实的主要目的在于为分析事故成因和确定当事人责任提

---

① 《道路交通事故处理程序规定》修改稿中就新增的对道路交通事故证明的复核,规定:经审查后,如果认为事故成因确属无法查清的,应当做出维持原道路交通事故证明的复核结论;如果认为事故成因有条件查清的,应当做出责令原办案单位重新调查、认定的复核结论。

② 《道路交通事故处理程序规定》修改稿中就新增的对道路交通事故证明的复核,规定:重新制作的认定书应注明撤销原道路交通事故证明。

③ 《道路交通事故处理程序规定》修改稿中规定:因程序存在瑕疵需要补正或者做出解释的,原办案单位应当在复核结论送达当事人之日起5个工作日内予以补正或者做出解释,并向当事人说明情况。

供必要且可靠的事实依据,因此,与事故处理后期的损害赔偿调解或者刑事、民事诉讼中的待证事实范围有一定差异,在此需要证明的一般只限于事故发生的本体事实,而不包括处理事故的程序法事实和当事人的抚养情况、工作收入情况等无关事故成因及当事人责任的实体法事实,并且所证明的事故本体事实也并非事无巨细地包含事故的所有情况,而只是那些对确定事故损害后果和分析事故成因、认定当事人责任具有意义的基本事实。具体而言,交通事故事实认定的待证事实大体可分为事故发生的主要事态、事态的演变过程以及与事故发生有关的其他情况三个方面。

1. 事故发生的主要事态

事故发生的主要事态是指与事故有关的人员、车辆、道路和其他物体在事故发生当时所表现出来的运动状态、行为特征、相互作用情况,以及所形成的人员伤亡和车辆、财物损毁等客观现象。事故发生的事态是事故的主要内容,通常所称的交通事故在很大程度上指的就是事故发生的具体事态,尤其是造成的人员伤亡和车辆、财物损毁情况。

2. 事态的演变过程

事态的演变过程是指事故主要事态在时间上的进程分布。任何交通事故都表现为一定事态的快速变化过程,例如事故双方由相互逼近到发生冲突再到停止,各自的运动速度、运动方向和形态特征等都发生着急剧变化,这一系列现象及状态的交替变化过程实际反映了事故事态之间的时间关系。

3. 与事故发生有关的情况

与事故发生有关的情况是指可能引起或者影响事故发生和演变的其他情况,通常包括人员、车辆、道路和其他事物在事故发生前后所具有的条件和状态,例如事故车辆的安全技术状况,当事人的饮酒、疲劳、疾病或者驾驶技能情况,道路的路面状况、线型特征和通行条件,以及天气状况、空气能见度、风速风向等。

(二)免证事实

在对事故事实的认定中,某些事实不需要通过证明即可予以确认,这类事实被称为免证事实。结合相关法律对证明标准的规定以及事故的实际情况来看,不需要证明的事实一般包括众所周知的和符合自然规律与定理的事实,以及根据法律规定或已知事实能够推定出的另一事实。此外,对于不涉及刑事诉讼的事故,当事人自认的对其不利的事实一般也不需要进行证明。

三、交通事故事实的证明

(一)证据的审查判断

证据的审查判断,是指公安交通管理部门对收集到的证据材料进行分析、研究和判断,在鉴别其真伪的基础上,找出它们与事故事实之间的客观联系,分析对比各自的证据能力和证明力,从而对事故事实做出正确认定的证明活动。

对证据进行审查判断的主要目的在于鉴别证据真伪和查明事故的真实情况,因此,就审查判断的对象而言,既包括了对单个证据的审查判断,也包括了对多个证据的综合审查判断;就审查判断的内容而言,包含了所有证据材料的真实性、与事故的关联性以及证据的合法性三个方面;就审查判断的方法而言,则一般先对单个证据进行个别审查判断,再对多个证据乃至全部证据进行综合审查判断。其中,在个别审查判断阶段主要依据客观事物发生、发展、变化的一般规律和常识去辨别证据的真伪,确定其是否具有证据能力;在综合审查判断阶段主要通过对不同证据的相互对比、印证、技术鉴定、实验验证、当事人或者证人辨认、对质,运用逻辑推理与分析判断,最终得出证据是否真实可靠、是否足以认定事故事实的结论。在审查判断过程中,如果发现所收集证据的真实性还存有疑问或者证据还有遗漏,尚不足以认定事故事实的,应当及时进行补充调查或重新收集证据。

1. 物证的审查判断

对于物证,应当着重审查判断以下问题:物证是否属于伪造,有无发生变形、变色或变质的情况;物证与事故事实有无客观联系;物证的来源是否合法,物证是原物还是同类物或复制品。如果物证不是原物的,要努力取得原物。

2. 书证的审查判断

对于书证,应当着重审查判断以下问题:书证的制作人是否具有制作该文书的资格、是否确实制作了该文书以及在什么情况下制作的该文书,制作时是否受到了暴力、威胁或者欺骗;书证是由谁收集、提供或者是在什么情况下获取的,对书证采取过何种固定或保管措施;书证的内容是否是制作人的真实意思表示,内容是否具体明确、前后一致;书证的形式是否符合法律规定,有无伪造、变造的痕迹;书证是原件还是抄件、复印件,是公文书还是私文书,有无经过公证等。

3. 证人证言的审查判断

由于受各种主客观条件的影响,证人提供的证言有可能不真实或不完全真实,甚至有可能是伪证,因此,对于证人证言应当注意审查判断以下问题:证人是否知道案件情况、是否具备证人资格,证人的个人品质如何。一般而言,证人的品质好,其如实作证的可能性就大,证人的品质差,其证言就容易出现不真实甚至虚假的情况;证人与当事人之间是否存在着亲属、朋友、恩怨、恋爱、同学等关系;所作证的事项是证人亲身耳闻目睹还是事后听别人讲述而得知的,证人是否受到办案人员的刑讯、威胁、引诱、欺骗,或者当事人和其他人的收买、胁迫、指使等非法行为的影响;证人证言的形成是否受到证人感知能力、感知环境、记忆能力和表达能力等主客观条件和因素的影响。对于年幼证人的证言,还应针对年幼证人的特点,注意发现证言有无夸大事实和用成年人口气说话等现象,以排除受人指使的情况。

4. 当事人陈述的审查判断

当事人陈述的真伪易受多方面因素的影响,在审查判断时应当根据当事人的具体情况有针对性地进行。其中,对于受害人的陈述应着重审查判断以下问题:受害人陈述是否由于误解或者受到事故肇事人威胁、压制、欺骗而做出;陈述的内容是否前后矛盾,是否符合事物发展的规律;受害人陈述的事实是其耳闻目睹、直接感知的,还是听他人转告或是自己猜测的。对于年幼受害人的陈述,还要审查受害人能否说清事故的经过、陈述方式是否符合幼年者的语言习惯、有无受到他人的影响或利诱等。

对于肇事人的陈述应着重审查判断以下问题:肇事人在陈述时的心理动态,要注意区分肇事人是主动交代还是拒不供认,抑或是为了维护自己的合法权益而提出辩解;有关陈述是否属于以刑讯逼供等非法方法取得,肇事人有无与同案其他当事人、证人互相串供、订立攻守同盟或受到外界影响等情况;从事故的时间、过程和结果等各个方面分析肇事人的陈述是否符合事故的实际情况和事物的变化规律,并且注意其前后内容是否一致、有无矛盾。

5. 视听资料的审查判断

由于视听资料容易被伪造或篡改,并且在伪造、篡改之后往往难以被发现,因此,对于视听资料必须从以下三方面进行认真审查判断：

(1)视听资料的制作设备是否正常,方法是否科学,有无违反操作程序的情况；

(2)视听资料本身有无被伪造或篡改的情况；

(3)视听资料的内容有无矛盾,与事故事实有无联系。

6. 鉴定结论的审查判断

对鉴定结论,一般应审查判断以下内容：委托人及委托鉴定的内容是否符合法律的规定；鉴定人、鉴定机构是否具有鉴定资格,与案件和案件当事人有无利害关系；鉴定人进行鉴定所依据的材料是否充分可靠；鉴定人进行鉴定时是否受到外界的影响,工作是否认真负责；鉴定的方法和结论是否科学和符合逻辑,使用的设备和其他条件是否完善。

7. 勘验、检查笔录审查判断

对勘验、检查笔录的审查判断,一般应从以下几个方面进行：一是勘验、检查及其笔录的制作是否依法进行,是否在现场完成,有无当事人、见证人在场,勘查人员、现场当事人或见证人是否在笔录上签字；笔录中记载的现场情况是否被伪造或受到破坏,人身伤害情况是否属于伪装；勘验、检查笔录中记载的内容是否客观、完整和准确；勘验、检查人员以及笔录制作人的业务水平与工作态度。

(二)证据规则

对事故事实的认定是凭借相关证据推求事故发生情况的回溯性证明,为了确保所证明事故事实的真实有效性,要求在认定过程中必须严格遵循有关证据收集、审查和评价的准则,这些准则被称为证据规则。由于我国目前尚未制定专门的证据法,有关证据规范都散见于相关的程序性法律、法规和司法解释中,内容较为粗略,还远未形成系统而细致的证据规则,但概括来看,可大体分为证据能力规则、证明力规则和有关举证、质证的规则四个方面。交通事故认定是事故处理后期追究当事人和其他有关人员法律责任的重要基础,因此,对事故事实的认定也应当遵守这些证据规则,并以对证据能力规则和证明力规则的遵守为重点。

1. 证据能力规则

1)原始证据优先规则

原始证据优先规则,是指对于实物证据应当优先采用其原物或原件,只有在取得原物、原件确有困难时,才允许采用复制品、复印件、照片、副本、节录本等传来证据。当原物、原件与复制、复印件发生矛盾时,前者的证明力高于后者。例如,2012年修订的《中华人民共和国民事诉讼法》第70条规定："书证应当提交原件。物证应当提交原物。提交原件或者原物确有困难的,可以提交复制品、照片、副本、节录本。"此外,在最高人民法院有关刑事诉讼证据和行政诉讼证据的司法解释也有类似规定。

2)非法证据排除规则

非法证据排除规则也称合法性规则,是指收集证据必须依法进行,违法取得的证据不得作为定案依据,而所谓违法既包括收集证据的方法违法,也包括收集证据的程序违法。例如,《中华人民共和国刑事诉讼法》第54条规定："采用刑讯逼供等非法方法收集的犯罪嫌疑人、被告人供述和采用暴力、威胁等非法方法收集的证人证言、被害人陈述,应当予以排除。收集物证、书证不符合法定程序,可能严重影响司法公正的,应当予以补正或者做出合理解释；不能补正或者做出合理解释的,对该证据应当予以排除。""在侦查、审查起诉、审判时发现有应当排除的证据的,应当依法予以排除,不得作为起诉意见、起诉决定和判决的依据"。《中华人民共和国行政诉讼法》第33条规定："在诉讼过程中,被告不得自行向原告和证人收集证据"。《最高人民法院关于民事诉讼证据的若干规定》第 68 条规定："以侵害他人合法权益或者违反法律禁止性规定的方法取得的证据,不能作为认定案件事实的依据"。《最高人民法院关于行政诉讼证据若干问题的规定》第 57 条规定,下列证据材料不能作为定案依据:严重违反法定程序收集的证据材料;以偷拍、偷录、窃听等手段获取侵害他人合法权益的证据材料;以利诱、欺诈、胁迫、暴力等不正当手段获取的证据材料;当事人无正当事由超出举证期限提供的证据材料;在中华人民共和国领域以外或者在中华人民共和国香港特别行政区、澳门特别行政区和台湾地区形成的未办理法定证明手续的证据材料;当事人无正当理由拒不提供原件、原物,又无其他证据印证,且对方当事人不予认可的证据的复制件或者复制品;被当事人或者他人进行技术处理而无法辨明真伪的证据材料;不能正确表达意志的证人提供的证言;不具备合法性和真实性的其他证据材料。此外,该司法解释的第 58 条还规定:以违反法律禁止性规定或者侵犯他人合法权益的方法取得的证据,不能作为认定案件事实的依据。

2. 证明力规则

1)补强证据规则

所谓补强证据规则,是指由于特定类型的证据存在虚假的可能性较大,法律规定此类证据不得单独作为认定案件事实的依据,而必须有其他证据与之相互印证时,才能据以认定案情。例如,《中华人民共和国刑事诉讼法》第 53 条规定："对一切案件的判处都要重证据,重调查研究,不轻信口供。只有被告人供述,没有其他证据的,不能认定被告人有罪和处以刑罚;没有被告人供述,证据确实、充分的,可以认定被告人有罪和处以刑罚。"《最高人民法院关于行政诉讼证据若干问题的规定》第 16 条规定："当事人向人民法院提供的在中华人民共和国领域外形成的证据,应当说明来源,经所在国公证机关证明,并经中华人民共和国驻该国使领馆认证,或者履行中华人民共和国与证据所在国订立的有关条约中规定的证明手续。"此外,《最高人民法院关于民事诉讼证据的若干规定》第 69 条也规定,下列证据不能单独作为认定案件事实的依据:

(1)未成年人所做的与其年龄和智力状况不相当的证言;

(2)与一方当事人或者其代理人有利害关系的证人出具的证言;

(3)存有疑点的视听资料;无法与原件、原物核对的复印件、复制品;

(4)无正当理由未出庭作证的证人证言。

2)证明力确定规则

证明力确定规则,是指当有若干个证据证明同一事实,而不同证据之间存在着不一致,甚至互相矛盾时的证据力判断标准。例如,《最高人民法院关于行政诉讼证据若干问题的规定》第 63 条规定,证明同一事实的数个证据,其证明效力一般按照下列情形进行认定:

(1)国家机关以及其他职能部门依职权制作的公文文书优于其他书证;

(2)鉴定结论、现场笔录、勘验笔录、档案材料以及经过公证或者登记的书证优于其他书证、视听资料和证人证言;

(3)原件、原物优于复制件、复制品;

(4)法定鉴定部门的鉴定结论优于其他鉴定部门的鉴定结论;

(5)法庭主持勘验所制作的勘验笔录优于其他部门主持勘验所制作的勘验笔录;

(6)原始证据优于传来证据;

(7)其他证人证言优于与当事人有亲属关系或者其他密切关系的证人提供的对该当事

人有利的证言；

（8）出庭作证的证人证言优于未出庭作证的证人证言；

（9）数个种类不同、内容一致的证据优于一个孤立的证据。

第64条规定：以有形载体固定或者显示的电子数据交换、电子邮件以及其他数据资料，其制作情况和真实性经对方当事人确认，或者以公证等其他有效方式予以证明的，与原件具有同等的证明效力。此外，《最高人民法院关于民事诉讼证据的若干规定》第64条也与上述规定情形类似，就民事诉讼中证明同一事实的若干证据规定了公文文书、物证、档案、鉴定结论、勘验笔录、证人证言、原始证据和经过公证或登记的书证等证据的证明力优于其他证据，并规定直接证据的证明力一般大于间接证据。

(三) 推定

1. 推定的概念

所谓推定，是指在缺乏证据证明的情况下，依照法律规定或者按照一定的经验法则，从已知的基础事实推断未知的结果事实存在，并允许当事人提出反证予以推翻的一种证明法则。推定是以事物之间客观存在的逻辑关系为基础的，以推定为中介，可以把两种不同的事实联系起来，由此及彼、由已知得出未知。虽然推定的准确性不如用证据证明那样高，但凡是遵循事物之间客观规律做出的推定仍然可以达到与客观情况基本相符、结果大体准确的程度。在交通事故认定中，正确运用推定方法来认定事故事实，不仅可以使认定结果相似于用证据证明的结果，而且可以解决对某些事故事实的证明困难问题和省去复杂的证明过程，使事故的调查处理程序变得高效、快捷。

2. 推定的分类

推定分为法律推定和事实推定两种。其中，法律推定是指有法律明文规定的推定，即当法律规定的某一要件事实有待证明时，为避免对其证明困难的情况发生，而明文规定在没有相反证据的情况下，只需就其他相关的较易证明的事实进行证明后，就认为该事实也得到了证明。可见，法律推定的本质是通过变更证明的主题，用对较为容易的基础事实的证明来代替对本来相当困难的推定事实的证明，使证明变得容易和可能。例如，按照道路交通安全法有关申请机动车驾驶证的许可条件和考试规定，可以推定没有依法取得有效机动车驾驶证的人不具有相应的机动车驾驶技能；又如，按照《中华人民共和国民法通则》第23条的规定，在事故中下落不明的人员，从事故发生之日起满2年或者经公安交通管理部门证明其不可能生存的，可以依法推定其已经死亡。

事实推定是与法律推定相对的另一种推定，是指依据已知的事实，根据经验法则进行逻辑推理，从而得出与之相关的其他待证事实是否存在或者真伪的结论。可见，事实推定的最主要特征是缺乏直接的证据证明并且没有法律的明文规定，是由办案人员根据自身对客观规律的认识和逻辑推理做出的主观判断，体现了办案人员对认定事故事实的一种自由裁量权。因此，事实推定与法律推定的法律效果存在很大不同，凡是法律推定，一般都应在事故认定中得到适用，而事实推定则由办案人员视情况选择适用，并且具体适用还需要同时满足如下条件：

（1）必须无法直接证明待证事实的存在与否，只能借助间接事实来推断待证事实；

（2）借以推断待证事实的基础事实必须已经得到法律上的确认，包括已被证明的事实和众所周知的事实等；

（3）基础事实与推定事实之间具有必然的联系，包括相互因果、相互主从、相互排斥、相

互包容关系,换言之,事实推定必须符合事物的因果关系或者形状特征等经验法则;

(4)允许当事人提出反证,并以反证的成立与否来确认推定的成立与否。例如在一起汽车落水致车内乘员全部溺亡的事故中,根据车内只有一人具有机动车驾驶资格,并且其身处驾驶座位附近这一事实,来证明事故车辆是由该人驾驶即属于典型的事实推定,在没有其他反证的情况下,该推定得以成立。

第三节 道路交通事故成因认定

一、交通事故成因认定的概念

交通事故成因认定,又称交通事故成因分析,是指公安交通管理部门根据事故的基本事实,运用因果关系分析方法,分析并确认形成事故的各种主观和客观因素。交通事故成因认定在整个事故认定中起着承上启下的作用,是在已经查证属实的事故事实基础上,通过因果分析找出发生事故的具体原因,为确定当事人的责任提供依据。

任何一起交通事故都是由不同方面和不同阶段的若干事实相互结合而成的,而交通事故成因所反映的正是这些事实之间引起与被引起、产生与被产生的客观联系,其中,在时间序列中处于前位的事实,如果对处于其后位的事实具有引起或者促使其形成的作用,那么前者即为后者的原因,后者则是前者的结果,他们之间相互作用的时序与过程关系被称为因果关系。这种关系是事物因果演化的基本机制,其中,原因是相互作用过程本身,结果是相互作用所产生的事物状态变化,其本身是客观的,同样属于事实的范畴,因此从严格意义上讲,交通事故成因认定仍然是一种对事故事实的认识过程,只是较事故事实认定更为深入了而已。

二、交通事故成因的分类

(一)按成因事实的性质分

根据成因事实的性质,事故成因可划分为人的不安全行为、物的不安全状态、道路及环境的不安全条件、管理缺陷四类。其中,人的不安全行为是指车辆驾驶人、乘车人、行人和其他有关人员实施的危害道路交通安全的行为,例如对车辆操作失误、违反道路通行规则、不注意观察路面情况等;物的不安全状态是指车辆及其装载物以及驾驶防护装备不符合安全运行要求,例如车辆的转向、制动、灯光、轮胎、摩托车头盔的安全性能不合格,车辆超载、偏载等;道路及环境的不安全条件主要是指雨、雪、雾、大风、高温等恶劣天气,以及道路景观、照明和交通干扰等方面的不良影响因素;管理缺陷则是指在道路交通系统运行的各个环节出现的交通安全管理制度和措施不健全、不落实,交通调度不合理,对交通参与者的安全教育与训练不足,交通指挥疏导错误等。

(二)按成因事实与当事人主观意志的关系分

根据成因事实的产生是否与当事人的主观意志有关,事故成因可分为主观原因和客观原因。其中,主观原因是指与当事人主观意识有关的因素,具体表现为当事人故意或者过失实施的不安全行为直接造成事故,或者导致车辆、道路丧失安全运行条件而引发事故;客观原因是指由车辆、道路和环境方面与当事人的主观意志无关的客观性因素,例如车辆突发故障、路面附着系数不足等,尽管这些原因中多数都与车辆或者道路的设计、制造、建设、管理、维护等方面的人员疏忽或者技术缺陷有关,但对当事人而言通常表现为一种意外。

(三)按成因事实与事故的作用关系分

根据成因事实与事故之间是否介入了其他因素,可将事故成因分为直接原因和间接原因。其中,直接原因是指能够必然引起事故发生的原因;间接原因是指通常不会引起事故发生,但因为其他原因的介入而造成事故的原因。直接原因与间接原因相比,前者直接作用于事故,表现出一种让事故必然和一定发生的决定作用,而后者则与事故之间没有直接作用关系,必须有其他因素的介入,并与介入的其他因素相结合才会引起事故的发生。可见,直接原因对事故的作用力通常大于间接原因对事故的作用力。

(四)按成因事实对事故的作用大小分

按成因事实对发生事故所起的作用大小,可将事故成因分为主要原因和次要原因。其中,主要原因是指对事故的发生起着主导和决定性作用的因素;次要原因则是指对事故的发生起着辅助和非决定性作用的因素。主要原因与次要原因相比,前者对事故所起的作用力大于后者对发生事故所起的作用力。

三、交通事故成因的判定标准

对交通事故的成因分析,实际上是运用因果关系分析方法,从在时间序列上处于事故后果之前的各种客观事实中,找出与发生事故有关,对事故后果的形成起到了作用的那部分事实。

(一)因果关系的基本学说

事物之间的因果关系本身是客观的,但是对它的认识和确定却是一项人的主观活动,因此,不同的人对因果关系的判断会存在着一些差异,对同一起事故的成因分析结果也往往有所不同。概括而言,就交通事故因果关系的判定而言,主要存在着如下三种学说:

(1)必然因果关系说。该学说认为,当某一事实中包含了形成事故后果的根据,并合乎规律地产生了事故后果时,该事实与事故之间就具有因果关系。

(2)条件说。该学说认为,某一事实与事故后果之间存在着没有前者就没有后者的条件关系时,前者就是后者的原因。换言之,凡是在逻辑上能够引起结果发生的所有条件,都是导致结果发生的原因。

(3)相当因果关系说。该学说又称相当条件说,其认为,根据一般社会生活经验,在通常情况下某一事实产生某种后果被认为具有相当性,即不属异常的情况时,该事实与后果之间就具有因果关系。

在上述三种学说中,必然因果关系说要求原因与事故后果之间必须具有必然联系性,条件说则不要求原因与事故后果之间必须具有这种必然联系性,而可以是引起事故发生的其他外部因素和条件。虽然按照哲学上有关外因和内因的辩证关系,可以肯定无论是与事故后果之间具有必然联系的事实,还是只是作为事故发生的外因、条件的事实都是事故的原因,但由于必然因果关系说和条件说所提出的判定标准都只强调因果关系的客观性,而并未顾及人们实际对许多客观规律和联系还并不认识和掌握,因此往往缺乏可操作性,很容易出现要么将原因的范围限制过窄,导致一些事故的原因无法被认定,要么又将原因的范围限定过宽,使一些本来与发生事故无关的事实被认定为事故原因。与必然因果关系说和条件说所不同的是,相当因果关系说将人对因果关系的主观判断与事物的客观性有机地结合起来,强调的是依据事故发生当时社会一般见解所得到的因果可能性,而不是与人的认识无关的因果必然性,从而使事故成因认定变得可能,因此相比而言要更为中允,是目前判定事故成因的通行标准。

(二)相当因果关系的判定规则

相当因果关系由"条件关系"和"相当性"两个部分构成,而运用相当因果关系学说判定事故原因的关键在于依照事故发生时的一般社会经验和认识水平,判定成因事实在其他相同条件下是否也有发生同一事故后果的可能性,而不能仅依据其实际引起了事故发生这一客观情况来得出结论。

"条件关系"又称必要条件规则,要求被判定为事故原因的事实必须是使事故得以发生的必要条件,即没有这一事实,就必然不会发生这一事故。在简单因果关系的情况下,可采用剔除法和替代法来加以判断。其中,剔除法是指通过从可能的原因事实中逐一剔除各个事实,同时观察事故后果是否还会发生来做出判断,如果某一事实被剔除后事故仍然能够发生,那么被剔除的事实就不是产生该事故的原因;代替法主要适用于当事人不作为的情况,它是在其他所有条件不变的情况下,通过假设当事人的某项行为存在,并观察事故后果是否还会发生来进行判断,如果该行为存在事故仍然能够发生,那么当事人的不作为就不是事故发生的原因。

"相当性"又称充分条件规则,要求被判定为事故原因的事实必须是在相同条件下能够使事故发生的充分条件,即依照一般社会经验和知识水平作为判断标准,原因事实在相同情形下应当足以导致同样事故的发生。"相当性"规则的目的在于合理界定条件的范围。

四、交通事故成因的分析方法

交通事故成因分析是按照事故发生演变的时间顺序,以事故后果为出发点,按照事物的变化规律逆向探究对发生事故具有作用力的各种因素。由于道路交通是人、车、路和环境的交互作用过程,因此,对事故成因的分析一般也是从人的不安全行为、车辆的不安全状态、道路和环境的不安全条件,以及安全管理缺陷四个方面入手,综合运用生理学、心理学、力学、人机工程学、交通工程学、汽车工程学、道路工程学等相关学科知识,从不同角度采取由粗到细、由大到小逐层剖析的方式进行。为了便于操作,在具体分析时一般采取绘制因果分析图的方式对事故后果进行演绎分析,以寻找所有可以导致事故发生的因素及其相互间的逻辑关系。

因果分析图又称鱼刺图,是一种以简要的文字和线条表示出所要分析事故与相关影响因素之间关系的树状图。如图6-1所示,在具体分析时,首先将需要分析的事故标注在图纸的右边,作为分析图的头部,并在其左侧画出带单向箭头的主干线,箭头方向指向待分析的事故;然后确定造成事故的因素分类项目,例如人、车、物、道路及环境等,并在主干线的上下两侧标画出带单向箭头的大枝线,箭头方向指向主干线;最后适用因果关系判断标准对各类因素进行逐层剖析,并将分析得到的原因分别用中枝线或细枝线标画在大枝线的两侧,直至分得的每一项原因都不能再行分解为止,而所有处于中枝线和细枝线上的因素就是形成事故的直接或间接原因。

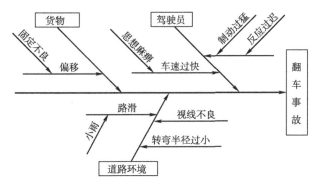

图 6-1 一起翻车事故的成因分析

第四节 道路交通事故当事人责任认定

一、交通事故当事人责任的概念

确定当事人的责任是交通事故认定的重要内容,然而有关"当事人的责任"的概念表达式,在相关法律规范中却不尽一致,例如,在《最高人民法院关于审理交通肇事刑事案件具体应用法律若干问题的解释》中将其称为"事故责任",在 2008 年修订的《道路交通事故处理程序规定》第 46 条中同时使用了"当事人的责任"和"道路交通事故责任"两种表述,而在 GJB 1—2005《北京市道路交通事故当事人责任确定标准(试行)》中则称作"当事人责任"。对概念表达式的不统一,使人们对概念中"责任"的理解也存在差异,在《中华人民共和国道路交通安全法》颁布之前就已针对原《道路交通事故处理办法》规定的相似概念——"交通事故责任"形成过三种不同的观点:

(1) 将其等同于法律责任,认为交通事故责任就是当事人因为过失造成事故所应承担的法律后果;

(2) 将其理解为当事人对事故的发生所起的作用力,认为"交通事故责任是指交通事故的因果关系和因果关系中'原因力'的大小","交通事故责任实际上是指在确定损害赔偿范围时所参考的因素,如同日本学者在论述侵权行为过失相抵时所说的'原因力'或'寄与度'";

(3) 折中观点,认为"道路交通事故责任是对道路交通事故当事人的交通行为与造成道路交通事故的关系及其应承担义务的表述"。可见,在明确"当事人的责任"的概念及其表达式之前,有必要首先厘清"责任"二字的含义。

中国社会科学院语言研究所编的《现代汉语词典》对"责任"一词的解释有两种:一是分内应做的事,如尽责任;二是没有做好分内应做的事,因而应当承担的过失,如追究责任。从《中华人民共和国道路交通安全法实施条例》第 91 条的规定:"公安机关交通管理部门应当根据交通事故当事人的行为对发生交通事故所起的作用以及过错的严重程度,确定当事人的责任",以及所确定的责任将在事故的后续处理中作为当事人承担损害赔偿和行政、刑事处罚的重要依据来看,这一责任其实是公安交通管理部门根据当事人的行为与事故之间的因果关系以及主观过错情况,将事故的发生具体归咎于当事人,认为事故是由负此"责任"的当事人的过错行为所造成。其结果虽然将导致当事人依法承担对事故的损害赔偿和行政、刑事处罚,但其本身所描述的只是引起事故发生的"原因力"在当事人之间的分布情况,而并非当事人实际要承担的对其不利的法律后果,就其实质而言仍然属于事故事实层面的东西,是让损害赔偿和行政、刑事处罚等事故法律责任得以成立的基础而已。由此可见,这一责任应当属于《现代汉语词典》有关"责任"的第二种解释,也就是当事人因为没有尽到第一种含义的"责任",而应当承担的"过失",而这种过失相当于法律上的过错,是指当事人因为发生事故而应受到责难的主观心理状态。因此从本质上看,"当事人的责任"其实是对交通事故的发生是否可归因于一方或多方当事人这一事实的主观评价,是将事故成因向当事人归结的结果。

基于以上认识,为了不与交通事故的损害赔偿和行政、刑事处罚等法律责任相混淆,同时在与相关法律规范保持一致的基础上尽可能使文字简练,本书使用"当事人责任"这一概念表达式,并认为,当事人责任是指当事人的行为对发生交通事故所起的作用大小以及主观过错程度,而当事人责任认定则是对上述作用力和过错的具体分析和确认过程,其目的在于确定当事人就发生事故的可责难性,为事故法律责任的追究提供客观依据。

二、当事人责任的构成要件

交通事故当事人责任的成立,要求当事人在发生事故时的行为与事故之间具有因果关系,并且行为具有交通安全违法性和在主观上对发生事故负有过错,这三项要件缺一不可。

(一)行为与事故之间具有因果关系

行为与事故之间具有因果关系是当事人责任成立的客观性要件,也是其核心要件。该要件要求当事人的行为必须是造成事故的原因或者原因之一,并且,行为对发生事故的具体原因力大小还将直接影响当事人责任的轻重。一般而言,凡是当事人的行为与事故之间有因果关系的都可能承担责任,并且行为对事故所起作用越大的所承担的责任也越重,而行为与事故之间没有因果关系的则不承担责任。

由于在当事人责任认定之前的事故成因认定阶段已经对事故基本事实之间的因果关系进行了分析,而所认定的事故成因中已经包含了当事人的行为因素,因此,从那些已经被确定的成因性事实中将属于当事人行为的部分识别出来,通常即可完成对当事人责任构成中行为与事故之间因果关系要件的判断。

(二)行为具有交通安全违法性

在现代法制社会,法律规范是指引人行为和评价其行为正当性的最基本准则,而对行为人合乎法律规范的行为没有任何可以进行法律责难的理由,因此,承担交通事故当事人责任的前提也要求当事人引发事故的行为必须具有违法性,并且是对《中华人民共和国道路交通安全法》、《道路交通安全法实施条例》等有关道路交通安全的法律、法规的违反,即没有尽到法定的交通安全义务。对于当事人违反了其他性质法律但没有违反道路交通安全法的行为,即使是造成事故损害的原因,也只能单独构成其他性质责任,而不能成立交通事故的当事人责任。

(三)对发生事故具有过错

对发生事故具有过错是当事人责任成立的主观方面要件。人的交通行为是受其意志支配的,基于已有的社会知识,人们通常不难对自己行为的交通安全性做出合理判断,并有义务避免造成各种危险,这对机动车驾驶人而言尤为如此。当事人在主观上对发生事故所具有的任何疏忽、自信、漠视和积极态度,都成为支配其实施肇事行为的内在动力,这不仅是判断其行为违法的根据,更是对其行为造成事故进行责难的心理理由。至于当事人在事故发生后逃逸或者故意破坏、伪造现场、毁灭证据的,尽管其实施这些违法行为的动机主要在于逃避承担法律责任,而与事故的最初形成无关,但由于行为在客观上极可能使案件事实无法查清和扩大事故损害后果,并且行为人的主观恶性也远较普通肇事者大,因此出于保护事故受害人及预防、惩罚相关违法行为的需要,法律仍基于逻辑推理认为行为人对事故的发生具有过错。

三、当事人责任的分类

按照当事人行为对发生事故所起的所用大小以及过错的严重程度划分,当事人责任分为以下四种:

(一)全部责任

全部责任,是指交通事故完全是由一方当事人的行为及过错所造成,其他当事人对事故的发生没有过错,而由有过错的一方当事人承担事故的所有责任。

(二)主要责任

主要责任,是指交通事故是由两方以上当事人的行为及过错所共同造成,但是其中一方当事人的行为对事故所起的作用相对较大、主观过错程度也相对较重,而由该当事人承担事故的较大部分责任。

(三)同等责任

同等责任,是指交通事故是由两方以上当事人的行为及过错所共同造成,并且各方当事人的行为对事故所起的作用大体相当、主观过错程度基本一致,而平等承担事故的责任。

(四)次要责任

次要责任,是指交通事故是由两方以上当事人的行为及过错所共同造成,但是其中一方以上当事人的行为对事故所起的作用相对较小、主观过错程度相对较轻,而由该当事人承担事故较小部分的责任。

在同一起事故中,不同当事人所负责任之间存在着一定的对应关系。一般而言,一方当事人负全部责任的,其他当事人无责任;一方当事人负同等责任的,其他当事人负同等责任或者无责任,其中负同等责任的其他当事人不得少于一方;一方当事人负主要责任的,其他当事人负次要责任或者无责任,其中负次要责任的其他当事人不得少于一方。对于有两方以上当事人的行为都对事故起较大作用、过错相对较重,而其他至少有一方当事人的行为也对事故具有一定作用、过错相对较轻的情形,按照同一起事故不能有两个以上主要责任的原则,应由前者共同负主要责任,由后者负次要责任,其他对事故没有过错的当事人无责任。

四、当事人责任的确定原理

当事人的行为对发生事故所起的作用以及过错的严重程度,是确定当事人责任的根本依据。在划分事故的当事人责任时,应当在综合分析全部当事人对所负交通安全义务的违反情况以及行为与事故之间因果关系的基础上,对比各方行为对发生事故所起的作用力大小和主观过错程度,依法客观、公正、合理地认定当事人责任。

(一)确定当事人的主观过错程度

当事人在主观上对发生事故具有过错是承担当事人责任的先决条件,并且过错程度越大的所承担的当事人责任也相对越重。过错有直接故意、间接故意和过于自信、疏忽大意之分,不同状态的过错之间具有程度上的差异。由于《道路交通事故处理程序规定》第46条规定:"一方当事人故意造成道路交通事故的,他方无责任。"因此,在确定当事人的主观过错程度时,实际只需要在区分故意与过失的基础上,分别就故意与过失的不同状态进行过错程度的分析和对比。其中,对于主观故意而言,由于直接故意对事故的发生具有希望并努力推动的积极性,因此在主观恶性上要比不希望但听任事故发生的间接故意大;对于主观过失而言,由于无论是过于自信还是疏忽大意,其本质都是不希望和反对事故发生的,因此很难单纯从过失的形式上对其过错程度进行区分,而必须结合具体的案件情况进行判断,为此,一般将当事人的主观过失由重到轻划分为重大过失、一般过失和轻微过失三种状态。

人们基于长期的道路交通实践,尤其是对各种交通危险与事故的形成原因、规律、特征、概率、损害后果等进行统计分析和经验总结后,达成了一系列预防和应对事故风险的交通行为准则,并以法律规范和技术标准的形式固定下来。在交通过程中严格遵循这些行为准则,并保持适度的警惕性,注意观察道路情况和其他车辆、人员的动态情况,努力排除随时可能出现的各种危险,是每一位交通参与者都必须尽到的法定交通安全义务,而为了强制交通参与者遵守上述义务,交通安全法律、法规对于各种违反义务的行为都分别根据其交通危险性,按照过罚相当原则规定了轻重不等的处罚措施,其中,对于危险性较强的行为规定了相对较重的处罚,对于危险性较弱的行为则规定了相对较轻的处罚。当事人过失造成交通事故的行为都是违反交通安全义务的违法行为,因此,对行为的法定处罚措施及处罚幅度通常可作为衡量当事人主观过失程度的重要参考标准:凡属于法定处罚较重的行为,可认为其一般危险性较强,当事人的主观过失也相对较重,属于重大过失;凡属于法定处罚较轻的行为,可认为其一般危险性较小,当事人的主观过失也相对较轻,属于一般过失;而对于虽然违法,但法律没有专门规定处罚的行为,可认为其一般危险性较弱,当事人在主观上只有轻微过失。

在根据交通安全义务来判断当事人的主观过失程度时,应当按照信赖原则对其注意水平作合理限制。即允许当事人在除了有明显危险征兆以外的情况下,可以信赖其他交通参与者也是尽到相关安全义务的,而没有必要总是考虑到别人是否会采取有害于交通安全的行为,换言之,就是不能过分要求一方当事人对他人可能违反交通安全义务的行为进行谨小慎微的注意,以至于不合理地加重其责任。当然,如果其他人的行为已明显表露出某种危险,而根据当时的道路及环境情况,一方当事人是能够发现并且有条件采取避险措施,却没有采取措施或者所采取措施明显不当的,则不能以信赖原则来否定其对交通安全义务的违反。

此外值得注意的是,由于在道路交通系统中机动车与非机动车、行人相比具有较高的行驶速度和更大的质量,是形成事故损害的主要能量提供者,并且其驾驶人对危险因素的掌控也具有相对便利和优越的条件,因此,为了从根源上遏制住能量的异常传递及转换,从而降低整个系统的运行危险,道路交通安全法针对不同交通方式的运行特征,对其交通安全义务的内容与水平作了不同的要求,其中,相对于非机动车驾驶人和行人而言,对机动车驾驶人、所有人和管理人规定了更为宽泛和更高标准的交通安全义务。当机动车与非机动车或者行人发生事故时,即使各方行为的一般危险性相当,通常也认为机动车方的过失程度要相对重一些。

(二)比较当事人行为的原因力

原因力是指在造成事故的多个原因中,每个原因对事故的发生与扩大所发挥的具体作用力大小。在两方或两方以上当事人都对事故的发生存有过失时,除了需要考虑当事人的具体过失程度之外,其行为对发生事故所起的原因力大小就成了决定当事人责任大小的关键性因素。就一般而言,在各方当事人对发生事故的过失程度相当的情况下,其行为对事故所起原因力较大的,应承担的责任就重,行为对事故所起原因力较小的,应承担的责任就轻。

从交通事故的形成机理来看,涉及两方以上当事人的事故通常都是由当事人之间事先的交通冲突演变而来的,是交通冲突未得到有效化解的结果。交通冲突是指不同交通个体的运行轨迹在相同时刻形成的相互交叉或重叠现象。一般而言,交通冲突是由当事人违反道路通行规则或者受其他突发因素干扰而引起的,当冲突形成后,如果冲突各方能够及时采取有效措施回避是不会演变为事故的,而只有当有关冲突方疏于回避或者回避失败时才可能发展为事故。因此,按照对事故相关危险的形成与加剧的作用不同,可以将当事人的行为分为引起交通冲突的行为和回避交通冲突的行为两类。

对于由一方当事人引起交通冲突的事故,由于引发冲突的行为在危险的生成与发展中起主导作用,其他当事人只能被动地进行回避,而回避措施的及时、恰当与否又受到冲突的呈现时机和回避者的准备状态、反应能力、回避条件等主客观因素的影响,因此,即使在有关回避措施明显滞后或者失当的情况下也不能否认引起冲突者对事故的作用更大,至于回避者已尽一般人所能采取了大致合理的回避措施,只是因为冲突的速度太快、强度太大而未能奏效的,则不应确定其对事故具有作用力。此外,对于回避者自身在事前存在某种不利于安全的行为或者状态并影响了对冲突的回避,以致回避结果不理想、失败甚至加重事故后果的,可以根据实际情况适当增加回避者的责任,但是必须注意,回避者的上述行为仍然属于冲突关系中的被动因素,对发生事故所起的作用相对较小,所负的责任也应相对较轻;如果回避方又同时具有疏于回避或者回避明显失当的,则应进一步加重其责任,但无论如何,回避者最终承担的责任应不超过引起冲突的当事人。

对于由两方当事人共同引起交通冲突的事故,一般根据冲突的具体类型来分析各方当事人的行为对形成冲突所起的作用,进而划分责任的轻重。其中,双方当事人的行为属于违反同一性质交通安全义务的,行为强度大的一方起的作用力大,行为强度弱的一方起的作用力小;当事人的行为属于违反不同性质交通安全义务的,对于在相同情形下引起类似冲突的可能性大的一方起的作用力大,而引发类似冲突的可能性小的一方起的作用力小。

对于由三方以上当事人发生的事故,由于通常具有两次以上的冲突过程,因此一般将事故按照冲突关系区分为若干阶段,首先针对每一阶段的冲突关系进行作用力比较,然后根据各阶段冲突对发生事故和形成损害后果所起的作用进行综合分析,最终确定各方当事人行为的作用力大小。其中,对于无法明确区分各次冲突的前后顺序或者前后各次冲突之间缺乏因果关系的,应将彼此视为相对独立的若干个事故阶段,分别根据各自的冲突关系来确定相关冲突方的作用力大小。对于前后各次冲突之间具有因果关系的,则在对每次冲突按照各自冲突关系进行作用力对比的同时,还应当考虑到前次冲突对后续冲突的影响:如果事故是由甲乙两方共同引起的冲突导致其中一方或双方失控又与第三方发生冲突的,那么甲乙双方都以各自在第一次冲突中的作用力大小,按比例共同对第二次冲突具有作用力;如果事故是由一方引起冲突而对方已尽其所能回避却获未成功,导致一方或双方又与第三方发生冲突的,那么引起前次冲突的一方对第二次冲突具有作用力,而在前次冲突中未能成功回避的一方不具有作用力;如果前次冲突是由甲乙双方以外的非人为因素引发,但双方都疏于回避或者回避失当,并导致一方或双方又与第三方发生冲突的,那么前次冲突的双方都平等地对第二次冲突具有作用力。

五、认定当事人责任的规则

所谓认定当事人责任的规则,是指在认定当事人责任时所要遵循的具体标准和要求。由于造成交通事故的原因错综复杂,与当事人的交通安全素质、车辆技术状况、道路规划建设情况、交通安全管理水平等因素都有紧密联系,而这些情况在我国不同地区和城乡之间还存在着明显差异,在认定当事人责任时,需要合理考虑事故发生时的实际交通状况和当地客观存在的交通习俗,因此,现行的道路交通安全法并没有对全国普遍适用的认定规则做出全面系统的规定,只是就认定的基本原则和某些特定情形的认定标准做出规定的同时,将有关的立法权授予了各地的省级公安机关,而全国各地的省级公安机关也基本都根据有关法律、法规制定了适用于当地发生交通事故的认定规则。其中较有代表性的是《北京市道路交通事故当事人责任确定标准(试行)》,该认定规则以地方性标准的形式颁布,全面规范了当地的交通事故当事人责任认定,对合理限制公安交通管理部门及其交通警察的自由裁量权,以增强责任认定的公正性和减少认定纠纷发挥了积极作用。但是,过于细化的认定标准也可能使一些办案人员疏于对事故成因的深入调查和分析,一味机械地按图索骥认定责任,导致认定结论与事实相悖,更甚者可能诱发一些故意制造交通事故以骗取赔偿的案件,这是在交通事故认定中值得警惕和重视的问题。

目前全国统一的当事人责任认定规则主要有以下内容:

(1)因一方当事人的过错导致事故的,由该当事人承担全部责任,其他当事人不承担责任。

(2)因两方或者两方以上当事人的过错导致事故的,根据各自的行为对事故发生的作用以及过错的严重程度,分别承担主要责任、同等责任和次要责任。但是,一方当事人故意造成交通事故的,其他当事人不承担事故责任。

(3)各方当事人均无导致事故的过错,属于交通意外事故的,各方当事人均无责任。

(4)发生交通事故后当事人逃逸的,逃逸的当事人承担全部责任。但是,有证据证明对方当事人也有过错的,可以适当减轻逃逸当事人的责任[1]。

(5)当事人在发生交通事故以后故意破坏、伪造现场、毁灭证据的,承担全部责任。

(6)在道路上学习驾驶机动车过程中,学员造成交通事故的,由教练员承担责任。

---

[1] 《道路交通事故处理程序规定》修改稿中将交通肇事逃逸案件的当事人责任认定修改为:当事人在发生事故后逃逸的,承担全部责任。其中,当事人弃车逃逸的,如有证据证明对方当事人也有过错,可以适当减轻责任,但同时有证据证明逃逸当事人有故意破坏、伪造现场、毁灭证据情形的,不予减轻。

第七章　道路交通事故法律责任

第一节　概　　述

一、交通事故法律责任的概念

交通事故法律责任有广义与狭义之分。广义的交通事故法律责任,是指当事人因为发生交通事故而不法侵害道路交通安全秩序和他人人身、财产权利,或者对事故负有防范、处理职责的单位和人员未依法履行事故防范、处理职责,而招致法律对其引发事故或者失职、渎职行为的否定性评价,即要承受某种不利的法律后果。狭义的交通事故法律责任,则专指当事人因为发生交通事故所应承受的不利法律后果。

二、交通事故法律责任的种类

根据当事人的交通事故行为和有关单位、人员的失职、渎职行为所违反法律的性质不同,交通事故法律责任可分为行政责任、刑事责任和民事责任三种。

(一)行政责任

行政责任是指事故当事人或者对事故负有防范、处理职责的单位和人员,因为其交通事故行为或者失职、渎职行为违反行政法律、法规,构成道路交通安全违法行为、安全生产违法行为或者行政违纪行为,而依法应承担的法律责任。按照行政责任的性质不同,交通事故行政责任又具体分为行政处分和行政处罚两类。

1. 行政处分

行政处分也叫行政纪律责任,是行政任免机关和行政监察机关依照法律、行政法规的规定,对在交通事故的防范、发生和处理中有失职、渎职行为或者负有领导责任的国家公职人员实施的一种行政机关内部的纪律制裁。

行政处分由轻到重分为警告、记过、记大过、降级、撤职、开除6个等级。综合《中华人民共和国道路交通安全法》和《国务院关于特大安全事故行政责任追究的规定》、《生产安全事故报告和调查处理条例》、《行政机关公务员处分条例》等法律、法规的规定,交通事故发生后,对事故的防范、发生和处理直接负责的国家公职人员,以及负有领导责任的地方人民政府主要领导有下列情形之一的,由有关部门根据其失职、渎职行为的情节轻重,给予相应

的行政处分,构成犯罪的,依法追究刑事责任①:

(1)不依法履行职责,致使可以避免的严重人员伤亡事故或者群体性事件发生的。

(2)事故发生后,不立即组织事故抢救的。

(3)事故发生后,迟报、漏报、谎报或者瞒报事故的。

(4)事故发生后逃匿,或者伪造、故意破坏事故现场的。

(5)转移、隐匿资金、财产,或者销毁有关证据、资料的。

(6)拒绝接受调查或者拒绝提供有关情况和资料的。

(7)在事故调查中作伪证或者指使他人作伪证的。

(8)在事故调查处理期间擅离职守的。

(9)阻碍、干涉事故调查处理工作的。

(10)所发生事故的社会影响特别恶劣或者性质特别严重的。

(11)对事故调查处理工作不负责任,致使事故调查处理工作有重大疏漏的。

(12)包庇、袒护负有事故责任的人员或者借机打击报复的。

(13)故意拖延或者拒绝落实经批复的对事故责任人的处理意见的。

(14)其他玩忽职守、贻误工作的行为。

行政处分属于行政机关的内部纪律制裁,被处分人对所受行政处分不服的,只能向上级有关部门申诉,而不能申请行政复议或提起行政诉讼。

2.行政处罚

行政处罚是指公安交通管理部门或者安全生产监督管理部门,依法对当事人和其他有关单位、人员在事故中的道路交通安全违法行为或者安全生产违法行为予以的行政法律制裁。与行政处分所不同的是,行政处罚是公安交通管理部门或者安全生产监督管理部门对其行政管理相对人实施的外部行政法律制裁,被处罚人对处罚不服的,可以依法申请行政复议或提起行政诉讼。交通事故行政处罚具有以下特征:

(1)实施行政处罚的主体只能是具有法定职权的公安交通管理部门或者安全生产监督管理部门。其中,对违反道路交通安全法的当事人的行政拘留应由县、市公安局、公安分局或者相当于县一级的公安机关决定,其他行政处罚由相应的县级以上公安交通管理部门决定;对违反《生产安全事故报告和调查处理条例》的单位或个人的行政处罚,由安全生产监督管理部门决定。

(2)行政处罚的对象是在事故中有道路交通安全违法行为或者安全生产违法行为的事故当事人和其他有关单位及人员,并且其违法行为的情节和危害后果达到了行政处罚的标准,而又未达到刑事犯罪的严重程度。行政处罚对象必须达到法定责任年龄和具备责任能力,按照《中华人民共和国行政处罚法》的规定,公民的行政责任年龄为14周岁,不满14周岁的人实施的违法行为不予处罚,并且,对于年满14周岁的精神病人在不能辨认或者不能控制自己行为的情况下实施的违法行为也不予处罚。此外,《中华人民共和国治安管理处

---

① 《道路交通事故处理程序规定》修改稿中新增规定:"交通警察在处理道路交通事故过程中,违反法律、法规、规章规定,有下列情形之一的,应当根据其违法事实、情节、后果,追究有关人员的责任:(一)现场勘查遗漏关键证据,导致道路交通事故事实无法认定的;(二)认定的道路交通事故事实不清的;(三)适用法律错误的;(四)当事人责任划分不当的;(五)调查及认定违反法定程序,影响道路交通事故认定的;(六)未将交通事故录入公安交通管理综合应用平台的;(七)有其他执法错误的。""交通警察有前款情形之一,构成犯罪的,依法追究刑事责任。造成严重后果、恶劣影响的,还应当追究公安机关交通管理部门领导责任。"

罚法》第14条还规定:"盲人或者又聋又哑的人违反治安管理的,可以从轻、减轻或者不予处罚。"

(3)行政处罚是一种要式行政行为。公安交通管理部门或者安全生产监督管理部门在做出行政处罚决定时,必须向被处罚人出具相应的行政处罚决定书。决定书应当载明被处罚人的基本情况、违法事实和证据、处罚的依据、处罚的种类、处罚机关名称及被处罚人依法享有的复议、诉讼权利等内容,并加盖处罚机关的印章。

行政处罚是交通事故行政法律责任最主要的表现形式,通常所称的交通事故行政法律责任指的就是行政处罚,而本书所讨论的交通事故行政法律责任,更只限于公安交通管理部门对有关人员和单位的道路交通安全违法行为的行政处罚。

(二)刑事责任

交通事故刑事责任,是指事故当事人和对事故负有防范、处理职责的人员,因为其交通肇事行为或者失职、渎职行为触犯刑法,构成犯罪,而依法应承担的刑事法律责任。交通事故刑事责任具有以下特征:

(1)有关人员的交通肇事或者失职、渎职行为造成了人员重伤、死亡或者使公私财产遭受重大损失,具有严重的社会危害性。

(2)交通事故刑事责任是有关人员向国家所负的一种法律责任,因此,刑事责任的有无和大小都不以事故当事人的意志为转移。

(3)交通事故刑事责任是一种惩罚性责任,并且是交通事故所有法律责任中最为严厉的一种。由于刑事责任给被处罚者带来的不利影响或后果远比其他法律责任严重,因此,行为人在主观上是故意还是过失,以及故意或者过失的形式和程度都对其刑事责任的有无、种类与大小有着重要影响。

事故当事人和其他有关人员因为交通事故可能涉嫌的具体犯罪有多种,但其中最主要的是交通肇事罪和危险驾驶罪,本书所讨论的交通事故刑事责任也主要限于这两种犯罪。

(三)民事责任

民事责任是指由于违反民事法律、违反合同或者民事法律规定所应承担的一种法律责任。按照责任发生根据的不同,民事法律责任可分为侵权责任、违约责任和其他责任,由于交通事故都表现为对一定人员或单位的人身权益、财产权益的侵犯,因此,其民事法律责任基本属于侵权责任。然而,对于在道路客、货运输经营中发生的交通事故,当事人的事故行为通常还涉及对相关运输合同的违反,依法应承担相应的违约责任,这种因同一行为产生两种不同法律责任的情形被称为责任竞合,按照《中华人民共和国合同法》的规定,受害人有权在违约责任和侵权责任之间进行选择,而在实践中几乎所有受害人都选择侵权责任。交通事故侵权责任具有以下特点:

(1)交通事故侵权责任主要是一种救济责任。交通事故侵权责任具有补偿、惩罚和预防的功能,但其中最主要的还是救济当事人的民事权利,即通过赔偿或补偿来填补交通事故给受害人造成的损害后果。

(2)交通事故侵权责任以财产责任为主。交通事故侵权责任的救济性决定了其责任形式主要包括修理和赔偿损失两种,并且修理也多以赔偿修理费的方式进行,因此,交通事故侵权责任通常又被称为交通事故损害赔偿责任。

(3)交通事故侵权责任具有一定的当事人自主性。交通事故侵权责任是事故侵权人向受害人承担的法律责任,是对受害人民事权利的法律保护,而依照法律规定,公民、法人和其他组织在不违背法律和公序良俗的前提下,可以自由处分其民事权利。

三、交通事故法律责任的归责

(一)归责的含义

归责,也称法律责任的归结,是指行政、司法机关依法对事故当事人和其他有关人员、单位的法律责任进行的判断和确认。归责是有关人员和单位承担法律责任的前提和必经程序,有关人员和单位是否应当承担法律责任以及应承担怎样的法律责任都需要通过归责来确定,但归责并不必然导致法律责任的产生,不同性质的法律责任具有不同的责任构成要件,责任的成立与否取决于有关人员和单位的行为及其后果是否符合相应的责任构成要件。

(二)归责的基本原则

无论是行政责任、刑事责任,还是民事责任,在归责时都必须遵循以下基本原则:

1. 责任法定原则

责任法定原则,是指交通事故法律责任作为一种否定性的法律后果应当由法律规范预先做出规定,当出现了相关违法行为时,须严格按照法律规范事先规定的责任性质、责任范围、责任方式追究有关人员和单位的责任,并且不能以事后的法律为依据追究过去所发生行为的法律责任或者加重其法律责任。

2. 责任相当原则

责任相当原则是指交通事故法律责任的性质、种类和轻重必须与有关违法行为的性质和危害后果相适应,既不能轻犯重处也不能重犯轻处。责任相当原则是法律公正精神在法律责任归责上的反映,要求切实做到有责当究、无责不究、轻责轻究、重责重究,相同的违法行为追究同样的法律责任。

3. 责任平等原则

责任平等原则是指在认定和归结交通事故法律责任时,不能因有关人员和单位的种族、民族、性别、职业、文化程度、财产状况或单位性质、资产状况、经营规模、社会影响等方面的不同而有所区别,应一律平等地追究法律责任。责任平等原则是法律面前人人平等的宪法精神在归责原则中的具体体现。

四、交通事故法律责任的免除

法律责任的免除也称免责,是指有关人员或单位本应承担的事故法律责任由于出现法定事故由而被部分或者全部免除。法律责任的免除是以法律责任的存在为前提的,因此不同于根本不存在法律责任的"不负责任"或者"无责任"。从相关法律规定和办案实践来看,事故法律责任的免除事由有时效经过和不诉或协议两种。

(一)因时效经过而免除

因时效经过而免除是指事故法律责任由于经过了一定的期限(追责时效)而被免除的情形。实行时效免责的目的在于保障有关人员或单位的合法权益,督促有关法律主体及时行使权利、结清权利义务关系,提高事故调查处理工作的效率和稳定社会生活秩序。

1. 行政处罚的追责时效

《中华人民共和国行政处罚法》第 29 条规定:"违法行为在二年内未被发现的,不再给予行政处罚。法律另有规定的除外。"追责时效从违法行为发生之日起计算,如果违法行为有连续或者继续状态的,则从行为终了之日起计算。

2. 刑事责任的追责时效

根据《中华人民共和国刑法》第 87 条的规定,犯罪行为超过下列期限不再追诉:

(1)法定最高刑不满 5 年有期徒刑的,经过 5 年;

(2)法定最高刑为 5 年以上不满 10 年有期徒刑的,经过 10 年;

(3)法定最高刑为 10 年以上有期徒刑的,经过 10 年;

(4)法定最高刑为无期徒刑或者死刑的,经过 20 年。如果 20 年以后认为必须追诉的,须报请最高人民检察院核准。追诉期限从犯罪之日起计算,犯罪行为有连续或者继续状态的从犯罪行为终了之日起计算,如果在追诉期限以内又犯罪的,前罪追诉的期限从犯后罪之日起计算。此外,在公安、司法机关立案侦查或者在人民法院受理案件以后,逃避侦查或者审判的,以及被害人在追诉期限内提出控告,公安、司法机关应当立案而不予立案的,不受追诉期限的限制。

3. 侵权责任的追责时效

民事诉讼时效即为交通事故侵权责任的追责时效,按照《中华人民共和国民法通则》的规定,民事诉讼时效有如下三种:

(1)普通诉讼时效。向人民法院请求保护民事权利的普通诉讼时效期间为 2 年。普通诉讼时效适用于除人身伤害之外的交通事故侵权责任,时效期间从当事人知道或者应当知道权利被侵害时起算,起始日一般为事故的发生日。普通诉讼时效依法可被中止和中断,并可被延长。

(2)特别诉讼时效。《中华人民共和国民法通则》第 136 条对人身体受到伤害请求赔偿的规定了 1 年的特别诉讼时效期间。诉讼时效的起算日按以下情况处理:

①伤势明显的,从事故发生之日起算;

②伤害在事故发生当时未被发现,后经检查诊断并证明是由事故造成的,从伤势确诊之日起算。特别诉讼时效可被中止和中断,并可被延长。

(3)最长时效。《中华人民共和国民法通则》第 137 条规定:从权利被侵害之日起超过 20 年的,人民法院不予保护。该 20 年即为民事诉讼的最长时效,在交通事故中主要适用于受害人无行为能力、限制行为能力或者死者身份不明,并且无法与其亲属取得联系的情形。最长诉讼时效期间的起算时间为事故发生日。最长诉讼时效不可被中止和中断,但可被延长。

(二)因不诉或协议而免除

通过不诉或协议的方式免责,只适用于交通事故民事责任,而不适用于交通事故的行政责任和刑事责任。其中,不诉是指事故受害人不向公安、司法机关报警或起诉要求追究事故责任人的法律责任,这时,事故责任人的法律责任就在实际上被免除;协议是指事故责任人与受害人之间在法律允许的范围内自愿达成协议,免除事故责任人的法律责任。

第二节 道路交通事故行政处罚

一、交通事故行政处罚的原则

公安交通管理部门在对当事人的违法行为实施行政处罚时,必须遵循以下原则:

(一)处罚法定原则

处罚法定原则是公安交通管理部门在处理违法行为时所应当遵循的最基本和最主要的原则,该原则要求作出具体行政处罚的主体必须具有合法性,所做出的具体行政处罚必须有明确的法律依据,而实施行政处罚的程序也应当符合法律的规定。

(二)公开公正原则

公开公正原则要求公安交通管理部门对违法行为人做出的行政处罚决定应当与行为人的违法行为的性质、种类、情节和危害程度相适应,在实施行政处罚过程中应当履行法定的告知义务,充分尊重违法行为人的陈诉和申辩权,违法行为人的陈诉和申辩有道理的,应当予以听取。

(三)教育和处罚相结合的原则

行政处罚的真实目的在于预防和减少违法行为的发生,因此,在对当事人的违法行为实施行政处罚的同时,应当对违法行为人进行必要的法制教育,使其充分认识到违法自己的行为,促使其今后自觉遵守法律法规,这样才能达到行政处罚的目的。

二、交通事故行政处罚的种类

(一)警告

警告是一种申诫罚,是公安交通管理部门对违法行为人带有强制性质的谴责和告诫。一般认为,警告是行政处罚中处罚力度最轻的一种。

(二)罚款

罚款又称财产罚,是公安交通管理部门依法责令违法行为人在一定期限内缴纳一定数额的金钱货币的行政处罚手段。它是当前我国道路交通管理中运用最广泛的一种行政处罚手段。

(三)暂扣机动车驾驶证

暂扣机动车驾驶证属于一种能力罚或称资格罚,是公安交通管理部门依法对违反道路交通安全法的机动车驾驶人员在一定时间内暂停其机动车驾驶资格的处罚。

(四)吊销机动车驾驶证

吊销机动车驾驶证也属于一种能力罚或称资格罚,是公安交通管理部门依法对严重违反道路交通安全法的机动车驾驶人取消其驾驶资格的处罚。按照《中华人民共和国道路交通安全法》的规定,造成交通事故后逃逸被吊销机动车驾驶证的人员以及饮酒后或者醉酒驾驶机动车发生重大交通事故,构成犯罪被吊销机动车驾驶证的人员将终生不得重新取得机动车驾驶资格。其他因为实施违法行为被吊销机动车驾驶证的人员在法定期限届满后可以重新申领机动车驾驶证。

(五)拘留

拘留属于一种人身罚,又称为行政拘留、治安拘留,是公安机关依法对违法行为人实施的在一定时间将其羁押于一定场所,限制其人身自由的一种行政处罚。拘留是道路交通安全行政处罚中最为严厉的一种,只适用于有严重违法行为的当事人。拘留的期限为1日以上15日以下,因有两种以上违法行为被处拘留并合并执行的,最长期限不超过20日。在具体适用拘留处罚时应注意:对于不满16周岁的未成年人、70周岁以上的老年人、孕妇或者正在哺乳自己不满1周岁婴儿的妇女,以及患有严重传染性疾病的当事人均不得适用拘留处罚。

三、交通事故行政处罚的程序

对事故当事人的行政处罚,应当在当事人的违法行为被调查确实,事故损害赔偿调解之前进行。行政处罚程序分为决定程序和执行程序两个前后相互联系的组成部分。

(一)行政处罚的决定程序

1. 简易程序

简易程序又称为当场处罚程序,是由交通警察在事故现场对当事人做出行政处罚的一种简便的行政处罚决定程序。该程序一般与事故处理的简易程序配合进行,并可以由一名交通警察实施。

依照法律规定,适用简易程序做出行政处罚决定的违法行为,必须同时具备以下条件:

(1)当事人的违法事实清楚、证据确凿;

(2)现行道路交通安全法律、法规对违法行为有明确的处罚规定;

(3)按照法律规定,对当事人的违法行为应该做出的处罚为警告或者200元以下的罚款。

适用简易程序对当事人做出行政处罚决定时,应当按照下列步骤进行:

(1)向被处罚的当事人表明执法身份,口头告知其违法行为的基本事实、拟做出的行政处罚、依据及其依法享有的权利,包括陈述权和申辩权。

(2)听取被处罚人的陈述和申辩。当事人提出的事实、理由或者证据成立的,应当采纳,不得因被处罚人提出陈述和申辩而对其加重处罚。

(3)依法制作预定格式和编号的简易程序处罚决定书,处罚决定书应当由交通警察签名或者盖章,并加盖公安交通管理部门的印章。

(4)将处罚决定书当场交由被处罚人签名并交付给被处罚人。被处罚人拒绝签名或收领的,由交通警察在处罚决定书上注明,即视为已经送达。

(5)交通警察在做出处罚决定后的2日内将处罚决定书报所属公安交通管理部门备案。

2. 一般程序

行政处罚的一般程序,也称为普通程序,是对当事人的违法行为实施行政处罚的基本程序。依照法律规定,一般程序适用于所有的违法行为,包括依法可以适用简易程序处理的违法行为,也可以适用一般程序进行处理。在实践中,行政处罚的一般程序多与交通事故处理的一般程序配合进行。

一般程序分为现场处理和非现场处理两个阶段。其中,现场阶段可以由一名交通警察实施,而非现场阶段必须由2名以上的交通警察实施。

在现场处理阶段,对于不需要对被处罚人采取行政强制措施的,由现场的交通警察制作《道路交通安全违法行为处理通知书》,通知当事人在15日以内到指定的地点接受处理,需要对被处罚人采取行政强制措施的,由现场的交通警察依法采取相应的行政强制措施,并制作《公安机关交通管理行政强制措施凭证》,该凭证兼具有违法行为处理通知书的作用,不再另行制作违法行为处理通知书。

在非现场处理阶段,被处罚人应当按照违法行为处理通知书或者行政强制措施凭证上规定的时间、地点前往公安交通管理部门接受处理。公安交通管理部门应当结合对交通事故的调查取证工作,对被处罚人的违法行为调查核实,并依法做出行政处罚决定。调查及做出行政处罚决定的基本步骤如下:

(1)对违法事实进行调查,询问当事人违法行为的基本情况,并制作笔录。当事人拒绝接受询问、签名或者盖章的,由交通警察在询问笔录上注明。

(2)采用书面形式或者笔录形式告知当事人拟做出行政处罚的事实、理由及依据,并告知其依法享有的权利。

(3)对当事人的陈述、申辩进行复核,复核结果应当在笔录中注明。对于符合听证条件,当事人要求举行听证的,应当依法进行听证。

(4)对违法行为事实清楚的,依法在规定时限内做出行政处罚决定,并制作行政处罚决定书。其中,对当事人因构成犯罪而吊销机动车驾驶证的,应当待人民法院判决其构成犯罪后再作出行政处罚决定。行政处罚决定书应当加盖公安交通管理部门印章。

(5)行政处罚决定书应当交由被处罚人签名,并当场交付被处罚人。被处罚人拒绝签名或收领的,由交通警察在处罚决定书上注明,视为已经送达。对于当事人不在场的,依照《公安机关办理行政案件程序规定》的有关规定进行送达。

(二)行政处罚的执行程序

1. 罚款处罚的执行

对罚款处罚原则上实行"罚缴分离"制度,除了对行人、乘车人和非机动车驾驶人的罚款处罚,在被处罚人无异议的情况下可以由交通警察当场收取之外,其他的罚款处罚都应当由被处罚人在接到处罚决定书之日起15日内,到指定的银行进行缴纳。对于被处罚人逾期不履行罚款处罚决定的,做出处罚决定的公安交通管理部门可以每日按罚款金额的3%收取滞纳金或者申请人民法院强制执行,其中滞纳金总额不得超出原罚款金额。

2. 暂扣机动车驾驶证的执行

决定对当事人实施暂扣机动车驾驶证处罚的,由公安交通管理部门对其机动车驾驶证进行扣押。其中,对于非本辖区的机动车驾驶人,公安交通管理部门应当在做出处罚决定之日起15日内,将其机动车驾驶证转至核发地公安交通管理部门。被处罚人申请不将暂扣的机动车驾驶证转至核发地公安交通管理部门的,应当准许并在处罚决定书上注明。

3. 吊销机动车驾驶证处罚的执行

决定对当事人实施吊销机动车驾驶证处罚的,公安交通管理部门应当在做出处罚决定后15个工作日内,将决定吊销的机动车驾驶证转至核发地公安交通管理部门进行注销。对依法应当被终身禁驾的被处罚人,由核发地车辆管理所将相关处罚决定记入全国公安交通管理信息系统备案。

4. 行政拘留处罚的执行

决定对当事人实施行政拘留处罚的,由做出决定的公安机关送达拘留所执行,对抗拒执行的,可以使用约束性警械。被处罚人不服行政拘留处罚决定,申请行政复议或者提起行政诉讼的,可以向做出行政拘留处罚决定的公安机关提出暂缓执行申请,公安机关认为暂缓执行行政拘留不致发生社会危险,且被处罚人或者其近亲属依法提供了担保人或者缴纳了保证金的,应当在收到被处罚人的暂缓执行申请之时起 24 小时内做出暂缓执行行政拘留的决定。

四、交通事故行政处罚的救济

(一)行政复议

行政复议是指当事人(行政复议申请人)对公安机关或其交管部门(行政复议被申请人)做出的行政处罚决定不服,依法向上一级公安机关或其交管部门(行政复议机关)提出行政复议申请,由行政复议机关对该行政处罚决定进行审查并做出相应行政复议决定的制度。

当事人对交通事故行政处罚不服的,可以自收到行政处罚决定书之日起 60 天内以口头或书面的形式向行政复议机关提出行政复议申请。因洪水、地震等不可抗力或其他正当理由耽误法定申请期限的,申请期限自障碍消除之日起计算。但是当事人对交通事故行政处罚不服,已经向人民法院提起行政诉讼并且被人民法院立案受理的,不得就同一事项再申请行政复议。

行政复议原则上采取书面审查的方式,行政复议机关应当自受理行政复议申请的 60 日内做出复议决定。不能在 60 日内做出复议决定的,经复议机关负责人批准,可以适当延长复议期限,但延长的期限最多不得超过 30 日。

(二)行政诉讼

行政诉讼,是指当事人(原告)对公安机关或其交管部门(被告)做出的行政处罚决定不服,依法向人民法院提起诉讼,由人民法院对该行政处罚决定的合法性进行审查并做出相应判决、裁定的行政诉讼活动。

当事人对公安机关或其交管部门的行政处罚决定不服的,可以首先向上一级公安机关或其交管部门申请行政复议,对行政复议决定有异议的再向人民法院提起行政诉讼,也可以直接向人民法院提起行政诉讼。

交通事故行政处罚的行政诉讼,通常情况下应当由做出行政处罚决定的公安机关或其交管部门所在地的基层人民法院管辖,但是有两种情形例外:一是原告对拘留处罚不服的,可选择被告所在地和原告所在地的人民法院管辖;二是经过行政复议的案件,行政复议机关改变了原行政处罚决定的,原告既可以选择向最初做出行政处罚决定的公安机关或其交管部门所在地的基层人民法院提起行政诉讼,也可以选择向行政复议机关所在地的基层人民法院提起行政诉讼。

第三节 道路交通肇事刑事处罚

一、交通肇事罪

(一)交通肇事罪及其特征

根据《中华人民共和国刑法》第 133 条的规定,交通肇事罪是指违反交通运输管理法规,因而发生重大交通事故,致人重伤、死亡或者使公私财产遭受重大损失,依法应被追究刑事责任的行为。交通肇事罪具有以下特征:

1. 犯罪主体为一般主体

交通肇事罪的犯罪主体为一般主体,即年满16周岁,具有刑事责任能力的自然人均可构成犯罪。在司法实践中,主要是从事交通运输的人员,非交通运输人员也可成为本罪的主体。

2. 犯罪客观方面表现为违反交通运输管理法规并造成重大交通事故

交通肇事罪的客观方面表现为犯罪主体违反交通运输管理法规,因而造成重大交通事故,致人重伤、死亡或者使公私财产遭受重大损失的行为。这包括行为违法和行为造成严重后果两个方面。其中,行为违法是导致交通事故的原因,也是构成本罪的前提条件。它是指犯罪主体的作为或不作为行为背离了与交通安全相关的法律、法规、规章、操作规程和工作制度的要求;行为造成重大事故后果则是指违法行为造成了重大人员伤亡或者公私财产损失,并且,违法行为与严重后果之间具有因果关系,违法行为是造成严重后果的原因。

3. 犯罪侵犯的客体为交通运输安全

交通肇事罪所侵犯的客体是由刑法所保护的交通运输的安全。由于《中华人民共和国刑法》第133条并非专门针对道路交通,这里的交通运输泛指与一定的交通工具与交通设备相联系的铁路、公路、水上及空中交通运输,但从司法实践来看,其更多适用的还是道路交通,他们的共同特点是与广大人民群众的生命财产安全紧密相连,一旦发生事故,就会危害到不特定多数人的生命,或使公私财产受到破坏。所以,交通肇事罪的行为本质上是危害公共安全犯罪。

4. 犯罪主观方面只能是过失

交通肇事罪的主观方面只能是过失,即犯罪主体应当能够预见自己违反交通运输管理法规的行为可能发生重大交通事故,因为疏忽大意而没有预见,或者虽然已经预见但是轻信能够避免。此处的过失是指行为人对所造成的严重后果的心理态度而言,至于对违反交通运输管理法规的行为本身,则可能是明知故犯。

(二)交通肇事罪的认定

1. 交通肇事罪与非罪的界限

首先,行为人虽然有违反交通运输管理法规的行为,但是并没有造成重大事故,以致人员重伤、死亡或者公私财产遭受重大损失的,不能认定其构成交通肇事罪。其次,行为虽然造成了严重后果,但是行为人主观上没有过失,而是因为不可抗力或者不能预见的意外原因所引发的,不能确定为交通肇事罪。最后,造成交通事故的原因往往是多方面的,在很多情况下既有行为人方面的原因,也有受害人方面的原因,即行为人与受害人均负有交通事故当事人责任。因此,如果行为人对事故不应负全部或者主要责任的,也不能认定为交通肇事罪。

2. 交通肇事罪与他罪的界限

交通肇事罪与故意杀人罪、故意伤害罪和以其他危险方法危害公共安全罪的区别主要在于:交通肇事罪的行为人在主观上必须是过失的,而故意杀人罪等其他犯罪的行为人的主观方面属于故意。另外,交通肇事罪的受害人是不特定的一人或多人,而故意杀人罪、故意伤害罪的受害人则是特定的。对于行为人故意驾驶车辆撞击特定的道路过往行人,造成受害人死亡或受重伤的,属于利用交通工具实施故意杀人或者伤害的行为,对此情况不论受害人实际是否死亡,均要区别行为人的犯罪动机和目的,分别以故意杀人罪和故意伤害罪定罪处罚;对于行为人故意驾驶车辆撞击非特定的道路过往行人、过往车辆、建(构)筑物或其他物品,致使人员伤亡或者公私财产遭受重大损失的,按照以其他危险方法危害公共安全罪定罪处罚。这里需要特别指出的是,交通肇事罪可向故意杀人罪和故意伤害罪转化。例如,行为人在交通肇事后为逃避法律追究,将被害人带离事故现场后隐藏或者遗弃,致使被害人无法得到救助而死亡或者严重残疾的,应当分别以故意杀人罪或者故意伤害罪定罪处罚。

(三)交通肇事罪的定罪量刑标准

交通肇事罪的定罪量刑标准分为以下三个档次:

1. 处3年以下的有期徒刑或者拘役

交通肇事具有下列情形之一的,处3年以下有期徒刑或者拘役:

(1)死亡1人或者重伤3人以上,负事故全部或者主要责任的;

(2)死亡3人以上,负事故同等责任的;

(3)造成公共财产或者他人财产直接损失,负事故全部或者主要责任,无能力赔偿数额在30万元以上的(各省、自治区、直辖市高级人民法院可以根据本地实际情况,在30万元至60万元的幅度内确定本地区的起点数额标准,并报最高人民法院备案,下同);

(4)交通肇事致1人以上重伤,负事故全部或者主要责任,并具有下列情形之一的:

①酒后、吸食毒品后驾驶机动车辆的;

②无驾驶资格驾驶机动车辆的;

③明知是安全装置不全或者安全机件失灵的机动车辆而驾驶的;

④明知是无牌证或者已报废的机动车辆而驾驶的;

⑤严重超载驾驶的;

⑥为逃避法律追究逃离事故现场的。

2. 处3年以上7年以下有期徒刑

交通肇事并且具有下列严重情节的,处3年以上7年以下有期徒刑:

(1)交通运输肇事后逃逸的。这里所称的交通运输肇事后逃逸是指交通肇事行为人具有下列情形之一,在发生交通事故后为逃避法律追究而逃跑的行为:

①死亡1人或者重伤3人以上,负事故全部或者主要责任的;

②死亡3人以上,负事故同等责任的;

③造成公共财产或者他人财产直接损失,负事故全部或者主要责任,无能力赔偿数额在30万元以上的;

④交通肇事致1人以上重伤,负事故全部或者主要责任,并有酒后、吸食毒品后驾驶机动车辆、无驾驶资格驾驶机动车辆、明知是安全装置不全或者安全机件失灵的机动车辆而驾驶、明知是无牌证或者已报废的机动车辆而驾驶以及严重超载驾驶的情形之一的。

(2)交通肇事具有下列特别恶劣情节之一的:

①死亡2人或者重伤5人以上,负事故全部或者主要责任的;

②死亡6人以上,负事故同等责任的;

③造成公共财产或者他人财产直接损失,负事故全部或者主要责任,无能力赔偿数额在60万元以上的(各省、自治区、直辖市高级人民法院可以根据本地实际情况,在60万元至100万元的幅度内确定本地区的起点数额标准,并报最高人民法院备案)。

3. 处7年以上15年以下有期徒刑

在交通肇事后为逃避法律追究而逃跑,致使被害人因得不到救助而死亡的,处7年以上15年以下有期徒刑。

二、危险驾驶罪

(一)危险驾驶罪及其特征

危险驾驶罪是指在道路上驾驶机动车追逐竞驶,情节恶劣,或者在道路上醉酒驾驶机动车的行为。该罪是《中华人民共和国刑法修正案(八)》中新增的罪名,按照规定,将其增设在《中华人民共和国刑法》第133条之后,作为第133条之一。该罪具有以下基本特征:

1. **犯罪侵犯的客体为公共的道路交通安全**

《中华人民共和国刑法修正案(八)》将危险驾驶罪规定在"危害公共安全罪"一章,并且专门针对道路交通这一特定交通形式。可见,此罪侵犯的客体为公共的道路交通安全,即危险驾驶的行为威胁到了不特定多数人的生命或者财产的安全。

2. **客观方面表现为在道路上实施危险驾驶机动车的行为且情节恶劣**

危险驾驶罪的构成,要求行为人在客观方面同时满足以下四个条件:

(1)具有醉酒驾驶机动车或者驾驶机动车追逐竞驶的行为。此处的"醉酒驾驶机动车",是指行为人在体内酒精含量达到醉酒标准的情况下仍然实施驾驶机动车的行为。"驾驶机动车追逐竞驶",是指行为人实施了驾驶机动车相互追逐或以追求速度为目的的驾驶行为,即通常所说的"飙车"。

(2)醉酒驾驶机动车或者驾驶机动车追逐竞驶的行为发生在道路上,即公路、城市道路和虽在单位管辖范围但允许社会机动车通行的地方,包括广场、公共停车场等用于公众通行的场所。

(3)行为人驾驶的必须是机动车辆。

(4)实施驾驶机动车追逐竞驶的行为如果要构成危险驾驶罪还必须满足"情节恶劣"这一条件,现行刑法条文对"情节恶劣"并没有作具体的描述。依照立法的本意,在闹市区、高速公路或者车上载有多人时醉驾、追逐竞驶等情形可以视为情节恶劣,但不应包括致人重伤或死亡的情形。因为危险驾驶罪处罚的是醉驾和追逐竞驶的行为,不以是否造成危害结果作为犯罪构成要件,只要在实践中具有驾驶机动车追逐竞驶,情节恶劣,或者醉酒驾驶机动车的行为即可构成该罪。

3. **犯罪主体为一般主体**

危险驾驶罪的犯罪主体为一般主体,即只要是已满16周岁并且具有刑事责任能力的自然人均可以成为本罪主体。在实践中,危险驾驶罪的主体主要是机动车驾驶人。

4. **主观方面表现为故意**

危险驾驶罪的主观方面表现为故意,即明知自己在道路上醉酒驾驶机动车或者驾驶机动车追逐竞驶的行为会危害到公共的道路交通安全,而希望或放任这种状态的发生。

(二)危险驾驶罪与他罪的界限

危险驾驶罪与交通肇事罪、以危险方法危害公共安全罪的区别主要在于:

(1)主观方面不同。危险驾驶罪的主观方面为故意,而除了以危险方法危害公共安全罪要求主观上是故意之外,交通肇事罪和过失以危险方法危害公共安全罪都要求行为人主观上必须是过失。

（2）行为方式不同。危险驾驶罪在客观方面只包括醉酒驾驶和追逐竞驶两种行为，而交通肇事包括了一系列违反交通安全管理法律法规的行为，以危险方法危害公共安全罪则是指实施除放火、决水、爆炸、投毒以外的其他与放火、决水、爆炸、投毒危险性相当，足以危害公共安全的行为。

（3）在是否要求出现危害结果上不同。危险驾驶罪是行为犯，只要有醉酒驾驶或追逐竞驶的行为就可能构成犯罪，不要求造成实际的危害结果。而交通肇事罪则要求造成重大事故，致人重伤、死亡或者使公私财产遭受重大损失。

以危险方法危害公共安全罪要相对复杂一些，可分为两种情形：一种是《中华人民共和国刑法》第114条规定的，不要求造成严重后果；另一种是第115条规定的，要求造成严重后果，即致人重伤、死亡或者使公私财产遭受重大损失。因此交通肇事罪为结果犯，以危险方法危害公共安全罪为危险犯，只要造成一定的危险就可能构成犯罪。最后，量刑不同。比较而言，相对交通肇事罪以及以危险方法危害公共安全罪而言，危险驾驶罪不以危害结果的发生作为犯罪构成要件，是一种较轻的犯罪；而交通肇事罪以危险方法危害公共安全罪，在具体量刑上都相对较重。

（三）危险驾驶罪的定罪量刑标准

根据《中华人民共和国刑法》第133条之一和第42条的规定，构成危险驾驶罪的，处1个月以上6个月以下拘役，并处罚金。危险驾驶行为同时构成交通肇事罪或者以危险方法危害公共安全罪等犯罪的，依照处罚较重的规定定罪处罚，不实行数罪并罚。

三、追究交通肇事刑事责任的程序

对于涉嫌交通肇事罪或危险驾驶罪的当事人，公安交通管理部门应当依照《中华人民共和国刑事诉讼法》和《公安机关办理刑事案件程序规定》等法律、法规追究其刑事责任。追究交通肇事刑事责任的基本程序如下：

（一）立案

立案是公安交通管理部门发现交通肇事犯罪事实、犯罪嫌疑人，或者对于事故当事人及其亲属、其他公民报案、控告、举报和自首的材料，按照管辖范围进行审查后，决定作为刑事案件进行侦查的诉讼活动。立案是整个刑事诉讼程序的起始和必经程序。根据《中华人民共和国刑事诉讼法》及《公安机关办理刑事案件程序规定》的规定，立案必须同时满足两个条件：一是有犯罪事实，即犯罪嫌疑人客观上实施了危害社会的犯罪行为；二是依法需要追究刑事责任。只有当犯罪事实客观存在，并且依法需要追究行为人刑事责任时，才能够且有必要立案。

公安交通管理部门在处理交通事故过程中，如果通过调查或者对有关人员的报案、控告、举报和自首进行审查后，发现当事人的行为涉嫌构成交通肇事犯罪，依法需要追究其刑事责任的，由办案交通警察填写《刑事案件立案报告书》，经所属县级以上公安机关负责人批准后，将交通事故处理程序转为刑事案件办理程序，予以刑事立案侦查和补充办理刑事案件手续及文书，同时根据案件及犯罪嫌疑人的具体情况决定采取拘传、取保候审、监视居住、拘留和逮捕等刑事强制措施。

对于有关人员的报案、控告、举报和自首进行审查后，认为没有犯罪事实，犯罪情节显著轻微不需要追究刑事责任,或者具有其他依法不追究刑事责任情形的,经县级以上公安机关负责人批准后不予刑事立案。其中,属于控告人提出犯罪控告的案件,公安交通管理部门应当制作不予立案通知书,并在 3 日内送达控告人。

(二)侦查

侦查是公安机关在办理刑事案件时,依法进行的专门调查活动和有关的强制性措施。公安交通管理部门应当对已经刑事立案的交通事故进行侦查,以收集、调查犯罪嫌疑人有罪或者无罪、罪轻或者罪重的证据材料,查明犯罪事实,并采取必要的刑事强制措施,防止犯罪嫌疑人继续进行犯罪活动或者逃避侦查、起诉和审判。

在侦查阶段,公安交通管理部门应当根据案件的具体情况,依法采取讯问犯罪嫌疑人、询问证人、被害人,对发案现场、事故车辆、物证、尸体、人体等进行勘验、检查,对犯罪嫌疑人的身体、物品、住处或其他地方进行搜查、检查,扣押物证、书证,对于案件有关的物品、文件、痕迹、人身、尸体等进行检验鉴定,以及对应当缉拿的肇事后逃逸的犯罪嫌疑人进行通缉等侦查措施。

(三)侦查终结

对于立案侦查的交通肇事刑事案件,侦查羁押期限一般不超过两个月,对犯罪嫌疑人逮捕后的侦查羁押期限不得超过 2 个月。案情复杂、期限届满不能终结的案件,可以经上一级人民检察院批准延长 1 个月。交通十分不便的边远地区的重大复杂案件以及犯罪涉及面广,取证困难的重大复杂案件经省、自治区、直辖市人民检察院批准或者决定,可以延长 2 个月。侦查终结后,办案交通警察应当制作结案报告,并报请县级以上公安机关负责人批准结案。结案报告中应当写明犯罪嫌疑人的基本情况、是否采取了强制措施及其理由、案件的事实和证据,以及法律依据和处理意见等内容。

对于犯罪事实清楚、证据确实、充分,犯罪性质和罪名认定正确,法律手续完备,依法应当追究刑事责任的交通肇事刑事案件,公安交通管理部门应当制作《起诉意见书》,连同案卷材料、证据,一并移送同级人民检察院审查和决定起诉。在侦查过程中,发现不应当对犯罪嫌疑人追究刑事责任的,应当撤销案件;犯罪嫌疑人已被逮捕的,应当立即释放,发给释放证明,并同时通知原批准逮捕的人民检察院。

(四)补充侦查

补充侦查是指公安司法机关依照法定程序,在原有侦查工作的基础上进行补充收集证据的一种侦查活动。补充侦查只适用于事实不清、证据不足或者遗漏罪行、遗漏同案犯罪嫌疑人的案件。

补充侦查在程序上分为审查起诉时的补充侦查和法庭审理时的补充侦查。对于人民检察院审查起诉的案件,需要补充侦查的,既可以退回公安交通管理部门补充侦查,也可以由人民检察院自行侦查,并在必要时可以要求公安机关提供协助,此类补充侦查应当在 1 个月以内侦查完毕,补充侦查次数以两次为限;对于在法庭审理过程中,检察人员发现提起公诉的案件需要补充侦查,提出延期审理建议并经合议庭同意的,人民检察院应当自行侦查,必要时也可以要求公安交通管理部门提供协助,补充侦查工作应当在 1 个月以内完毕。

(五)提起公诉

人民检察院在对公安交通管理部门移送来的交通肇事案件经过审查后,除了犯罪嫌疑人具有依法不追究刑事责任的情形或者犯罪情节轻微,对犯罪嫌疑人依法免除刑罚或者不需要判处刑罚,以及经过补充侦查仍然证据不足,不符合起诉条件,从而做出不交付人民法院审判决定的案件以外,对于犯罪嫌疑人犯罪事实已经查清,证据确实、充分,依法应当追究其刑事责任的案件,应当制作起诉书,依法向有管辖权的人民法院提起公诉。

(六)审理和判决

交通肇事案件的法庭审理分为第一审程序和第二审程序,其中第二审程序是否发动由刑事被告人是否提起上诉或者人民检察院是否提起抗诉决定。在人民法院对交通肇事案件进行审理的过程中,公安交通管理部门及其办案人员在通常情况下不参加庭审活动。但是,当公诉人提请传唤鉴定人和勘验、检查笔录制作人出庭作证或者被告人、辩护人、代理人提请传唤鉴定人出庭作证并经审判长同意的,担任交通事故勘验、检查笔录制作和检验鉴定工作的事故办案人员应当到庭作证并接受控、辩双方的询问。

庭审经过开庭、法院调查、法庭辩论、被告人最后陈述和合议庭评议后,人民法院应当对被告人做出有罪或无罪判决,或者做出终止审理的裁定,并根据审理后认定的事实和犯罪情节对判决有罪的被告人处以相应的刑罚。被告人已经赔偿被害人物质损失的,人民法院可以作为量刑情节予以考虑。

第四节　道路交通事故损害赔偿

一、交通事故损害赔偿的归责原则

为了体现平等、等价、公平、保护民事主体合法权益的民法精神,在确定当事人是否应当承担事故的损害赔偿责任时,除了应当遵循法律责任的基本归责原则之外,还必须针对具体的事故类型分别适用不同的损害赔偿归责原则。

(一)过错责任原则

过错责任原则,是指以过错作为价值判断标准,将当事人对发生事故损害的主观过错作为其承担赔偿责任的根据和最终要件。过错责任原则在本质上属于主观归责,要求当事人只有在主观上对事故后果的形成具有故意或者过失才承担责任,并且过错的严重程度是确定赔偿责任范围和责任形式的依据,如果当事人在主观上对事故后果的形成没有过错,则不承担赔偿责任。

《中华人民共和国道路交通安全法》第76条就交通事故损害赔偿中过错责任原则的适用只规定了机动车与机动车之间发生事故的这一种情形,要求事故造成的人身伤亡和财产损失首先由保险公司在交强险的责任限额范围内予以赔偿,不足的部分由对发生事故有过错的一方承担赔偿责任;双方都有过错的,按照各自过错的比例分担责任。但根据《中华人民共和国民法通则》第106条第2款和第3款的规定,过错责任原则是民事责任的最基本归责原则,除法律另有规定之外,对造成损害没有过错的均不承担民事责任。因此,对于没有机动车参与的非机动车事故也应当适用过错责任原则。

过错责任原则的适用是同时及于事故各方当事人的,不仅肇事人要对因其过错给他人造成的损害承担赔偿责任,而且受害人对因其自身过错所导致的损害也应自负其责。根据《中华人民共和国侵权责任法》第26条、27条的规定:"被侵权人对损害的发生也有过错的,可以减轻侵权人的责任。""损害是因受害人故意造成的,行为人不承担责任。"从交通事故处理的立法与实践来看,通常是根据各方当事人所负的当事人责任大小来确定其赔偿责任轻重,即:负事故全部责任的承担全部的赔偿责任;负事故同等责任的与其他责任人平均分担赔偿责任;负事故主要责任的承担大部分(例如60%~90%)赔偿责任;负事故次要责任的承担小部分(例如10%~40%)赔偿责任;无责任的不承担赔偿责任。

(二)无过错责任原则

无过错责任原则,是指不论当事人主观上对发生事故是否有过错,只要其行为与事故损害之间有因果关系,就应当承担赔偿责任,即使当事人能够证明自己没有过错也不能免除其责任。由于与过错责任原则相比,无过错责任原则对当事人的责任要求非常苛刻,因此按照《侵权责任法》第7条的规定,只有在法律有明确规定的情况下,才能够严格按照法律规定的条件和范围予以适用。

《中华人民共和国道路交通安全法》第76条第2项规定:"机动车与非机动车驾驶人、行人之间发生交通事故,非机动车驾驶人、行人没有过错的,由机动车一方承担赔偿责任;有证据证明非机动车驾驶人、行人有过错的,根据过错程度适当减轻机动车一方的赔偿责任;机动车一方没有过错的,承担不超过百分之十的赔偿责任。""交通事故的损失是由非机动车驾驶人、行人故意碰撞机动车造成的,机动车一方不承担赔偿责任。"一般认为这里规定的就属于典型的无过错责任原则,因为归责的基本依据并不是机动车方对发生事故是否具有过错,而是在首先确定机动车方须承担赔偿责任的基础上,根据非机动车、行人一方的过错来减轻以至免除其赔偿责任,不过也有学者对此持不同观点,认为这并非无过错责任原则,而是过错推定原则。过错推定责任的基本特征是首先假定当事人有过错,只要其不能证明自己没有过错就要承担赔偿责任,其本意在于借助证据法则来调整过错责任原则的运用,而结果只是导致对过错证明的举证责任倒置或者减轻受害人的举证负担,在本质上并没有脱离过错责任原则的框架,《侵权责任法》第6条也因此将其与过错责任规定在一起,但与之不同的是,在机动车与非机动车、行人之间发生的事故中,机动车方除了在非机动车驾驶人、行人故意碰撞机动车造成损失这一特定情形下不承担赔偿责任之外,在其他情况下即使能够证明自己对事故损失的发生没有过错,也只能适当减轻而不能免除其赔偿责任。

对机动车与非机动车驾驶人、行人之间发生的事故适用无过错责任主要是基于以下两点考虑:

(1)机动车运行过程存在着给他人乃至其自身造成损害的高度危险性,作为其支配方当然应对自己的危险行为可能造成的损害承担赔偿责任;

(2)机动车驾驶人具体掌控车辆这一基本危险源的运行,对避免事故的发生具有相对有利的地位,通过实施无过错责任有助于强化其在行车过程中尽到安全注意义务。

对于机动车与非机动车驾驶人、行人之间发生事故,非机动车驾驶人、行人也有过错的情况下,应当如何根据其过错程度来减轻机动车方的赔偿责任,目前还存在着较大争议。从全国各地的地方性立法来看,总的模式是根据非机动车驾驶人、行人方所负的当事人责任大小,相应确定一定的比例来减轻机动车方的赔偿责任,非机动车驾驶人、行人方所负的当事人责任越大的,机动车方得以减轻赔偿责任幅度也越大。

(三)公平责任原则

公平责任原则,又称衡平责任原则,是指事故的所有当事人对损害的产生均无过错,由各方当事人本着公平理念,合理分担损失。《中华人民共和国侵权责任法》第24条规定:

"受害人和行为人对损害的发生都没有过错的,可以根据实际情况,由双方分担损失。"因此,一般认为公平责任原则适用于法律没有特别规定可以适用无过错责任原则,而适用过错责任原则又显示公平的各类情形,是对过错责任原则和无过错责任原则的补充。但由于担忧这可能导致在实践中不受限制地基于公平观念将损失在当事人之间进行分配,从而对过错责任原则和无过错责任原则构成冲击,目前学界对公平责任的现行立法方式及其适用范围也存在着争议,并且有观点认为公平责任应当只限于法律有特别规定的情形,而不能作为一项普遍适用的归责原则。从过去的司法实践来看,由于我国的社会保障制度还未充分建立起来,公平责任原则事实上在许多法律没有明确规定的情况下也被直接适用,而且这种做法在短期内不会得到改变。

由于公平责任原则要求所有当事人对损害的发生都没有过错,并且不符合无过错责任原则调整的范围,因此一般认为,在道路交通领域中主要适用于解决因为意外因素导致的事故,并且要根据当事人的经济负担能力和受害人所遭受的损失情况进行选择适用,即可以适用也可以不适用,而纳入分担的损失范围也只限于事故造成的直接财物损失和人身伤害所产生的医疗费、丧葬费等财产性损失,而不包括本身难以确定的精神损害等非财产性损失。

二、交通事故损害赔偿责任的构成

交通事故损害赔偿责任的构成是与其归责原则密切相关的,适用归责原则的不同,损害赔偿责任的具体构成要件也会有所不同。其中,适用过错责任的必须具备违法行为、损害事实、因果关系和主观过错四项要件;适用无过错责任和公平责任的必须具备违法行为、损害事实和因果关系三项要件。

(一)违法行为

这里所称的违法行为,是指当事人在事故发生过程中受自身意识支配和意志左右,所实施的违反法律有关不得侵害他人人身权、财产权和保护他人人身及财产安全强制性义务的作为或不作为。违法行为包括行为与违法性两个要素,其中,违法性是指对调整平等主体之间人身与财产权利关系的民事法律的违反,因此不能简单地将其等同于道路交通安全违法行为。一般而言,凡是没有法律依据而造成他人人身伤害或财产损失的行为,均构成损害赔偿责任的违法行为要件。

(二)损害事实

损害事实是指受害人的人身权、财产权在事故中遭受侵害,并导致人身损害、精神损害和财产损失的客观事实。其中,人身损害包括侵害自然人的身体权、健康权、生命权,所造成的人格利益的有形损害;精神损害包括侵害自然人的人身权,所造成的自然人精神痛苦和精神利益丧失或减损,例如在情绪、感情、思维、意识等方面产生的愤怒、恐惧、焦虑、沮丧、悲伤、抑郁、绝望等不良心态;财产损失包括造成受害人的现有财产减少和可得利益丧失。

(三)因果关系

因果关系要件要求违法行为必须与损害事实之间具有因果关系,即当事人违反民事法律的作为或不作为是造成损害事实的原因,在二者间存在着前者引起后者,后者由前者所造成的客观联系。

(四)主观过错

主观过错是指当事人对自己的违法行为造成事故损害后果所持的主观心理状态,包括故意和过失。在适用过错责任原则的事故中，要求承担赔偿责任的当事人必须对损害事实的形成具有主观过错。

三、损害赔偿责任的权利人及义务人

(一)损害赔偿权利人

损害赔偿权利人，又称损害赔偿请求人，是指因遭受交通事故损害，依法有权请求损害赔偿义务人承担赔偿责任的受害人，包括直接受害人和间接受害人两类。

1. 直接受害人

直接受害人是指事故损害后果的直接承受者，包括在事故中直接遭受人身或财产侵害的当事人本人，以及因为抢救、安葬事故死者而遭受财产损失的死者近亲属。

2. 间接受害人

间接受害人是指因交通事故而间接遭受财产损失或者精神损害的人员。包括因事故死亡或者丧失劳动能力的当事人在事故发生时的法定被扶养人和其他近亲属。参照原劳动和社会保障部2003年颁布的《因工死亡职工供养亲属范围规定》，被扶养人是指依靠当事人提供主要生活来源，并有下列情形之一的当事人的配偶、子女(包括婚生子女、非婚生子女、婚生或者非婚生遗腹子女、养子女和有抚养关系的继子女)、父母(包括生父母、养父母和有抚养关系的继父母)、祖父母、外祖父母、孙子女、外孙子女、兄弟姐妹(包括同父母的兄弟姐妹、同父异母或者同母异父的兄弟姐妹、养兄弟姐妹、有抚养关系的继兄弟姐妹)：

(1)完全丧失劳动能力的；

(2)配偶男年满60周岁、女年满55周岁的；

(3)父母男年满60周岁、女年满55周岁的；

(4)子女未满18周岁的；

(5)父母均已死亡，其祖父、外祖父年满60周岁、祖母、外祖母年满55周岁的；

(6)子女已经死亡或完全丧失劳动能力，其孙子女、外孙子女未满18周岁的；

(7)父母均已死亡或完全丧失劳动能力，其兄弟姐妹未满18周岁的。

(二)损害赔偿义务人

损害赔偿义务人，又称损害赔偿承担人，是指因自己或者他人的行为造成事故损害而依法应承担赔偿责任的自然人、法人或者其他组织。根据有关法律和司法解释的规定，损害赔偿义务人分为以下3种情形：

1. 保险公司

《中华人民共和国道路交通安全法》第76条规定，机动车发生事故造成人身伤亡、财产损失的，首先由保险公司在交强险的保险责任限额范围内予以赔偿，不足的部分由侵权人按照法律规定承担赔偿责任。此外，按照《交通事故损害赔偿解释》规定，对于机动车还投保了第三者责任商业保险的，如果当事人同时起诉侵权人和保险公司的，应当按照先由承保交强险的保险公司在责任限额范围内予以赔偿，不足部分由承保商业三者险的保险公司根据保险合同予以赔偿，仍有不足的由侵权人按照法律规定承担赔偿责任。

需要指出的是，保险公司进行的赔偿在实质上是对保险合同的履约行为，该部分赔偿责任的原始主体应为机动车方，是机动车方通过事前的投保将其转化为了保险公司的保险义务，因此，如果机动车未依法投保交强险的，则该部分赔偿责任应由其投保义务人承担，如果

投保义务人和侵权人不是同一人的,则由投保义务人和侵权人承担连带责任。而对于多车发生的事故中,部分机动车未投保交强险的,受害人有权请求先由承保事故其他车辆交强险的保险公司在责任限额范围内予以赔偿,再由保险公司在赔偿后向未投保交强险的投保义务人或者侵权人进行追偿。

2. 侵权行为人

对于超出交强险责任限额范围的事故损害,原则上由实施事故侵权行为的当事人本人承担。其中,对于在同一起案件中有两名以上侵权行为人的,根据行为人相互间的主观过错和意思联络情况,分别按以下情形承担连带责任或者按份责任:

(1)两人以上基于共同的故意或过失,共同实施侵害他人行为的,由各行为人承担连带责任。

(2)两人以上共同实施可能造成他人损害的危险行为,其中一人或者数人的行为造成他人损害,能够确定具体侵权人的,由侵权人承担责任;不能确定具体侵权人的,由各行为人承担连带责任。

(3)两人以上分别实施侵权行为造成同一损害,每个人的侵权行为都足以造成全部损害的,由各行为人承担连带责任。

(4)两人以上分别实施侵权行为造成同一损害,能够确定责任大小的,由行为人各自承担相应的责任;难以确定责任大小的,由各行为人平均承担赔偿责任。

3. 替代责任人

替代责任是指依法对他人的侵权行为或者自己所管领物件造成的损害承担赔偿责任。在交通事故中代替侵权行为人承担赔偿责任的情况较为复杂,概括而言,主要包括以下情形:

(1)侵权行为人在执行工作任务过程中造成事故的,由其用人单位承担赔偿责任。

(2)劳务派遣期间,被派遣的工作人员因执行工作任务造成事故的,由接受劳务派遣的用工单位承担赔偿责任;劳务派遣单位有过错的,承担相应的补充赔偿责任。

(3)个人之间形成劳务关系,提供劳务一方因劳务造成事故的,由接受劳务一方承担赔偿责任。提供劳务一方在事故中自己受到损害的,根据双方各自的过错承担相应的赔偿责任。

(4)侵权行为人是无民事行为能力和限制民事行为能力的,由其监护人承担赔偿责任,监护人尽了监护责任的,可以适当减轻其赔偿责任。如果侵权行为人自己有财产的,首先从其本人财产中支付赔偿费用,不足部分由监护人适当赔偿,但单位为监护人的除外。

(5)租赁或借用机动车发生事故,属于该机动车一方的赔偿责任由机动车使用人承担,但是,机动车所有人具有下列情形之一,对损害的发生有过错的,应当承担相应的赔偿责任:

①知道或者应当知道机动车存在缺陷,且该缺陷是事故发生原因之一的;

②知道或者应当知道驾驶人无驾驶资格或者未取得相应驾驶资格的;

③知道或者应当知道驾驶人因饮酒、服用国家管制的精神药品或者麻醉药品,或者患有妨碍安全驾驶机动车的疾病等依法不能驾驶机动车的;

④其他应当认定机动车所有人或者管理人有过错的。

(6)当事人之间已经以买卖等方式转让并交付机动车但未办理所有权转移登记,发生事故后属于该机动车一方责任的,由受让人承担赔偿责任;如果所转让车辆属于非法拼装或者已达到报废标准机动车的,由转让人和受让人承担连带责任。被多次转让但未办理转移登记的机动车发生事故,属于该机动车一方的赔偿责任,由最后一次转让并交付的受让人承担,但是,被多次转让车辆属于非法拼装车、已达到报废标准的机动车或者依法禁止行驶的其他机动车的,由所有的转让人和受让人承担连带责任。

(7)未经允许驾驶他人机动车发生事故造成损害的,由机动车驾驶人承担赔偿责任;如果机动车所有人或者管理人有过错的,应承担相应的赔偿责任。但是,属于盗窃、抢劫或者抢夺的机动车发生事故的,由盗窃人、抢劫人或抢夺人承担赔偿责任。保险公司在机动车强制保险责任限额范围内垫付抢救费用的,有权向事故责任人追偿。

(8)以挂靠形式从事道路运输经营活动的机动车发生事故造成损害,属于该机动车一方的赔偿责任,由挂靠人和被挂靠人承担连带责任。

(9)套牌机动车发生交通事故造成损害,属于该机动车一方的赔偿责任,由套牌机动车的所有人或者管理人承担;被套牌机动车所有人或者管理人同意套牌的,应当与套牌机动车的所有人或者管理人承担连带责任。

(10)接受机动车驾驶培训的人员,在培训活动中驾驶机动车发生事故造成损害,属于该机动车一方的赔偿责任,由驾驶培训单位承担。

(11)机动车试乘过程中发生事故造成试乘人损害的,由提供试乘服务者承担赔偿责任,但是,试乘人有过错的,应当减轻提供试乘服务者的赔偿责任。

(12)因道路管理维护缺陷导致机动车发生事故造成损害的,由道路管理者承担相应赔偿责任。但是,道路管理者能够证明已按照法律、法规、规章、国家标准、行业标准或者地方标准尽到安全防护、警示等管理维护义务的除外。

(13)依法不得进入高速公路的车辆、行人,进入高速公路发生事故造成自身损害,高速公路管理者已经采取安全措施并尽到警示义务的,可以减轻或者不承担责任。

(14)因在道路上堆放、倾倒、遗撒物品等妨碍通行的行为导致交通事故的,应当由行为人承担赔偿责任,但是,道路管理者不能证明已按照法律、法规、规章、国家标准、行业标准或者地方标准尽到清理、防护、警示等义务的,应当承担相应的赔偿责任。

(15)未按照法律、法规、规章或者国家标准、行业标准、地方标准的强制性规定设计、施工,致使道路存在缺陷并造成事故,由建设单位与施工单位承担相应赔偿责任。

(16)机动车存在产品缺陷导致事故造成损害,由生产者或者销售者依照侵权责任法第五章的规定承担赔偿责任。

(17)机动车不明或者该机动车未参加强制保险,需要支付受害人人身伤亡的抢救、丧葬等费用的,由道路交通事故社会救助基金垫付。道路交通事故社会救助基金垫付后,其管理机构有权向事故责任人追偿。

四、交通事故损害赔偿责任的范围

(一)致人身损害的赔偿责任范围

根据《最高人民法院关于审理人身损害赔偿案件适用法律若干问题的解释》,赔偿的具体标准参照当地省、自治区、直辖市以及经济特区和计划单列市人民法院依法确定的标准执行。如果受害人举证证明其住所地或者经常居住地的相关标准高于事故发生地或者受诉人民法院所在地标准的,可以按照其住所地或者经常居住地的相关标准计算。交通事故致人身损害的损害赔偿项目和计算方法如下:

1. 医疗费

医疗费是指为抢救和治疗受害人在事故中受到的创伤,挽救其生命和使其身体恢复健康所必需的治疗和医药费用,包括挂号费、检查费、手术费、治疗费、住院费和药费等,对于因为事故创伤而必然导致伤者原有疾病治疗费用增加的,还应包括其增加的部分。

医疗费一般以公安交通管理部门调解时,或者人民法院一审法庭辩论终结前实际发生的数额为准,并根据医疗机构的诊断证明和医疗费用单据确定。对于因器官功能恢复训练所必要的康复费、适当的整容费以及其他后续治疗费,赔偿权利人可以待实际发生后另行主张,但是,如果根据医疗机构证明或者鉴定结论能够确定其必然发生的具体费用,也可以与已经发生的医疗费一并予以赔偿。

2. 误工费

误工费是指受害人因发生事故后无法从事正常工作或劳动而失去或减少的收入,具体包括死亡人员在死亡前的抢救治疗期间、受伤人员在治疗创伤或参加事故处理期间,以及当事人亲属按规定参加事故处理期间失去或减少的工作、劳动收入。

误工费根据误工人员的误工时间和收入状况确定。其中,受害人有固定收入的,按照其实际减少的收入计算;受害人无固定收入的,按照其最近三年的平均收入计算,受害人不能举证证明其最近三年平均收入状况的,可以参照事故发生地或者受诉人民法院所在地的相同或相近行业上一年度职工的平均工资计算。误工时间根据救治受害人的医疗机构出具的证明确定,受害人因伤致残持续误工的,误工时间可以连续计算至定残日的前一天。

3. 护理费

护理费是指事故导致受害人生活不能自理,需要他人护理而支出的费用。具体包括死亡人员在死亡前的抢救治疗期间、受伤人员在治疗、康复期间以及残疾后的日常生活期间需要他人护理的情形。

护理费根据护理人员的收入状况和护理人数、护理期限来确定。其中,护理人员有收入的参照误工费标准计算;护理人员没有收入或者雇佣护工的,参照当地护工从事同等级别护理的劳务报酬标准计算。护理人员原则上为1人,但医疗机构或者鉴定机构有明确意见的,可以参照其意见确定护理人员人数。护理期限从事故发生之日起至受害人恢复生活自理能力时止,对于受害人因残疾不能恢复生活自理能力的,可以根据其年龄、健康状况等因素确定合理的护理期限,但最长不超过20年。

因残疾不能恢复生活自理能力的受害人在定残后的护理,还应当根据其对护理的依赖程度并结合配制残疾辅助器具的情况来确定具体的护理级别。参照原卫生部《医院工作制度》规定,护理级别分为特别护理、一级护理、二级护理、三级护理四个等级。

4. 交通费

交通费是指受害人因为治疗事故损伤、配制残疾用具或者参加事故处理等活动实际必需的交通费用。交通费应当以实际发生额为限,凭正式票据支付,如果没有正式票据,但属于合理范围的也应当予以赔偿。交通费应不超过事故发生地国家一般工作人员的出差交通费标准,并且有关票据应与就医、配制残疾用具和参加事故处理的地点、时间、人数、次数相符合。

5. 住院伙食补助费

住院伙食补助费是指受伤人员(含抢救后死亡的受害人)在住院抢救和治疗期间相比其平常生活增加的伙食费支出。住院伙食补助费可以参照当地国家机关一般工作人员的出差伙食补助标准确定。对于受害人确有必要到外地治疗，因为客观原因不能住院的，受害人本人及其陪护人员实际发生的伙食费，其合理部分也应予以赔偿。

6. 营养费

营养费是指为增强受害人体质，使其尽快恢复健康而必需的营养性支出。营养费应当根据受害人的伤残情况，参照医疗机构的意见确定。如果医疗机构认为受害人确有补充营养食品作为辅助治疗的必要，并且对所需营养品的等级做出了评估的，就应据此确定具体的营养费。

7. 残疾赔偿金

残疾赔偿金是对事故致残的受害人因为不能正常工作或劳动而减少收入的补偿。残疾赔偿金应当根据受害人的实际伤残程度和当地的居民人均收入情况确定。不考虑受害人伤残程度的标准残疾赔偿金，按照事故发生地或者受诉法院所在地上一年度城镇居民人均可支配收入或者农村居民人均纯收入执行，自受害人定残之日起按20年计算，但60周岁以上的，年龄每增加1岁减少1年，75周岁以上的统一按5年计算。而受害人的实际残疾赔偿金，应在标准残疾赔偿金的基础之上按照一定的残疾赔偿指数（又称残疾赔偿比例）进行折算，其中，Ⅰ级伤残的残疾赔偿指数为100%，以后每降低一级伤残，残疾赔偿指数相应减少10%，直至Ⅹ级伤残的残疾赔偿指数为10%；对于有两处以上伤残的，在单项最高伤残等级的基础上，每增加一处伤残，增加一定的残疾赔偿附加指数，但是所增加的残疾赔偿附加指数之和不超过10%，并且最终的残疾赔偿指数总额不超过100%。计算公式如下：

$$C = C_t \times \left(I_h + \sum_{i=1}^{n-1} I_i \right) \quad (i = 1, 2, 3 \ldots n)$$

式中：C——受害人的残疾赔偿金，元；

C_t——标准残疾赔偿金，元；

I_h——受害人的单项最高伤残等级的残疾赔偿指数，%；

I_i——有多处伤残者的残疾赔偿附加指数，%。$0 \leq I_i \leq 10\%$，$\sum_{i=1}^{n-1} I_i \leq 10\%$，并且 $I_h + \sum_{i=1}^{n-1} I_i \leq 100\%$；

n——有多处伤残者的伤残总数。

受害人因伤致残但实际收入没有减少，或者伤残等级较轻但造成职业妨害严重影响其劳动就业的，可以对残疾赔偿金作相应调整。

8. 残疾辅助器具费

残疾辅助器具费是指因事故致残的受害人为了补偿其遭受损伤的肢体、器官功能，辅助其实现或部分实现生活自理或者劳动能力而配制相关器具的费用。受害人是否需要配置残疾辅助器具，应当根据其残疾情况来确定，并按照普通适用器具的合理费用标准计算，伤情有特殊需要的，可以参照辅助器具配制机构的意见确定合理的费用标准。在具体计算残疾辅助器具费时，应当参照配制机构的意见合理确定残疾辅助器具的更换周期和赔偿期限。

9. 丧葬费

丧葬费是指为办理事故死亡人员丧葬事宜所支出的费用，包括尸体保存、运输、火化以及骨灰盒购置、存放等必要费用。丧葬费按照事故发生地或者受诉人民法院所在地上一年度职工月平均工资标准，以6个月总额计算。

10. 被扶养人生活费

被扶养人生活费是指事故死者、残者在其死亡或残疾前负有法定扶养义务的人，因被抚养权利受侵害而产生的生活费损失。

被扶养人生活费按照事故发生地或者受诉人民法院所在地上一年度城镇居民人均消费性支出和农村居民人均年生活消费支出标准计算。被扶养人是未成年人的计算至18周岁;被扶养人既无劳动能力又无其他生活来源的计算20年,但是60周岁以上的,年龄每增加1岁减少1年,75周岁以上的按5年计算。此外,对于丧失劳动能力的受害人,其被扶养人生活费的计算还应考虑受害人丧失劳动能力的程度,按照其伤残等级进行折算;对于同一受害人有多名被扶养人的,其年赔偿总额累计不超过一个年度的城镇居民人均消费性支出额或者农村居民人均年生活消费支出额。

11. 死亡赔偿费

死亡赔偿费,是指对受害人的法定继承人因为受害人的死亡而遭受未来可继承收入损失的赔偿。死亡赔偿金按照事故发生地或者是受诉人民法院所在地上一年度城镇居民人均可支配收入或者农村居民人均纯收入标准,按20年计算,但60周岁以上的,年龄每增加1岁减少1年;75周岁以上的,按5年计算。但值得注意的是,《中华人民共和国侵权责任法》第17条规定:"因同一侵权行为造成多人死亡的,可以以相同数额确定死亡赔偿金。"因此,同一起事故造成多人死亡的,各受害人的死亡赔偿费一般不区分城镇居民和农村居民,统一按照城镇居民人均可支配收入标准计算。

12. 住宿费

住宿费是指受害人到外地就医、配制残疾用具或者参加事故处理等活动所必需的住宿费用。住宿费按照当地国家机关一般工作人员出差标准计算,凭据支付,并且有关票据应与就医、配制残疾用具和参加事故处理的地点、时间、人数、次数相符合。

13. 精神损害抚慰金

精神损害抚慰金是对伤者本人或者死者的近亲属因交通事故遭受精神痛苦或者精神利益损害的赔偿。按照《最高人民法院关于确定民事侵权精神损害赔偿责任若干问题的解释》,精神损害抚慰金的赔偿数额应根据侵权人的过错程度,侵害的手段、场合、行为方式等具体情节,损害后果,侵权人承担责任的经济能力,以及事故发生地或者受诉法院所在地的平均生活水平等因素综合确定。如果受害人对事故的发生也有过错的,可以根据其过错程度减轻或者免除侵权人的赔偿责任。

(二)致财产损失的赔偿责任范围

《中华人民共和国民法通则》第117条规定:"损坏国家的、集体的财产或者他人财产的,应当恢复原状或者折价赔偿。""受害人因此遭受其他重大损失的,侵害人并应当赔偿损失。"因此,交通事故致财产损失的赔偿责任范围包括对财产直接损失和财产间接损失的赔偿。

1. 财产直接损失

财产直接损失是指现有财产的减少,包括直接造成车辆、道路、设施、物品和牲畜等财物的价值减少或灭失。对财产直接损失的赔偿一般采取支付修复费或者折价赔偿方式进行,并按照实际价值或者评估机构的评估结论计算。其中,对于能够修复并且具有修复价值的,应当尽量修复,并由赔偿义务人赔偿修复所需的费用;对于无法修复和不具有修复价值的财物,以及因伤失去使用价值或者死亡的牲畜按照实际减少的价值进行折价赔偿。此外,根据《交通事故损害赔偿解释》第15条的规定,因车辆灭失或者无法修复的,也可以赔偿为购买在事故发生时与被损坏车辆价值相当的车辆重置费用。

2. 财产间接损失

财产间接损失是指受害人的可得利益损失,即受害人在事故发生时已经具有现实取得条件,依一般情况必然能够取得,但因为受事故的直接影响而未能得到的利益。与财产直接损失相比,间接损失的典型特征在于其损失的对象并非现实的财产,而是受害人在未来可以实际获得的利益。根据《交通事故损害赔偿解释》第15条的规定,因事故造成的下列财产间接损失应予赔偿:

①车辆施救费用;

②依法从事货物运输、旅客运输等经营性活动的车辆,因无法从事相应经营活动所产生的合理停运损失;

③非经营性车辆因无法继续使用,所产生的通常替代性交通工具的合理费用。

应当注意的是,当被损坏的财产属于生产资料,受害人因此无法进行生产的,不能在计算财产间接损失的同时又计算受害人的误工费,因为这两个项目所赔偿的是同一性质的损失。此外,对于事故中损坏的车辆或其他财物经修复后因市场交易价格减低而形成的减值损失是否作为财产间接损失进行赔偿,目前在理论界还存在争议。减值现象虽客观存在,但由于受损车辆或其他财物在没有经公开市场实际交易时,其减值损失很难确定,因此在目前缺乏成熟的涉案财物减值评估机制的情况下,暂不宜将其列入事故损害赔偿范围。

五、交通事故损害赔偿纠纷的解决

(一)交通事故损害的赔偿原则

赔偿原则是指在确定赔偿义务人应承担的赔偿责任内容,即怎样赔、赔多少时所要遵循的基本准则。赔偿原则是受归责原则制约决定的。交通事故损害赔偿纠纷的解决应当遵循以下赔偿原则:

1. 全部赔偿原则

全部赔偿是交通事故赔偿的基本原则,指赔偿范围应当以事故给受害人实际造成的损害为依据进行全部赔偿,即损失多少,赔偿多少。在具体适用全部赔偿原则时应注意,损害赔偿只能以实际发生的和有证据证明将来必然发生的合理损失,包括受害人为恢复权利、减少损害而支出的必要费用为准,对于实际未发生的"损害",以及受害人借故增加的开支、故意扩大的损害后果等不合理损失均不予赔偿。

2. 财产赔偿原则

财产赔偿是指交通事故无论是造成财产损失、人身伤害还是精神损害,均以财产赔偿作为唯一方法,而不能以同态复仇等其他方法赔偿。从这一原则出发,处理事故损害赔偿纠纷必须坚持公平、合理和体现等价有偿。

3. 损益相抵原则

损益相抵又称损益同销,是指受害人因遭受事故损害而得到利益的,应从其所受损害额内扣除得到的利益,再由赔偿义务人就差额部分予以赔偿。适用损益相抵原则的前提是受害人因为发生事故而得到了利益,例如车辆保险赔款等,并且得到的利益与受到的事故损害之间存有因果关系。但应当注意的是,依法应当参加工伤保险统筹的用人单位的劳动者,因为遭遇的交通事故同时构成工伤事故而得到的抚恤、工伤保险待遇,除用人单位之外的其他赔偿义务人不得要求抵消,此外,受害人依照商业保险合同从保险公司获得的非财产损失性质的人身保险赔款也不在损益相抵的范围之内,赔偿义务人不得主张抵消。

4. 衡平原则

衡平原则是指在赔偿义务人确实无能力全部赔偿的情况下,可以根据各方当事人的经济收入、家庭富裕程度,以及受害人对赔偿义务人的谅解情况,适当减轻其赔偿责任。衡平原则是对全部赔偿责任的合理变通,其目的在于尽可能让受害人获得相应赔偿的同时,为赔偿义务人及其家属也留下必要的生活费用,以使其生活不至于因为承担赔偿责任而陷入极度困难。

5. 一次性赔偿原则

一次性赔偿原则是指受害人应当一次性就其遭受的全部损害要求赔偿义务人承担赔偿责任,而不能分为多次和重复要求赔偿。实行一次性赔偿原则的目的在于节省司法资源和避免不合理地增加赔偿义务人的诉讼负担。但有例外的是,对于经受害人一次请求获得的护理费、残疾赔偿金和残疾辅助器具费,在超过确定的护理期限或者辅助器具费、残疾赔偿金给付年限后,受害人确需继续护理、配制辅助器具,或者没有劳动能力和生活来源的,可以再次向赔偿义务人请求赔偿,并由人民法院判令其继续给付有关费用5~10年。此外,除了已经实际发生的费用以及死亡赔偿金、精神损害抚慰金应当一次性给付外,对于残疾赔偿金、残疾辅助器具费和被扶养人生活费,赔偿义务人可以请求以定期金方式给付,并提供相应的担保。根据赔偿义务人的给付能力和提供担保的情况,确定以定期金方式给付的,应当明确定期金的给付时间、方式以及每期给付的标准。定期金按照赔偿权利人的实际生存年限给付,不受赔偿期限的限制,在执行期间遇有关统计数据发生变化的,给付金额应相应进行调整。

(二)交通事故损害赔偿纠纷的行政调解

1. 行政调解的特点

交通事故损害赔偿行政调解,是指公安交通管理部门应事故各方当事人的一致请求,依法对当事人及其他利害关系人进行说服疏导,以促其互谅互让,自愿就事故损害达成赔偿协议的诉讼外调解活动。交通事故损害赔偿行政调解具有如下特点:

(1)必须以各方当事人的一致自愿请求为程序的启动条件。凡是当事人没有自愿向公安交通管理部门提出调解请求,或者有任意一方当事人不同意由公安交通管理部门调解的,公安交通管理部门均不得进行调解。对一方有多名当事人,其中只有部分当事人同意调解,而其他当事人不同意调解的,只对同意调解的当事人进行调解。

(2)行政调解不具有法律强制性。行政调解的程序及其调解结果均应建立在合法和自愿的基础之上,当调解不成时,公安交通管理部门只能终止调解,并通知当事人向人民法院提起民事诉讼,而不能强行裁决。当调解达成协议后当事人反悔的,该协议也不具有法律上的强制执行力。

2. 行政调解的时机和期限

调解工作必须由负责处理事故的交通警察主持,在事故调查取证结束,事故的事实、原因及损害后果得以确定的情况下进行。《中华人民共和国道路交通安全法实施条例》第94条规定:"当事人对交通事故损害赔偿有争议,各方当事人一致请求公安交通管理部门调解的,应当在收到交通事故认定书之日起10日内提出书面调解申请。"

公安交通管理部门调解事故损害赔偿的期限为10个工作日。其中,造成人员死亡的,从规定的办理丧葬事宜时间结束之日起计算;造成人员受伤的,从受伤人员治疗终结之日起计算;造成人员受伤致残的,从受伤人员的伤残等级确定之日起计算;造成财产损失的,从财产损失金额确定之日起计算。

3. 行政调解的参加人

行政调解的参加人包括当事人及其代理人、事故车辆的所有人或者管理人、承保事故车辆机动车保险的保险公司人员,以及公安交通管理部门认为有必要参加的其他人员或单位。当事人一方参加调解的人数不得超过3人。公安交通管理部门在调解开始前应当对调解参加人的资格进行审核。对不具备资格的,应当告知其更换调解参加人或者退出调解。其中,委托代理人应当出具由委托人签名或者盖章的授权委托书;法定代理人应当提供能证明对被代理人具有监护权的法律文书。

4. 行政调解的程序

(1) 申请。当事人请求公安交通管理部门调解的,应当在交通事故认定书生效后向公安交通管理部门提出书面调解申请。调解申请书应由申请人签名或者盖章。

(2) 受理。当事人一致请求公安交通管理部门调解损害赔偿的,公安交通管理部门应当对申请进行审核。审核的内容包括:

①申请人是否具有事故损害赔偿权利人、义务人主体资格;

②申请书是否在收到事故认定书之日起10日内提出;

③当事人在申请中对检验、鉴定或者事故认定是否有异议;

④当事人是否就事故损害赔偿纠纷已向人民法院提起民事诉讼。

审核发现申请人主体资格不符的,应当告知当事人更改申请人;对于当事人申请超过法定时限、对检验、鉴定结论、事故认定有异议或者就事故损害赔偿纠纷已向人民法院提起民事诉讼的,应当制作《交通事故处理(不调解)通知书》,告知当事人不予调解;对于符合行政调解申请条件和要求的,应当予以受理并调解。

(3) 实施。对于受理的行政调解申请,应当由2名负责处理事故的交通警察进行调解。交通警察应当与各调解参加人约定调解的时间、地点,并于调解时间的3个工作日以前通知各调解参加人。口头通知的应当记入调解记录。调解参加人因故不能按期参加调解的,应当在约定调解时间的1个工作日前通知交通警察,并由交通警察通知其他调解参加人和另行约定调解时间。当事人无正当理由不参加调解、调解过程中放弃调解,以及在调解期间又向人民法院提起民事诉讼的,公安交通管理部门应当终止调解工作,不再进行调解。在调解过程中,交通警察应当首先听取当事人各方的请求并告知其有关权利和义务,然后根据事故认定结论以及《中华人民共和国道路交通安全法》第76条的规定,确定各方当事人应当承担的损害赔偿责任,最后根据事故损害后果和相关赔偿标准计算并提出有关人身损害和财产损失的赔偿项目和数额建议,由赔偿权利人和义务人协商确定各自应承担的比例和赔偿方式、履行期限等。调解应当在合法和自愿的基础上进行,对于赔偿权利人提出的超过法定范围和标准的赔偿要求,交通警察原则上不予调解,但是赔偿义务人自愿赔偿的例外。调解一般以两次为限。除当事人要求不予公开的以外,调解工作应当公开进行,并允许旁听。有关调解的过程和内容应当记入调解记录。

(4) 终结。经调解,当事人对事故损害赔偿达成协议的,交通警察应当制作《交通事故损害赔偿调解书》,并由各方当事人签字后,分别送达各方当事人。损害赔付款一般由当事人自行交接,当事人要求交通警察转交的,交通警察可以转交,但应当在调解书上作相应记录。经调解,当事人对事故损害赔偿未达成协议的,交通警察应当制作《交通事故损害赔偿调解终结书》,并送达各方当事人后终结调解。当事人经调解未达成协议或者在达成协议后拒不履行的,可以申请人民调解委员会调解,或者向人民法院提起民事诉讼。

(三)交通事故损害赔偿纠纷的人民调解

1. 人民调解的特点

交通事故损害赔偿人民调解,是指由人民调解委员会通过说服、疏导等方法,促使当事人在平等协商基础上自愿达成事故损害赔偿协议的诉讼外调解活动。与公安交通管理部门的行政调解有所不同的是,人民调解委员会是依照《中华人民共和国人民调解法》设立的调解民间纠纷的群众性组织,所开展的调解活动是一种群众自我管理、自我教育、自我服务的自治行为,经调解所达成的调解协议具有民事合同性质,对当事人具有法律约束力,各方当事人均应当按照约定履行自己的义务,不得擅自变更或者解除调解协议,人民调解委员会也有义务督促当事人履行调解协议。双方当事人认为有必要的,还可以在调解协议生效后向人民法院申请司法确认,使调解协议具有法律强制执行力。

为了充分发挥人民调解委员会在化解交通事故损害赔偿纠纷方面的积极作用,并方便当事人调解,公安部、司法部、中国保险监督管理委员会于2010年6月联合发布《关于推行人民调解委员会调解道路交通事故民事损害赔偿工作的通知》,规定人民调解主要适用于公安交通管理部门按照一般程序处理的交通事故,调解工作可以采用建立专门的人民调解工作室或者人民调解委员会形式,从律师、法律工作者或者退休交通警察、法官、司法行政工作人员中公开招聘人员担任人民调解员,公安交通管理部门应积极配合人民调解工作,为人民调解工作站或调解委员会提供办公场所和办公设备,保障必需的工作条件。

2. 人民调解的程序

(1)启动。在交通事故认定书生效后,当事人可以直接请求人民调解委员会调解,人民调解委员会也可以主动进行调解,但当事人一方明确拒绝调解的,不得调解。

(2)实施。人民调解委员会根据调解纠纷的需要,可以指定一名或者数名人民调解员进行调解,也可以由当事人选择一名或者数名人民调解员进行调解。人民调解员根据调解纠纷的需要,在征得当事人的同意后可以邀请当事人的亲属、邻里、同事等参与调解,也可以邀请具有专门知识、特定经验的人员或者有关社会组织的人员参与调解。在调解纠纷时,人民调解员应充分听取当事人的陈述,讲解有关法律、法规和国家政策,耐心疏导,在当事人平等协商、互谅互让的基础上提出损害赔偿方案,帮助当事人自愿达成调解协议。经调解当事人未达成协议或达成协议后不履行的,当事人可以请求公安交通管理部门调解或者向人民法院提起民事诉讼。

3. 调解协议

经调解达成协议的,可以制作调解协议书。当事人认为无须制作调解协议书的,也可以采取口头协议方式,并由人民调解员记录在案。调解协议书一般应载明下列事项:

(1)当事人的基本情况;

(2)纠纷的主要事实、争议事项以及各方当事人的责任;

(3)当事人达成调解协议的内容,履行的方式、期限。

调解协议书自各方当事人签名、盖章或者按指印,人民调解员签名并加盖人民调解委员会印章之日起生效。调解协议书由当事人各执一份,人民调解委员会留存一份。口头调解协议自各方当事人达成协议之日起生效。

4. 调解协议的司法确认

经人民调解委员会调解达成协议后,双方当事人认为有必要的,可以自调解协议生效之日起30日内共同向人民法院申请司法确认。对于双方当事人自愿达成的,符合下列条件并且不损害国家、集体或者第三人利益的调解协议,人民法院应当确认其有效：

(1)当事人具有完全民事行为能力;

(2)意思表示真实;

(3)不违反法律、行政法规的强制性规定或者社会公共利益。

人民法院依法确认调解协议有效,一方当事人拒绝履行或者未全部履行的,对方当事人可以向人民法院申请强制执行。人民法院依法确认调解协议无效的,当事人可以通过人民调解方式变更原调解协议或者达成新的调解协议,也可以向人民法院提起诉讼。

对于当事人因重大误解订立的、在订立时显失公平的调解协议,当事人一方有权请求人民法院变更或者撤销,此外,一方以欺诈、胁迫的手段或者乘人之危,使对方在违背真实意思的情况下订立的调解协议,受损害方也有权请求人民法院变更或者撤销。当事人请求变更的,人民法院不得撤销。当事人的撤销权自其知道或者应当知道撤销事由之日起一年为限,但当事人知道撤销事由后明确表示或者以自己的行为放弃撤销权的除外。

无效的调解协议或者被撤销的调解协议自始没有法律约束力。调解协议部分无效,不影响其他部分效力的,其他部分仍然有效。

(四)交通事故损害赔偿纠纷的民事诉讼

1. 民事诉讼的概念

民事诉讼,是指当事人因为自己的人身或者财产权利遭受事故损害,而依法向人民法院提起保护其合法权益的请求,由人民法院通过法庭调查对有关事实进行确认后,就诉讼争议进行调解或者做出判决、裁定的诉讼活动。

民事诉讼有一般的民事诉讼和刑事附带民事诉讼两种形式。前者是通常情况下的民事诉讼形式,案件的审理不涉及其他法律诉讼程序,而后者则是在事故当事人涉嫌犯罪,被依法提起刑事诉讼的情况下,为遵循先刑后民的原则和便于案件处理,而由负责审理刑事诉讼的同一审判组织,在审理案件刑事部分的同时一并审理当事人的民事诉讼请求。值得注意的是,根据《最高人民法院关于刑事附带民事诉讼范围问题的规定》,可提起刑事附带民事诉讼的范围只限于被害人因人身或者财物遭受侵害而发生的物质损失,对于被害人以事故造成其精神损害而提起的附带民事诉讼,人民法院不予受理。

2. 民事诉讼的管辖

民事诉讼的管辖将因当事人提起诉讼的具体案由不同而有所差别,并且,即使是以同一案由提起诉讼,也可能会有多个人民法院对案件同时享有管辖权,因此需要根据当事人的实际起诉情况,由享有管辖权并且最先立案的人民法院管辖。一般而言,如果以交通事故侵权案由提起民事诉讼,应由事故的发生地、事故车辆在发生事故后的最先到达地或者被告住所地的市、县或区基层人民法院管辖。其中的被告人住所地,对于被告是自然人的,是指被告生活和进行民事活动的主要场所,这通常为被告在户籍所在地的居住地,如果经常居住地与住所不一致的,则将其离开住所地最后连续居住1年以上的经常居住地视为住所(在医院住院治病的除外);对于被告是法人或者其他组织的,是指被告主要营业地或者主要办事机构所在地。

3. 民事诉讼的参加人

1)诉讼当事人

民事诉讼当事人,是指因为事故损害赔偿纠纷,而以自己的名义参加诉讼并受人民法院裁判约束的利害关系人。民事诉讼当事人有广义与狭义之分。狭义的诉讼当事人指的是原告与被告。其中,原告是指为了保护自己的民事权益,以自己的名义向人民法院提起诉讼,从而引起民事诉讼程序发生的人;被告是指被他人提起诉讼,而由法院通知应诉的人。从实践来看,原告一般是事故的受害人。广义的诉讼当事人除了包括原告与被告外,还包括共同诉讼人、诉讼代表人、诉讼第三人,执行程序中的申请执行人和被申请执行人。

2)诉讼代理人

诉讼代理人是指根据法律规定或者诉讼当事人授权,以诉讼当事人的名义进行诉讼的人。诉讼代理人分为法定代理人和委托代理人两类。

4. 民事诉讼的程序

民事诉讼分为第一审程序和第二审程序,其中,第一审程序又有普通程序和简易程序之分,分别适用于案情简繁程度不同的民事诉讼。由于第一审程序是所有民事诉讼必经的程序,并且其普通程序还具有程序通则的作用,因此,这里只简略介绍民事诉讼的第一审程序。第一审程序大致可分为起诉、受理、审理和宣判四个阶段。

1)起诉

当事人向人民法院提起民事诉讼必须具备以下条件,并按照《最高人民法院关于民事诉讼证据的若干规定》提交相应证据材料:

(1)原告必须是因为自己的民事权益受到事故损害,与事故有直接利害关系的当事人及其近亲属;

(2)有明确的被告;

(3)有具体的诉讼请求和事实、理由;

(4)受诉人民法院对本案依法享有管辖权。

被害人需要提起刑事附带民事诉讼的,应当在刑事案件立案以后,第一审判决宣告之前提起。如果第一审判决宣告以后才提起诉讼的,应当依照一般的民事诉讼程序处理。提起刑事附带民事诉讼的,被害人既可直接向人民法院提起,也可以在侦查、起诉阶段通过侦查、起诉机关提起,并由公安交通管理部门或人民检察院记录在案。如果是国家、集体财产遭受损失,而遭受损失的单位没有提起刑事附带民事诉讼的,人民检察院在提起公诉时可以一并提起。人民法院在审理交通肇事刑事案件时,对于公安交通管理部门、人民检察院已经记录在案的被害人的赔偿请求,应当作为刑事附带民事诉讼案件受理。经过公安交通管理部门、人民检察院调解,当事人双方已就事故损害赔偿达成协议并已给付,被害人又坚持提起刑事附带民事诉讼的,人民法院也可以受理。

2)受理

人民法院受理当事人的起诉后,应当通知双方当事人具体开庭审理的时间以及案件举证责任的分配原则、要求和具体时限。当事人在规定的举证期限内没有向人民法院提交证据材料的,视为放弃举证权利,其结果将导致当事人承担举证不能的风险。

3)审理

人民法院决定立案后,应当根据案情需要选择适用普通程序或者简易程序,并分别由合议庭或者审判员独任审理。属于刑事附带民事诉讼的,由审理案件刑事部分的同一审判组织负责审理。庭审活动一般分为准备开庭、法庭调查、法庭辩论以及评议和宣判等几个步骤。其中,法庭调查和法庭辩论是诉讼当事人集中阐释自己诉讼主张及事实理由的庭审阶段,当事人必须按照举证规则的要求紧紧围绕自己的诉讼主张举出证据和阐明理由。

4）宣判

宣判是人民法院就案件审理后判决或裁定结果的做出及宣布。当事人对一审判决不服的，可以在接到判决书后的15日内向上一级人民法院提出上诉。

（五）涉外事故损害赔偿的法律适用

《中华人民共和国民法通则》第146条规定："侵权行为的损害赔偿，适用侵权行为地法律。当事人双方国籍相同或者在同一国家有住所地的，也可以适用当事人本国法律或者住所地法律。"因此，在处理涉及外籍人、无国籍人交通事故的损害赔偿纠纷时，除了适用我国的法律、法规以外，对于我国缔结或者参加的国际公约、双边条约中有不同规定，而我国未声明保留的，还应当优先适用这些国际公约和双边条约，如果事故双方当事人的国籍相同或者在同一国家有住所的，也可以适用其本国法律或者相同住所地国家法律。此外，由于我国实行一国两制，在大陆与香港、澳门、台湾之间事实上存在着区际私法冲突，因此，在大陆发生涉及港澳台人员的交通事故时，也存在着类似的准据法问题。但是无论如何，在认定事故当事人责任时所依据的道路交通安全行为规范以及责任划分规则，仍应当是我国或者大陆的法律、法规和规章。

在一些国际公约中专门规定了涉外交通事故的法律适用问题，其中最具代表性的是1968年在海牙订立的《公路交通事故法律适用公约》。虽然我国未加入该公约，但是，该公约的冲突规则与《中华人民共和国民法通则》中的相关规定基本一致，因此这对于我们处理涉外交通事故仍具有相当的参考价值。公约对因为发生交通事故所产生的非契约赔偿责任（不包括因汽车制造缺陷、道路及场地失修及其他情况引起的赔偿责任），规定了如下法律适用规则：

（1）通常情况下，事故的准据法是事故发生地的内国法（含非缔约国法律）。

（2）如果事故只涉及一辆车辆，且该车在非事故发生地登记，那么，有关车辆的驾驶人、所有人、持有人及其他对车辆享有权利的人的责任、在事故发生地国无惯常居所的乘客受害人的责任以及惯常居所在车辆登记地国的非乘客受害人的责任，应当适用车辆登记地的内国法。没有登记或在多个国家登记的车辆，应以车辆惯常停放地的内国法来替代登记地的内国法。

（3）如果事故涉及两辆以上车辆，且所有的车辆都在同一国家登记时，适用登记地国的法律。

（4）如果事故发生时，车外一人或数人卷入事故并可能负有责任，且他们在车辆登记国均有惯常驻所的，适用登记地国的法律，即使他们是事故的受害者亦同。

上述对乘客损害赔偿所应适用的法律也适用于乘客所携带的物品，对车主赔偿所适用的法律也适用于该车所载除乘客携带以外的其他物品的损害赔偿。但是，对于车外物品的损害赔偿责任应当适用事故发生地的内国法。

第八章 机动车交通事故责任强制保险

第一节 机动车保险概述

一、机动车保险的概念

机动车保险是指车辆所有人、管理人（统称投保人）与保险公司之间签订的有关机动车辆保险事故风险责任承担的保险合同。机动车保险是一种以机动车辆本身或者投保人因机动车运行而对第三人的损害赔偿责任等作为保险标的的运输工具保险，具有保险标的出险率高、保险业务量大、保险利益扩大化以及被保险人自负责任与无赔款优待等特点。

机动车保险起源于19世纪中后期，是随着汽车的出现以及交通事故的发生而产生并发展的。机动车保险体现了"集合危险，分散损失"的社会原理，通过机动车保险，可以将机动车所有人或管理人因车辆遭遇各种灾害、意外、盗抢等风险所形成的损害后果转由全社会分摊，以减轻投保人的经济负担，尤其对解决交通事故受害人所受损害的赔偿问题，加强对受害人合法权益的有效保护具有重要意义。当前，机动车保险已成为我国财产保险业务中最大的险种。

二、机动车保险的分类

(一)强制性机动车保险和商业性机动车保险

根据与保险公司签订合同是否属于车辆所有人或管理人的法定强制性义务，机动车保险可以分为强制性机动车保险和商业性机动车保险。其中，强制性机动车保险要求所有上路行驶的机动车辆都必须依照法律规定进行投保，如果机动车没有投保强制性机动车保险，则不具备上路行驶的资格；商业性机动车保险由机动车所有人或者管理人根据自身需要，自由决定是否向保险公司投保，是否投保商业性机动车保险并不影响机动车的正常上路行驶。

(二)财产性机动车保险和责任性机动车保险

按照保险标的不同，机动车保险还可以分为财产性机动车保险和责任性机动车保险。其中，财产性机动车保险是以机动车本身为保险标的，当机动车自身因为发生保险事故遭受损失时，由保险公司在保险合同规定的保险责任范围内向被保险人承担赔偿责任；责任性机动车保险则是以机动车所有人或管理人因为保险事故而应对第三人承担的损害赔偿责任作为保险标的，由保险公司在保险合同规定的保险责任范围内承担赔偿责任，包括向被保险人或者第三人支付保险赔偿金。

三、现行的商业性机动车保险

目前,我国各家保险公司开展的商业性机动车保险可分为基本险和附加险两大类。其中,基本险是机动车保险的主体,主要作用是对机动车使用者使用车辆过程中经常面临的风险给予保障;附加险是机动车保险的附加性险种,作为对基本险保险责任的补充,附加险不能单独投保,投保人必须在投保一定基本险的基础上才能选择投保相应的附加险种。

(一)基本险

1. 车辆损失险

车辆损失险是指被保险人或其允许的合格驾驶人在使用保险车辆过程中,因发生保险合同约定的保险事故而造成保险车辆损失的,由保险公司负责赔偿被保险人相应财产损失的财产性保险。保险公司承担赔偿责任的范围具体包括保险车辆本身的损失和被保险人在发生保险事故时,对保险车辆采取施救、保护性措施而支出的其他合理费用,但是最高不能超过保险金额的数额。

根据机动车辆保险条款的相关规定,发生下列保险事故造成保险车辆损失的,由保险公司承担赔偿责任:

(1)碰撞、倾覆、坠落;
(2)火灾、爆炸;
(3)外界物体坠落、倒塌;
(4)暴风、龙卷风;
(5)雷击、雹灾、暴雨、洪水、海啸;
(6)地陷、冰陷、崖崩、雪崩、泥石流、滑坡;
(7)载运保险车辆的渡船遭受自然灾害(只限于有驾驶人员随车照料者)。

但是,因为下列情况造成保险车辆损失的,保险公司均不负责赔偿:

(1)自然磨损、朽蚀、故障、轮胎单独损坏;
(2)玻璃单独破碎、无明显碰撞痕迹的车身划痕;
(3)人工直接供油、高温烘烤造成的损失;
(4)自燃以及不明原因引起火灾造成的损失;
(5)遭受保险责任范围内的损失后,未经必要修理继续使用,致使损失扩大的部分;
(6)因污染(含放射性污染)造成的损失;
(7)因市场价格变动造成的贬值、修理后因价值降低引起的损失;
(8)车辆标准配置以外,未投保的新增设备的损失;
(9)在淹及排气筒或进气管的水中起动,或被水淹后未经必要处理而起动车辆,致使发动机损坏;
(10)保险车辆所载货物坠落、倒塌、撞击、泄漏造成的损失;
(11)摩托车停放期间因翻倒造成的损失;
(12)被盗窃、抢劫、抢夺,以及因被盗窃、抢劫、抢夺受到损坏或车上零部件、附属设备丢失;
(13)被保险人或驾驶人员的故意行为造成的损失。

保险公司所承担的保险赔偿责任除了与被保险人所受的实际损失相关之外,还受到保险合同所约定的保险责任限制,其总的赔偿金额不能超过合同约定的责任限额。如果保险车辆损失的一次赔款金额与免赔金额之和等于保险金额时,车辆损失险的保险责任即告终止,受损保险车辆还有残余的,应协商作价折归被保险人所有,并在赔款中予以相应扣除。

有关车辆损失险的保险责任金额,由投保人与保险公司按照以下方法中的一种进行协商确定:

(1)按投保时被保险机动车的新车购置价确定。即根据投保时保险合同签订地同类型新车的市场销售价格(含车辆购置税)确定,并在保险单中载明。

(2)按投保时被保险机动车的实际价值确定。即根据投保时的新车购置价减去折旧金额后的价格确定,其中,折旧率按国家有关规定执行,折旧期间则按月计算,不足一个月的部分不计折旧,并且最终折旧金额不超过投保时被保险机动车新车购置价的80%。

(3)在投保时被保险机动车的新车购置价内协商确定。

2. 第三者责任险

第三者责任险是指在保险期间内,被保险人或其允许的合法驾驶人在使用被保险车辆过程中发生意外事故,致使除下列人员和财产以外的其他第三人遭受人身伤亡或者财产直接损毁,依法应当由被保险人承担的损害赔偿责任,保险公司依照法律以及保险合同的规定,对于超出交强险各分项赔偿限额的部分负责赔偿的责任保险。

(1)被保险人及其家庭成员的人身伤亡、所有或代管的财产的损失;

(2)被保险机动车本车驾驶人及其家庭成员的人身伤亡、所有或代管的财产的损失;

(3)被保险机动车本车上其他人员的人身伤亡或财产损失。

第三者责任险的每次事故最高赔偿限额(即保险责任限额)按照不同车辆种类分为若干档次,常见的限额档次有5万元、10万元、15万元、20万元、30万元、50万元、100万元、100万元以上(需要是5万元的整数倍),由投保人和保险公司在签订保险合同时选择其中之一投保。在发生保险事故后,保险公司按照法律规定的损害赔偿范围、项目、标准以及保险合同的约定,在保险责任限额内核定赔偿金额。第三人的财产在遭受损失后还有残余部分的,应协商后折价归被保险人所有,并在赔款中予以相应扣除。

与车辆损失险不同的是,第三者责任险的保险责任限额只针对每一次保险事故而言,即不论一次保险事故的赔偿金额是否已经达到合同约定的保险责任限额,保险公司在进行赔偿后,第三者责任险的保险责任仍然继续有效,并直至保险合同期限届满为止。

3. 车上人员责任险

车上人员责任险,是指在保险期间,被保险人或其允许的合法驾驶人在使用被保险机动车过程中,发生意外事故致使保险车辆本车上人员遭受人身伤亡,依法应由被保险人承担的经济赔偿责任,以及为减少损失而支付的必要合理的施救、保护费用,保险公司依照保险合同的约定给予赔偿。

4. 全车盗抢险

全车盗抢险,是指在保险期间,保险车辆全车被盗窃、被抢劫、被抢夺,经县级以上公安机关刑侦部门立案侦查证实满三个月未查明下落的,以及被保险机动车被盗窃、抢劫、抢夺后受到损坏或车上零部件、附属设备丢失需要修复的合理费用,由保险公司依照保险合同约定予以赔偿。

(二)附加险

目前,常见的机动车附加险主要有以下几种:

1. 玻璃单独破碎险

玻璃单独破碎险的保险责任为:保险车辆在使用过程中发生本车玻璃单独破碎损失,由保险公司按实际损失计算赔偿。

2. 车身划痕损失险

车身划痕损失险的保险责任为:保险机动车辆在使用过程中,无明显碰撞痕迹的车身划痕损失,由保险公司在保险金额内按实际修理费用计算赔偿。

3. 自燃损失险

自燃损失险的保险责任为:保险车辆在使用过程中,因本车电器、线路、供油系统、供气系统发生故障或者所载货物自身原因起火燃烧形成的损失,以及发生保险事故时被保险人为防止或者减少被保险车辆的损失所支付的必要、合理的施救费用,由保险公司按照保险合同约定负责赔偿。

4. 车上货物责任险

车上货物责任险的保险责任为:保险车辆在使用过程中,发生意外事故致使被保险机动车所载货物遭受直接损毁,依法应由被保险人承担的经济赔偿责任,以及被保险人为减少车上货物损失而支付的合理的施救、保护费用,由保险公司在保险单载明的赔偿限额内计算赔偿。

5. 新增加设备损失险

新增加设备损失险的保险责任为:保险车辆在使用过程中,因发生机动车损失保险责任范围内的事故,造成车上新增加设备的直接损毁,保险公司在保险单载明的保险金额内,按照实际损失计算赔偿。

6. 可选免赔额特约条款

可选免赔额特约条款的保险责任为:保险车辆发生机动车损失保险合同约定的保险事故,保险公司在按照机动车损失保险合同的约定计算赔款后,扣减特约条款约定的免赔额。

7. 不计免赔率特约条款

不计免赔率特约条款的保险责任为:经特别约定,保险车辆在发生保险事故后,按照对应投保的主险条款规定的免赔率计算的、应当由被保险人自行承担的免赔额部分,由保险公司负责赔偿。

四、机动车交通事故责任强制保险

(一)机动车交通事故责任强制保险的概念

机动车交通事故责任强制保险,简称交强险,是由保险公司对被保险机动车发生交通事故造成本车人员、被保险人以外的受害人的人身伤亡和财产损失,在法定责任限额内予以赔偿的一种强制性责任保险。

(二)机动车交通事故责任强制保险的特点

1. 交强险具有法律强制性

法律强制性是交强险最为重要的特点。交强险的强制性不仅体现为强制投保,还表现为强制承保。按照《中华人民共和国道路交通安全法》的要求,凡是在我国境内上道路行驶的机动车都必须按规定投保交强险,否则不能取得上道路行驶的资格。而为了满足机动车所有人或管理人的投保需要,《机动车交通事故责任强制保险条例》要求取得交强险承保资格的保险公司在经营交强险过程中,对投保人提出的投保要求必须承保,不能拒绝或拖延。

2. 交强险具有社会公益性

与商业性机动车保险不同,交强险具有明显的社会公益性,保险公司在经营交强险时必须遵循不亏损、不盈利的原则,对交强险实行单独管理和单独核算。

3. 交强险以交通事故第三方受害人的权益作为保障对象

交强险设立的目的是为了保障交通事故第三方受害人的损害赔偿权益得到实现。因此,在被保险车辆发生交通事故后,保险公司的赔偿对象不包括在事故中遭受人身伤害或财产损失的被保险人和本车上其他人员。而对于事故的第三方受害人,无论被保险人是否在事故中负有责任,保险公司均将按照《中华人民共和国道路交通安全法》和交强险保险条款的规定在保险责任限额内予以赔偿。

(三)机动车交通事故责任强制保险的保险责任限额

交强险的保险责任限额是指被保险车辆在发生交通事故后,保险公司对每次保险事故所有受害人的人身伤亡和财产损失所承担的最高赔偿金额。按照现行的交强险保险条款规定,交强险的保险责任分为死亡伤残赔偿、医疗费用赔偿、财产损失赔偿三个类别,每种类别的保险赔偿按照被保险车辆一方在事故中是否负有当事人责任而具有不同的赔偿责任限额,如表8-1所示。保险公司在对发生事故的机动车进行保险理赔时,必须根据事故的实际损害后果,严格在各赔偿项目类别的责任限额内进行赔偿,对于事故损害后果中超出交强险责任限额的部分,则由事故当事人依法自行承担或者由车辆所有人、管理人事先投保商业性机动车第三者责任险来弥补。

交强险的分项赔偿责任限额(单位:元)　　　　　　　　　　　　表8-1

赔偿项目类别	被保险人有责任	被保险人无责任
死亡伤残赔偿限额($S_{\max}$)	110000	11000
医疗费用赔偿限额($Y_{\max}$)	10000	1000
财产损失赔偿限额($C_{\max}$)	2000	100

第二节　机动车交通事故责任强制保险的投保与理赔

一、交强险的投保

按照《机动车交通事故责任强制保险条例》的规定,交强险的承保主体为所有经中国保险监督管理委员会(简称保监会)批准,可以从事交强险保险业务的中资保险公司。在必要时,保监会也可以要求指定的保险公司从事交强险保险业务。

投保人应当选择具备交强险业务资格的保险公司进行投保,在投保时,应当一次性支付全部保险费,并向保险公司如实告知与投保风险有关的重要事项,包括机动车的种类、厂牌型号、识别代码、牌照号码、使用性质和机动车所有人或者管理人的姓名(名称)、性别、年龄、住所、身份证或驾驶证号码(组织机构代码)、续保前该机动车发生事故的情况以及保监会规定的其他事项。

根据《交通事故责任强制保险条例》的规定,被保险车辆没有发生交通安全违法行为和交通事故的,保险公司应该在下一年度降低其保险费,在此后的年度里,如果被保险车辆仍然没有发生违法行为和事故的,交强险的保险费率应该继续降低,直至达到最低标准,而与此相反,如果被保险车辆发生违法行为和事故的,保险公司应提高其保险费率,多次发生违法行为和事故,或者发生重大事故的,保险公司应加大提高其保险费率的幅度。目前实际执行的交强险费率浮动因素及比率为:上一个年度未发生有责任事故的下浮10%;上两个年度未发生有责任事故的下浮20%;上三个及以上年度未发生有责任事故的下浮30%;上一个年度发生一次有责任但不涉及死亡事故的费率不变;上一个年度发生两次及两次以上有责任事故的上浮10%;上一个年度发生有责任死亡事故的上浮30%。

为了有利于对交强险保险业务的监督管理以及维护广大车主的利益,交强险在全国不同地区、不同保险公司之间实行统一的基础保险费率,即具有同一使用性质的同一车型机动车具有相同的风险保费。同时,由于我国各地区之间存在较大差异,且各保险公司之间的经营水平也有所不同,因此,交强险的附加费率以及风险修正系数实行差异化,允许保险公司根据机动车的行驶区域、驾驶人的安全驾驶与交通安全违法记录等风险因素,对投保车辆的保险费率进行适度的浮动。

保险公司与投保人的交强险保险合同一旦订立,保险公司应当向投保人签发注明有保险单号码、车牌号码、保险期限、保险公司名称以及理赔电话号码等信息的保险单和保险标志。投保人获得保险标志后,应当按规定在被保险机动车上粘贴或放置。

二、交强险的赔偿规则

交强险的赔偿规则,是指在交通事故发生后,为事故车辆方承保交强险的保险公司,对事故进行保险理赔时所应遵循的基本原则和方法。依据《机动车交通事故责任强制保险条例》及其配套性规范,交强险的赔款规则分为标准处理机制、特定条件下的无责财产赔付简化处理机制和互碰自赔处理机制三种。

(一)标准处理机制

交强险赔偿的标准处理机制,是处理大多数事故的交强险赔偿所要遵循的原则和方法,具体包括以下几种情形:

1. 均投保了交强险的两车或多车互碰并且不涉及车外财产损失和人员伤亡

对于事故为两辆已投保交强险的机动车互相碰撞,并且不涉及车外财产损失和人员伤亡的,如果两车都对事故负有当事人责任,则双方车辆的保险公司均应在交强险的财产损失赔偿限额内,向对方承担损害赔偿责任;如果两车中的一方负事故的全部责任、另一方无责任,那么无责方的保险公司应在交强险的无责任财产损失赔偿限额内承担对全责方的损害赔偿责任,而全责方的保险公司应在财产损失赔偿限额内承担对无责方的损害赔偿责任。

对于事故为多辆已投保交强险的机动车互相碰撞,并且不涉及车外财产损失和人员伤亡的,如果一方负事故的全部责任,其余各方均无责任,则应将所有无责方视为一个整体,由各自的保险公司在交强险无责任财产损失赔偿限额内,对全责方的财产损失按平均分摊方式承担赔偿责任,同时全责方的保险公司在交强险财产损失赔偿限额内对各无责方的财产损失承担赔偿责任,各无责方相互间不进行赔偿;如果多方均负事故责任,而其余的一方或一方以上无责任的,应将所有无责方视为一个整体,由各自的保险公司在交强险无责任财产损失赔偿限额内,对有责方的财产损失按平均分摊方式承担赔偿责任,同时有责方的保险公司在交强险财产损失赔偿限额内对其他各方的财产损失承担赔偿责任,各无责方相互间不进行赔偿。

2. 均投保了交强险的两车或多车互碰并且涉及车外财产损失

对于事故为两辆或多辆已投保交强险的机动车互相碰撞,并且涉及车外财产损失的,事故责任方的保险公司应在交强险财产损失赔偿限额内,对其他各方的车辆损失和车外财产损失承担相应的损害赔偿责任。此时应将所有事故无责方视为一个整体,由各自的保险公司在交强险无责任财产损失赔偿限额内,对责任方的损失按平均分摊的方式承担损害赔偿责任。无责方既不需要互相赔偿,也不需要对车外财产损失进行赔偿。

3. 均投保了交强险的两车或多车发生事故并且造成人员伤亡

对于事故为两辆或多辆已投保交强险的机动车互相碰撞,并且造成人员伤亡的,如果各机动车均对事故负有责任且适用交强险赔偿责任限额相同的,应将事故损失实行平均分摊,由各方的保险公司在交强险分项赔偿限额内计算赔偿;如果肇事机动车中有部分适用交强险无责任赔偿限额的,则应按各方适用的交强险赔偿限额占总赔偿限额的比例,由各方的保险公司在各自交强险分项赔偿限额内计算赔偿。

(二)无责财产赔付简化处理机制

无责财产赔付简化处理机制,是指将本应由事故无责方交强险承担的对全责方财产损失的赔偿责任,由全责方的交强险保险公司代为赔偿的一种较为简捷的理赔方式。该处理机制只针对事故中车辆损失部分的赔偿,对于事故的人员伤亡部分不适用。

适用无责财产赔付简化处理机制应同时满足三个条件:

(1)事故的类型应为两方或多方已投保交强险的机动车互碰;

(2)事故经由公安交通管理部门认定或根据法律法规能够由当事人自行协商确定事故的当事人责任,且认定或确定的结果为部分机动车负事故的当事人责任、部分机动车无责任;

(3)不负当事人责任的机动车的车辆牌号以及交强险保险公司明确。

适用无责财产赔付简化处理机制的,应由事故无责方交强险承担的对有责方车辆损失的赔偿责任,由有责方的交强险保险公司在单独的交强险无责任财产损失代赔偿限额内进行代赔。代为赔偿限额应当等于事故各无责方的交强险无责任财产损失赔偿限额之和,且必须在各有责方之间实行平均分配。

(三)财产损失互碰自赔处理机制

财产损失互碰自赔,是指两辆或多辆已投保交强险的机动车发生互相碰撞事故后,由有关保险公司各自对自己承保车辆的财产损失进行赔偿的理赔方式。为了进一步简化交强险理赔手续,提高交强险财产损失的赔偿效率,2009年2月1日起全国正式实施《交强险财产损失"互碰自赔"处理办法》,对于符合条件的交通事故可以按照财产损失互碰自赔处理机制进行赔付。

适用财产损失互碰自赔处理机制需要同时满足以下条件:

(1)事故的类型应为两方或多方已投保交强险的机动车互碰;

(2)事故造成的损害后果仅涉及车辆损失(包括车上财产和货物损失),不涉及人员伤亡和车外财产损失,且事故各方的损失金额均在2000元以内;

(3)经由公安交通管理部门认定或当事人根据事故发生地关于交通事故快速处理的法律法规自行协商,确定事故各方均对事故负有责任;

(4)事故各方当事人对损失确定不存在争议,并一致同意适用财产损失互碰自赔处理机制。

此外,值得注意的是,对于被保险机动车在异地出险的,同样可适用财产损失互碰自赔处理机制进行处理。

三、交强险的赔款计算方法

(一)事故只涉及一辆机动车的赔款计算

对于事故只涉及一辆机动车,并且受害人有一人或一人以上的,保险公司应当在交强险各分项赔偿限额内,对各受害人的死亡伤残费用、医疗费用、财产损失分别核定计算承担金额,再按照式(8-1)计算总赔款金额。如果各受害人的各分项核定损失承担金额之和超过法律规定的交强险相应分项赔偿限额的,则按交强险各分项赔偿限额进行赔偿,超出分项赔偿限额的部分不予赔偿。

$$M = \sum M_T = \sum S_i + \sum Y_i + \sum C_i \tag{8-1}$$

式中:M——交强险总赔款金额,元;

T——交强险的赔偿项目类别,即死亡伤残费 S、医疗费 Y、财产损失 C;

M_T——赔偿项目 T 的分项赔款金额,元;

S_i——受害人 i 的死亡伤残费用核定承担金额,元,$\sum S_i \leq S_{max}$;

Y_i——受害人 i 的医疗费用核定承担金额,元,$\sum Y_i \leq Y_{max}$;

C_i——受害人 i 的财产损失核定承担金额,元,$\sum C_i \leq C_{max}$;

i——第 i 名受害人,$i = 1, 2, 3 \ldots$。

对于各受害人的各分项核定损失承担金额之和超过交强险相应分项赔偿限额的,各受害人在交强险分项赔偿限额内应得到的赔偿金额按下列方式计算:

$$M_{T_i} = T_{max} \cdot T_i / \sum T_i \tag{8-2}$$

式中:M_{T_i}——受害人 i 的赔偿项目 T 赔偿金额,元。

(二)事故涉及多辆机动车的赔款计算

对于事故是由多辆机动车共同肇事引起,并且受害人有一人或一人以上的,则各车的交强险保险公司应分别在各自的交强险各分项赔偿限额内,对受害人的分项损失计算赔偿。各车方按其适用的交强险分项赔偿限额占总分项赔偿限额的比例,对受害人的各分项损失进行分摊。计算方式如下:

$$M_{T_j} = \sum T_i \cdot T_{j_{max}} / \sum T_{j_{max}} \tag{8-3}$$

式中:M_{T_j}——保险公司 j 对赔偿项目 T 的核定损失承担金额,元;

$T_{j_{max}}$——保险公司 j 对赔偿项目 T 适用的交强险分项赔偿限额,元;

j——第 j 保险公司,$j = 1, 2, 3 \ldots$。

如果有多辆机动车对事故的发生负有责任且适用同一分项赔偿限额的,在计算时应简化为各方机动车对受害人的各分项损失进行平均分摊,其中,对受害人的机动车、机动车上人员、机动车上财产损失按下式计算:

$$M_{T_j} = \sum T_i / (n - 1) \tag{8-4}$$

式中:n——事故的所有机动车数量,包含已投保交强险的车辆和应投保而未投保交强险的车辆。

对于受害人的非机动车、非机动车上人员、行人、机动车外财产损失按下式计算:

$$M_{T_j} = \sum T_i / n \qquad (8\text{-}5)$$

按照上述方式初次计算交强险赔款后,如果有任一事故致害方未赔足交强险限额,且同时有受害方损失没有得到充分补偿的,则对受害方的损失应在交强险剩余限额内再次进行分配,予以补足。其中,对于待分配的各项损失合计没有超过剩余赔偿限额的,按分配结果赔付各方;对于待分配的各项损失合计超过剩余赔偿限额的,则应按每项分配金额占该项分配金额总和的比例乘以相应项目剩余赔偿限额进行分摊,以最终使得受损各方均得到足额赔偿或应赔付方的交强险无剩余赔偿限额。

四、交强险理赔程序

(一)基本理赔程序

1. 接报案和理赔受理

保险公司在接到被保险人或者受害人报案后,应详细询问和记录事故的发生情况,并告知被保险人或者受害人交强险的具体赔偿程序以及注意事项,指导其进行理赔。如果发现事故涉及人员伤亡或者有机动车没有投保交强险的,应提醒当事人立即向当地的公安交通管理部门报案。

交强险赔偿申请应当由被保险人向承保交强险的保险公司以书面方式提出,保险公司在收到赔偿申请时应立即以索赔须知的方式,一次性书面告知被保险人需要提供的各种证明和资料。被保险人不履行赔偿请求义务,并且在接保险公司通知后超过15日仍无故不提交赔偿申请的,事故第三方受害人有权就其应获赔偿部分直接向保险公司请求赔偿保险金。此外,保险公司根据被保险人的请求,也可以直接向受害人赔偿保险金。

2. 查勘和定损

保险公司接到报案后,为有责方车辆承保交强险的保险公司应对事故进行现场查勘,并核定事故的损失。如果无责方车辆涉及人员伤亡赔偿的,无责方保险公司也应进行查勘定损。保险公司在查勘定损过程中估计事故任何一方的损失超过交强险分项赔偿限额的,应当立即提醒事故各方当事人依法对事故的当事人责任进行划分。

如果事故涉及的机动车分别由不同保险公司承保,事故发生后一方或多方保险公司未能即时进行查勘定损的,可委托其他保险公司代为查勘定损。接受委托的保险公司应向委托方的被保险人提供查勘报告、事故或损失照片以及由事故各方签字确认的损失情况确认书。受委托方保险公司可与委托方保险公司协商收取一定的费用。

3. 支付或垫付抢救费用

1) 支付抢救费用

在同时满足以下条件的情况下,保险公司应按规定在责任限额内支付事故第三方受害人的抢救费用:

(1)保险公司接到公安交通管理部门支付抢救费用通知书;

(2)抢救费用属于交强险保险责任范围内应支付的费用;

(3)医疗机构已经对受害人实施抢救,且抢救费用已经发生,医院向保险公司提供了病历或诊断证明、抢救费用明细清单等书面单据和材料;

(4)医疗机构对受害人实施抢救过程中所用药品、检查费用等必须与本次事故有关,并符合《道路交通事故受伤人员临床诊疗指南》和国家基本医疗保险标准。

保险公司在接到公安交通管理部门的支付抢救费用通知书后,应当在 1 个工作日内出具"承诺支付抢救费用担保函",交被保险人送至对第三者实施抢救的医院。当受害人的抢救费用总额已经达到或超过交强险医疗费用赔偿标准或者抢救过程已经结束时,保险公司应当及时将款项划至医院指定的银行账户,并向医院出具"交强险抢救费用支付说明书"。抢救费用不允许进行现金支付。

保险公司应按照《道路交通事故受伤人员临床诊疗指南》和抢救地的国家基本医疗保险标准,在交强险医疗费用赔偿限额或无责任医疗费用赔偿限额内支付抢救费用。如果被抢救人数多于一人且在不同医院实施抢救的,在医疗费用赔偿限额或无责任医疗费用赔偿限额内按人数进行均摊,也可以根据医院和公安交通管理部门的意见在限额内酌情调整。

2)垫付抢救费用

在同时满足以下条件的情况下,保险公司可以垫付事故受害人的抢救费用,并及时向抢救受害人的医院出具"承诺垫付抢救费用担保函",或将垫付款项划转至医院在银行开立的专门账户:

(1)驾驶人未取得驾驶资格驾驶机动车、被保险机动车被盗抢期间肇事或被保险人故意制造交通事故的;

(2)保险公司接到公安交通管理部门的垫付抢救费用通知书;

(3)受害人必须抢救,并且抢救费用已经实际发生,医院提供了抢救费用单据和明细项目;

(4)不属于应由道路交通事故社会救助基金垫付抢救费用的情况。

保险公司在进行垫付时,应按照《道路交通事故受伤人员临床诊疗指南》和抢救地的国家基本医疗保险标准,在交强险医疗费用赔偿限额或无责任医疗费用赔偿限额内垫付抢救费用。被抢救人数多于一人且在不同医院救治的,在医疗费用赔偿限额或无责任医疗费用赔偿限额内按人数进行均摊,也可以根据医院和公安交通管理部门的意见在限额内酌情调整。保险公司在依法垫付后,有权向事故致害人进行追偿。

3)支付赔款

对于属于交强险保险责任且被保险人索赔单证齐全的,保险公司应当在被保险人提出索赔申请之日起 7 日内给付保险金。具体期限要求如下:

(1)保险责任在 2000 元以下且仅涉及财产损失赔偿的,在当日给付保险金;

(2)保险责任在 10000 元以下的人身伤亡赔偿案件,在 3 日内给付保险金;

(3)保险责任在 50000 元以下的人身伤亡赔偿案件,在 5 日内给付保险金。

保险公司自收到赔偿或者给付保险金的请求和有关证明、资料之日起 20 日内,对其赔偿或者给付保险金的数额不能确定的,应当根据已有证明和资料可以确定的数额先予支付,待最终确定赔偿或者给付保险金的数额后,再支付相应的差额。

对于被保险人分别在不同的保险公司投保交强险和商业第三者责任保险的,如事故损失金额超过交强险责任限额,交强险承保公司应留存已赔偿部分发票或费用凭据原件,将需要商业保险赔付的项目原始发票或发票复印件,加盖保险公司赔款专用章,交被保险人办理商业险索赔事宜。

4. 结案和归档

保险公司在支付赔款后,应将以下赔案必备单证按赔案号进行归档后结案:

(1)保单抄件;

(2)报案记录、被保险人书面索赔申请;

(3)查勘报告、现场照片及损失项目照片、损失情况确认书、医疗费用原始票据及费用清单、赔款计算书(以上原始票据,由查勘定损公司留存);

(4)行驶证及驾驶证复印件,被保险人和受害人的身份证明复印件(如直接支付给受害人);

(5)公安交通管理部门或法院等机构出具的合法事故证明、有关法律文件及其他证明,当事人自行协商处理的协议书;

(6)其他能够确认保险事故性质、原因、损失程度等的有关证明、协议及文字记录;赔款收据、领取赔款授权书。

(二)无责财产赔付简化处理程序

适用无责财产赔付简化处理机制进行理赔的案件,应当按照下列程序处理:

1. 报案和受理

发生交通事故后,由事故的有责方向其交强险承保公司报案,无责方不必报案。保险公司接到报案时应提醒当事人注意记录事故无责方的车号、被保险人名称、驾驶证号码、联系方式以及交强险保险公司等信息。对于不符合无责代赔条件的,应及时告知双方当事人。如事故系当事人依法自行协商处理或要求自行协商处理的,接到报案的保险公司应指导当事人填写"机动车交通事故快速处理协议书"。

2. 查勘定损

有责方保险公司应对事故车辆进行查勘、定损,拍摄事故照片并出具查勘报告、定损单,查勘报告和定损单应由当事人进行书面确认。

3. 赔偿

事故损失确定后,对于符合无责财产赔付简化处理程序条件的,应由无责方交强险承担的对有责方车辆的赔偿责任,由有责方承保公司在本方交强险无责任财产损失代赔偿限额内代为赔偿。为准确统计无责代赔数量和金额,有责方保险公司应对代赔款项加注"无责代赔"标识,并在查勘报告、业务系统中记录无责方的车号和保险公司名称。

4. 结案

有责方保险公司进行代赔后,应将无责方车号、代赔金额等有关数据上传至交强险信息平台并结案。

(三)财产损失互碰自赔处理程序

适用财产损失互碰自赔机制进行赔付的案件,应当按照下列程序实施:

1. 接报案

交通事故发生后,事故各方当事人均应向各自的交强险承保公司报案。保险公司在接到报案时应详细询问并记录出险时间、出险地点、事故双方当事人的基本情况、事故造成的财产损失情况以及当事人责任划分等内容,并根据当事人提供的事故原因、事故性质等基本信息初步判断事故是否满足"互碰自赔"条件。经初步判断认为可能满足互碰自赔条件的,应主动告知被保险人互碰自赔的具体适用条件、处理程序以及相关注意事项,并通知报案的当事人在事故现场等待或到指定地点接受查勘定损。如保险公司在接报案时不能确定该起事故是否满足"互碰自赔"条件的,可引导当事人共同到事故现场查勘后进行确定。

2. 查勘定损

保险公司在接报案后应指派查勘人员对事故进行查勘。在查勘时初步估计事故满足

"互碰自赔"条件的,查勘人员应明确告知客户互碰自赔的适用条件、处理程序和注意事项。如发现事故不满足互碰自赔条件的,应协助事故的各方当事人通知其保险公司参与处理。

交通事故已经由公安交通管理部门处理并出具交通事故认定书,或者由当事人依法自行协商处理的,如果各方损失明显低于 2000 元,满足"互碰自赔"条件,可由各事故方保险公司直接对本方保险车辆进行查勘定损。查勘人员事后发现痕迹不符或存在疑问的,应向对方保险公司调查取证,必要时对各方车辆进行复勘。

当事人自行协商处理事故时不能确定是否满足互碰自赔条件的,可共同到任何一方当事人的交强险承保公司进行查勘估损。经查勘认为满足"互碰自赔"条件的,由各方当事人的交强险承保公司分别对其本方车辆进行定损,进行查勘的公司应为其他保险公司提供事故现场照片或车辆损失照片。对于当事人自行协商处理,未及时报案也未经保险公司同意而先行撤离事故现场的,应勘验双方车辆,核实事故情况。

如果事故发生地建有保险行业交通事故集中定损中心的,由事故各方当事人共同到就近的定损中心要求查勘定损,并由各方保险公司分别对本方车辆进行查勘定损。

3. 赔偿处理

经查勘定损后确定满足互碰自赔条件的,事故各方当事人应分别凭以下索赔单证或材料,直接到各自的交强险承保公司进行索赔,由保险公司在交强险财产损失限额内赔偿本方车辆的损失:

(1)索赔申请书;

(2)交通事故认定书、交通事故损害赔偿调解协议书或机动车交通事故快速处理协议书;

(3)损失情况确认书(定损单);

(4)车辆修理费发票原件;

(5)驾驶证和行驶证复印件或照片。

第三节 道路交通事故社会救助基金

道路交通事故社会救助基金(简称"救助基金")是通过法定途径筹集,专门用于在交通事故肇事车辆未按规定投保交强险或者肇事后逃逸等情况下,为事故受害人垫付部分或者全部抢救费用、丧葬费用,以及提供其他必要帮助的一种社会专项基金。救助基金作为交强险的补充,其设立旨在弥补交强险制度的不足,保障在事故肇事车辆未按规定投保交强险或者肇事后逃逸等特定情形下,事故受害人能够获得及时抢救或者适当补偿,以更好地维护其合法权益。

一、救助基金的筹集

按照《道路交通事故社会救助基金管理试行办法》(简称《试行办法》)的规定,救助基金主要通过以下途径筹集:

(一)按照交强险保险费的一定比例提取资金

按照规定,每年 3 月 1 日前,由国家财政部会同保监会根据上一年度救助基金的收支情况,按照收支平衡原则确定当年应从交强险保险费收入中提取救助基金的比例幅度。各省、自治区、直辖市的具体提取比例,由各地人民政府在幅度范围内结合当地情况具体确定。办理交强险业务的保险公司应当按照确定的比例,从交强险保险费收入中按比例提取相应的资金,在每季度结束后10个工作日内通过银行转账方式全额转入各省、自治区、直辖市的救助基金特设专户。

(二)地方政府按照保险公司经营交强险缴纳营业税数额给予财政补助

各省、自治区、直辖市财政部门根据当年预算,在每个季度结束后的10个工作日内,按照上一个季度保险公司交纳交强险营业税数额以及救助基金的收支情况,向本地同级救助基金拨付财政补助。

(三)对未按照规定投保交强险的机动车所有人或管理人所处的罚款

根据《中华人民共和国道路交通安全法》第98条规定,对于没有按照国家规定投保交强险的机动车所有人或管理人,由公安交通管理部门对其处以投保最低责任限额应缴纳的保险费的两倍罚款,该罚款由财政部门根据当年预算在每季度结束后10个工作日内全额划拨至省级救助基金特设专户。

(四)救助资金孳息

虽然救助基金的性质不以营利为目的,但其自身可以通过从事一定的经济行为,例如将救助资金存入金融机构或者用于购买国库券、金融债券等有价证券获取孳息,以实现基金的保值和增值。

(五)救助基金管理机构依法向事故责任人追偿的资金

救助基金管理机构在垫付抢救费用和丧葬费用后应当依法向机动车事故责任人进行追偿。在交通肇事逃逸案件侦破后,公安交通管理部门应当及时通知救助基金管理机构以便于其及时行使用追偿权,与事故有关的单位、受害人或者其继承人也应当协助救助基金管理机构进行追偿。

(六)其他资金

除以上资金来源外,救助基金还可以通过社会捐款等其他途径筹集资金,例如广东省将机动车牌号拍卖所得价款和机动车违法罚款中不低于3%的资金纳入当地的救助基金,这些都是救助基金的重要资金来源。

二、救助基金的使用

(一)救助基金的垫付范围

《道路交通事故救助基金管理试行办法》第12条规定,有下列情形之一时,由救助基金垫付事故受害人的丧葬费用、部分或者全部抢救费用:

(1)抢救费用超过交强险责任限额的;

(2)肇事机动车未参加交强险的;

(3)机动车肇事后逃逸的。

此外,在《道路交通事故救助基金管理试行办法》实施后,部分省、自治区、直辖市结合地方实际情况对当地救助基金的垫付范围作了扩充,例如《江苏省道路交通事故社会救助基金管理实施办法》规定:因事故责任人无力赔偿,造成受害人家庭特殊困难需要救助的,救助基金可以向受害人或受害人家庭提供一次性的经济补助。

符合法律规定需要由救助基金对事故受害人部分或者全部抢救费用、丧葬费用进行垫付的,应当由事故发生地的救助基金管理机构按照法定程序及时垫付。垫付范围一般只限于事故受害人自接受抢救之时起 72 小时内的抢救费用,特殊情况下超过 72 小时的抢救费用如确需垫付的,必须由相关医疗机构通过书面形式说明理由。救助基金管理机构在具体垫付费用时,应当按照事故发生地物价部门核定的相关收费标准进行核算。

(二)救助基金的垫付程序

1. 通知和申请

发生交通事故后,受害人符合垫付条件,需要救助基金垫付部分或者全部抢救费用的,公安交通管理部门应当在事故发生后 3 个工作日内书面通知当地的救助基金管理机构。医疗机构在对受害人实施抢救结束后,对属于救助基金垫付范围的尚未结算的抢救费用,也可以向救助基金管理机构提出垫付申请,并提供有关抢救费用的证明材料。

如果事故造成受害人死亡,需要救助基金垫付丧葬费用的,应当由受害人亲属凭公安交通管理部门出具的尸体处理通知书以及本人身份证明,向救助基金管理机构提出书面垫付申请。

2. 审核

救助基金管理机构收到公安交通管理部门的垫付通知或医疗机构垫付申请及相关材料后,应当在 5 个工作日内,按照《道路交通事故救助基金管理试行办法》、《道路交通事故受伤人员临床诊疗指南》以及当地物价部门制定的收费标准,对通知或申请事项是否属于救助基金垫付范围、抢救费用是否真实合理以及救助基金管理机构认为需要审核的其他内容进行审核后,将审核结果书面告知公安交通管理部门和医疗机构。对符合垫付要求的,应当将垫付费用划入医疗机构账户。对不符合垫付要求的,不予垫付,并向医疗机构说明理由。

对于事故受害人亲属提出垫付丧葬费用申请的,救助基金管理机构在收到书面申请和有关证明材料后,对符合垫付要求的,应当在 3 个工作日内按照有关标准垫付丧葬费用,并书面告知公安交通管理部门。对不符合垫付要求的,不予垫付,并向申请人说明理由。

三、救助基金的管理

(一)救助基金的管理原则

救助基金实行统一政策、地方筹集、分级管理、分工负责的管理原则。在全国,由财政部门会同有关部门制定救助基金的有关政策,并负责对各省、自治区、直辖市救助基金的筹集、使用和管理情况进行指导和监督。在地方,由各省、自治区、直辖市人民政府设立救助基金,并根据当地情况确定救助基金的主管部门及省级以下救助基金管理级次。救助基金管理机构由救助基金主管部门依法确定。

(二)救助基金的管理机构及职能

救助基金管理机构主要履行依法筹集救助基金,受理、审核垫付申请并依法垫付,以及依法追偿垫付款等管理职责。按照《道路交通事故救助基金管理试行办法》的规定,救助基金管理机构应当开立救助基金特设专户,确保救助基金能实行单独核算、专户管理,并按照规定用途使用。救助基金管理机构的人员费用、办公费用、追偿费用、委托代理费用等费用支出,由同级财政部门在年度预算中予以安排,不能在救助基金中列支。救助基金管理机构应当于每季度终了后 15 个工作日内,将上季度的财务会计报告报送同级救助基金主管部门,并于每年 2 月 1 日前将上一年度工作报告和财务会计报告,报送同级救助基金主管部门,以便救助基金主管部门进行监督和管理。

(三)救助基金的监督

救助基金主管部门在依法制订本地区救助基金具体管理办法和确定救助基金管理机构的同时,应负责对救助基金管理机构进行监督管理,包括监督、检查和定期公告救助基金的筹集、垫付、追偿情况,委托会计师事务所对救助基金的年度财务会计报告进行审计,以及依法对救助基金管理机构及其工作人员的违法行为进行处理、处罚等。此外,按照《道路交通事故救助基金管理试行办法》的规定,各级地方财政部门应对同级救助基金的筹集、使用和管理进行指导和监督,地方保险监督管理机构也应对当地保险公司是否按照规定及时足额向救助基金管理机构缴纳救助基金实施相应的监督检查。

第九章 道路交通事故案卷管理

第一节 道路交通事故案卷的基本内容

交通事故案卷,又称交通事故档案,是公安交通管理部门在处理交通事故的过程中,将依法制作或收集的各种与事故处理有关的文件和材料,按照一定的规范编排整理而成的案件资料汇总。交通事故案卷包含了处理事故所需要的各项证据材料和使用过的法律文书,是对各项事故处理工作的全面、客观和原始记录。

一、交通事故案卷的作用

交通事故案卷在事故处理工作中发挥着极其重要的作用,并主要表现在以下三个方面:

(一)交通事故案卷是事故处理工作的完整记录

交通事故案卷是交通事故处理活动的自然产物,案卷中的各项文件和材料都是公安交通管理部门在处理交通事故过程中同步收集或制作的。所有这些材料的汇总,完整和真实地记录了现场处置、调查取证、事故认定、行政处罚和损害赔偿调解等交通事故处理活动的全过程,不仅综合反映了公安交通管理部门及其交通警察的执法水平、业务素质和工作能力,而且是有关国家机关对公安交通管理部门及其交通警察的交通事故处理活动进行了解和事后监督的重要依据。

(二)交通事故案卷是分析处理事故的客观依据

公安交通管理部门在调查处理交通事故过程中依法收集或制作的各项证据材料通常都以某种文书的形式予以固定,即使是对痕迹物证、视听资料等实物性证据,也一般采用现场勘查笔录、现场图、勘验照相、检验鉴定结论等便于收存的证据形式进行提取或展现,而这些证据材料不仅是交通事故案卷的主要组成部分,更是分析认定事故事实、成因、当事人责任以及追究当事人法律责任的最直接和客观依据。公安交通管理部门对交通事故做出的任何行政处理行为,乃至人民检察院、人民法院对交通事故做出的有关审查、起诉和判决、裁定,都必须依赖案卷中的证据材料来分析确认所依据的案件事实和理由。

(三)交通事故案卷是交通安全研究的基本素材

调查处理现实发生的交通事故是公安交通管理部门的法定职责,但与之相比,如何尽最大可能地减少事故发生和降低事故损害才是公安交通管理更为重要和紧迫的任务。任何有关交通安全的研究与实践都需要建立在对交通系统自身运行规律和特性的客观认识与把握上,其中就包括对不同时期和环境条件下交通安全形势与事故特征的准确研判,而这必然依赖于对大量事故案件信息的汇集与分析,因此,交通事故案卷作为实际发生事故的最原始记录资料,往往成为交通安全研究的主要对象。

二、交通事故案卷的组成

交通事故案卷由案卷文书、案卷目录和保护、陈放案卷文书的档案袋、卷皮、卷盒等组成。

(一)案卷文书

案卷文书是指公安交通管理部门在处理事故过程中,依法制作或收集的各种与事故处理有关的文件和材料。按照内容和功能的不同,交通事故的案卷文书可分为调查取证文书、行政法律文书、刑事法律文书和其他文书四类。其中,调查取证文书、行政法律文书和其他文书是交通事故案卷中最常见和必备的案卷文书,而刑事法律文书则只在当事人涉嫌构成交通肇事犯罪,需要追究其刑事责任的事故案卷中出现。

交通事故案卷是按照一定规范将已经取得的各种有关事故的文书材料进行汇总整理之后形成的,因此,案卷文书是案卷的主体,是各类交通事故案卷最基本、最主要的组成部分。公安交通管理部门只有在拥有了足够数量的案卷文书的情况下,才可能汇集成为完整的交通事故案卷。

(二)案卷目录

案卷目录又称为卷内文件目录,是交通事故案卷中用于记录卷内案卷文书的名称、数量、责任者、制作或取得日期、在案卷中的排列序号等基本检索信息的组成部分,是人们查阅交通事故案卷和快速浏览案卷基本内容的重要工具。案卷目录的格式如图9-1所示。

(三)档案袋

档案袋是交通事故处理过程中案卷文书的临时装具。案卷归档保存时,事故办案人员应当除去装案卷文书的档案袋,并使用软卷皮将案卷文书装订后装入卷盒内保存。

档案袋的正面应当按照规定填写档案名称、事故类别、编号、事故时间、地点、立档单位和办案人等内容。

(四)卷皮与卷盒

卷皮是用于装订和保护案卷文书的案卷封皮。卷皮分为硬卷皮和软卷皮两种。交通事故案卷一般采用软卷皮装订,只有当公安交通管理部门需要向人民检察院、人民法院等其他部门移送交通事故案件时,才使用硬卷皮装订案卷。卷皮封面应按规定印制或填写全宗名称、类目名称、案卷题名、时间、保管期限、件、页数、归档号、档号等内容。

卷盒是与软卷皮配套使用的,用于归档保存的案卷。卷盒封面为空白面,需要在卷脊上填写全宗名称、目录号、年度和起止卷号等内容。

三、交通事故案卷的基本要求

交通事故案卷及其案卷文书的制作必须符合下列基本要求:

(一)字迹清晰耐久

交通事故案卷及其案卷文书必须使用能够长期保存字迹的钢笔、毛笔等填写,文字书写应当工整、清晰,交通事故案卷及其案卷文书的各项内容应当填写完整、准确。

交通事故案卷目录					
顺序号	责任者	名　称	日　期	页号	备注

注：责任者指文书制作单位或制作人。

图9-1　交通事故案卷目录

（二）文字书写规范

交通事故案卷中的文字书写应当规范，印制文书、表格及打印文件使用的文字应当符合国家发布的有关标准。其中，交通事故认定书、交通事故车辆技术检验报告等叙述式文书宜采用打印方式填写。

（三）案卷文书的格式应符合标准

交通事故案卷文书的格式必须严格按照 GA 40《交通事故案卷文书》和 GB/T 9704《国家行政机关公文格式》、GB 9705《文书档案案卷格式》等标准及法规的规定制作。案卷文书用纸幅面尺寸统一采用标准 A4 型纸，其成品幅面尺寸为 297mm×210mm。

四、交通事故案卷的内容

交通事故案卷分为适用简易程序处理交通事故的案卷和适用一般程序处理交通事故的案卷两类。

（一）适用简易程序处理交通事故的案卷

适用简易程序处理的交通事故，其案卷文书采取多案一卷的方式立卷，即以交通事故统计月度为单位，将期内的全部案件统一装订成册，每册分别填写案卷索引。案卷的内容包括：
(1)道路交通事故认定书(简易程序)。
(2)公安交通管理简易程序处罚决定书、公安交通管理行政处罚决定书。

(二)适用一般程序处理交通事故的案卷

适用一般程序处理的交通事故,其案卷文书采取一案一卷的方式立卷,即以案件为单位,每一起事故都分别立卷。案卷由正卷和副卷两个部分组成。

1. 正卷

正卷是交通事故案卷的主体部分,主要收存公安交通管理部门在处理事故过程中依法制作或收集的立案类文书、调查取证类文书、行政处罚与行政调解类文书和其他行政法律文书,如果案件涉及追究当事人刑事责任的,则还应当包括办理涉嫌交通肇事罪的刑事立案类文书、刑事强制措施类文书和其他刑事法律文书。其中,处理普通交通事故的案卷内容及具体排列顺序如下：

(1)受理道路交通事故案件登记表。
(2)移送案件通知书。
(3)道路交通事故现场勘查笔录。
(4)道路交通事故现场图。
(5)道路交通事故照片。
(6)扣押物品清单。
(7)公安交通管理行政强制措施凭证。
(8)传唤证。
(9)当事人身份证明、驾驶证、行驶证复印件等其他材料。
(10)道路交通事故视听材料目录。
(11)询问笔录。
(12)谈话记录。
(13)道路交通事故当事人陈述材料。
(14)人体损伤程度鉴定书。
(15)道路交通事故受伤人员伤残评定书。
(16)道路交通事故尸体检验报告、鉴定书。
(17)未知名尸体信息登记表。
(18)死亡证明。
(19)道路交通事故车辆技术检验报告、鉴定书。
(20)其他检验、评估报告、鉴定书。
(21)道路交通事故认定书。
(22)道路交通事故证明。
(23)道路交通事故认定复核受理通知书。
(24)道路交通事故认定复核不予受理通知书。
(25)道路交通事故认定复核结论。
(26)公安行政处罚告知笔录。
(27)听证文书。
(28)公安行政处罚决定书、公安交通管理行政处罚决定书、公安交通管理撤销决定书、公安交通管理转递通知书。
　　(29)行政复议文书。
　　(30)暂缓执行行政拘留通知书、执行通知书(回执)。
　　(31)委托书。
　　(32)道路交通事故损害赔偿调解申请书、道路交通事故损害赔偿调解书、道路交通事故损害赔偿调解终结书、道路交通事故调解记录。
　　(33)道路交通事故尸体处理通知书。
　　(34)道路交通事故抢救费支付(垫付)通知书。
　　(35)道路交通事故处理通知书(包括不受理、不调解等)。
　　(36)送达回执。
　　(37)其他行政法律文书。
　　办理涉嫌交通肇事犯罪案件的案卷内容及具体排列顺序如下：
　　(1)接受刑事案件登记表、立案决定书、移送案件通知书(回执)。
　　(2)传唤通知书(副本)。
　　(3)拘传证。
　　(4)取保候审决定书(副本)、取保候审保证书、收取保证金通知书(回执)、对保证人罚款决定书(副本)、退还保证金决定书(副本)、没收保证金决定书(副本、回执)、解除取保候审决定书(副本)、不予取保候审通知书(副本)。
　　(5)监视居住决定书(副本)、解除监视居住决定书(副本)。
　　(6)拘留证、拘留通知书(副本)、延长拘留期限通知书(副本)。
　　(7)提请批准逮捕书、批准逮捕决定书、不批准逮捕决定书、逮捕证、逮捕通知书(副本)。
　　(8)变更强制措施通知书(副本)。
　　(9)提请批准延长侦查羁押期限意见书(副本)、批准延长羁押期限决定书、延长侦查羁押期限通知书(副本)、重新计算侦查羁押期限通知书。
　　(10)释放通知书、释放证明书(副本)。
　　(11)安排律师会见非涉密案件在押犯罪嫌疑人通知书。
　　(12)其他刑事法律文书。
　　(13)案件需要的与处理普通交通事故相同的其他文书。
　　(14)讯问笔录。
　　2.副卷
　　副卷是交通事故案卷的附属部分，主要收存公安交通管理部门在处理交通事故过程中依法制作的一些内部性工作文书，以及其他与事故处理有关，但不宜纳入正卷范围的文书材料。副卷具体包括下列内容：
　　(1)各种审批表。
　　(2)各种报告书。
　　(3)呈请(回避、拘留、提请批准逮捕、变更强制措施、侦查终结、起诉、撤销案件)报告书。
　　(4)道路交通事故处理工作记录。
　　(5)交通事故逃逸案件协查通报、公告或者撤销通知。

(6)与损害赔偿调解有关的材料,例如被抚养关系证明,户口证明等。
(7)道路交通事故遗留物品清单。
(8)司法机关调卷公函。
(9)消除道路交通安全隐患通知书。
(10)当事人血样(尿样)提取登记表。
(11)认尸启事。
(12)其他与道路交通事故处理有关的文书材料。

第二节 道路交通事故案卷的管理

一、交通事故案卷管理的基本任务

(一)整理交通事故案卷文书

交通警察在交通事故处理结案以后,应当依照 GA 40《交通事故案卷文书》的规定,将处理交通事故过程中收集和制作的各种案卷文书,按照一定的标准和要求进行归类、编排整理,并装订成册。

(二)交通事故案卷的编目管理

交通事故案卷是交通事故处理工作的客观记载,同时也是国家的重要财产,因此必须加强对案卷的管理。为了方便管理和使用,交通事故案卷在收存入库前,应当按照有关档案管理的规定对案卷进行卷内文书编号、填写卷内目录、编制案卷封面、案卷目录、编制检索工具等编目管理工作。

(三)交通事故案卷的编研

交通事故案卷编研工作是以交通事故案卷为对象,以事故处理、事故防范和交通安全宣传教育为目的,在分析案卷内容的基础上,进行的有关交通事故历史材料的编辑、整理和研究。

(四)交通事故案卷的安全管理

保存交通事故案卷的地方应当配置必要的设施,并保持室内清洁,确保案卷的安全。对案卷使用应当建立交接手续,以防止案卷遗失。

二、交通事故案卷的建立

交通事故案卷的建立,又称交通事故案卷的立卷、组卷,是指将交通事故处理过程中形成的各项单份的文书材料进行系统化的整理,按照它们在形成和使用过程中的联系和规律编立成完整的案卷。交通事故案卷是与交通事故处理有密切联系的若干文件材料的组合体,是事故档案的基本单位,一个事故案卷就是一份事故档案。将交通事故案卷文书组合成案卷,能具体地体现案卷文书材料之间的联系和反映出事故处理的工作过程,并便于案卷文书的管理、查找和利用,为交通事故档案管理奠定物质基础。

(一)立卷的要求

交通事故案卷的立卷工作由处理事故的交通警察负责。交通警察在事故处理结案后,应将调查处理过程中形成的有一定保存价值的案卷文书进行整理归档,并按照内部档案管理规定移交本部门的事故档案管理人员入库保存,或者依法向人民检察院、人民法院等其他部门移送。

交通事故案卷的立卷工作具体包括案卷文书的择选、卷内文书排列、文书编号、编写页码、填写案卷目录、填写卷皮和卷盒等内容。按照GA 40《交通事故案卷文书》的规定应当立卷归档的案卷文书,必须将其入卷保存,而不得据为己有或者抛弃、损毁,对于依照规定不得归档的文书材料,也不得擅自将其归入案卷。

交通事故案卷文书是在事故处理过程中形成的,不仅每一份文书都与事故处理程序中的具体步骤相联系,而且不同文书之间也因此具有先后顺序、前后衔接的形成规律,这种规律是文书之间历史联系的具体反映,是由公安交通管理部门的交通事故处理工作活动规律所决定的,因此,在立卷时应当反映案卷文书的形成规律,保持案卷文书之间的历史联系。只有这样,才能系统性地反映出事故处理工作的历史面貌,为案卷文书的查阅提供方便。

(二)立卷的方法及步骤

1. 案卷文书整理

交通警察在事故处理结案后,应当及时清理案卷文书,并按照调查取证类文书、行政处理类文书、刑事诉讼类文书和其他类文书类别,对在事故处理过程中制作或获取的各种文书材料进行分类,并将分类整理好的案卷文书按照GA 40《交通事故案卷文书》规定的顺序进行系统排列,同类型材料按其重要程度或形成时间先后排列。

2. 案卷编目

(1)编制卷内文书的页码。交通事故案卷内的案卷文书应当编制页号。其中,案卷文书上有字迹和图表的页面应一面编写一个页号,空白页面不编号。所编制的页号应统一写在右页面的右上角或者左页面的左上角。

(2)编制卷内文件的目录。卷内文件的目录由顺序号、责任者、名称、日期、所在页号、备注组成。其中,"顺序号"为各案卷文书在案卷中的排列顺序号;责任者为各案卷文书的制作单位或个人,一般填文书的制作机关或署名人的全称或者规范化简称;"名称"为具体案卷文书的标题名称,名称一般采取照实抄录,如果文书原标题过于简单不能反映其内容的,应在标题后用括号标注文书的内容提要,对于没有标题的案卷文书,立卷人可以自拟标题,并在自拟的标题外加方括号[ ];"日期"为具体案卷文书的形成时间,用8位阿拉伯数字表示,例如2005年1月10日应当填写为20050110,没有日期的案卷文书应考证清楚后填写;"所在页号"为具体文书在案卷中的排列页码号,并且通常为该文书首页的页码号,但是,对于案卷中排列在最后一份的文书应当分别填写其起止页码号;"备注"栏填写对案卷文书需要补充和说明的情况,包括密级、缺损、修改、补充、移出、销毁等。

(3)填写卷皮、卷盒。在装订案卷之前,应当按照规定填写案卷卷皮、卷盒上的有关内容。这些内容主要包括:事故类别、编号、全宗名称、类目名称、案卷题名、时间、保管期限、件、页数、归档号、封面档号等。其中,"事故类别"按照公安部有关交通事故分类标准填写;"编号"填写为保管案卷而编定的案卷号码;"全宗名称"填写负责处理事故的公安交通管理部门的全称或通用简称;"类目名称"填写"交通事故档案"字样;"案卷题名"由立卷人自拟填写本册事故案卷的名称,一般由事故的时间、地点、事故等级等要素组成,要求名称必须简练、概括、明确,例如"'3.31'××县(区)××路××km死亡事故";"时间"填写发生事故的时间,对于定期将多案归入一卷的适用简易程序处理交通事故案卷,应填写从第一起案件的发生时间至最后一起案件的发生时间;"保管期限"填立卷时确定的案卷保管期限;"件、页数"填案卷的总页数;"归档号"填写文书处理号;"封面档号"由"全宗号"、"目录号"和"案卷号"三个部分组成,"全宗号"填写由当地档案馆指定给公安交通管理部门的档案编号,"目录号"填写事故案卷在全宗内所属目录的编号,"案卷号"填写本案卷在所属目录内的顺序编号,要求在同一个全宗内不允许出现重复的案卷目录号,在同一个案卷目录内不允许出现重复的案卷号。

对于不能和案卷放在一起的事故录音带、录像带、光盘等,要统一整理编号,分别存放,并在编目时注明互见号和存放地点。

3. 案卷的装订

案卷文书与卷皮整理、填写合格后,应当立即进行装订,以防止文书材料散失。在开始装订前,为防止出现错误,应当再次对案卷进行审核,以确认案卷内容是否齐全,文书的排列顺序是否正确,是否有缺页、倒页、重号、空号,卷皮是否填写正确等。案卷各部分的排列顺序为:案卷封面+卷内文件目录+案卷文书+备考表+封底。

交通事故案卷应当用防腐防锈的线材装订,并注意去除掉所有材料中的大头针、回形针等金属物。案卷材料以右页边和下页边为准,叠放整齐。对于大于或小于文书用纸幅面的案卷材料,应当按照 A4 纸型规格折齐或粘贴在道路交通事故案卷材料粘贴纸上。其中,横排 A4 纸型图、表的上方应在订口一边。胶粘文书、软卷皮时,黏合剂黏度要适当,粘贴应当牢固、平整、无空泡、无皱折、无黏合剂溢出。案卷材料装订完成后再粘贴软卷皮,粘贴软卷皮要包紧、包平,浆口小于等于 7mm。装订完毕,应当将使用软卷皮装订的案卷按照案卷号的排列次序装入卷盒内保存。

三、交通事故案卷的保存和销毁

按照《机关档案工作条例》的规定,除了依法追究当事人交通肇事刑事责任案件的正卷需要移送人民检察院审查起诉之外,其他交通事故案卷均由公安交通管理部门集中统一管理。为了确保交通事故档案的安全,公安交通管理部门应当设立专人负责档案的管理工作,并由其具体负责对本部门交通事故案卷归档工作的指导、监督和常规管理。

(一)案卷的归档

1. 案卷审核

交通警察在交通事故处理结案以后,应当按照归档制度的要求及时将案卷移交给本部门的档案管理人员,以便集中保管。档案管理人员在接收案卷时,应从以下方面认真审核案卷,符合案卷质量要求的方能接收。

(1)完整。根据事故等级和所适用的处理程序,审核案卷的内容是否齐全、完整,材料有无短缺,卷盒、卷皮和每一份案卷文书的项目是否填写齐全、没有疏漏。

(2)清楚。案卷文书的文字书写必须清楚,不得有字迹潦草、数字不清、乱涂改、乱按指印的现象,不得使用铅笔或者圆珠笔书写。每份案卷文书的内容必须肯定确实,能够清楚地说明某一问题,而不得似是而非、含糊不清,甚至是出现几份案卷文书之间相互矛盾的现象。

(3)整齐。案卷文书必须按照规定粘贴、叠放和装订整齐。

2. 编制档案索引目录

为了方便案卷查找,档案管理人员应当对归档保存的交通事故案卷进行必要的分类排列和编号,并按照排好的顺序入库保存和建立档案索引目录。建立档案索引目录的方法一般有两种:一种方法是按照事故发生时间的先后顺序建立,目录的项目包括:案卷编号、事故发生时间、地点、事故类别、事故形态、损害后果、办案人、结案时间、保管期限、备注等。这种索引目录的优点在于可以通过事故发生的时间来查找案卷,以及方便利用索引目录来快速查找保管期满、需要销毁的案卷;另一种方法是根据事故的类别和适用的处理程序分别建立,将索引目录分为死亡事故、伤人事故、财产损失事故和适用简易程序处理事故等类别。这种索引目录的优点在于可以通过事故的损害后果查找案卷。

填写交通事故档案索引目录时,应当按照案卷封面上的内容和已固定的案卷入库保存顺序,进行逐卷登记。已进行档案索引目录登记的交通事故案卷,要严格按照案卷的类别和编号顺序存放。

(二)案卷的存放

交通事故案卷属于我国档案法所规定的机关档案范围,公安交通管理部门必须依法科学、妥善地保管案卷,采取各种有效措施防止案卷损毁,以维护交通事故档案的完整并充分发挥其为交通安全管理服务的功能。案卷的存放应有专门的档案室,档案室的门窗应当坚固,并配备必要的档案柜、装订设备和防盗、防火、防虫、防鼠、防潮、防尘、防高温等设施、设备。档案管理人员应定期检查案卷的保管状况,对破损或变质的案卷应及时修补、复制或作其他技术处理。

档案室应建立档案的统计制度,对交通事故案卷的收进、移出、保管、利用等情况进行统计,并按照规定向有关档案业务管理部门报送档案工作基本情况的统计表。

(三)案卷的保存期限

交通事故案卷的保管期限分为永久保管和定期保管两类情形。其中,定期保管的保管期限又分为20年、5年和2年三种。所有案卷的保管期限从结案后的第2年开始计算。

1.永久保管

对于交通肇事逃逸人员被处以吊销机动车驾驶证处罚的、使(领)馆官员、使(领)馆车辆发生事故致1人以上死亡的,以及其他致3人以上死亡的交通事故,其案卷应当永久保管。

2.保管20年

对于致人伤残、死亡1~2人的交通事故和涉外交通事故,其案卷除了需要永久保管的以外,保管期为20年。

3.保管5年

适用一般程序处理的交通事故,其案卷除了应当永久保管和保管20年的以外,保管期统一为5年。

4.保管2年

对于适用简易程序处理的交通事故,其案卷的保管期为2年。

(四)案卷的销毁

交通事故案卷的保管期满后,公安交通管理部门应当定期对已超过保管期限的事故案卷进行复查。案卷复查工作由公安交通管理部门的办公室主任主持,由档案管理人员和事故处理人员组成复查小组共同进行。复查结束,复查小组应提出复查工作报告。其中,对于有继续保存必要的案卷可延长保管期限或转为永久保存,对确无保存价值的案卷应统一登记造册,记录事故的发生时间、地点、事故后果、当事人姓名、性别、年龄、事故认定与处理结论等,并经公安交通管理部门的主管领导批准后予以销毁。批准销毁的领导审批件以及销毁案卷的索引目录应当永久保存。

公安交通管理部门在销毁交通事故案卷时,应当指定两人负责监督销毁,以防止案卷遗失和泄密。监销人在案卷销毁后要在案卷销毁清册上签字。

(五)案卷的移交

按照《中华人民共和国档案法实施办法》的规定,属于永久、长期保存的交通事故案卷,公安交通管理部门应当自立卷之日起满10年后,将案卷连同案卷目录和有关的检索工具、参考资料一并移交给当地的国家档案馆。案卷移交一般在第二年的上半年进行,交接双方应根据移交目录清点核对所移交的案卷,并履行签字手续。此外,对于公安交通管理部门被撤销或合并的,必须将本部门的全部交通事故案卷进行认真整理,妥善保管,不得分散,并按下列方式进行处理:

(1)被撤销公安交通管理部门的交通事故案卷,应向有关的国家档案馆移交或由有关主管机关代管。

(2)一个公安交通管理部门并入另一个公安交通管理部门,或几个公安交通管理部门合并为一个新的公安交通管理部门的,其交通事故案卷应移交给合并后的公安交通管理部门代管或者向有关的国家档案馆移交。

(3)公安交通管理部门被划给另一个公安机关接收的,其交通事故案卷不得带入接收公安机关,如果接收公安机关需要利用的,可以借阅或者复制。

(4)公安交通管理部门被撤销或者合并时,尚没有处理完毕的交通事故的案卷文书,可以移交给新的公安交通管理部门继续处理,并作为新的公安交通管理部门的交通事故档案加以保存。

四、交通事故案卷的利用

交通事故案卷的利用,是指对事故案卷的阅读、复制、摘录和引证。通过对事故案卷的利用,可以充分发挥交通事故案卷在案件处理和道路交通安全研究、交通安全宣传教育等方面的积极作用。《中华人民共和国档案法》第20条规定:"机关、团体、企事业单位和其他组织以及公民根据经济建设、国防建设、教学科研和其他各项工作的需要,可以按照有关规定,利用档案馆为开放的档案以及有关机关、团体、企事业单位和其他组织保存的档案"。

(一)交通事故案卷的利用领域

从实践经验来看,交通事故案卷利用的领域主要有以下几个方面:

1. 用于交通事故案件处理

交通事故案卷形成于对事故的调查处理过程,是处理事故所需证据材料和法律文书的汇总,是记录和反映事故事实及其处理活动的最有力载体,在处理事故的每一个阶段都离不开对相关案卷文书的利用。尤其是在案件的处理涉及行政、刑事或者民事诉讼时,由于有关司法机关的办案人员没有亲历事故的发生和调查过程,对案情及其调查处理工作的认识和了解都主要依赖于案卷中的文件和材料,因此法律规定,为起诉和审理交通事故案件的需要,公安交通管理部门应依法向司法机关移送案卷,或者由司法机关依法向公安交通管理部门调取案卷,事故当事人也有权查阅案卷中的有关证据材料。

2. 用于交通安全科学研究

对事故案例进行统计分析和研究,是探索交通事故发生、发展规律和特征,进而有针对性地开展交通安全科学研究的最有效途径。有关国家机关、科研机构、院校、企事业单位和公民个人,为了交通安全的立法、管理、科研以及城市及道路规划建设、车辆设计制造、人员教育培训等需要,可以通过查阅交通事故案卷来获取必要的交通事故案例信息,为相关决策、研究和培训、选拔等提供实证依据。

3. 用于交通安全宣传教育

交通安全宣传教育是提高公民交通安全意识,减少人为因素导致交通事故的重要手段。为了丰富交通安全宣传教学的内容,增强宣传教学的直观性,以取得更好的宣传教学效果,公安交通管理部门、有关院校、企事业单位和社会组织在开展交通安全宣传教育过程中,可以在规定的范围内使用交通事故的有关案卷资料。

(二)交通事故案卷的利用方法

公安交通管理部门保管的交通事故案卷是现行档案,主要供本部门、上级主管部门或者人民检察院、人民法院等国家机关办案使用,不属于对社会开放的范围。其他单位或者公民个人如果确实需要利用的,必须征得公安交通管理部门主管领导的同意。

在交通事故处理过程中,如果当事人对事故认定结论申请复核,复核部门通知原办案单位提交案卷材料的,原办案单位应当向复核部门提交事故的全部案卷材料。如果需要追究肇事者刑事责任的,由公安交通管理部门按照刑事诉讼法的规定,在向人民检察院移送交通肇事刑事案件的同时移送案卷的正卷,在移送前,公安交通管理部门应当对正卷进行全卷复制,将制作成的副本与副卷一并保存备查。如果当事人不服公安交通管理部门的行政处罚等具体行政行为,依法向人民法院提起行政诉讼,或者就事故损害赔偿纠纷向人民法院提起民事诉讼的,人民法院可依法向公安交通管理部门调取案卷的正卷。公安交通管理部门在向复核部门提交案卷材料或者向人民检察院、人民法院移送案卷时,交接双方应当履行必要的交接手续,并对所交接的案卷内容进行当面核对。

交通事故当事人或者代理人为处理事故需要查阅案卷的,应当在收到交通事故认定书后,向公安交通管理部门提交书面的《当事人查阅证据申请》,明确查阅、复制、摘录的具体内容,申请经公安交通管理部门的交通事故处理机构负责人同意后,由交通事故处理机构安排其查阅。允许事故当事人及其代理人查阅交通事故案卷的范围,只限于案卷正卷中不涉及国家秘密、商业秘密、个人隐私,以及有关当事人、证人未要求保密的证据材料,对于正卷中的其他材料以及副卷中的各项材料均不得查阅。当事人及其代理人可以自费复制所查阅的证据材料,并由公安交通管理部门在其复制的材料上注明复制时间并加盖道路交通事故处理专用章。

为了方便案卷的查找和利用,公安交通管理部门应根据档案管理工作的需要,编制必要的交通事故案卷目录、索引等检索工具,编辑交通事故档案文件汇集和各种参考资料,积极主动地开展案卷的利用工作,为更好地处理交通事故和开展交通安全研究与管理工作服务。为了规范案卷的借阅,公安交通管理部门还应当建立案卷的借阅制度,根据案卷的机密程度,确定不同事故案卷的利用范围和审批手续,并对借阅案卷的具体手续、期限、借阅范围、注意事项等做出明确规定。

五、违反交通事故案卷管理规定的法律责任

交通事故案卷是国家档案的一个组成部分,根据《中华人民共和国档案法》第 24 条的规定,有下列行为之一的,由有关主管部门对直接负责的主管人员或者其他直接责任人员依

法给予行政处分,构成犯罪的,依法追究刑事责任:

(1)损毁、丢失属于国家所有的档案的;

(2)擅自提供、抄录、公布、销毁属于国家所有的档案的;

(3)涂改、伪造档案的;

(4)违反档案法的规定,擅自出卖或者转让档案的;

(5)倒卖档案牟利或者将档案卖给、赠送给外国人的;

(6)违反档案法的规定,不按规定归档或者不按期移交档案的;

(7)明知所保存的档案面临危险而不采取措施,造成档案损失的;

(8)档案工作人员玩忽职守,造成档案损失的。

第十章 道路交通事故信息管理

第一节 道路交通事故信息采集

一、道路交通事故信息的概念及特征

(一)道路交通事故信息的概念

信息是物质存在的一种方式、形态或运动状态,也是事物的一种普遍属性,一般指数据、消息中所包含的意义。道路交通事故信息是指由文字、符号、图形等表现出来的和交通事故相关的消息、情报或者数据等,如事故发生的时间、地点、天气情况、道路情况、事故涉及的人员、车辆和事故的过程、原因、损害后果等都属于交通事故信息。

道路交通事故信息记录了每起事故的客观情况和事故处理过程中所涉及的各种相关信息,是调查处理事故和进行事故统计分析的基础。信息的内容主要包括事故处理过程中的基本信息、人员信息、受案登记信息、处理结果信息等,可分为事故基础信息和事故处理相关业务信息两大部分。其中,事故基础信息分为适用一般程序处理的事故信息和适用简易程序处理的事故信息,如:事故时间、地点、死亡人数、财产损失、人员信息等;事故处理相关业务信息包括案件受理信息、现场勘查信息、车辆及物品扣押、返还信息、调查取证信息、事故认定信息、损害赔偿调解信息、结案归档信息、刑事案件信息、协查通报信息、事故认定撤销信息、相关案卷文书信息。

(二)道路交通事故信息的特征

1. 客观性

交通事故信息不是虚无缥缈的事物,它的存在可以被人们感知、获取、传递和利用。它是交通事故从发生到处理整个过程的反映,其存在是不以人的意志为转移的,客观、真实是交通事故信息最重要的本质特征。

2. 依附性

信息的表示、传播、存储必须依附于某种载体,载体就是承载信息的事物。语言、文字、声音、图像以及纸张、胶片、磁带、磁盘、光盘等,甚至人的大脑,都是信息的载体。如交通事故调查取证查中的信息载体就可能有现场勘查笔录、现场照片、视频录像、纸张等。

3. 价值相对性

这主要指某一信息仅在某一个方面或某个领域有较大使用价值,对事物的发展有积极的作用。如某一起交通事故的现场勘查信息对该起事故认定起着重要的作用,而事故认定信息对当事人来说意义重大，但是这些信息对整个地区的交通事故预测则作用不大。

二、道路交通事故信息的采集方法

交通事故信息采集指人们为了分析和处理交通事故，采用科学的方法，根据特定的条件对交通事故基础信息和事故处理相关业务信息进行收集、获取的过程。它是交通事故分析处理的先决条件与首要环节。

交通事故信息采集作为基础研究多年前就受到发达国家的广泛关注，其中德国在这方面的成功经验值得我们学习。德国政府每年会公布官方的交通事故情况及预报，并为此专门组建了道路交通事故信息采集系统，成立专业团队在事故发生的第一时间到达事故现场进行科学、高效的事故信息采集。该系统所采集的内容包括所有与事故有关的信息，采集到的所有事故信息被分类记录到相应的数据库。与警方报告相比，他们所掌握的信息面更广、更专业，研究和参考价值更高。

我国目前绝大部分交通事故信息仍来自于公安交通管理部门，并主要通过事故办案人员登录公安交通管理综合应用平台来完成对事故信息的采集。

"十一五"期间，全国公安交通管理系统通过"金盾工程"一期和二期项目建设，完成了机动车和驾驶人资源库建设以及机动车登记、驾驶证管理、交通违法处理、交通事故处理、交警队信息平台、剧毒化学品公路运输管理等六大业务系统建设及推广应用。2010年，公安部交通管理局对交通管理信息系统数据资源、软硬件平台、业务流程、软件功能、信息服务、安全保障体系、标准规范体系、运行维护管理要求等进行了整合，建立了包括交通事故信息系统在内的全国统一的公安交通管理综合应用平台，并在全国推广应用。交通事故信息系统作为该应用平台的子系统之一，可以将交通事故数据进行计算机网络传输、存储与统计分析。目前各级公安交通管理部门正在使用的是公安交通管理综合应用平台的 V1.3.1 版，系统结合交通事故处理、统计分析和安全预防工作以及公安交通管理信息化建设的实际需要，设有简易事故处理、一般事故处理、事故审批、事故档案管理、刑事案件管理、业务查询等项目，有助于交通事故处理信息管理和领导决策，同时也为执法办案提供了便捷的信息共享服务，如图 10-1 所示。

图 10-1 公安交通管理综合应用平台的交通事故处理界面

按照公安部《道路交通事故处理信息系统使用规定》的要求，发生交通事故后，公安交通管理部门应当如实、准确、完整、及时采集事故基础信息和事故处理相关业务信息，并在事故现场勘查结束后的 24 小时内，将事故快报信息录入公安交通管理综合应用平台，并在事故处理过程中,及时更新事故基础信息和事故处理相关业务信息。因网络不通导致无法录入的,应当及时填写事故信息快报上报上一级公安交通管理部门录入。

三、道路交通事故信息采集的内容

根据 GA/T 946.3—2011《道路交通管理信息采集规范 第 3 部分:道路交通事故处理信息采集》,交通事故信息采集主要包括道路交通事故基本信息采集、人员信息采集、受案登记信息采集、事故处理结果信息采集和事故人员处理结果信息采集等。

(一)交通事故基本信息

道路交通事故基本信息采集项目主要有:事故发生时间、星期几、事故发生地点、当场死亡人数、抢救无效死亡人数、受伤人数、下落不明人数、直接财产损失、事故类型、简要案情、事故形态、车辆间事故碰撞角度、单车事故碰撞对象、现场形态、危险品事故后果、事故初查原因、事故认定原因、逃逸事故侦破情况、天气、能见度、路面状况、路表情况、交通信号方式、道路照明条件、道路类型、公路行政等级、地形、道路线形、路口路段类型、道路物理隔离、路面结构、中央隔离设施、路侧防护设施类型、道路安全属性、道路安全隐患督办等级等。

(二)交通事故人员信息

道路交通事故人员信息采集项目主要有:身份证明号码/驾驶证号、户籍地行政区划、当事人属性、姓名/单位名称、性别、年龄、户口性质、人员类型、单位、住址、驾驶证种类、驾驶证档案编号、驾龄、交通方式、驾驶人血液酒精含量、安全带/头盔等使用情况、行人状态、行走速度、过错行为、事故责任、伤害程度、伤害部位、致死原因、死亡时间、号牌种类、号牌号码、车辆类型、交强险、核载量、实载量、车辆合法状态、车辆安全状况、行驶状态、车辆使用性质、碰撞角色、车辆变速器挡位、车辆转向灯状态、车辆照明灯状态、车辆安全气囊状态、公路客运区间里程、公路客运经营方式、危险品运输从业资格、危险物品运输许可证情况、运输危险品种类等。

(三)交通事故受案登记信息

道路交通事故受案登记信息采集项目主要有:报警时间、报警人姓名、报警人性别、报警电话、报警人住址、报警方式、案由、案件来源、受案人姓名等。

(四)交通事故处理结果信息

交通事故处理结果信息采集项目主要有:逃逸事故认定日期、事故中止认定日期、事故认定日期、事故认定撤销日期、刑事立案日期、调解开始日期、调解结束日期、调解结果、结案方式、结案日期、撤销案件日期等。

(五)交通事故人员处理结果信息

交通事故人员处理结果信息采集项目主要有:扣车日期、扣车延期理由、扣车返还日期、检验鉴定委托日期、检验鉴定完成日期、重新检验鉴定委托日期、重新检验鉴定完成日期、血液酒精浓度、尸体强制处理日期、行政处罚日期、伤者出院日期、评残结果、办理丧葬事宜结束日期、申请调解日期、实际赔偿金额、拘留日期、延长拘留日期、取保候审日期、解除取保候审日期、逮捕日期、不批捕理由、判决结果、判决日期、刑期、判决书编号等。

第二节　道路交通事故统计分析

一、道路交通事故统计分析的意义

交通事故属于随机事件,事故的发生与众多因素相关,但事故与这些因素之间的关系又难以用确定的函数式来精确描述,因此只能采用调查(或观测)统计的方法,根据某地区人、车、路、环境的条件和过去以及目前的交通事故情况,找出其影响交通事故的主要因素以及这些因素对发生事故的统计性影响规律。通过对交通事故进行科学的统计分析,可以了解和掌握事故的总体状况、发展变化趋势、影响因素等各种特征和规律,并得出一定的数理统计模型,为今后的道路交通工程建设、车辆设计更新、道路交通安全整治,以及制定交通安全管理规划、实施交通安全管理、交通事故预测等工作提供帮助。具体而言,对交通事故进行统计分析具有如下重要意义:

(1)发现和确定交通事故多发点的区域、地点和类型;
(2)掌握交通事故的发展变化规律和交通管理中的薄弱环节,明确交通安全管理工作的目标、重点和对策;
(3)验证道路几何设计、交通控制装置的合理性和有效性;
(4)验证某些交通安全管理措施的实际效果;
(5)检验道路交通安全法律、法规和政策的合理性;
(6)分析影响道路交通安全的诸因素及其影响的重要程度;
(7)评价道路交通系统的安全状况;
(8)为交通安全教育和科学研究提供依据。

二、道路交通事故的统计分析指标

对交通事故的统计分析结果必须有一系列的指标来定量反映,这些指标即为交通事故的统计分析指标。主要有下列几种:

(一)绝对指标

绝对指标用来反映事故总体规模和水平的绝对数量,即对符合一定统计条件的交通事故数据进行简单的累加。它是人们总体认识道路交通安全状况的起点,也是分析计算其他几种统计分析指标的基础。交通事故统计分析的绝对指标一般按照统计分析的目的不同,而相应可以设定不同的统计条件,例如统计满足一定时间、空间、天气、人员、车辆或者其他条件的交通事故总数、交通事故造成的死亡人数、受伤人数、直接经济损失金额等。

(二)相对指标

相对指标是通过对交通事故统计数据中的有关数值进行分类对比而得出的用于揭示交通事故内部规律性的指标。相对指标又可分为结构相对数、比较相对数、强度相对数和动态相对数4种。

1. 结构相对数

结构相对数是指交通事故总体数据中部分数与总数之间的比值。结构相对数通常用于计算各种交通事故分类在交通事故总数中的比重。例如,碰撞、刮蹭、辗压、翻车等各种形态交通事故在所有交通事故中所占的比例。结构相对数是分析交通事故的结构、特点和发展规律最常用的统计指标之一。其计算公式如下：

$$结构相对数(\%) = \frac{总体数据中某部分数值}{总体数据数值} \times 100\% \tag{10-1}$$

2. 比较相对数

比较相对数是两个同类指标之比。例如不同路段所发生的某种类型交通事故数的比值，同一时期两地区交通事故次数、死亡人数、受伤人数、财产损失金额等的比值，可以比较两个不同地区交通事故的发生情况。其计算公式如下：

$$比较相对数(\%) = \frac{乙地某种指标数}{甲地某种指标数} \times 100\% \tag{10-2}$$

3. 强度相对数

强度相对数是两个性质不同，但又有某种联系的绝对数之间的比值。例如常用的交通事故万车死亡率、交通事故十万人死亡率就是典型的交通事故死亡人数与社会机动车保有量之比和交通事故死亡人数与社会人口总数之比。强度相对数能够反映不同现象之间的相互联系性和影响力，因此，所选用的两项指标之间应当具有一定的客观联系性。强度相对数的计算公式如下：

$$强度相对数(\%) = \frac{某一绝对指标数}{另一有联系而性质不同的绝对指标数} \times 100\% \tag{10-3}$$

4. 动态相对数

动态相对数是指同一事物在不同时期的两个数字之比。它反映了事物发展变化的规模、速度和趋势，是研究事物发展特点和发展规律的重要指标。动态相对数分为发展率和增长率两种。

1）发展率

发展率是指报告期指标数与基期指标数之比，它反映了同类型事物在不同时期的发展程度。另外，根据计算发展率时所选取的基期是一个长期固定的时间，还是以一个不断滑动变化的时间（例如上一年、上一月、上一年的同一月），可以将发展率再分为定基发展率和环比发展率两种。其计算公式如下：

$$发展率(\%) = \frac{报告期指标数}{基期指标数} \times 100\% \tag{10-4}$$

2）增长率

增长率是指报告期指标数以基期指标数为基础，纯增长的比率。它反映了同类型事物的报告期指标数比基期指标数增长了多少。另外，根据计算增长率时所选取的基期是一个长期固定的时间，还是以一个不断滑动变化的时间（例如上一年、上一月、上一年的同一月），同样可以将增长率再分为定基增长率和环比增长率两种。其计算公式如下：

$$增长率(\%) = \frac{报告期指标数 - 基期指标数}{基期指标数} \times 100\% \tag{10-5}$$

（三）平均指标

交通事故统计分析的平均指标可分为算术平均数和几何平均数。通过计算交通事故的平均指标，可使总体状况中各单位之间的同类指标数的差异抽象化，将共同性因素显现出来，以便于考察总体状况的一般水平。

(四)动态数列

动态数列就是把间隔一定时间的统计指标,按时间顺序排列而成的数列。由于用以排列的统计指标不同,动态数列的种类与意义也不同。交通事故动态数列一般分为绝对数动态数列(即把同一种绝对数按间隔时间排列起来)、相对数动态数列(即把同一指标的相对数按间隔时间排列起来)、平均数动态数列(即把同一平均值按间隔时间排列起来)。在编制动态数列时应注意,用以排列的必须是同性质的统计指标,各具体指标值必须具有统一的计算范围、计算方法和计量单位,并且排列的间隔时间也必须一致。

虽然动态数列可以在一定程度上反映交通事故发展变化的过程和趋势。但是要深入分析交通事故的变化特点和规律,仅有动态数列是不够的,还必须计算动态数列的有关动态分析指标,例如计算平均水平、增长量、发展率、增长率、平均发展率和平均增长率等。

三、道路交通事故的统计分析图表

交通事故统计分析图表包括统计分析表和统计分析图,他们是一种用于形象和直观表达交通事故统计分析结果的工具。目前,在交通事故分析处理中应用较多的有静态对比分析表、动态对比分析表和比重图、趋势图、排列图、直方图等。

(一)交通事故统计分析表

统计分析表的作用,是通过各种不同形式的表格,列出交通事故的有关统计数据,以便对同类型数据进行对比分析。

1. 静态对比分析表

静态对比分析表,是指在同一张表格中按照一定顺序列出同一时期不同地区、不同条件或者不同类型交通事故的有关统计数据(包括绝对数和相对数),以进行对比分析的方法,如表 10-1 所示。

2011 年全国各种形态交通事故的对比分析表　　　　表 10-1

事故形态	次数		死亡人数		受伤人数	
	数量(起)	占总数(%)	数量(起)	占总数(%)	数量(起)	占总数(%)
正面相撞	63992	30.35	17986	28.83	77082	32.47
侧面相撞	56687	26.89	11542	18.50	65510	27.59
尾随相撞	19308	9.16	7713	12.36	22489	9.47
对向刮蹭	3648	1.73	823	1.32	4855	2.05
同向刮蹭	5529	2.62	1244	1.99	6152	2.59
刮撞行人	34117	16.18	9891	15.86	31203	13.14
碾压	5985	2.84	2796	4.48	4952	2.09
翻车	5101	2.42	3213	5.15	7815	3.29
坠车	860	0.41	742	1.19	1325	0.56
失火	50	0.2	27	0.04	29	0.01
撞固定物	6234	2.96	2830	4.54	6491	2.73
撞静止车辆	4712	2.24	2106	3.38	5111	2.15
撞动物	125	0.06	43	0.07	100	0.04
其他	4464	2.12	1431	2.29	4307	1.82
合计	210812	100.00	62387	100.00	237421	100.00

2. 动态对比分析表

动态对比分析表,是指在同一张表格中按照一定顺序列出不同时期同一地区、相同条件或者相同类型交通事故的有关统计数据(包括绝对数和相对数),以进行对比分析的方法,如表 10-2 所示。

2011 年全国交通事故的月度对比分析表　　　　　表 10-2

月份	次数		死亡人数		受伤人数	
	数量(起)	占总数(%)	数量(人)	占总数(%)	数量(人)	占总数(%)
一月	17221	8.17	5377	8.62	18152	7.65
二月	12497	5.93	4101	6.57	15468	6.51
三月	15582	7.39	4315	6.92	17533	7.38
四月	17909	8.50	5112	8.19	20322	8.56
五月	17623	8.36	4875	7.81	20397	8.59
六月	16744	7.94	4689	7.52	19512	8.22
七月	17316	8.21	4764	7.64	20726	8.73
八月	18159	8.61	5163	8.28	21690	9.14
九月	18798	8.92	5491	8.80	21159	8.91
十月	18211	8.64	5790	9.28	20130	8.48
十一月	19669	9.33	6191	9.92	20744	8.74
十二月	21083	10.00	6519	10.45	21588	9.09
合计	210812	100.00	62387	100.00	237421	100.00

(二)交通事故统计分析图

交通事故统计分析图的形式有多种,其使用目的在于使人们能够快速获得对交通事故统计分析结果的综合印象。

1. 直方图

直方图又称条形图,是一种用长方条形的长短来表示统计数据大小的对比分析图形。如图 10-2 所示。

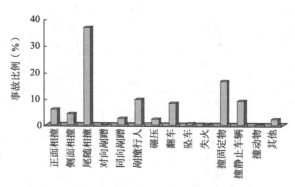

图 10-2　2011 年全国高速公路交通事故的事故形态构成

2. 比重图

比重图又称扇形图,它将一个圆分为若干个扇形,并以各扇形的面积来表示各统计数据占总数的百分比(结构相对数),如图 10-3 所示。

3. 趋势图

趋势图又称线形图、坐标图，它利用平面直角坐标内的一条或一组线条来表示某项或多项交通事故统计数据的发展和变化情况。这种图多用于以时间数列所反映的动态事故分析结果，例如本书第一章的图 1-1 ~ 图 1-7 均属于描述事故发展变化情况的趋势图。

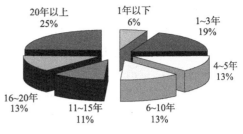

图 10-3　2011 年某地不同驾龄驾驶人肇事的构成比例

4. 排列图

排列图是将条形图与线形图相结合，用条形图来表示各统计项目的绝对数，用线形图来连接各统计项目的累计构成率。排列图中的纵坐标有两个标度，分别表示统计项目的绝对数和构成率，横坐标表示统计项目，如图 10-4 所示。

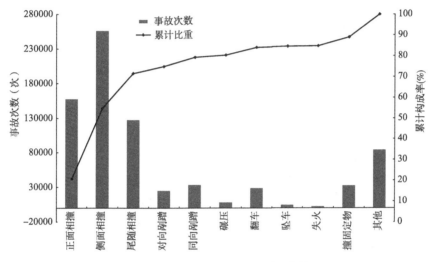

图 10-4　2011 年某地交通事故的事故形态排列图

四、道路交通事故统计数据的分布特征

交通事故统计分析的一项重要任务，就是要在交通事故统计数据的基础之上，分析交通事故的各种分布特征，以找出交通事故的发生、发展规律和各种影响交通事故发生的因素及其影响程度。

（一）交通事故的时空特征

1. 交通事故的时间分布

交通事故的时间分布是指交通事故随时间而变化的统计特征。例如第一章的图 1-4 就是我国历年来交通事故情况的时间分布情况，它直接反映了我国交通事故发展变化的趋势。从图中可以看出，我国交通事故数量、死亡人数、经济损失等的变化趋势是十分明显的。

交通事故的时间分布可以分为年、季度、月、周或一天 24 小时分布等多种。对于一个社会环境稳定的地区来说，其交通事故的时间分布特征是具有一定规律性的。

2. 交通事故的空间分布

交通事故的空间分布是指交通事故在发生地点方面的统计特征。由于不同地方的交通环境、交通组成、交通分布等都不相同,因此,在各地方发生交通事故的数量、形态、原因、损害后果等特征也不相同。交通事故的空间分布特征可用来对比不同地区的交通事故情况。目前在实践工作中使用较多的交通事故空间分布有:

(1)各省、自治区、直辖市交通事故分布;

(2)各地区(省、市)交通事故与上一年同期的比值;

(3)36个大中城市交通事故分布;

(4)各地区(省、自治区、直辖市)万车事故率、死亡率及伤人率。

3.交通事故的道路交通条件分布

交通事故的道路交通条件分布是指交通事故就事故发生时的道路交通条件方面的统计特征。具体包括交通事故在不同照明条件、交通控制状况、道路类型、道路线型、地形、路面条件、天气情况,以及各种路口、路段、车行道横断面等方面的分布。

(二)交通事故的形态分布

交通事故的形态分布也称交通事故的类型分布,是指正面相撞、侧面相撞、尾随相撞、撞固定物、对向刮蹭、同向刮蹭、碾压、翻车、坠车、失火等各种形态的交通事故在所有交通事故中的统计特征。通过对交通事故的形态分布特征的统计分析,可以帮助人们弄清各类交通事故的形成原因,并有针对地研究和采取各种交通安全防护措施。例如前面的表10-1就是典型的交通事故形态分布,统计结果表明:正面相撞、侧面相撞和尾随相撞的发生几率都很高,损害后果也很严重,应当成为交通安全研究的重点。

(三)交通事故的原因分布

交通事故的原因分布是指交通事故在发生原因方面的统计特征。例如表10-3就是我国2011年交通事故的主要原因分布情况。由于在实践中形成交通事故的原因错综复杂,既可能有人方面的原因,也可能有道路、车辆等方面的原因;既可能是造成事故的直接原因,也可能是造成事故的间接原因。因此,在总的交通事故原因分布特征的基础之上,还可以根据需要进一步统计分析在某一方面的具体事故原因分布特征。例如:在机动车违法过错方面可以进一步统计分析不同违法行为方面的分布特征;在机动车非违法过错方面可以进一步统计分析不同操作情况下的分布特征。

2011年我国交通事故主要原因分布 表10-3

项目	次数		死亡人数		受伤人数		经济损失	
	数量(起)	占总数(%)	数量(人)	占总数(%)	数量(人)	占总数(%)	数量(人)	占总数(%)
机动车违法	191534	90.86	57711	92.51	217113	91.45	99459	92.20
机动车非违法过错	7378	3.50	2048	3.28	8295	3.49	5494	5.09
非机动车违法	9508	4.51	1415	2.27	10479	4.41	1381	1.28
行人乘车人违法	2189	1.04	1094	1.75	1289	0.54	1281	1.19
道路	24	0.01	7	0.01	30	0.02	11	0.01
意外	17	0.08	112	0.18	215	0.09	247	0.23
合计	210812	100.00	62387	100.00	237421	100.00	107873	100.00

(四)交通事故的其他分布

交通事故除了在时间、空间、形态、原因等方面具有统计分布特征以外,在事故责任者、伤亡人员、事故车辆等其他方面也具有相应的统计分布特征。

1. 事故责任者分布

交通事故的事故责任者分布包括事故责任者的年龄分布、驾驶经历(驾龄)分布、性别分布、文化程度分布、交通方式分布、职业分布、出行目的分布、收入水平分布、居住地区分布、造成事故的类型分布、造成事故的原因分布、造成事故损害后果的分布等。例如图10-5是2011年全国机动车驾驶人原因致人死亡事故的驾驶人驾龄分布情况。从中可以看出，21～45岁这个年龄段是造成交通事故的主要人群，而驾龄在3年以下的机动车驾驶人肇事致人死亡的情况比较突出。

2. 伤亡人员分布

与交通事故的事故责任者分布相似，交通事故的伤亡人员分布也包括伤亡人员的年龄分布、驾驶经历(驾龄)分布、性别分布、文化程度分布、交通方式分布、职业分布、出行目的分布、收入水平分布、居住地区分布等，另外还包括伤害程度分布、伤害部位分布、伤害类型分布等。例如图10-6就是2011年我国交通事故伤亡人员的年龄分布情况。从中可以看出，我国交通事故的伤亡人员主要是年龄在21～50岁和65岁以

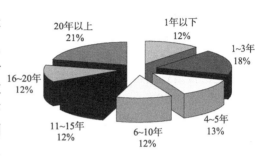

图10-5　2011年全国机动车驾驶人原因致人死亡事故的驾龄分布

上的人员。特别是21～50岁的人员多为家庭的支柱，在他们遭遇车祸后，常使正常的家庭生活难以维系，若肇事者再无赔偿能力，则会引发一系列的社会问题。

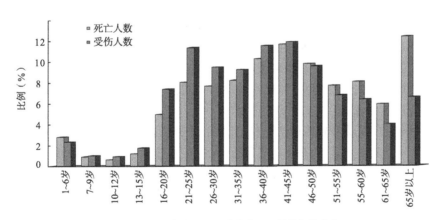

图10-6　2011年全国交通事故伤亡人员的年龄分布

五、道路交通事故的统计报告

交通事故的统计报告，是指各级公安交通管理部门按照国家的生产安全事故统计报表制度，以统计报表的形式，定期对其辖区内的交通事故进行统计，并向上级主管部门进行报告，同时抄送同级安全生产监督管理部门的活动。对交通事故进行统计报告，不仅有利于上级主管部门及时掌握交通事故的发生情况和当前的道路交通安全工作形势，为将来制定道路交通安全工作方针、政策和采取相关措施提供客观、准确的依据，而且能够使社会公众了解当地的道路交通安全状况，促使其增强交通安全意识。

(一)交通事故统计报告的基本要求

为了确保交通事故统计报告的质量和时效性,充分发挥其在道路交通安全管理工作中的重要作用,在进行交通事故统计报告时,必须严格遵守以下基本要求:

1. **真实准确**

交通事故统计报告必须严格按照规定的指标、口径、标准、范围、格式、计算方法进行填报。所有数据必须客观、准确、真实、完整,没有差错和遗漏。坚决杜绝虚报、瞒报及伪造和篡改统计信息。

2. **及时迅速**

为了确保统计报告的时效性,使上级主管部门和有关安全生产监督管理部门能够尽早了解交通事故的有关发展情况,及时研究制定应对方案和措施,各级公安交通管理部门应当于每月5日前完成对上月交通事故的统计填报。填报工作必须严格、及时,不得拒报、迟报。已报送快报信息的事故,必须进入当期统计。

3. **注意保密**

交通事故的统计报表是一种内部统计资料,具有一定的保密性,在工作过程中应当注意保密。对于需要向社会公布的一些交通事故数据,必须按照统一口径由专人公布。

(二)交通事故的统计范围

根据国家安全生产监督管理总局2012年印发的《生产安全事故统计报表制度》,纳入生产安全事故统计范围的交通事故包括造成人身伤亡或者直接经济损失的事故,其中,属于生产经营性质的交通事故还应当进行单独填报。

1. **统计的内容**

交通事故统计的内容主要包括事故发生单位的基本情况、事故造成的死亡人数、受伤人数、急性工业中毒人数、单位经济类型、事故类别、事故原因、直接经济损失等。其中,急性工业中毒是指人体在事故中因接触国家规定的工业性毒物、有害气体,一次吸入大量工业有毒物质使人体在短时间内发生病变,导致人员立即中断工作,入院治疗的情形。

2. **统计的认定标准**

(1)事故的等级以及事故造成的重伤、死亡和失踪人数,应当依据生产安全事故的分类标准进行认定和统计。如果来不及在当月统计的,应在下月补报。对于超过7日后死亡或者伤害自事故发生之日起超过7日后转为重伤的,不再补报和统计。

(2)直接经济损失的范围应当依据生产安全事故的分类标准认定和统计。直接经济损失应折合为人民币款额,并精确到元。

(3)由不能预见或者不能抗拒的自然灾害(包括洪水、泥石流、雷击、地震、雪崩、台风、海啸和龙卷风等)直接引发的事故灾难,不纳入交通事故统计范围。但对于在能够预见或者能够防范可能发生的自然灾害的情况下,因生产经营单位防范措施不落实、应急救援预案或者防范救援措施不力,由自然灾害引发造成人身伤亡或者直接经济损失的交通事故,应纳入统计范围。

(4)事故发生后,经由公安机关立案调查,并出具结案证明,确定事故原因是由人为破坏、盗窃等行为造成的,属于刑事案件,不纳入交通事故统计范围。

(5)解放军战士、武警、消防官兵、公安干警参加事故抢险救援时发生的人身伤亡,不计入事故统计范围。但对于专业救护队救援人员参加事故抢险救援时发生的人身伤亡,不计入本次事故统计,列入次生事故另行统计。

(6)企业法人、自然人、不具有企业法人资格的生产经营单位、个人合伙组织、个体工商户以及非法从事生产经营活动的生产经营主体在生产经营活动中发生的交通事故,属于生产安全事故。但是,对于生产经营单位人员在外执行工作任务时,因擅自做与任务无关的事情而发生的事故,以及生产经营单位人员在劳动过程中因病导致伤亡,经县级以上医院诊断、公安部门证明和安全生产监督管理部门调查属实的,不纳入统计范围。

(7)政府机关、事业单位、人民团体发生的生产安全事故,纳入统计范围。

(8)劳改系统生产经营单位人员或刑满就业、劳教期满企业留用人员及正在劳改、劳教中的人员发生的事故,纳入统计范围。

(三)事故统计核销程序

对已报告并统计的事故,经调查后认定不属于生产安全事故的,应按以下程序予以核销:

(1)一般事故经县级人民政府认定,报地级市人民政府确认后,报省级安全监管部门核销;

(2)较大事故经地级市人民政府认定,报省级人民政府确认后,由省级安全监管部门核销,报国家安全监管总局备案。

(3)重大事故经省级人民政府认定后,报国家安全监管总局确认核销。

(4)特别重大事故经国家安全监管总局认定,报国务院确认后,由国家安全监管总局核销。

(四)交通事故统计报表

根据《生产安全事故统计报表制度》,各级公安交通管理部门在交通事故统计报送过程中所要制作的统计报表有"道路交通事故汇总情况"、"生产经营性道路交通事故情况"、"道路交通死亡事故情况"、"道路交通重伤事故情况"和"道路交通直接经济损失事故情况"5种,报表式样如表10-4~表10-8所示。

道路交通事故汇总情况报表　　　　　表10-4

表　　号:行业 C2-1 表
制定机关:国家安全生产监督管理总局
批准机关:国家统计局
批准文号:国统制(2012)58号
有效期至:2014年6月25日

填表单位(签章)　　　　　年　月

甲	总起数(起)	死亡(人)	重伤(人)	急性工业中毒(人)	直接经济损失(万元)	其中:较大事故					其中:重大事故					其中:特别重大事故					万车死亡率
						总起数(起)	死亡(人)	重伤(人)	急性工业中毒(人)	直接经济损失(万元)	总起数(起)	死亡(人)	重伤(人)	急性工业中毒(人)	直接经济损失(万元)	总起数(起)	死亡(人)	重伤(人)	急性工业中毒(人)	直接经济损失(万元)	
	1	2	3	4	5	6	7	8	9	10	11	12	13	14	15	16	17	18	19	20	21
总计省(自治区、直辖市)市(地区)区(县)																					

单位负责人:　　　统计负责人:　　　填表人:　　　联系电话:　　　报出日期　年　月　日

填报说明:1. 本表由公安交通管理部门填报,并抄送同级安全生产监督管理部门。

2. 本报表为月报,报送时间为次月(12月份报表为次年1月)5日前。

3. 本报表中道路交通万车死亡率为每年一报送。

生产经营性道路交通事故情况报表

表 10-5

表　　号：行业 C2-1-1 表
制定机关：国家安全生产监督管理总局
批准机关：国家统计局

填表单位(签章)　　　　年　月　　　批准文号：国统制(2012)58 号
　　　　　　　　　　　　　　　　　　　有效期至：2014 年 6 月 25 日

	总起数(起)	死亡(人)	重伤(人)	急性工业中毒(人)	直接经济损失(万元)	其中:较大事故					其中:重大事故					其中:特别重大事故					万车死亡率
						总起数(起)	死亡(人)	重伤(人)	急性工业中毒(人)	直接经济损失(万元)	总起数(起)	死亡(人)	重伤(人)	急性工业中毒(人)	直接经济损失(万元)	总起数(起)	死亡(人)	重伤(人)	急性工业中毒(人)	直接经济损失(万元)	
甲	1	2	3	4	5	6	7	8	9	10	11	12	13	14	15	16	17	18	19	20	21
总　计																					
省(自治区、直辖市)																					
市(地区)																					
区(县)																					

单位负责人：　　　统计负责人：　　　填表人：　　　联系电话：　　　报出日期　年　月　日

填报说明：1. 本表由公安交通管理部门填报，并抄送同级安全生产监督管理部门。
　　　　　2. 本报表为月报，报送时间为次月(12 月份报表为次年 1 月)5 日前。

道路交通死亡事故情况报表

表 10-6

表　　号：行业 C2-2 表
制定机关：国家安全生产监督管理总局
批准机关：国家统计局

填表单位(签章)　　　　年　月　　　批准文号：国统制(2012)58 号
　　　　　　　　　　　　　　　　　　　有效期至：2014 年 6 月 25 日

	死亡起数(起)	死亡(人)	其中:3~9 人较大事故		其中:10~29 人重大事故		其中:30 人以上特别重大事故	
			死亡起数(起)	死亡(人)	死亡起数(起)	死亡(人)	死亡起数(起)	死亡(人)
甲	1	2	3	4	5	6	7	8
总　计								
省(自治区、直辖市)								
市(地区)								
区(县)								

单位负责人：　　　统计负责人：　　　填表人：　　　联系电话：　　　报出日期　年　月　日

填报说明：1. 本表由公安交通管理部门填报，并抄送同级安全生产监督管理部门。
　　　　　2. 本报表为月报，报送时间为次月(12 月份报表为次年 1 月)5 日前。

道路交通重伤事故情况报表

表 10-7

表　　号：行业 C2-3 表
制定机关：国家安全生产监督管理总局
批准机关：国家统计局

填表单位(签章)　　　　年　月　　　批准文号：国统制(2012)58 号
　　　　　　　　　　　　　　　　　　　有效期至：2014 年 6 月 25 日

	重伤起数(起)	重伤(人)	急性工业中毒(人)	其中:10~49 人较大事故			其中:50~99 人重大事故			其中:100 人以上特别重大事故		
				重伤起数(起)	重伤(人)	急性工业中毒(人)	重伤起数(起)	重伤(人)	急性工业中毒(人)	重伤起数(起)	重伤(人)	急性工业中毒(人)
甲	1	2	3	4	5	6	7	8	9	10	11	12
总　计												
省(自治区、直辖市)												
市(地区)												
区(县)												

单位负责人：　　　统计负责人：　　　填表人：　　　联系电话：　　　报出日期　年　月　日

填报说明：1. 本表由公安交通管理部门填报，并抄送同级安全生产监督管理部门。
　　　　　2. 本报表为月报，报送时间为次月(12 月份报表为次年 1 月)5 日前。

道路交通直接经济损失事故情况报表

表 10-8

表　　号：行业 C2-4 表
制定机关：国家安全生产监督管理总局
批准机关：国家统计局

填表单位（签章）　　　　　　　年　　月

批准文号：国统制（2012）58 号
有效期至：2014 年 6 月 25 日

	事故起数（起）	直接经济损失（万元）	其中:1000~5000 万元较大事故		其中:5000 万元~1 亿元重大事故		其中:1 亿元以上特别重大事故	
			事故起数（起）	直接经济损失（万元）	事故起数（起）	直接经济损失（万元）	事故起数（起）	直接经济损失（万元）
甲	1	2	3	4	5	6	7	8
总　计								
省（自治区、直辖市）								
市（地区）								
区（县）								

单位负责人：　　　统计负责人：　　　填表人：　　　联系电话：　　　报出日期　　年　　月　　日

填报说明：1. 本表由公安交通管理部门填报，并抄送同级安全生产监督管理部门。

2. 本报表为月报，报送时间为次月（12 月份报表为次年 1 月）5 日前。

参 考 文 献

[1] 刘玉增,王洪明.道路交通事故处理[M].北京:群众出版社,2007.
[2] 刘运通.道路交通安全指南[M].北京:人民交通出版社,2004.
[3] 许洪国.汽车事故工程[M].北京:人民交通出版社,2009.
[4] 过秀成.道路交通安全学[M].南京:东南大学出版社,2001.
[5] 余志生.汽车理论[M].北京:机械工业出版社,2010.
[6] R·比亚特,R·瓦兹.道路交通事故调查手册[M].北京:人民交通出版社,1986.
[7] 王澍权.道路交通事故分析与处理办法[M].北京:人民交通出版社,1999.
[8] 李琼瑶,王启明.交通事故物证勘查和检验[M].北京:中国人民公安大学出版社,1995.
[9] 王洪明.道路交通安全法概论[M].成都:四川大学出版社,2004.
[10] 林洋.实用汽车事故鉴定学[M].北京:人民交通出版社,2001.
[11] 李江.交通事故力学[M].北京:机械工业出版社,2000.
[12] 黄世霖.汽车碰撞与安全[M].北京:清华大学出版社,2000.
[13] 于长吉,陶沙.道路交通事故技术鉴定方法[M].大连:大连理工大学出版社.
[14] 刘玉增,王洪明.道路交通事故学[M].成都:四川大学出版社,2004.
[15] 王利明.民法典. 侵权行为法研究[M].北京:人民法院出版社,2003.
[16] 侯一平.法医学[M].北京:高等教育出版社,2008.
[17] 赵长利.汽车保险[M].北京:中国水利水电出版社,2010.
[18] 李琼瑶.交通肇事逃逸案的勘查和侦破[M].北京:中国人民公安大学出版社,1996.
[19] 王凯全等.安全管理学[M].北京:化学工业出版社,2011.
[20] 樊崇义.证据法学[M].北京:法律出版社,2003.
[21] 魏振瀛.民法[M].北京:北京大学出版社,2000.
[22] 杨立新.侵权法论[M].北京:人民法院出版社,2004.
[23] 袁昌明.安全管理技术[M].北京:冶金工业出版社,2009.
[24] 邵津.国际法[M].北京:北京大学出版社,高等教育出版社,2000.
[25] 杨立新.道路交通事故责任研究[M].北京:法律出版社,2009.
[26] 王洪明.我国区域道路交通安全形势对比及影响因素分析[J].中国安全科学学报,2010(6).
[27] 陈涛,魏朗,高岩.车辆间碰撞交通事故计算机辅助鉴定技术综述[J].中国安全科学学报,2010(4).
[28] 王命延,朱明峰,王昊.机动车视频测速中关键技术的研究与发现[J].计算机工程,2006(3).
[29] 王洪明.浅析工作期间发生交通事故的权利救济[J].交通企业管理,2008(4).
[30] 王洪明.运用Visio快速绘制道路交通事故现场图[J].四川警察学院学报,2009(2).
[31] 王洪明.道路交通事故不明身份受害人的损害赔偿探析[J].学理论,2010(21).
[32] 孙亚鑫.中德交通事故信息采集系统简析[J].上海汽车,2009(2).